Die nordischen Länder

Christian Förster • Josef Schmid • Nicolas Trick

Die nordischen Länder

Politik in Dänemark, Finnland, Norwegen und Schweden

 Springer VS

Christian Förster
Stuttgart
Deutschland

Nicolas Trick
Tübingen
Deutschland

Josef Schmid
Tübingen
Deutschland

ISBN 978-3-658-02030-9   ISBN 978-3-658-02031-6 (eBook)
DOI 10.1007/978-3-658-02031-6

Die Deutsche Nationalbibliothek verzeichnet diese Publikation in der Deutschen Nationalbibliografie; detaillierte bibliografische Daten sind im Internet über http://dnb.d-nb.de abrufbar.

Springer VS
© Springer Fachmedien Wiesbaden 2014

Lektorat: Jan Treibel, Monika Mülhausen

Gedruckt auf säurefreiem und chlorfrei gebleichtem Papier

Springer VS ist eine Marke von Springer DE. Springer DE ist Teil der Fachverlagsgruppe Springer Science+Business Media
www.springer-vs.de

Inhaltsverzeichnis

Abkürzungsverzeichnis

AF	Akademikernes Fellesorganisasjon/Akademikerverbund, Norwegen
AKAVA	Akateemis-ammatillinen Valtuuskunta/Gewerkschaftsdachverband für akademische Berufe, Finnland
AKW	Atomkraftwerk
AP	Arbeiderpartiet/Arbeiterpartei, Norwegen
ATP	Arbejdsmarkedets Tillægspension, Form der Betriebsrente in Dänemark und Schweden
Bau	Bauernbund, Finnland
BGR	Bundesanstalt für Geowissenschaften und Rohstoffe
BRD	Bundesrepublik Deutschland
ca.	circa
CDU	Christlich Demokratische Union Deutschlands
Chr	Kristeligt Folkeparti/Christliche Volkspartei, Dänemark
Christ	Kristillisdemokraatit/Christdemokraten, Finnland
CIA	Central Intelligence Agency
CP	Centerpartiet/Zentrumspartei, Schweden
d. h.	das heißt
Demo	Suomen Kansan Demokraattinen Liitto/Demokratische Union des Finnischen Volkes
ders.	derselbe
DKK	Dansk Krone/Dänische Krone
DsF	De Samvirkende Fagbund/Die Zusammenarbeitenden Fachverbände, Schweden
EFTA	European Free Trade Association
EG	Europäische Gemeinschaft
ESVP	Europäische Sicherheits- und Verteidigungspolitik
et al.	et alia/und andere
EU	Europäische Union
EWG	Europäische Wirtschaftsgemeinschaft
FAS	Frankfurter Allgemeine Sonntagszeitung

FinBau	Suomen Maaseudun Puolue/Finnische Bauernpartei
Fort	Nationale Fortschrittspartei, Finnland
FP	Folkpartiet liberalerna/Liberale Volkspartei, Schweden
FZB	Vertrag über Freundschaft, Zusammenarbeit und gegenseitigen Beistand
GATT	General Agreement on Tariffs and Trade
HF	Højere Forberedelseksamen/Vorbereitungskurs für das Studium in Dänemark
HHX	Højere Handelseksamen/ein- bis zweijährige Doppelqualifizierung an Handelsschulen
Hrsg.	Herausgeber
HTX	Højere Teknisk Eksamen/ein- bis zweijährige Doppelqualifizierung an technischen Schulen
i. d. R.	in der Regel
IEA	International Energy Agency
IKL	Isänmaallinen kansanliike/Vaterländische Volksbewegung, Finnland
IKT	Informations- und Kommunikationstechnologie
ISAF	International Security Assistance Force
IT	Informationstechnologie
IWC	International Whaling Commission
Jh.	Jahrhundert
KAP	Kommunistisk Arbejderparti/Kommunistische Arbeiterpartei, Dänemark
KD	Kristdemokraterna bzw. Kristillisdemokraatit/Christdemokraten, Schweden bzw. Finnland
KF	Kooperativa Förbundet/Zentralorganisation der Konsumkooperativen, Schweden
KMU	Kleine und mittlere Unternehmen
BIP	Bruttoinlandsprodukt
KOK	Kansallinen Kokoomus/Nationale Sammlungspartei, Finnland
Kom	Kommunistische Partei, Finnland
Kon	Det Konservative Folkeparti/Konservative (Volks-)Partei, Dänemark
KSZE	Konferenzen über Sicherheit und Zusammenarbeit in Europa
KZ	Konzentrationslager
LIB	Liberaalit/Liberale Partei, Finnland
LibBund	Liberaler Bund, Finnland
Links	Linksbund, Finnland
LO	Landsorganisation/Gewerkschaftsdachverband in Dänemark, Norwegen und Schweden
M(od)	Moderata samlingspartiet/Moderate Sammlungspartei, Schweden
Mio.	Million
MISSOC	Mutual Information System on Social Protection
ML	Maalaisliitto/Bund der Agrarier, Finnland
Mrd.	Milliarde

MTK	Maa- ja metsätaloustuottajain Keskusliitto/Finnischer Bauernverband
NAF	Norsk Arbeidgiverforening/Norwegischer Arbeitgeberverband
NATO	North Atlantic Treaty Organization
NOK	Norsk krone/Nordische Krone
NORDEK	Nordiskt ekonomiskt gemenskap
NORFUND	Norwegian Investment Fund for Developing Countries
NRF	Norges Industrieforbund/Norwegischer Industrieverband
NS	Nasjonal Samling/Nationale Vereinigung, Norwegen
NTNU	Technisch-Naturwissenschaftlichen Universität Norwegens
NUTS	Nomenclature des unités territoriales statistiques/Gebietseinheit der EU
NyD	Ny Demokrati/Neue Demokratie, Schweden
o. ä.	oder ähnlich
o. A.	ohne Autor
o. J.	ohne Jahr
SMOP	Surface Measure of Overall-Performance
OECD	Organisation for Economic Co-operation and Development
OEEC	Organisation for European Economic Co-operation
PERUS	Perussuomalaiset/Rechtspopulistische Basisfinnen
PISA	Programme for International Student Assessment
PKW	Personenkraftwagen
RadVen	Radikale Venstre/Sozialliberale Dänemarks
rd.	Rund
s. a.	siehe auch
s. o.	siehe oben
s. u.	siehe unten
SAC	Sveriges Arbetares Centralorganisation/Syndikalischer Gewerkschaftsbund, Schweden
SACO	Sveriges Akademikers Centralorganisation/Schwedischer Akademiker Zentralverband
SAF	Svenska Arbetsgivareföreningen/Zentralverband schwedischer Arbeitgeber
SAK	Suomen Ammattiliittojen Keskusjärjestö/Gewerkschaftlicher Zentralverband Finnland
Sam	Sammlungspartei, Finnland
SAP	Sveriges socialdemokratiska arbetareparti/Sozialdemokratische Arbeiterpartei, Schweden
SDFI	State Direct Financial Interests
SDP	Suomen Sosialidemokraattinen Puolue/Sozialdemokratische Partei, Finnland
SEK	Svensk Krona/Schwedische Krone
SI	Svenskindustri/Schwedischer Industrieverband
SILC	Statistics on Income and Living Conditions (Eurostat)

SKDL   Suomen Kansan Demokraattinen Liitto/Demokratische Union des finni-
            schen Volkes
SKL   Suomen Kristillinen Liitto/Christliche Union Finnlands
Soz   Sozialdemokratische Partei in Dänemark, Finnland und Schweden
SozBund   Sozialdemokratischer Bund der Arbeiter- und Kleinbauernschaft Finnlands
SozV   Socialistisk Folkeparti/Sozialistische Volkspartei Dänemarks
SSR   Sámiid Riikkasearvi/Zentralverband der schwedischen Samen
SSW   Südschleswigscher Wählerverband
STTK   Toimihenkilökeskusjärjestö/Zentralorganisation der Angestellten, Finn-
            land
SweVP   Svenska folkpartiet/Schwedische Volkspartei, Finnland
TCO   Tjänstemännens Centralorganisation/Zentralorganisation der Angestell-
            ten, Schweden
TIMMS   Trends in International Mathematics and Science Study
UdSSR   Union of Soviet Socialist Republics
UN   United Nations
UNDP   United Nations Development Programme
USA   United States of America
v. a.   vor allem
VAS   Vasemmistoliitto/Sozialistischer Linksbund, Finnland
Ven   Venstre/Liberale Partei, Dänemark
vgl.   vergleiche
VIHR   Vihreä liitto/Grüne Partei, Finnland
VP   Vänsterpartiet/Linkspartei, Schweden
vs.   versus
WTO   World Trade Organization/Welthandelsorganisation
YS   Yrkesorganisasjonenes Sentralforbung/Berufsständischer Zentralverband,
            Norwegen
z. T.   zum Teil
Zen   Centrum-Demokraterne bzw. Suomen Keskusta/Zentrumsdemokraten
            bzw. Zentrumspartei, Dänemark bzw. Finnland

Abbildungsverzeichnis

Tabellenverzeichnis

Einleitung

1

1.1 Konzeptionelle Grundlagen des Bandes

1.1.1 Warum sich mit den nordischen Ländern beschäftigen?

Die nordischen Länder sind aus unterschiedlichen Gründen interessant: Zum einen sind sie nicht so stark im Blickwinkel der deutschen Öffentlichkeit. Das unterscheidet sie etwa von den USA oder Frankreich. Nicht zuletzt hängt das mit ihrer geographischen Randlage im Norden Europas zusammen, jenem Teil der Welt

> über den der römische Geschichtsschreiber Tacitus im 1. Jahrhundert n. Chr. gesagt hat: ‚Bis hierher und nicht weiter erstreckt sich die belebte Welt.' Hier oben, im Land nördlich des Nordens, war die Erde ganz einfach zu Ende. Hier wüteten einäugige Riesen, Menschen mit Hundeköpfen, allerlei beängstigende Fabeltiere und zwergenhafte Menschenwesen, die sich, eingehüllt in Tierfelle und mit gekrümmten Holzstücken unter den Füßen, über die Eismassen bewegten. (Larsson 2013)

Und wenn diese Länder denn einmal erhöhte Aufmerksamkeit erringen, so sind es häufig eher aktuelle Einzelaspekte, zu denen wichtige Hintergrundinformationen fehlen.

Zum anderen sind die nordischen Länder politikwissenschaftlich überaus interessant und aufschlussreich. Kaum eine Arbeit über die moderne Sozial- und Bildungspolitik bzw. den Wohlfahrtsstaatsvergleich kommt ohne Referenz an Schweden oder Finnland aus. Die Tatsache, dass die nordischen Länder als Vielparteiensysteme gut funktionieren – und eben nicht in den schrecklichen „Weimarer Verhältnissen" enden – macht sie zusätzlich interessant; ja manchmal zum vielgelobten Vorbild, von dem es zu lernen gilt. Ähnliches gilt für das Verbändesystem und v. a. die enorme Stärke und Politik der Gewerkschaften, was in der Politikwissenschaft unter Neokorporatismus gefasst wird.

> Das zentrale „Rätsel" skandinavischer Politik liegt darin, dass diese dynamischen und nationale Grenzen überspannenden Ökonomien politisch vereinbar gemacht wurden (und werden) mit einer sozialen Sicherungs- und zukunftsorientierten Bildungspolitik, die auf

C. Förster et al., *Die nordischen Länder*,
DOI 10.1007/978-3-658-02031-6_1, © Springer Fachmedien Wiesbaden 2014

1

Tab. 1.1 Better Life Index in
ausgewählten europäischen
Ländern. (Quelle: OECD 2013)

Dänemark	6
Deutschland	16
England	13
Finnland	9
Norwegen	5
Schweden	3

dieser Welt in vielen Hinsichten eine Spitzenposition einnimmt. Anders als in den englisch-
sprachigen Ländern des Westens wird wirtschaftliche Dynamik in Skandinavien nicht erkauft
mit sozialer Ungleichheit, Armut und gesellschaftlicher Spaltung. (Jochem 2012, S. 15, 2011)

Für den Erfolg des Nordens gibt es eine Reihe von Indikatoren: Das BIP, eine eher
konventionelle Zahl, oder als integrierte Messung den Better Life Index der OECD. Gemessen werden hier neben Einkommen und Arbeit ebenfalls Faktoren wie bürgerliches
Engagement, Gesundheit, Wohnbedingungen, Sicherheit, Umwelt und Erziehung sowie
Zufriedenheit und Work-Life-Balance (vgl. mit vielen Daten OECD 2013; siehe Tab. 1.1).

Die Welt wird immer glücklicher
Von Heike Le Ker
„(. . .) Dänemark ist schon lange das glücklichste Land auf dieser Welt. Seit Jahren
führt es in den Umfragen. Neu ist: Die Menschen dort werden sogar immer glückli-
cher. Und damit sind sie nicht allein. Die Zufriedenheit nimmt auch in 39 weiteren
Nationen stetig zu. Das sind die neuen Ergebnisse des World Values Surveys, der
größten Umfrage zu menschlichen Werten. (. . .)
Unter anderem erstellten sie [die Autoren des World Values Surveys] für 97
Nationen ein internationales Ranking: Dänemark führt die Liste an, gefolgt von
der Schweiz, Island, Niederlande und Kanada. Deutschland liegt im Mittelfeld,
Schlusslicht bildet Simbabwe" (Le Ker 2008).

Freilich ist manches davon auch ambivalent: Was dem einen als Modell erfolgreicher Politik gilt, ist für andere ein Hort der Unfreiheit und bürokratischer Kontrolle (s. etwa
die Romane von Sjöwall/Wahlöö). Auch Hans Magnus Enzensberger (1989, S. 18 ff.) –
und wie man unten sehen kann, ebenfalls einige Krimiautoren – schreibt in seiner Betrachtung europäischer Länder bei Schweden skeptischer über das einengende „Gehäuse
der Institutionen" des Wohlfahrtsstaates.

Die Liste an Argumenten, warum die nordischen Länder interessant sind, ließe sich
leicht fortsetzen. Gleichwohl ist es erstaunlich, dass nur wenige Lehrbücher mit einführen-
dem und landeskundlichem Zuschnitt verfügbar sind. In Deutschland war es vor allem das
schon 1986 erschienene Buch von Bernd Henningsen über den „Wohlfahrtsstaat Schweden", das breit über die historisch-kulturellen Grundlagen des nordischen „Volksheims"

berichtete. Ebenfalls zu den „Skandinavian Studies" zählt das Buch von Mary Hilson über das „Nordic Model. Scandinavia since 1945" (erschienenen 2008 bzw. in Neuauflage 2011). „Kulturaustausch", eine Zeitschrift für internationale Perspektiven, hat sich ferner in Ausgabe 1/2008 exklusiv mit den skandinavischen (Alltags)Kulturen beschäftigt.

In Wolfgang Ismayrs Handbuch über die politischen Systeme Westeuropas sind überblickshafte Darstellungen zu den einzelnen nordischen Ländern zu finden (4. überarbeitete Auflage 2009). Neuerdings liegt ein Band von Sven Jochem vor, ebenfalls ein Politikwissenschaftler, der in die politischen Systeme Skandinaviens und deren Performanz einführt (erschienen 2012).

Unser Anliegen ist es, ebenfalls eine Einführung zur Verfügung zu stellen, die die nordischen Länder systematisch behandelt, aber gleichwohl Studienanfänger der Politikwissenschaft, der Skandinavistik und der Geographie sowie darüber hinaus generell an diesen Ländern interessierte Leser anspricht. Dazu passen die unterschiedliche disziplinäre Herkunft und die Forschungsschwerpunkte der Autoren: Vergleichende Bildungspolitik, Wirtschafts- und Sozialpolitik sowie Parteien und Verbände in Europa sowie Sozial- und Wirtschaftsgeographie Schwedens.

Unser Buch soll vor allem systematisch und – was sich durchaus wechselseitig verstärken soll – einführend sein. Daher ist es nach Ländern gegliedert, was das Vorgehen von Jochem und Hilson unterscheidet. Eine Karte sowie Basisdaten und einige zentrale (knapp kommentierte) Literaturangaben zu jedem Land sollen den Gebrauchswert erhöhen und die Handhabung erleichtern. Jedes Kapitel enthält zudem Exkurse zur gesellschaftlichen Themen, die eher in einer losen Verbindung zur Politikwissenschaft stehen – so z. B. Walfang in Norwegen, Studentenverbindungen in Schweden und anderes mehr.

Behandelt werden Dänemark, Finnland, Norwegen und Schweden; mangels systematischer Informationen haben wir uns entschieden, den Problemfall Island auszusparen (vgl. dazu Feldmann 2013). Darüber kann man sicherlich geteilter Meinung sein; aber unter dem Gesichtspunkt, die besondere Funktionsweise und Leistung der nordischen Länder zu vermitteln und sie – mehr implizit und knapp als systematisch – mit anderen Ländern wie der BRD zu vergleichen, erlaubt ausreichend viele Erkenntnisse. Oder anders formuliert: ein weiterer Fall erhöht zwar die Faktenkenntnisse, steigert aber kaum das Erklärungs- und Bewertungswissen.

1.1.2 Exkurs: Das Staats- und Gesellschaftsbild im nordischen Krimi

Zu den wichtigen Motiven der Autoren zählt im Übrigen ein Interesse an skandinavischen Krimis, was gelegentlich der Auflockerung und Unterhaltung jenseits der Wissenschaft dient, zugleich aber auf einige politische und soziale Besonderheiten der nordischen Länder verweist. Dazu sind einige interessante Thesen aufgestellt worden. So betont Alexandra Hagenguth auf einer einschlägigen Homepage (s. a. Ritter 2011):

> Wer schwedischer Krimi sagt, muss auch Sjöwall/Wahlöö denken. An den beiden „Urahnen" des skandinavischen Krimis führt kein Weg vorbei. (...) Sjöwall/Wahlöö suchten seinerzeit

als überzeugte Marxisten nach einem Vehikel, mit dem sie eine breite Bevölkerungsschicht erreichen und zu deren Artikulierung und Politisierung in der gesellschaftlichen Debatte beitragen konnten. Seitdem ist die gesellschaftskritische Komponente der nordischen Krimis geradezu zum Markenzeichen avanciert. Zu den Nachfahren des Autorduos Sjöwall/Wahlöö zählen heute gemeinhin Autoren wie Henning Mankell, Liza Marklund, Håkan Nesser, Åke Edwardson oder Anne Holt. Es besteht kein Zweifel: Der skandinavische Krimi ist zurzeit der politischste Krimi und stellt das moralische Gewissen Europas dar. (Hagenguth 2009)

Der Journalist Elmar Krekeler (2008) schreibt in der WELT, dass die beiden klassischen Autoren Maj Sjöwall und Per Wahlöö in den Kriminalromanen das schwedische Modell als „Dystopie" (Lundberg 2009, S. 25) interpretieren und das Ziel verfolgten, „die Verkommenheit des Volksheims zu beweisen, zu zeigen, welche Verbrechen die sozialistische Regierung an der schwedischen Arbeiterklasse beging, wie sie sich dem Kapitalismus an den Hals warf, wie der böse Kapitalismus die Menschen und den korrupten Staat zunehmend zurichtet, wie mehr oder weniger schleichend aus dem Wohlfahrts- ein Polizeistaat wurde." Oder im Original, dem Krimi „Unternehmen Stahlsprung": „Der Kapitalismus ist selbst ein Verbrechen" (Wahlöö 1968, S. 124). Das Anliegen ähnelt demnach der linken Kritik am Modell Schweden wie sie etwa von Tim Guldimann (1984) artikuliert worden ist.

Im Kern sind die Krimis von Sjöwall und Wahlöö wie viele andere aus diesem Genre Polizeiromane, in denen mit höchster Akribie und – dem nordischen Klima entsprechend – in unterkühlter, ja manchmal fast bürokratischer Sprache der Berufsalltag der Ermittler „in seiner ganzen Langsamkeit, seiner Zufälligkeit spürbar" wird. „Zeit spielt daher eine nicht unwesentliche Rolle in den Romanen, wie sie verstreicht, wie sie stehen bleibt, sich beschleunigt, ständig werden exakt die Daten angegeben, selbst die Namen der Tage. (. . .) Es wird aus Vernehmungsprotokollen zitiert, seitenweise nackte Protokolle, die auch literarisch noch meistens funktionieren. (. . .) In diesen Polizeiromanen begegnen uns vor allem Männer, ausgebrannte, an sich und der Welt verzweifelnde Kommissare – und mit Hanne Wilhelmsen Kommissarinnen – geschieden, einsam, eigenbrötlerisch, zuweilen auch krank und depressiv, doch verzweifeln sie auch noch so sehr, sie tun stets ihre Pflicht" (Hagenguth 2009).

1.2 Einige wichtige Grundbegriffe und theoretische Konzepte

1.2.1 Norden/Skandinavien: Geographie, Kultur, Politik im inter- und im intraregionalen Vergleich

Wir verwenden den Begriff „nordische Länder", weil er für den politischen Bereich klar umrissen ist und Missverständnisse vermeidet. Unter den „nordischen Ländern" verstehen wir Dänemark, Norwegen, Schweden, Finnland und Island (was hier nicht weiter verfolgt wird). Hinzu kommen die autonomen Gebiete Åland (zu Finnland gehörend) sowie die Färöer und Grönland, die zu Dänemark zählen. Der Begriff ist vor allem politisch geprägt:

Er stützt sich neben der Mitgliedschaft im nordischen Rat auf zahlreiche weitere Parallelen der genannten Länder, unter anderem in der Entwicklung politischer Parteien, der Geschichte des Wohlfahrtsstaats oder in den Strukturen der politischen Systeme (vgl. Gläßer et al. 2003, S. XVII; zum nordischen Rat: Hanne u. Stampehl 2003).

„Skandinavien" ist demgegenüber ein mehrdeutiger und vielschichtiger Begriff. Im engen geographischen Sinn meint er lediglich die skandinavische Halbinsel bestehend aus Norwegen und Schweden (Jochem 2012, S. 19). Zieht man sprachliche und lebenskulturelle Aspekte mit ein, kommt Dänemark hinzu. Finnland hat in „Skandinavien" einen unklaren Status, unter anderem weil die finnische Sprache keine Gemeinsamkeiten mit den anderen dreien aufweist. Auch Island wird von Isachsen in einem klassischen Beitrag genau so wenig zu Skandinavien gezählt wie die Färöer (vgl. Isachsen 1967, S. 17) – obwohl doch hier im Gegensatz zu Finnland zumindest gemeinsame sprachliche Ursprünge mit Dänemark, Norwegen und Schweden existieren. „Skandinavien" ist also enger gefasst als „die nordischen Länder", jedoch diffuser.

Für unseren Zusammenhang ebenso wenig geeignet ist die auf den Geologen Wilhelm Ramsay zurückgehende Bezeichnung „Fennoskandinavien", die zwar sehr klare Umrisse hat, aufgrund ihrer geologischen und geographischen Definitionsmerkmale in politischen Zusammenhängen aber kaum weiterhilft. Gemeint sind Norwegen, Finnland, Schweden (ohne Schonen im Süden jedoch) und bestimmte an Finnland grenzende Teile Russlands. Dänemark wird hier nicht hinzugezählt. (Vgl. Gläßer et al. 2003, S. 17; siehe Abb. 1.1)

Die nordischen Länder lassen sich wegen ihrer geographischen Nähe sowie den Gemeinsamkeiten in Geschichte, Sprache und Kultur als eine Weltregion bzw. als eine „Länderfamilie" (Castles 1993) fassen. Zumal sie sich im nordischen Rat zusammengeschlossen haben, um ihre Politik zu koordinieren.

So beschreibt die Skandinavistin Mary Hilson:

> [I]t would be difficult to examine the history of one Scandinavian state without also considering that of its neighbours. (. . .)
> Nordic distinctiveness (. . .) was more over strengthened by that number of powerful cultural stereotypes. Since the „Modern Breakthrough" of the late nineteenth century the Nordic countries have certainly produced their share of internationally acclaimed cultural figures, including the dramatists Henrik Ibsen and August Strindberg, the composers Edvard Krieg and Jean Sibelius, the artist Edvard Munch, the writers Knut Hamsum, Halldor Laxness and Karen Blixen, and the children's Astrid Lindgren and Tove Jansson, to name only a handful of the best-known (Hilson 2011, S. 14–20).

Bernd Henningsen (1993) spricht dagegen, bzw. ergänzend, von einem von außen kommenden „Klischee", einer „Erfindung" einer regionalen Identität. Insofern handelt es sich um eine sozial konstruierte „Geschichtsregion", d. h. es geht bei den nordischen oder skandinavischen Ländern um einen heuristischen Kunstbegriff, mit dessen Hilfe „nicht-territorialisierte, aber epochal eingegrenzte historische Mesoregionen" gebildet werden und zur „Arbeitshypothese komparativer Forschung genommen werden, um spezifische Cluster von Strukturmerkmalen langer Dauer zu ermitteln und voneinander abzugrenzen" (Troebst 2010). Dabei geht es nicht so sehr um die einzelnen Indikatoren, sondern um

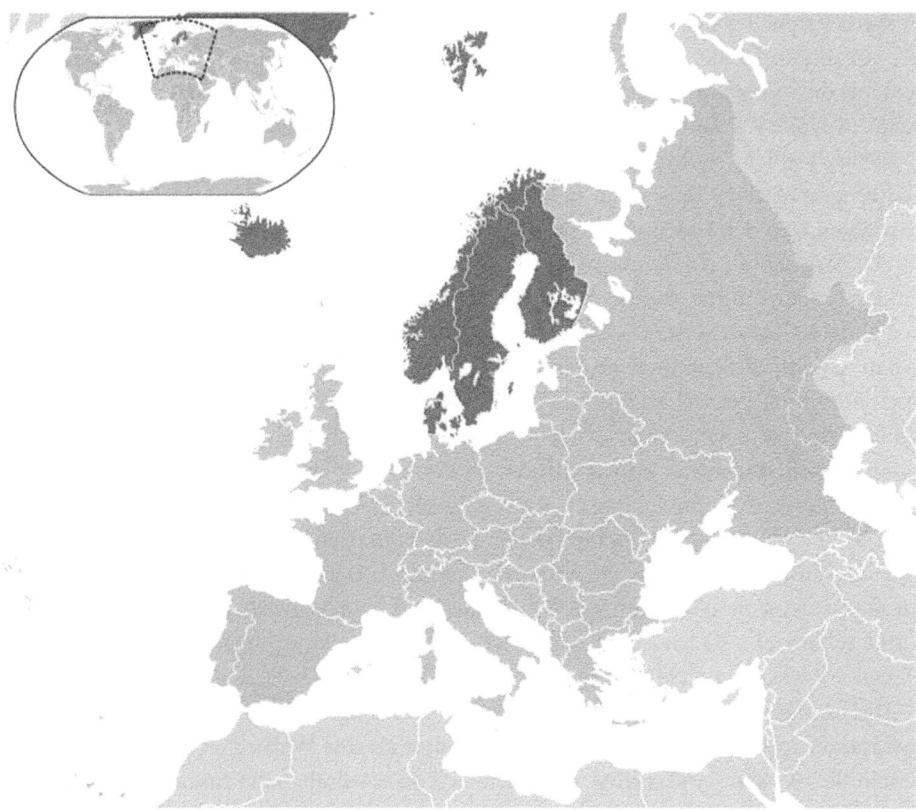

Abb. 1.1 Lage der nordischen Länder. (Quelle: Wikimedia Commons 2013)

ihre jeweilige Kombination und den Transfer bzw. den Austausch zwischen den Ländern
(Kaelble 2005). Schließlich gilt es zu bedenken, dass diese „political and territorial entities
are fictional to some extent (...). Regions and other territories, and their symbolic representations, are thus contingent and unstable, fluctuating in time and space" (Hilson 2011,
S. 177).

Eine wichtige Gemeinsamkeit bildet ferner die Religion und der lutherische Glaube,
der sich positiv auf die Werte der Solidarität und der Gleichheit und damit auch auf die
Entwicklung und Ausprägung des skandinavischen Wohlfahrtsstaates auswirkt (Jochem
2011, S. 34–35; Kersbergen und Manow 2009).

Gleichwohl weisen die nordischen Länder auch eine bemerkenswert große Vielfalt auf,
denn der „Norden [ist] vielfältiger, bunter und zum Teil auch widersprüchlicher (...), als
dies in Mitteleuropa gemeinhin wahrgenommen wird" (Jochem 2012, S. 226).

Die Geografie der Vergleiche
Von Urban Lundberg
„Wie schon angedeutet, existiert das nordische Modell in erster Linie in der Abgrenzung gegenüber dem Rest der Welt. Wenn man jedoch die nordischen Länder untereinander vergleicht, ergibt sich auch eine Reihe von Unterschieden. Eine nordische Gruppe von Historikern, die 2006 eine Untersuchung zum nordischen Modell veröffentlichte, kam zu dem Schluss, es handele sich um ‚ein Modell mit fünf Ausnahmen' (Christiansen und Markkola 2006, S. 28). Hier ist nicht der Platz, um alle Unterschiede zwischen den nordischen Ländern darzulegen. Sie lassen sich aber an einzelnen Politikfeldern illustrieren. So unterscheiden sich beispielsweise das schwedische und das dänische Rentensystem oder das norwegische und finnische Gesundheitssystem. Erst im Vergleich der nordischen mit anderen Ländern treten die gemeinsamen Züge hinsichtlich der Organisation des Arbeitsmarktes, der Ausformung des Sozialstaates und der Beziehung zwischen den Geschlechtern hervor. Im Vergleich zu anderen Industrienationen weisen die nordischen Länder unter anderem folgende gemeinsame Merkmale auf: Sie verfügen alle über einen großen und überwiegend steuerfinanzierten öffentlichen Sektor. Die öffentlichen Dienstleistungen und das soziale Sicherheitssystem sind universalistisch und integrativ. Des Weiteren besteht eine weitreichende Autonomie der Tarifparteien, die mit dem Staat und den Institutionen des Arbeitsmarktes im Rahmen der aktiven Arbeitsmarktpolitik eng zusammenarbeiten. Außerdem verfolgen diese Länder eine Familienpolitik, die darauf abzielt, eine größere Geschlechtergleichheit herzustellen" (Lundberg 2009, S. 27).

1.2.2   Staatenbildung, Konfliktlinien und Parteiensysteme in Skandinavien

Der norwegische Sozialwissenschaftler Stein Rokkan hat in einer Reihe von Studien – z. T. in Zusammenarbeit mit dem Amerikaner Seymor Lipset – ein „Makromodell der politischen Entwicklung Europas" konzipiert, das seinen Ausgangspunkt in der nationalen und in der industriellen Revolution nimmt, deren unterschiedliche Verlaufsmuster und Ausformung jeweils die Bildung von Staaten und Parteiensystemen prägt. Jede dieser Revolutionen hat zwei fundamentale Spaltungen bzw. Cleavages nach sich gezogen:

* Die nationale Revolution den Cleavage zwischen Zentrum und Peripherie sowie den Cleavage zwischen dem Nationalstaat und der Kirche,
* die industrielle Revolution den Cleavage zwischen den Landbesitzern (Aristokratie, Bauern) und der Bourgeoisie sowie den Cleavage zwischen der Bourgeoisie und dem Proletariat.

„Diese vier Spaltungen", so Stein Rokkan (1980, S. 121) weiter, „werden jedoch nicht in allen Ländern in gleichem Maße politisiert: Nicht alle haben sich in Parteigegensätze transformiert". Schematisch zusammengefasst ist in Großbritannien nur der Cleavage Besitz – Arbeit relevant, während für die kontinentaleuropäischen Länder die Konfliktlinie Staat – Kirche bzw. für die nordischen Länder die Spaltung Stadt – Land hinzutritt und teilweise zu Überlappungen führt. Dementsprechend sind auch die nationalen Parteiensysteme strukturiert und bis heute, so Rokkans These, „eingefroren": Großbritannien gilt als klassischer Fall eines Zweiparteiensystems, während die anderen Länder in Mittel- und Nordeuropa Mehrparteiensysteme entwickelt haben, d. h. letztere weisen zusätzlich zu den sozialdemokratischen und konservativ-bürgerlichen Parteien einflussreiche christliche Parteien bzw. Bauernparteien auf (Rokkan 2000).

Bedeutend für die konkrete Ausformung der nationalen Parteiensysteme sind ferner 3 weitere Aspekte (Rokkan 1980):

1. die institutionellen Hürden („tresholds"), die neue Parteien übersteigen müssen und die eine sukzessive Öffnung des politischen Systems für oppositionelle Gruppierungen beinhalten,
2. die Allianz- und Oppositionsbildungsstrategien der politischen Eliten, die von den Auswirkungen kritischer Perioden und der Bearbeitung der zentralen Problem- und Konfliktpunkte zu jener Zeit geprägt werden,
3. schließlich kommt der zeitlichen Reihenfolge des Auftretens bzw. der Überwindung der Konflikte und Hürden eine wichtige Rolle bei der politischen Entwicklung zu (Tab. 1.2).

Wir kommen im Länderkapitel zu Norwegen sowie im Schlussteil des Buches noch einmal auf das Werk Stein Rokkans zu sprechen. Hier sei jedoch angemerkt, dass sich drei kleine Erweiterungen dieses Modells anbieten: So hat vor allem Barrington Moore (1967) auf die wichtige Rolle von freien Bauern bei der Entstehung der modernen Demokratie hingewiesen – was Skandinavien vom durch Großagrarier geprägten Preußen-Deutschland unterschied und zu starken Bauernparteien geführt hat. Und umgekehrt lässt sich die Stärke des Staat-Kirche-Konflikts in Deutschland zur Erklärung der Existenz und Persistenz von Wohlfahrtsverbänden und der anhaltenden Bedeutung des (staatskritischen) Subsidiaritätsprinzips heranziehen, was wiederum die Ausprägung des Wohlfahrtsstaatmodells und besonders der sozialen Dienste beeinflusst hat. Was in Deutschland den Vorrang „Freier Träger" begründet, wird in den nordischen Ländern zur umfassenden Daseinsvorsorgeaufgabe der Kommunen (Schmid 1995). Ferner haben die skandinavischen Gewerkschaftsbewegungen wie die deutschen eine starke Wurzel in den „Proto-corporatist origins"; aber nur im Norden kommt es zu einer frühen Akzeptanz durch die Aristokratie und das Großbürgertum sowie späteren Allianzen mit den Bauern. Insofern existiert so etwas wie ein stetiger und ruhiger nordischer Weg in die Demokratie, die politische Ökonomie und den Wohlfahrtsstaat (Iversen und Soskice 2006; Manow 2007; Lundberg 2009). Ausführlich kommen wir hierauf im Schlusskapitel des Buches zurück.

Tab. 1.2 Konfliktlinien und Parteien. (Quelle: Rokkan 2000)

Cleavage	Entscheidender Moment	Gegenstand der Auseinandersetzung	Entstehende Parteiformation
Zentrum – Peripherie	Reformation – Gegenreformation (16./17. Jh.)	Nationale vs. supranationale Religion Nationalsprache vs. Latein	Nationalliberale (sowie Regionalparteien)
Staat – Kirche	Demokratische Revolution (1789 und später)	Laizistische vs. kirchliche Kontrolle des öffentlichen Bildungswesens	Christdemokratie
Land – Industrie	Industrielle Revolution (19. Jh.)	Preisbindung für agrarische Produkte Kontrolle vs. freies Unternehmen	Bauernparteien
Unternehmer – Arbeiter	Russische Revolution (1917 und später)	Nationale Integration vs. internationale revolutionäre Bewegung	Sozialdemokratie

1.2.3 Verhandlungsdemokratie, Neokorporatismus und Industrielle Beziehungen in den nordischen Ländern

Weniger auf die historische (Makro)Strukturierung der Staaten und politischen Organisationen, als auf die Art des Zusammenwirkens der Akteure zielen die Konzepte Verhandlungsdemokratie und Neokorporatismus. So konstatiert Sven Jochem (2011, S. 49): „Die vergleichende politikwissenschaftliche Literatur weist die nordischen Demokratien oft als besonderen Typus demokratischer Politik aus: sie seien eine spezifische Ausdrucksform ‚konsensualer Demokratien' (…)."

Bei Roland Czada heißt es dazu entsprechend:

> Der Begriff ‚Verhandlungsdemokratie' beziehungsweise ‚Konsensdemokratie' (Lijphart 1999) bedeutet, auf eine kurze Formel gebracht, dass wesentliche politische Entscheidungen nicht mit Stimmenmehrheit, sondern auf dem Wege von Aushandlungsprozessen getroffen werden. Dahinter steht die realistische, in der normativen Demokratietheorie ebenso wie in der klassischen Regierungslehre oft vernachlässigte Vorstellung, dass Wähler- und Abstimmungsmehrheiten nur eine unter vielen verschiedenen Handlungsressourcen im politischen Prozess darstellen. (Czada 2003, S. 171)

Zu den wichtigen Ressourcen zählt Steuerungs- und Organisationsfähigkeit, über die große Verbände und besonders Gewerkschaften verfügen. Die Entwicklung zum modernen Interventions- und Wohlfahrtstaat hat durch die Ausweitung staatlicher Aktivitäten, Leistungen und Interventionen einerseits ebenfalls dazu beigetragen, dass sich immer mehr Interessen organisieren und Einfluss nehmen. Zugleich ist durch die gestiegene

Komplexität von Politik der Bedarf an verbandlichen Informations-, Steuerungs- und Legitimationsressourcen gestiegen. Daher liegt eine enge Kooperation von Regierung und Verbänden bzw. Gewerkschaften nahe – was freilich nicht ohne Voraussetzungen funktioniert (Schmid 2005).

Demnach geht es beim „Korporatismus" um die „auf Kontinuität abzielende Beteiligung von Interessengruppen an der Formulierung und Implementation von politischen Programmen", die sich zu „Interorganisationsnetzwerken zwischen Regierung und politischer Verwaltung einerseits und zentralisierten gesellschaftlichen Verbänden andererseits" verdichtet haben (Czada 2003, 1988).

Den historisch-politischen Hintergrund hat dafür die keynesianische Wirtschaftspolitik geliefert mit dem Versuch, durch die Verhandlung mit den Gewerkschaften und Arbeitgeberverbänden wirtschaftliche Krisen zu bewältigen. Solche korporatistischen Verhandlungslösungen erfordern zum einen, dass die Tarifparteien eine hohe Bereitschaft zum Kompromiss mitbringen und über entsprechend hohe Organisationsgrade (in der Größenordnung von 80–90 %) und zentralisierte Verhandlungsmechanismen verfügen (vgl. auch Jochem 2011, S. 117).

Das „nordische Modell" der Arbeitgeber-Arbeitnehmer-Beziehungen ist dementsprechend auch als „verhandlungsorientiert" klassifiziert worden. Es wird charakterisiert durch die Kombination von geringer Regelungsdichte (Anzahl und Bestimmtheit von Regelungen) einerseits und der Zentralisierung von Verhandlungen (Regelung auf nationaler Ebene) andererseits. Unter Anwendung dieser Kriterien lassen sich drei unterschiedliche Typen bilden (siehe Abb. 1.2).

Zum anderen folgt aus einer korporatistischen „Logik des politischen Tausches", dass etwa Lohnzurückhaltung gegen sozialpolitische Reformen oder Sicherung von Arbeitsplätzen erfolgt und entsprechend breite Regulationsmechanismen und wohlfahrtsstaatliche Strukturen bestehen müssen (Schmid 2005).

Dass (und wie) dieses Arrangement in der politischen Praxis funktioniert, hat sich bei der Bewältigung der ökonomischen Krisen, von denen die skandinavischen Länder Ende der 90er-Jahre betroffen waren, gezeigt: Die ZEIT (vom 30.10.2003) berichtet über die nordischen Reformmodelle und hebt vor allem die Rolle der Gewerkschaften hervor:

> Sie haben Reformen nicht behindert, sondern mitgestaltet. (. . .) [So haben] die schwedischen Arbeitnehmerorganisationen (LO) und die sozialdemokratische Regierung in den neunziger Jahren die öffentlichen Finanzen in einer gemeinsamen Anstrengung – und in Absprache mit den Arbeitgebern – saniert (. . .). „Das hat uns viel gekostet", erinnert sich der Chef der Gewerkschaften. (Perger 2003; Jochem 2011)

Der Korporatismus als Strukturmerkmal der nordischen Länder begleitet uns durch das Buch. Wir werden insbesondere in den Länderkapiteln zu Norwegen und Schweden sowie erneut im Abschlussteil darauf zu sprechen kommen.

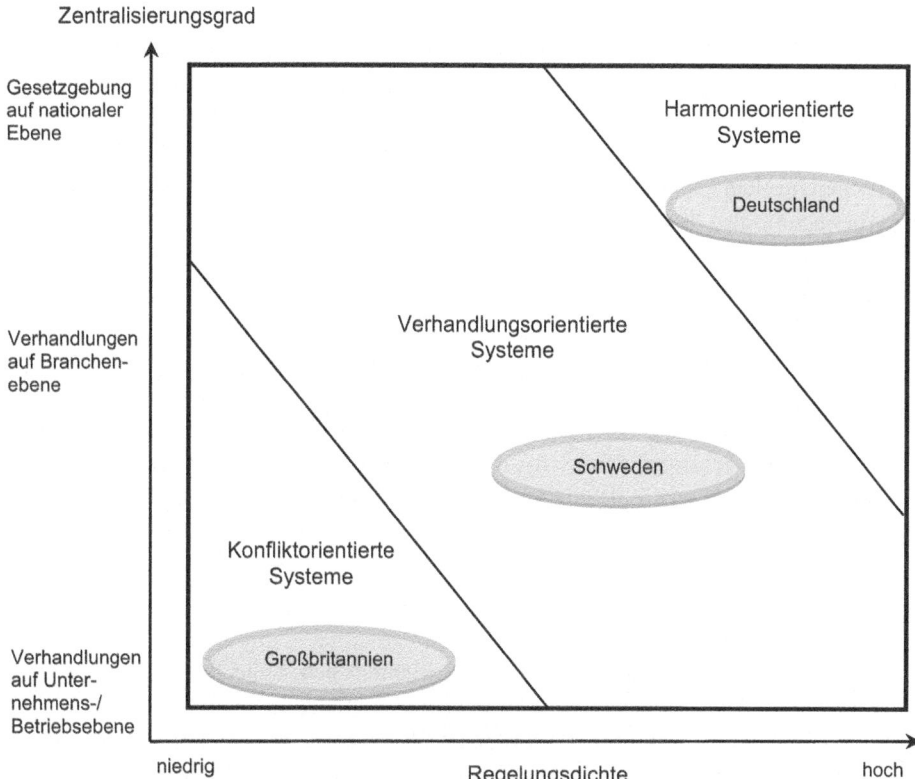

Abb. 1.2 Systeme der industriellen Beziehungen. (Quelle: Eigene Darstellung aus Gabler Wirtschaftslexikon 2013)

1.2.4 Welten der Wohlfahrt – Machtressourcen und Entwicklungspfade des sozialdemokratischen Modells

Im Zuge der Modernisierung, Industrialisierung und Demokratisierung ist auch der Wohlfahrtsstaat entstanden, dessen Funktion es ist, gegen die – vom Individuum nicht zu vertretenden – Risiken der modernen Gesellschaft, also Alter, Invalidität, Krankheit, Arbeitslosigkeit und Pflege, zu schützen und auf diese Weise über den Lebenslauf hinweg ein regelmäßiges Einkommen zu sichern. Neben dem Sicherheitsmotiv, das in Deutschland stark ausgeprägt ist, wirkt vor allem in Skandinavien auch die Norm der Gleichheit bzw. in den USA und in Großbritannien die der Freiheit. Zudem weisen die OECD-Länder erhebliche Unterschiede in den Ausgaben, den Leistungsniveaus oder den Zugangsbedingungen auf.

Diese Unterschiede und Besonderheiten der Länder fügen sich gut in den in der vergleichenden Wohlfahrtsstaatsforschung prominenten Ansatz des dänischen Soziologen Gøsta Esping-Andersen (1990, zusammenfassend Schmid 2010) ein. Grundlegend ist hier der Gedanke, dass „drei Welten" des kapitalistischen Wohlfahrtsstaates existieren. Sie stellen jeweils unterschiedliche Formen der Institutionalisierung von sozialer Sicherung und Vollbeschäftigung dar und lassen sich in ihrer Funktion der „Dekommodifizierung" zusammenfassen. Ferner korrelieren sie mit Mustern der sozialen Schichtung und Ungleichheit (Stratifizierung). Die Welten bzw. Regime basieren auf korrespondierenden politischen Ideologien und Machtverteilungen; insbesondere die Machtressourcen der Arbeiterbewegung, also die enorme Stärke der Gewerkschaften und Sozialdemokraten, sind hier wichtig.

Stärke der Gewerkschaften und Sozialdemokraten
„Ganz egal für wen wir stimmen, und was dabei herauskommt: Sozialdemokraten sind wir doch alle, sagte der Herr mit der abgetragen Tweedjacke und prostete mir mit einem Wasserglas Rotwein zu. (…) [D]iese Gruppierung (beherrscht) die schwedische Gesellschaft ideologisch, moralisch und politisch (…), und zwar ganz unabhängig davon, ob sie an der Regierung ist oder nicht" (Enzensberger 1989, S. 9/13).

Die Welten (oder: Regime) Esping-Andersens zeichnen sich schließlich durch eine hohe Kontinuität bzw. historisch-politische Pfadabhängigkeit aus. Insofern erscheint die Idee eines einfachen Kopierens oder gar Rosinen-Pickens, wie es in der Politik gelegentlich durchscheint, wenig angemessen und realistisch. Grob skizziert ergibt sich folgendes Bild:

- Der sozialdemokratische Wohlfahrtsstaat (Schweden, Norwegen, Dänemark, mit Abstrichen Finnland) ist universalistisch ausgerichtet, d. h. Ansprüche basieren auf sozialen Bürgerrechten und es wird Gleichheit auf hohem Niveau angestrebt. Die Finanzierung erfolgt weitgehend aus dem Staatshaushalt bzw. über Steuern. Zugleich werden hier Leistungen überwiegend vom öffentlichen Dienst erbracht, der einen sehr großen Umfang einnimmt und somit nicht nur sozialpolitisch, sondern auch arbeitsmarktpolitisch eine Schlüsselfunktion innehat. Ferner sind hier die Bemühungen um eine aktive Politik der Vollbeschäftigung am intensivsten. Ähnliches gilt für die gute Vereinbarkeit von Familie und Beruf.

Die staatliche Kinderbetreuung ermöglicht jungen Eltern eine schnelle Rückkehr in den Beruf
Von Tim Krohn
„Wer in Stockholm in den Bus steigt, der sieht sofort, dass hier einiges anders läuft. Denn der Bus ist voll mit Kinderwagen, Kitagruppen und jungen Familien. Die

Geburtenrate liegt höher als in Deutschland. Der Staat tut viel für den Nachwuchs, er tut es früh – und es zahlt sich offenbar aus.

Auch Katja Stodtmeier ist heute mit dem Bus unterwegs. Katja spielt die Solobratsche an der Oper in Malmö. Vor drei Jahren ist die Mainzerin nach Schweden gezogen. (...) [M]it Alma, ihrer kleinen Tochter. Das Mädchen geht heute Abend wieder ins Nattis. Zwei- bis dreimal die Woche schläft Alma hier, im Nachtkindergarten. (...)

Drei Kindergärtnerinnen sorgen dafür, dass das mit dem Einschlafen auch ohne die Mami gut funktioniert. Fast 200 Kommunen in Schweden bieten inzwischen solche Nattis-Plätze an. Sie reagieren damit auf die längst veränderten Arbeitszeiten der jungen Eltern.

Der Platz für Alma kostet – egal ob Tag oder Nacht – maximal 140 € im Monat, Verpflegung inklusive. 90 % der Kinder in Schweden gehen in die Kita. Innerhalb von drei Monaten muss die Kommune einen Platz für sie anbieten. Denn die meisten Eltern wollen, oder besser: müssen zurück in den Job. (...)

Schwedische Männer können Vätermonate in Anspruch nehmen. Auch dieses Angebot wird zumindest in den Städten mittlerweile gerne genutzt. Auch die Betriebe haben sich auf die Kinder längst eingestellt. Dass jemand ein Meeting am späten Nachmittag verlässt, weil man eben zur Schwangerschaftsgymnastik muss, zur Spielgruppe oder zur Kita – wer da meckert, muss wohl ein Ausländer sein." (Krohn 2013)

- Der Typ des liberalen Wohlfahrtsstaates (Großbritannien, USA, Australien, Neuseeland) akzentuiert die Rolle des freien Marktes und der Familie; soziale Anspruchsrechte sind gering entwickelt und oft mit individuellen Bedürftigkeitsprüfungen verbunden, was häufig zu Stigmatisierung der Betroffenen führt. Die Finanzierung erfolgt vorwiegend aus dem Staatshaushalt; Interventionen in den Arbeitsmarkt erfolgen – falls überhaupt – vor allem zur Auflösung von Flexibilitätshemmnissen und zur Wahrung der Wettbewerbs- und Vertragsfreiheit. Im Ganzen bleibt damit die soziale Ungleichheit und die Abhängigkeit vom Markt groß (bzw. das Maß an Dekommodifizierung niedrig).
- Der konservative Typ des Wohlfahrtsstaates (Frankreich, Italien, Deutschland, Niederlande) interveniert zwar stärker, allerdings eher temporär und primär aus staatspolitischen Gründen. Zudem stehen Geld bzw. Transfers und nicht soziale Dienstleistungen im Vordergrund. Er ist ferner lohnarbeits- und sozialversicherungszentriert mit der Folge, dass soziale Rechte stark an Klasse und Status gebunden sind und die Ansprüche auf Beiträgen basieren (Äquivalenzprinzip). Grundlage dieses Modells sind das Normalarbeitsverhältnis und die Normalfamilie, die mit politischen Mitteln stabilisiert werden.

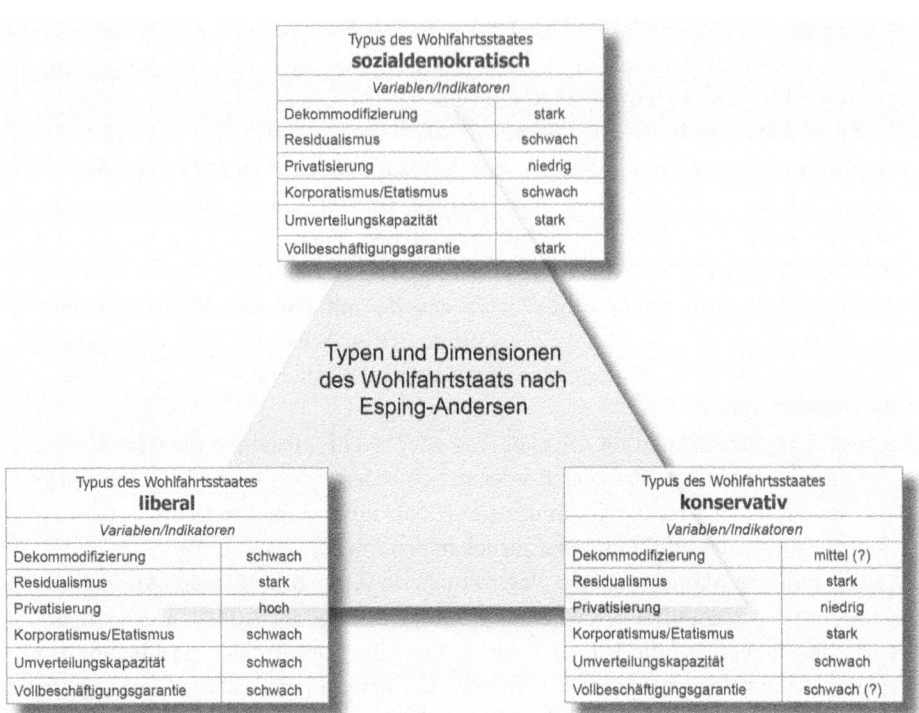

Abb. 1.3 Welten der Wohlfahrt

Natürlich bewegen sich viele reale Fälle zwischen den Idealtypen Esping-Andersens, was in der oben stehenden grafischen Darstellung zum Ausdruck kommen soll (siehe Abb. 1.3).

1.3 Zum Aufbau des Buches

Wie bereits erwähnt wählen wir im Folgenden eine Darstellung nach Ländern und gliedern nicht, wie andere Bücher zu den nordischen Ländern, anhand von Politikfeldern. Wir verfolgen so das Ziel, ein jeweils möglichst ganzheitliches Bild der vier Länder zu zeichnen. Die alphabetisch (und nicht etwa hierarchisch) angeordneten Länderkapitel zu Dänemark, Finnland, Norwegen und Schweden sind analog strukturiert. Wir halten uns dabei an die politikwissenschaftliche Trias aus

- Polity (Geschichte und Institutionen),
- Politics (Parteien und Verbände, Kirchen, Wahlen, Regierungsbildung),
- Policy (Wirtschafts-, Arbeitsmarkt-, Sozial-, Bildungs-, Außenpolitik).

Der Schlussteil des Buches greift die Frage nach gemeinsamen Bestimmungsmerkmalen der nordischen Länder auf und schlägt dabei eine dezidiert historische Perspektive ein. Zudem geben ausgewählte sozioökonomische Performanzindikatoren einen Einblick in die Staatsleistung sowie in quantitative Vergleiche.

Bei der Gestaltung der einzelnen Kapitel war es uns ein Anliegen, den Leser auch mit sozialwissenschaftlichen Klassikern zu den nordischen Ländern, von den Werken Gøsta Esping-Andersens über Peter J. Katzenstein bis zu Stein Rokkan, vertraut zu machen. Gleichzeitig sollte durch eine Begrenzung der verwendeten Literatur der Einführungscharakter gewahrt bleiben. Dieser Ansatz spiegelt sich auch in der Rubrik „Drei Titel zum Weiterlesen" wider, die jedes Kapitel, so auch dieses, abschließt. Zudem haben wir einen kleinen Fragenkatalog entwickelt, der dem Leser eine gewisse Lernkontrolle bieten bzw. Studierenden die Klausurvorbereitung erleichtern soll. Länderübergreifende Fragen finden sich jeweils am Ende derjenigen Kapitel, in denen relevante Informationen zur Beantwortung enthalten sind (etwa am Ende dieses Einleitungskapitels oder hinter dem Schlussteil des Buches). Zudem stehen länderspezifische Fragen (natürlich) am Ende der dazugehörigen Länderkapitel. Die Fragen sind auf einem Schwierigkeitsniveau von 1 bis 3 klassifiziert, wobei 3 den höchsten Schwierigkeitsgrad angibt.

1.4   Drei Titel zum Weiterlesen

1. Schmid, Josef (2010): Wohlfahrtsstaaten im Vergleich. Soziale Sicherung in Europa: Organisation, Finanzierung, Leistungen und Probleme. 3. Auflage. Wiesbaden: VS.
   - Der Band ist eine Einführung in die vergleichende Wohlfahrtsstaatsforschung und die damit verbundenen theoretischen und methodischen Fragen. Zugleich werden einzelne Länder – hier ist Schweden relevant und pars pro toto – sowie die Systeme bzw. aktuellen Themen der sozialen Sicherheit behandelt.
2. Lundberg, Urban (2009): Das nordische Modell: Antrieb oder Bremse der politischen Entwicklung. In: *WSI-Mitteilung* 63 (1), S. 25–30.
   - Der Aufsatz bietet einen kurzen Überblick über die Entwicklung des nordischen Modells, eine Abgrenzung gegen andere Regionen und Hinweise auf die internen Differenzierungen. Auch als Download verfügbar unter www.boeckler.de/wsimit_2009_01_lundberg.pdf
3. vifanord (ohne Jahr): Virtuelle Fachbibliothek Nordeuropa und Ostseeraum. Verfügbar unter http://www.vifanord.de.
   - Auf dieser Homepage befindet sich vifanord, die virtuelle Fachbibliothek Nordeuropa und Ostseeraum. Sie bündelt Informationen, Literatur und Forschungsergebnisse über Skandinavien, Finnland und die baltischen Länder und bietet umfassende Recherchemöglichkeiten.

1.5 Übungsfragen

Übungsfrage 1

Welche grundlegenden Merkmale charakterisieren das sozialdemokratische Wohlfahrtsstaatsregime nach Esping-Andersen?
Schwierigkeitsgrad: 1

Musterlösungen zu den Übungsfragen können im Internet unter www.springer.com/springer+vs/politik/book/978-3-658-02030-9 heruntergeladen werden.

Dänemark

2

Basisdaten Dänemark Tab. 2.1.

Tab. 2.1 Basisdaten Dänemark. (Quelle: Eigene Erstellung auf Basis von Eurostat 2013c, 2013d, 2013e, 2013f; OECD StatExtracts o. J.; Wikimedia Commons 2011a)

Staatsform	Konstitutionelle Monarchie mit parlamentarisch-demokratischem Regierungssystem		
Staatsoberhaupt	Königin Margrethe II.		
Amtssprache	Dänisch; Minderheitensprachen: Deutsch, Faröisch, Grönländisch		
Regierungschef	Helle Thorning-Schmidt (Sozialdemokraten)		
Arbeitslosigkeit	7,5 % (2012)	**Reales BIP pro Kopf**	37.300 €(2012)
Anteil am BIP		**Inflationsrate**	2,4 % (2012)
- Landwirtschaft	3 %		
- Industrie	26 %		
- Dienstleistungen	71 %	**Bevölkerung**	5.602.628 (1/2013)
Gewerkschaftlicher Organisationsgrad	68,5 % (2010)	**Fläche**	43.094 km² (Hauptland) 1.393 km² (Faröer Inseln) 2.166.086 km² (Grönland)
Stimmanteile Sozialdemokraten	24,8 % (2011)	**Hauptstadt**	Kopenhagen

C. Förster et al., *Die nordischen Länder*, DOI 10.1007/978-3-658-02031-6_2, © Springer Fachmedien Wiesbaden 2014

2.1   Einführung: Politische Geschichte

Das Königreich Dänemark gerät, verglichen mit dem großen Nachbarn Schweden und spätestens seit den PISA-Erfolgen auch verglichen mit Finnland, in der öffentlichen Debatte um die nordischen Länder manchmal in Vergessenheit. Zu Unrecht: Dänemark steht für eine nordische Konsensdemokratie, die sich durch Absprachen und Kompromisse zwischen den politischen Akteuren auszeichnet (Nannestad 2009, S. 65) und auch politpraktisch sehr interessante Ansatzpunkte bietet, v. a. auf dem Feld der Arbeitsmarktpolitik. Angesichts des Erfolges rechtspopulistischer Strömungen gibt die aktuelle dänische Politik allerdings auch Anlass zum kritischen Nachdenken.

Die Staatsbildung Dänemarks ist nicht genau zu datieren. In der Legende von Beowulf wird von Harald Hildetand berichtet, der Ende des 7. Jahrhunderts die Dänen geeint haben soll. Obwohl Chronisten aus dieser Zeit von Dänen und ihrem Staat berichten, können lediglich durch Funde des Dänenwerks (Danevirke), jenes Grenzwalls südlich der Eider, der bereits im 8. Jahrhundert bestand, Rückschlüsse auf eine mächtige, vielleicht staatsähnliche Struktur gezogen werden. Dennoch bezeugen Bootsfunde zu Beginn des 5. Jahrhunderts Handelsverbindungen von Dänemark bis ans Schwarze Meer, für die es eine umfassende Verwaltungsstruktur gegeben haben muss. Nichtsdestoweniger ist die erste Reichsbezeichnung „Dänemark" erst auf einem Runenstein von 940 nachzuweisen (Findeisen 1999, S. 30–34).

Ab dem 8. Jahrhundert breiteten sich dänische Wikinger an französischen und britischen Küsten aus. Mit ihren ausgereiften Bootskonstruktionen konnten sie auch Flüsse befahren, gelangten auf diese Weise sogar bis nach Trier oder Konstantinopel. Zeitgleich erlebte Europa eine Welle der Christianisierung, die dem mythischen Glauben der Wikinger mit ihrem obersten Gott Odin entgegenbrandete. Auch wenn die dänischen Wikinger von den Christen gefürchtet wurden, waren sie nicht nur Plünderer, sondern aufgrund ihrer Seefahrtkenntnisse auch erfolgreiche Händler. Die Blütezeit der Wikinger begann 867 als sie das englische York besetzten – und für 100 Jahre dort bleiben sollten. Die Wikinger waren nicht national organisiert, sondern es gab viele einzelne Stämme, die sich zum Teil feindlich gesinnt waren. Die weitreichende Verbreitung des Christentums sowie neue Schiffstechniken leiteten Mitte des 11. Jahrhunderts den Untergang der dänischen Wikinger ein (Findeisen 1999, S. 36–37, 40, 43–45).

An diese Phase schloss sich die Regentschaft König Svend Estridsens (ca. 1020–1074) an, der primus inter pares verschiedener Wikingerkönige geworden war und der ein geeintes Königreich etablieren konnte. Gute Beziehungen zum Papst konnten seine Position festigen, dessen ungeachtet blieb die lokale Aristokratie allerdings weiterhin mächtig. Aufgrund von Streitigkeiten zwischen diesen lokalen Autoritäten wurde Svend Estridsens schließlich auch gestürzt und erst viele Jahrzehnte später wurde das Reich unter Waldemar I. der Große (1131–1182) wieder geeint. Dessen Nachkomme Waldemar II. (1170–1241) erweiterte sein Herrschaftsgebiet, das zu Hochzeiten weite Teile des Ostseeraums, Skåne, Blekinge und Halland in Schweden, Teile Norddeutschlands, Nordpolens und Estlands umfasste. Fortwährende Erbschaftsstreitereien rissen aber unaufhörlich an dieser nationalen Einheit (Findeisen 1999, S. 49–55, 65). Nicht nur die schwedischen Gebiete wurden zum Zankapfel, sondern auch die Macht um den Handel mit der Hanse. Den Streit mit der Hanse verlor Dänemark und musste sich laut dem Frieden von Stralsund 1370 unterordnen. In den darauffolgenden Jahrzehnten wechselten die Grenzen zwischen Dänemark, Schweden und Norwegen unaufhörlich, doch um mehr Macht gegenüber der Hanse und Deutschland zu erlangen, schlossen sich die Länder 1397 zur Kalmarer Union zusammen. Die dänische Königin Margrethe inthronisierte Erik von Pommern als Unionskönig, der Herrscher über die drei nordischen Reiche wurde. Die Zeit der Kalmarer Union, in der es zu keiner Zeit eine gemeinsame Strategie der beteiligten Länder gegeben hatte, gilt insgesamt als wenig erfolgreich und endete 1523 (Findeisen 1999, S. 74–85).

Im Gegensatz zu den von Reformation und Gegenreformation geschüttelten kontinentaleuropäischen Ländern verlief die Reformation in Dänemark ruhig, wie es für die nordischen Länder typisch war (Abschn. 6.2.2). Kirche und Staat wurden dabei in den Königen vereint, von denen einer der besonders bedeutenden dieser Zeit Christian IV. (1577–1648) war, der sich einerseits für die Wohlfahrt des Volkes andererseits für seine Machterhaltung einsetzte. Gegen den Rat der adligen Kreis- und Reichsräte führte er Krieg gegen Schweden, woraus ein schwelender Konflikt um die Gebiete Skåne und Blekinge entstand (Findeisen 1999, S. 123–129).

Anno 1676 griffen die Dänen mit ihren niederländischen Verbündeten Ystad an und waren – dank der Unterstützung der Bevölkerung – siegreich. In Lund kam es mit rd. 8.000 gefallenen Soldaten zum opfervollsten Gefecht auf nordischem Boden, bei dem die Schweden knapp die Oberhand behalten konnten. 1700 griffen die Dänen mit den Bündnispartnern Polen und Russland dann erneut das damals verhasste Schweden an. Zu diesem Zeitpunkt konnte sich Schweden mit Unterstützung der englischen Flotte noch verteidigen, hingegen erreichte ein erneutes Bündnis mit Russland neun Jahre später die Besetzung der strategisch gelegenen Feste von Helsingborg. Schlechte Versorgung, Kälte und eine zunehmend dänenfeindliche Bevölkerung führten dazu, dass die Dänen 1710 allerdings bereits wieder über den Sund zurückgedrängt wurden und diesen nie wieder feindlich überqueren sollten.

Die jahrhundertelangen Auseinandersetzungen der beiden nordischen Kontrahenten endeten offiziell gleichwohl erst 1721 im Frieden von Nystad. Infolge dessen konnte sich das dänisch-norwegische Reich wirtschaftlich erholen und es etablierte sich ein aufgeklärter Absolutismus mit behutsamen Reformen, bei dem der Staatsrat zum eigentlichen Regierungsorgan wurde. Begünstigt durch ein gewaltiges Bevölkerungswachstum in Europa, erlebte der Export von landwirtschaftlichen Produkten eine Hochzeit. Mit Hilfe der Erlöse baute Dänemark seine Flotte zu neuer Stärke aus, was der dominierenden englischen Flotte missfiel und worauf diese 1801 und erneut 1807 Dänemark angriff. Daraufhin knüpfte Dänemark sein Schicksal an Frankreich, doch als 1814 Napoleon abdankte, ergab sich für Schweden die Möglichkeit, die norwegischen Gebiete zu besetzen und das dänisch-norwegische Reich von 1380 zerbrach (Findeisen 1999, S. 143–157).

Kriegerische Auseinandersetzungen fanden außerdem zwischen Dänemark und Deutschland statt.

- Zum einen wurde 1864 der deutsch-dänische Krieg ausgetragen, bei dem Dänemark das umkämpfte Schleswig-Holstein an Preußen abtreten musste und wichtige Hafen- und Eisenbahnverbindungen verlor (Findeisen 1999, S. 184).
- Zum anderen wurde Dänemark im 2. Weltkrieg von April 1940 bis Mai 1945 von deutschen Truppen besetzt.

Dies stellte den Tiefpunkt der dänisch-deutschen Beziehungen dar. Dennoch war die Besetzung Dänemarks im Vergleich zur Besetzung anderen Länder durch die Nazis weniger zerstörerisch, gleichwohl durchaus gewaltsam. Einerseits war Dänemark vor allem Durchgangsstation nach Norwegen, andererseits benötigte man die dänische Landwirtschaft für die Versorgung der Bevölkerung.

Nach der Besetzung im Zuge der „Operation Weserübung" blieb die dänische Regierung im Amt, was ihr z. T. den Vorwurf einbrachte, die Neutralität aufgegeben zu haben. Dabei darf jedoch nicht vergessen werden, dass gewaltsamer Widerstand gegen die Deutschen möglicherweise verheerende Folgen gehabt hätte. Anzumerken ist außerdem, dass es damals keine nennenswerten nationalsozialistischen Parteien oder Gruppierungen in Dänemark gegeben hatte.

Nach Regierungsumbildungen und ersten deutschen Erfolgen im Krieg schwenkte die dänische Politik von einer passiven in eine aktivere Kollaborationspolitik um, woraufhin sich aus dem englischen Exil Widerstand gegen die Besatzer regte. Wurde bei den Wahlen am 23.03.1943 die Kollaboration unterstützt, so wandelte sich dies – auch aufgrund von Niederlagen der Deutschen – allerdings erneut schnell. Auf die in diesem Zuge initiierten Sabotageakte und Streiks reagierten die Deutschen mit einem härteren Vorgehen gegen Widerstandskämpfer, der Deportation von dänischen Juden in Konzentrationslager, der Auflösung der dänischen Polizei und im August 1943 sogar mit der Absetzung der dänischen Regierung, die zwar weiterhin arbeitete, aber von Deutschland gesteuert wurde. Verschiedene Widerstandsgruppen schlossen sich in der regierungslosen Zeit zur „heimlichen Regierung", dem Freiheitsrat, zusammen – eine Art Untergrundarmee, die von Schweden aus operierte. Aufgrund von Erfolgen der Alliierten kapitulierten die deutschen Truppen am 05.05.in Dänemark bzw. am 08.05.1945 auf Bornholm. Vielen Kollaborateuren wurde ein juristischer Prozess gemacht, einige wurden durch Racheakte ermordet. Im Vergleich zu Norwegen war Dänemark weniger zerstört und konnte nach dem 2. Weltkrieg auf eine gute Infrastruktur und eine intakte Landwirtschaft zurückgreifen. Trotzdem waren tausende Menschen durch die Besatzer gestorben (Frandsen 1994, S. 175–188).

Die Südschleswig-Frage um den Grenzverlauf im Süden blieb auch nach dem Krieg brisant. Viele Südschleswiger wollten Dänemark eingegliedert werden und unterstützt von den britischen Besatzern wurde Dänemark das Angebot unterbreitet, Südschleswig zu annektieren. Jedoch wurde dies von der dänischen Regierung nicht angenommen, da man die innere Stabilität Dänemarks gefährdet sah und aufgrund dessen die dänischdeutsche Grenze nach Süden unverändert ließ. Noch heute lebt eine deutsche Minderheit in Nordschleswig (Dänemark) und eine dänische Minderheit in Südschleswig (Deutschland). Beide genießen in den jeweiligen Ländern Minderheitenschutz (Frandsen 1994, S. 191–193).

Dänische Territorien: Färöer Inseln, Grönland, Island und die Kolonien

Nach einer vorübergehenden Zeit der englischen Besatzung ab 1940 verfolgten die Färöer Inseln eigentlich das Ziel, vollständig von Dänemark unabhängig zu werden. Eine komplette Abspaltung wurde von der dänischen Regierung jedoch nicht gestattet, gleichwohl gewährte Kopenhagen ein weitgehendes Autonomierecht. Seit 1948 entsenden die Färöer Inseln zwei verbindliche Repräsentanten, welche die Interessen im dänischen Parlament vertreten. Zudem entsenden sie eigene Vertreter in den Nordischen Rat. Die Färöer Inseln sind nicht Mitglied der EU, haben dennoch die dänische Währung als Zahlungsmittel.

Die in der färöischen Hauptstadt Tórshavn ansässige Reederei Smyril Line betreibt die Fährverbindung zwischen Dänemark und Island. Die Route erfreut sich bei Campingurlaubern, die in Island nicht auf das eigene Wohnmobil oder den Wohnwagen verzichten möchten, einiger Beliebtheit. Die Fähren machen auf den Färöern Station, weshalb die Inseln auch begrenzte touristische Bedeutung erlangt haben. Bemerkenswert ist die färöische Biermarke „Föroya Bjór", gebraut in Klaksvík, nach Tórshavn zweitgrößte Stadt der Inseln. Zu Ehren der rd. 80.000 Schafe (auf den Inseln leben also mehr Schafe als Menschen) ist auf dem Etikett ein Widderkopf abgebildet. Föroya Bjór gibt es außerhalb der Inseln und abseits der Symril Line-Fähre Norröna zwar so gut wie nicht zu kaufen, jedoch gelang es der Marke, sich einen soliden Ruf unter Bierexperten aufzubauen.

Schließlich steht den Färingern ein Verweis auf ihre Verdienste im Fußball zu: Das 1:0 gegen Österreich aus dem Jahr 1990 gehört für die Inselbewohner zu den Grundfesten ihres ausgeprägten Nationalstolzes. Damals war noch der legendäre Torwart Jens Martin Knudsen aktiv, der nicht zuletzt dank seines Markenzeichens (er stand stets mit weißer Pudelmütze auf dem Platz) auch international Bekanntheit erlangte. Mit einem 1:2 gegen den amtierenden Weltmeister Italien im Jahr 2007 sowie mit einem Unentschieden (1:1) gegen, wieder einmal, Österreich im Jahr 2010 konnte die färöische Mannschaft auch später Erfolge erzielen, die für die jeweiligen Gegner besonders schmerzhaft waren.

Im anderen überseeischen Hoheitsgebiet Dänemarks, in Grönland, formierte sich keine Unabhängigkeitsbewegung im 2. Weltkrieg; dieses Gebiet wurde wie die Färöer Inseln den anderen Landesteilen gleichgestellt, besitzt ein weitgehendes Selbstverwaltungsrecht und entsendet ebenfalls zwei Vertreter ins Parlament (Findeisen 1999, S. 233).

Noch bis ins Jahr 1940 hatte der dänische König souveräne Rechte über Island. Mit der deutschen Besatzung Dänemarks verfolgte dann Island das Ziel, sich von Dänemark loszusagen und die Union zu kündigen. 1941 entschied sich das isländische Parlament (Allting) für die Auflösung des Unionsvertrages mit Dänemark. Zunächst übernahm Großbritannien und anschließend die USA das Oberkommando über die nordatlantische Insel. Beide Parteien wollten eigentlich, dass Island mit der Auflösung der Union bis zum Kriegsende warten sollte. Ungeachtet dessen beschloss das Allting eine Volksbefragung, bei der sich eine überwältigende Mehrheit für die Unabhängigkeit aussprach, woraufhin am 17.06.1944 die Republik Island ausgerufen wurde, deren erster Präsident Sveinn Björnsson wurde (Findeisen 1999, S. 227).

Der dänische Demokratisierungsprozess setzte bereits ab 1660 ein, als Ständewahlen eingeführt wurden und eine Wahlverordnung verfasst wurde. Erst 1831 aber wurden weiten Bevölkerungsgruppen (z. B. Bauern) Mitspracherechte eingeräumt und 3 Jahre später initiierte die Ständeversammlung eine verfassungsähnliche Schrift, in der Adlige nicht mehr privilegiert waren und sich mit Bauern und Bürgerlichen nun auf einer Stufe wiederfanden (Findeisen 1999, S. 177). Die erste gültige Verfassung wurde 1849 niedergeschrieben, jedoch waren der amtierende König Christian IX. (1818–1906) und sein Innenminister Jacob Brönnum Scavenius Estrup stark skeptisch gegenüber dieser Verfassung eingestellt, da sie unter anderem das allgemeine Wahlrecht beinhaltete. Sie setzten deshalb durch, dass für die Erste Kammer nur vermögende Wähler zur Urne schreiten durften. Eine Reform konnte erst 1872 durchgesetzt werden, als in der Zweiten Kammer linke und liberale Politiker die Mehrheit erreichen konnten (Findeisen 1999, S. 190–193).

Wichtige Veränderungen im Wahlrecht stellte durch das 20. Jahrhundert hindurch zudem eine stetige Herabsetzung des Wahlalters bis auf 21 Jahre dar (Svensson 1974, S. 127). Auf die heute gültigen 18 Jahre wurde das Wahlalter schließlich durch eine Grundgesetzänderung 1978 herabgesetzt.

Das dänische Sozialsystem ist typisch für sozialdemokratische Wohlfahrtsstaaten und wurde nach der Industrialisierung ab Mitte bzw. Ende des 19. Jahrhunderts vorangetrieben. In Anlehnung an Einhorn u. Logue (1989, S. 172–176) beschreibt Schmid die Entstehungsphasen des dänischen Sozialversicherungssystems folgendermaßen:

- „Zusammenfassung vereinzelter kollektiver Formen zu einem einheitlichen nationalen System sozialer Sicherung bzw. entsprechenden gesetzlichen Regelungen (ca. 1890–1930)
- Entwicklung eines universalistischen Systems sozialer Sicherung unter sozialdemokratischen Regierungen (ca. 1930–1960)
- Ausbau des Wohlfahrtsstaates sowie z. T. Stagnation und Krisenmanagement (seit 1960)" (Schmid 2010, S. 147).

Die ersten Versicherungen beruhten zunächst auf freiwilliger Basis, die erst allmählich durch staatliche Zuschüsse subventioniert wurden. 1891 wurden die ersten Kranken- und Rentenversicherungssysteme entwickelt und 1898 eine gesetzliche Unfallversicherung. Bei diesen Versicherungen handelte es sich noch nicht um Pflichtversicherungen, diese wurden erst gegen Ende der von Schmid beschriebenen ersten Phase und zu Beginn der zweiten Phase gesetzlich verankert (Unfallversicherung 1916, Rentenversicherung 1921/1922 und gesetzliche Krankenversicherung 1933). Lediglich die Arbeitslosenversicherung ist weiterhin freiwillig und beruht auf dem Genter Modell, das in Abschn. 2.4.2 vorgestellt wird (Schmid 2010, S. 148).

2.2 Polity: Grundzüge des politischen Systems

2.2.1 Verfassung

Die dänische Verfassung (Danmarks Riges Grundlov, kurz: Grundlov) wurde am 05.06.1849 verabschiedet und ist in weiten Teilen in ihrer ursprünglichen Form erhalten. Lediglich in den Jahren 1915, 1920 und 1953 wurden Verfassungsänderungen durchgeführt, weshalb das Grundgesetz als resistent bezeichnet werden kann. Ein entscheidender Grund für diese Resistenz der Verfassung gegenüber Änderungen ist eine seit 1915 verankerte obligatorische Volksbefragung bei Verfassungsänderungen. Eine Mehrheit von 40 % der Wahlberechtigten muss einer vorgeschlagenen Verfassungsänderung zustimmen, um diese verabschieden zu können. Bereits 1901 wurde das parlamentarische System in der Verfassung verankert, jedoch erst mit der letzten Verfassungsänderung im Jahr 1953 umgesetzt (Nannestad 2009, S. 65–66).

Die bis ins Jahr 1849 bestehende absolutistische Monarchie wurde durch die Verfassung in begrenztem Umfang eingeschränkt und in eine konstitutionelle Monarchie überführt. Der König hatte zum damaligen Zeitpunkt noch die Regentschaft über die Exekutive, allerdings benötigte er für Entscheidungen die Gegenzeichnung eines Ministers. In der Legislative teilte sich der König die Macht mit dem Parlament, welches zu Beginn in zwei Kammern aufgeteilt war (erste Kammer = Landsting; zweite Kammer = Folketing). Durch die Verfassungsänderung 1915 wurde das Verhältniswahlrecht für die Parlamentswahlen eingeführt, womit eine Ausweitung des Wahlrechts auf Frauen und 1920 die Absenkung des Wahlalters von 30 auf 25 Jahre einherging, was vor allem vom linken Parteienflügel begrüßt wurde. Im Gegenzug wurde der konservativen Seite, die vornehmlich im Landsting vertreten war, das Zugeständnis gemacht, bei Verfassungsänderungen ein obligatorisches Referendum vorzuschalten (Nannestad 2009, S. 66–67).

König Frederik VII. (1808–1863) war von der ersten Verfassung, obwohl er sie unterschrieben hatte, wenig überzeugt. Die darin enthaltenen Elemente wie allgemeines aktives und passives Wahlrecht für beide Kammern, die Trennung der Staatsgewalten, religiöse Freiheit, Gewerbefreiheit, die Betrachtung der evangelisch-lutherischen Kirche als

Volkskirche, die Aufhebung von Zensur und somit die Errichtung einer konstitutionellen Monarchie waren ihm zu umfassend. Wenngleich man freilich noch nicht von einer demokratischen und allgemeinen Wahl nach heutigem Verständnis sprechen konnte, denn für das Landsting wurde eine indirekte Wahl in Amtskreisen durchgeführt, in der die Vertreter über 40 Jahre alt sein und über jährliche Einnahmen von mindestens 1.200 Reichstalern verfügen mussten. Die Repräsentanten im Folketing mussten über 25 sein und wurden in Einmannkreisen mit direkter Wahl gewählt. Bei den Wahlen durften nur „unbescholtene" Männer über 30 Jahre und mit eigenem Haushalt abstimmen (Skovmand et al. 1973, S. 116–118).

Um die parlamentarische Macht gegenüber dem Monarchen zu festigen, wurde 1939 der Versuch unternommen durch eine Verfassungsänderung die zwei Kammern zu vereinigen. Dieser Versuch scheiterte und erst 1953 wurde das Zweikammersystem aufgelöst; seitdem existiert nunmehr das alle 4 Jahre gewählte Folketing mit 179 Mitgliedern. Die Verfassungsänderung von 1953 beinhaltete außerdem eine Herabsetzung des Wahlalters auf 23 Jahre, Klarheit bei der Frage um Grönland und Erbfolgeregelungen für die Monarchie, nach denen von nun an auch weibliche Thronfolger Staatsoberhaupt werden können (Nannestad 2009, S. 67).

In § 2 der dänischen Verfassung wird die Regierungsform als „begrenzt-monarchisch" (Folketinget 2009, S. 3, Kapitel I, § 1) bezeichnet, was sich in einer „Gewaltenverschränkung" (Nannestad 2009, S. 68) ausdrückt. Letztendlich verbleiben beim König gewisse exekutive und legislative Funktionen (siehe ausführlicher Abschn. 2.2.3 und Abschn. 2.2.4).

Die unterste Ebene der Judikative bilden die dänischen Stadtgerichte (Byretter). Auf der nächsthöheren Ebene existieren zwei Landesgerichte für das östliche (Østre Landsret) und für das westliche Dänemark (Vestre Landsret). Die höchste juristische Instanz stellt der oberste Gerichtshof (Højesteret) dar. Ein eigenes Verfassungsgericht gibt es in Dänemark nicht, die existierenden Ebenen des Rechtssystems müssen sich stattdessen Verfassungsfragen annehmen. Bei Verfahren gegen Minister wird ein gesondertes Reichsgericht gebildet, das sich aus Richtern des obersten Gerichtshofes zusammensetzt (Nannestad 2009, S. 100).

Die dänische Verfassung sieht verschiedene Möglichkeiten für die Durchführung eines Referendums vor:

- ein fakultatives sowie
- ein obligatorisches Referendum.

Für ersteres muss sich mindestens ein Drittel des Parlaments aussprechen. Ein obligatorisches Referendum ist verpflichtend und gilt bei Verfassungs- und Wahlrechtsänderungen oder der Übertragung von Befugnissen an internationale Organisationen. In diesen Bereichen muss für eine Entscheidung entweder eine 5-Sechstel-Mehrheit im Folketing erreicht werden oder eben ein Referendum positiv ausfallen, bei dem ein Quorum von 40 % überschritten wird (Nannestad 2009, S. 68, 88–90; Damgaard 2004, S. 127) (siehe Tab. 2.2).

Tab. 2.2 Dänische Referenden seit 1916. (Quelle: Eigene Erstellung auf Basis von Nannestad 2008, S. 152 und Danmarks Statistik 2009)

Referendum/Gegenstand	Wahlbeteiligung (%)	Resultat
Verfassungsänderungen (obligatorisch)		
06.09.1920	49,6	Annahme
23.05.1939	48,9	Ablehnung
28.05.1953	59,1	Annahme
Wahlrechtsalter (obligatorisch)		
28.05.1953 (Wahlalter von 25 auf 23)	57,1	Annahme
30.05.1961 (Wahlalter von 23 auf 21)	37,3	Annahme
24.06.1969 (Wahlalter von 21 auf 18)	63,6	Ablehnung
21.09.1971 (Wahlalter von 21 auf 20)	86,2	Annahme
19.09.1978 (Wahlalter von 20 auf 18)	63,2	Annahme
Souveränität (obligatorisch)		
2.10.1972 (EG-Beitritt)	90,1	Annahme
2.06.1992 (Maastricht Vertrag)	83,1	Ablehnung
28.05.1998 (Amsterdam Vertrag)	74,8	Annahme
28.09.2000 (Euro)	87,6	Ablehnung
07.06.2009 (Änderung Thronfolge)	59,4	Annahme
Gesetz (fakultativ)		
25.06.1963 (4. Raumplanungsgesetz)	73,0	Ablehnung
Fakultativ, nicht bindend		
14.12.1916 (Westindische Inseln an USA)	37,4	Annahme
27.02.1986 (Einheitliche Europäische Akte)	75,4	Annahme
Fakultativ, bindend		
18.05.1993 (Edinburgher Abkommen)	86,2	Annahme

Zwei der wichtigsten Entscheidungen waren der Beitritt zur EG 1973 (mehr in Abschn. 2.4.4) und im September 2000 das „Nein" zur europäischen Gemeinschaftswährung. Das letzte dänische Referendum wurde 2009 durchgeführt und ab diesem Zeitpunkt sind Männer und Frauen in der Thronfolge gleichberechtigt.

2.2.2 Gebietskörperschaftlicher Aufbau und bedeutende Zentren

Dänemark teilt sich geographisch – und mittlerweile auch politisch – in die Regionen Nord- und Mitteljütland, die Region Süddänemark, zahlreiche Inseln, von denen die größte die Region Seeland ist, auf der Kopenhagen liegt und zu der formal die Ostseeinsel Bornholm gehört. Den Regionen wurden in den letzten Jahren Aufgaben wie das Gesundheitswesen, Krankenhausverwaltung oder die Regionalentwicklung übertragen (Krogh 2011, S. 314).

Neben diesem dänischen Kernraum gehören die Färöer Inseln im Nordatlantik und Grönland zum dänischen Hoheitsgebiet. Allerdings sind die Färöer Inseln (seit 1948) und Grönland (seit 1953/1979) weitgehend selbstverwaltet, entsenden jedoch jeweils zwei Mitglieder in das dänische Parlament.

Der flächenmäßig kleinste Staat der nordischen Länder hat eine Einwohnerzahl von rd. 5,6 Mio. (Stand: Januar 2013), von denen etwa 1,2 Mio. in der Hauptstadtregion Kopenhagen leben (Danmarks Statistik 2013). Insgesamt 5 Städte haben eine Einwohnerzahl von über 100.000 Personen. Kopenhagen (560.000 Einwohner) ist das kulturelle, wirtschaftliche und politische Zentrum Dänemarks. Sowohl politische Institutionen wie das Parlament als auch der Sitz wichtiger Unternehmen (z. B. der Reederei Møller-Mærsk) liegen in der Hauptstadt. Als Hafenstadt ist Kopenhagen für internationale Kreuzfahrten bekannt und der Flughafen Kastrup wird als Nordeuropa-Hub angesehen. Zahlreiche Universitäten und Hochschulen wie die Copenhagen Business School, die Danmarks Tekniske Universitet und die mit rd. 38.000 Studenten und 9.000 Angestellten größte Universität, die Københavns Universitet (Københavns Universitet o. J.) befinden sich hier. Aarhus (205.000) ist mit seiner strategischen Lage am Meer wichtig für den Import und Export von Rohstoffen und landwirtschaftlichen Produkten. Mit 203.000 Einwohnern ist Aalborg ein wichtiges Zentrum im Nordosten Jütlands. In den Bereichen Schiffbau, Textilgewerbe und Möbelherstellung ist die Stadt bedeutend. Odense (193.000) liegt auf der Insel Fünen zwischen Seeland und der Region Süddänemark, deren Universität hier ihren Hauptsitz hat. Frederiksberg (102.000) liegt in der Hauptstadtregion Kopenhagen und hegt enge Beziehungen zu dieser (alle Bevölkerungszahlen Stand Januar 2013 nach Danmarks Statistik). Durch Gebietsreformen, die am 01.01.2007 umgesetzt wurden, verlor Frederiksberg seine Eigenständigkeit als Amtskreis.

Die Verwaltungsstruktur Dänemarks wurde in zwei sog. Strukturreformen stark verändert, wobei bei der ersten Strukturreform 1970 die insgesamt ca. 1.300 Kommunen zu 275 Kommunen zusammengefügt wurden (Blom-Hansen 2010, S. 56). Die zweite Gemeindegebietsreform fand im Jahr 2007 statt. Die 1970 zusammengesetzten Kommunen (275), zwischenzeitlich nur noch 271, wurden zu 98 Gemeinden verbunden. Ein weiterer Bestandteil der Reform von 2007 betraf die regionale Ebene. Die vormals 14 Amtskreise plus die Gemeinden Kopenhagen und Frederiksberg wurden nach langer Diskussion zu 5 Regionen konzentriert. Diese sollen mit ihrer Größe besser den europäischen Gebietseinheiten (NUTS-Ebenen) für Förderprogramme entsprechen. Kommunal- und Regionalwahlen werden im 4-jährigen Rhythmus abgehalten (Krogh 2011, S. 314).

Nach Blom-Hansen gab es drei wesentliche Gründe für die umfangreichen Strukturreformen. Zum einen sollten die Kommunen Aufgaben im Bereich der Sozialdienstleistungen (Kindergärten, Schulen, Altenpflege und Fürsorge), des Gesundheitswesens, der Krankenhäuser und im Straßenverkehr übernehmen. Zum anderen wurde die Finanzierung der Kommunen verändert. Sie konnten zwar weiterhin selbst die Einkommensteuer erheben, jedoch findet ein größerer finanzieller Ausgleich von ökonomisch starken zu ökonomisch schwachen Gemeinden statt, der von der nationalen Regierung gelenkt wird. Drittens wurden die ursprünglich 271 Gemeinden zu 98 Gemeinden zusammengefügt, die sich zum Gemeindeverbund (Kommunernes Landsforening) zusammengeschlossen haben und auf lokaler Ebene wirtschaftlich effektiver arbeiten sollen (Blom-Hansen 2010, S. 53).

Die Kommunen sind in ihrer Verwaltungsstruktur frei, die meisten von ihnen beauftragen allerdings ständige Ausschüsse mit der politischen Arbeit. Dagegen dürfen die

Regionen keine eigenen demokratischen Institutionen aufbauen und keine Steuern mehr erheben, denn dies bleibt lediglich der lokalen und nationalen Ebene vorbehalten. Im Gegenzug erhalten die Regionen Ausgleichszahlungen von beiden Ebenen, wie beispielsweise Zuschüsse für die Nutzung von Krankenhäusern (Krogh 2011, S. 315).

Zusammenfassend kann man sagen, dass durch die größte Strukturreform Dänemarks die Kommunen in ihrer Position gestärkt wurden. Dies ist sowohl durch die größeren Einheiten als auch durch den starken Einfluss des Zusammenschlusses der Gemeinden zu begründen, wodurch Blom-Hansen sogar dazu verleitet ist die Behauptung aufzustellen: „[...] today the Scandinavian welfare state is basically a local welfare state" (Blom-Hansen 2010, S. 52).

2.2.3   Parlament und Gesetzgebung

Dänemark verfügt über ein parlamentarisches Regierungssystem, bei dem der Monarch das Amt des Staatsoberhauptes bekleidet. Wenn man von den beiden Sonderfällen der Färöer Inseln und von Grönland absieht, handelt es sich um einen Einheitsstaat, dessen konsensdemokratische Ausrichtung typisch für die nordischen Länder ist. Das Verhältnis zwischen Parlament und Regierung wird als ‚negativer Parlamentarismus' bezeichnet, bei dem die Regierung so lange im Amt bleibt, bis eine Parlamentsmehrheit der Regierung das Misstrauen ausspricht. Unabhängig davon sind Minderheitsregierungen in Dänemark häufig, bei denen die Duldung durch Parteien außerhalb der Regierung nötig ist (Nannestad 2008, S. 133).

Seit 1953 gibt es in Dänemark nur noch ein Einkammerparlament, das Folketing, welches sich aus insgesamt 179 Vertretern zusammensetzt (s. o.). Von diesen Sitzen sind 4 für jeweils 2 Repräsentanten aus Grönland und von den Färöer Inseln vorbehalten. Die restlichen Sitze verteilen sich folgendermaßen: 135 Sitze werden in Mehrpersonenwahlkreisen ermittelt; um den Stimmverhältnissen besser zu entsprechen, werden die verbleibenden 40 Sitze als Ausgleichsmandate vergeben. Die Wahlen werden im Verhältniswahlrecht mit einer Legislaturperiode von 4 Jahren durchgeführt, wobei die Sperrklausel von gerade einmal 2 % der abgegebenen Stimmen vergleichsweise niedrig ist (Nannestad 2008, S. 133). Die Plenarsitzungen werden vom Parlamentsvorsitzenden sowie dessen 4 Stellvertretern, die gemeinsam das Präsidium bilden, geplant und geleitet. Seit der Erdrutschwahl von 1973 kam es zu einer Ausdifferenzierung der Parteienlandschaft, die instabile Koalitionsverhältnisse und viele Minderheitsregierungen hervorbrachte (Nannestad 2009, S. 70). Wir kommen in Abschn. 2.3.1 dieses Kapitels darauf zurück.

Formal existiert kein Fraktionszwang und die Parlamentarier sind lediglich ihrem Gewissen verpflichtet, was in der Praxis freilich seine engen Grenzen an der Integration in die jeweilige Parteistrategie findet. Fraktionen konstituieren sich aus einem Vorsitzenden, dem Vorstand, einem Sprecher und einem Sekretär und tagen immer vor einer Plenarsitzung. Für einzelne Politikbereiche kann es eigene Fraktionssprecher geben (Nannestad 2009, S. 72).

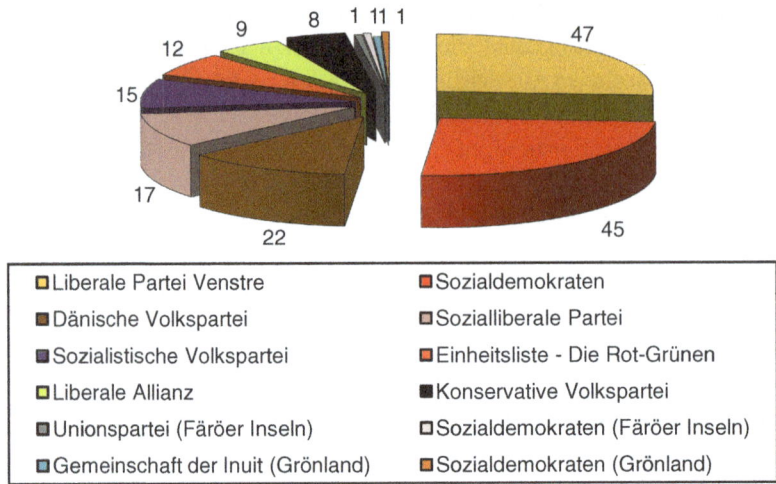

Liberale Partei Venstre	Sozialdemokraten
Dänische Volkspartei	Sozialliberale Partei
Sozialistische Volkspartei	Einheitsliste - Die Rot-Grünen
Liberale Allianz	Konservative Volkspartei
Unionspartei (Färöer Inseln)	Sozialdemokraten (Färöer Inseln)
Gemeinschaft der Inuit (Grönland)	Sozialdemokraten (Grönland)

Abb. 2.1 Sitzverteilung im Folketing 2011–2015. (Quelle: Eigene Erstellung auf Basis von Folketinget 2013a)

Tab. 2.3 Alters-/Geschlechtsabhängige Sitzverteilung im Folketing 2011 (ohne Grönland und Färöer Inseln). (Quelle: Eigene Erstellung auf Basis von Danmarks Statistik 2012a, S. 63)

Alter	18–29	30–49	50–64	65 +	Gesamt
Gesamt	18	103	47	7	175
Davon Frauen	11	45	10	2	68
Davon Männer	7	58	37	5	107

Die letzten dänischen Parlamentswahlen fanden am 15.09.2011 statt. Helle Thorning-Schmidt von der Sozialdemokratischen Partei wurde als erste Frau in das Amt der Ministerpräsidentin für eine Legislaturperiode bis 2015 gewählt. Die Sitzverteilung lässt sich Abb. 2.1 entnehmen.

Im Folketing sind verhältnismäßig viele Frauen repräsentiert, was ein Blick auf Tab. 2.3 verdeutlicht. Von den 175 Abgeordneten sind 68 weiblich und 107 männlich. Im Alter von 18–29 Jahren sind sogar mehr Frauen als Männer im Parlament. In den Alterskohorten, die am häufigsten im Parlament vertreten sind, nämlich zwischen 30–49, sind die männlichen Abgeordneten häufiger repräsentiert (siehe Tab. 2.3).

Die ständigen Ausschüsse bereiten Gesetzesinitiativen für die Folketing-Sitzungen vor und sind das eigentliche Arbeitszimmer des Parlaments. Die meisten ständigen Ausschüsse (z. B. Haushaltsausschuss, Ausschuss für europäische Angelegenheiten) setzen sich aus 17 Mitgliedern zusammen. Neben diesen ständigen Ausschüssen kann das Parlament Ausschüsse zu spezifischen, aktuellen Fragestellungen einrichten. In Dänemark arbeiteten seit 1972 je Legislaturperiode etwa 22–24 ständige Ausschüsse, derzeit sind es 26. Die Ausschussmitglieder werden proportional zur Sitzverteilung im Parlament gewählt und sind häufig jahrelang in der Ausschussarbeit tätig, wodurch sie sich Fachwissen aneignen (Folketinget 2010, S. 18). Zu beachten ist, dass Fraktionen, die weniger als zehn Abgeordnete im Folketing haben, keine Ausschussmitglieder stellen dürfen. Die Ausschüsse arbeiten direkt mit den zuständigen Fachministerien zusammen und hören sich die Interessen von Verbänden an, mit denen allerdings keine Verhandlungen unternommen werden. Gesetzesinitiativen werden nach ihrer ersten und meist auch nach ihrer zweiten Lesung im Folketing in den ständigen Ausschüssen ausgearbeitet und in einem Abschlussbericht mit Empfehlungen versehen (Nannestad 2009, S. 72–73).

Im Bereich der Legislative kommt es zur beschriebenen Gewaltenverschränkung, bei der sowohl der König als auch jedes Parlamentsmitglied das Initiativrecht für Gesetzesvorlagen hat, wobei die Letztentscheidung das Parlament hat und die rechtliche Verantwortung nicht beim Monarchen sondern den Ministern liegt. Gesetzesinitiativen von Seiten der Opposition und kleinen Parteien sind seltener von Erfolg gekrönt, da ihnen nicht der Verwaltungsapparat der Ministerien zur Verfügung steht (Damgaard 1974, S. 111–112).

In der Vorbereitungsphase, in der bereits Interessenverbände angehört werden können, werden Gesetze oft von (Experten)Kommissionen ausgearbeitet. Vor der Einbringung in das Parlament findet die Absprache im Kabinett und dem Staatsrat statt, die somit die letzte Kontrollinstanz vor dem Parlament sind. Der Staatsrat bildet sich aus dem Regenten, dessen Thronfolger, falls dieser Volljährigkeit erlangt hat, sowie den amtierenden Ministern (Nannestad 2008, S. 143). Hieran schließt sich die parlamentarische Behandlung an. Insgesamt 3-mal muss ein entstehendes Gesetz vor dem Folketing gelesen werden, wobei zwischen der Lesung 1 und 2 sowie 2 und 3 Ausschüsse zur Weiterentwicklung zwischengeschaltet und Verbände angehört werden. In der zweiten Lesung findet die intensivste Debatte im Parlament statt, woraufhin die Vorlage entweder noch einmal an die Ausschüsse weitergeleitet oder direkt mit der dritten Lesung fortgefahren wird. Nach der dritten Lesung und einer abschließenden Debatte mit Einarbeitungen von Änderungsvorschlägen erfolgt die Abstimmung. Nach Annahme des Gesetzestextes wird dieser vom Parlamentsvorsitzenden und einem Sekretär unterzeichnet und an den Staatsminister überstellt. Das Gesetz ist in Kraft, wenn der Regent nach 30 Tagen den Vorschlag unterzeichnet und ein Minister gegenzeichnet hat, was häufig in Staatsratssitzungen erfolgt. Wenn der Monarch danach keine Ratifizierung durchführt, ist er gezwungen abzudanken (Nannestad 2008, S. 150–152). Gerade bei Minderheitsregierungen besteht die Gefahr, dass der Gesetzentwurf ohne Kompromisse mit anderen Fraktionen scheitert.

In zunehmendem Maße müssen EU-Gesetzesvorschläge in dänisches Recht überführt werden. Der Ablauf ist analog zu dem von dänischen Gesetzesinitiativen (Nannestad 2009, S. 81–85). Damgaard u. Eliassen (siehe Tab. 2.4) fassten bereits in den 1970er-Jahren den Ablauf von Gesetzesvorlagen zusammen, an dem sich bis heute wenig verändert hat:

Viele der heute bestehenden Regelungen des öffentlichen Lebens liegen in Dänemark gar nicht in Gesetzform vor, sondern in Form von Rechtsverordnungen, die entweder vom König oder den Ministerien entworfen werden (Nannestad 2008, S. 137, 139).

Tab. 2.4 Prozess von Gesetzesinitiativen. (Quelle: Eigene Erstellung auf Basis von Damgaard und Eliassen 1978, S. 289)

1. Commission Stage	6. Second reading
2. Administrative preparation stage	7. Second parliamentary committee stage
3. Introduction in parliament	8. Third and final reading, including final division
4. First reading	9. Administrative implementation
5. Parliamentary committee stage	

Im Bereich der parlamentarischen Kontrolle ist ein wichtiges Instrument das Misstrauensvotum des Folketings gegen einzelne Minister. Ferner kann dies gegen den Ministerpräsidenten und somit die gesamte Regierung gestellt werden. Die Regierungsarbeit kann zudem durch „große Anfragen" (Forespørgsel) kontrolliert werden – eine Fragestunde im Parlament, in deren Rahmen der jeweilige Minister Rede und Antwort stehen muss und sich eine intensive Plenardebatte entwickeln kann. Zusätzlich gibt es kleinere Anfragen, bei denen sich ein betreffender Minister zu gestellten Fragen erklären muss.

Des Weiteren kontrollieren verschiedene Ausschüsse das Parlament, indem sie z. B. geplante Ausgaben genehmigen müssen. Die 1972 gegründete Reichsrevision zur Budgetkontrolle (Rigsrevisionen), die aus sechs (ehemaligen) Abgeordneten besteht, überprüft beispielsweise recht global die Staatsfinanzen. (Nannestad 2009, S. 73–75; Damgaard 2004, S. 119).

Eine weitere wichtige Kontrollinstanz ist die Institution des Ombudsmannes (Ombudsmand), der vom Parlament gewählt wird. Seine Aufgabe ist es, die Rechte des Bürgers gegenüber den Behörden und der Verwaltung zu verteidigen und zu kontrollieren. Entweder eigeninitiativ oder aufgrund von Beschwerden geht er Problemen nach und hat dabei besondere Rechte, wie unter anderem vollkommene Akteneinsicht. Obwohl der Ombudsmann lediglich Empfehlungen aussprechen und keine Entscheidungen der Verwaltung revidieren kann, bemüht sich die Politik seinen Empfehlungen zu entsprechen (Nannestad 2009, S. 75).

2.2.4 Regierung

Dänemark ist eine Erbmonarchie, in welcher der König bzw. derzeitig Königin Margrethe II., das Amt des Staatsoberhauptes innehat, das sich hauptsächlich auf repräsentative Aufgaben beschränkt. Immerhin ernennt bzw. entlässt sie den Regierungschef und dessen Minister (Folketinget 2009, S. 5, Kap. III, § 14), kann das Parlament auflösen oder Gesetze unterzeichnen, wofür immer das Gegenzeichnen mindestens eines Ministers nötig ist, der formal für das Gesetz oder die Entscheidung verantwortlich ist (Nannestad 2009, S. 69). Die Macht über die Exekutive bleibt laut dänischer Verfassung (Folketinget 2009, S. 3, 5, Kap. I, § 3, Kap. III, § 13) offiziell beim Monarchen, der im Ernstfall den Oberbefehl über

Tab. 2.5 Zusammensetzung der Regierung in der Legislaturperiode 2011–2015. (Quelle: Eigene Erstellung auf Basis von Folketinget 2013b, S. 2)

Partei	Anzahl Ministerien	Themengebiete und Ressortzuschnitte
Sozialdemokraten	11	Ministerpräsidentin; Soziales und Integration; Finanzen; Justiz; Verteidigung; Kinder und Bildung; Ernährung, Landwirtschaft und Fischerei; Transport; Europa; Arbeit; Städte, Wohnen und ländlicher Raum
Sozialliberale Partei	6	Wirtschaft und Inneres; Kultur; Forschung, Innovation und Hochschulausbildung; Entwicklungshilfe; Klima, Energie und Bau; Gleichstellung und Kirche; Minister für nordische Zusammenarbeit
Sozialistische Volkspartei	6	Äußeres; Umwelt; Steuern; Handel und Investitionen; Gesundheit und Prävention; Industrie und Wachstum

die dänischen Streitkräfte hat, was allerdings in der Praxis nicht angewendet wird (Ismayr 2009a, S. 18).

Nach Parlamentswahlen setzen Koalitionsverhandlungen ein, die darin münden, dass dem Staatsoberhaupt ein Regierungsvorschlag unterbreitet wird. Wie erwähnt, ernennt der Monarch anschließend den neuen Regierungschef und die Minister, welche ihr Mandat im Folketing aufrechterhalten oder es an einen Parteigenossen übertragen können (Nannestad 2009, S. 75–76). Die aktuelle Verteilung der Ministerien nach Regierungsparteien ist Tab. 2.5 zu entnehmen.

Eine Besonderheit ist derzeit (Winter 2013/2014), dass Manu Sareen von der Sozialliberalen Partei sowohl Minister für Gleichstellung und Kirche als auch Minister für nordische Zusammenarbeit ist.

Der Regierungschef, der in Dänemark ‚Statsminister' (Staatsminister/Ministerpräsident) genannt wird, ist meist gleichzeitig Parteivorsitzender, was im Fall von Ministerpräsidentin Thorning-Schmidt der Sozialdemokratischen Partei zutrifft. Grundsätzlich ist der Ministerpräsident primus inter pares und sticht als Regierungschef gegenüber den anderen Ministern hervor. Zu seinen Aufgaben zählt die Ernennung und Entlassung von Ministern, wozu er die formale Unterstützung des Monarchen benötigt. In Absprache mit möglichen Koalitionspartnern kann der Staatsminister sein Kabinett und die Verteilung der Ministerien neustrukturieren. Das Kabinett tritt während der Parlamentszeit einmal wöchentlich unter der Leitung des Staatsministers zusammen. Er entwirft die Agenda der Sitzungen, für welche die jeweiligen Ministerien vorab Themenvorschläge einreichen können. Im Kabinett selbst werden die Themen weniger diskutiert als vielmehr noch einmal zusammengefasst, Beschlüsse abgesegnet oder Strategien verkündet, denn die basispolitische Diskussion findet vorab im betreffenden Ministerium statt und die

Kabinettsitzungen fungieren eher als Kontrollinstanz. Einzelne Ministerien sind in ihrer Arbeit äußerst selbstständig und Interventionen zwischen Ministerien finden, wenn überhaupt, nach Absprache statt (Damgaard 2004, S. 120).

In Dänemark unterscheidet man zwei Formen der Ministerialstruktur: Erstens das Departements-/Direktorats-Modell, bei dem die Abteilung (Departement) gleichzeitig das Sekretariat des Ministers ist. Diese Struktur findet häufig bei kleineren Ministerien Verwendung und setzt sich aus mehreren fachspezifischen Direktoraten zusammen, deren Aufgaben die Vorbereitung von Gesetzen oder die Aufstellung von Finanzmitteln sind. Zweitens wird das Modell der Einheitsorganisation verwendet. Wie der Name bereits andeutet, sind in dieser ministerialen Verwaltungsform keine Hierarchieebenen zwischengeschaltet, sodass sich eine effizientere Struktur ausbildet. Die in den Ministerien tätigen Beamten sind gegenüber ihrem zuständigen Minister neutral, sodass sie bei Regierungswechseln weiterhin tätig sein können (Nannestad 2009, S. 79–80).

In den letzten Jahrzehnten hat sich die Anzahl der Parteien stark vergrößert, wodurch es schwieriger geworden ist, Parlamentsmehrheiten zu bilden. Deshalb regieren oft Minderheitsregierungen, die nur aufgrund fester Unterstützungen von Fraktionen, die nicht in der Koalition sind, bestehen können. Das Parlament bekommt eine verhältnismäßig größere Bedeutung gegenüber der Regierung, zum Beispiel durch mehr Kontrollmöglichkeiten und Oppositionsarbeit und somit nehmen Kompromisslösungen zu.

2.2.5 Parlamentswahlsystem

Parlamentswahlen zum Folketing werden im 4-jährigen Rhythmus durchgeführt; so stehen nach der aktuell letzten Wahl von 2011 die nächsten Wahlen 2015 und 2019 an, vorausgesetzt es werden keine außerplanmäßigen Neuwahlen anberaumt. Die Wahl wird im Verhältniswahlsystem durchgeführt. Insgesamt werden 179 Mandate vergeben, von denen jeweils zwei aus Grönland und zwei von den Färöer Inseln festgeschrieben sind und in diesen Territorien nach relativem Mehrheitswahlrecht ermittelt werden. Die restlichen 175 Mandate teilen sich in 10 Großkreise, die wiederum in 135 Kreismandate aufgeteilt werden (Kredsmandater) sowie in 40 Ausgleichsmandate (Tillægsmandater).

Bei der Wahl können sich die Wähler wie in Deutschland zwischen Parteistimme für eine bestimmte Partei und Personenstimme für einen bestimmten Kandidaten entscheiden. Von 1953 bis 2007 wurde zur Stimmenzählung das St. Laguë-Verfahren verwendet, das dann von der d'Hondt-Methode abgelöst wurde, die schon vor 1953 angewendet worden war (Lundell 2008, S. 368). Lundell listet für die Wahl 2005 genaue Angaben über die verschiedenen Wahlkreise auf. Dabei werden große Unterschiede zwischen sehr kleinen Wahlkreisen mit unter 15.000 Wahlberechtigten und größeren Wahlkreisen mit über 88.000 Wahlberechtigten offenbar. Diese Unterschiede sind bei der Wahl 2011 weitestgehend erhalten geblieben (Lundell 2008, S. 374).

Wahlberechtigt sind alle mündigen dänischen Staatsbürger ab 18 Jahren, die ihren Wohnsitz in Dänemark haben. Traditionell wählen, sehr grob gesagt, Bauern liberal,

Arbeiter sozialdemokratisch, Frauen früher eher rechts, heute eher links. Diese generalisierenden Hypothesen sind mittlerweile jedoch aufgrund der großen Parteienzersplitterung und des gesellschaftlichen Wandels kaum noch aufrechtzuerhalten und es werden zunehmend neue Wahlkampfthemen wie Fragen der (europäischen) Integration oder der Einwanderungspolitik für den Wahlausgang entscheidend (Nannestad 2009, S. 86–87). Dies war zumindest bei der vor Redaktionsschluss dieses Buches letzten Wahl im Jahr 2011 der Fall, bei der es traditionell mit 87,7 % eine hohe Wahlbeteiligung gab (Danmarks Statistik 2012a, S. 22). Christiansen schreibt die hohe Wahlbeteiligung einer „deep-seated norm that voting is a civic duty, and it is closely related to the actual turnout" (Christiansen und Togeby 2006, S. 5) zu.

2.3 Politics: Kräfteverhältnisse im politischen Wettbewerb

2.3.1 Politische Parteien im Wettbewerb

Wie sich den folgenden Ausarbeitungen entnehmen lässt, herrschte in Dänemark jahrzehntelang gerade kein klassisches nordisches 5-Parteien-System mit Sozialdemokraten, Liberalen, Konservativen, Kommunisten und Zentrums-/Bauernpartei vor (Damgaard 1994, S. 193). Stattdessen beherrschten vornehmlich vier Gruppen das Parteienspektrum.

Ab 1860 bildeten sich politische Gruppierungen. Zuvor war dies seitens der Krone trotz der Verfassung von 1849 unterbunden worden (Pedersen 1994, S. 96). Zunächst war die Opposition von Liberalen (Venstre) und Konservativen (Højre) bedeutsam und ab 1880 konnte die Sozialdemokratische Partei durch die Errichtung landesweiter Wählervereinigungen Unterstützer in ganz Dänemark mobilisieren. Zu Beginn bildeten sich drei Parteien aus: „Die Liberalen repräsentierten dabei in erster Linie die Bauernschaft, die Konservativen vertraten die Interessen der städtischen Gewerbetreibenden und die Sozialdemokraten standen auf der Seite der (städtischen) Arbeiterschaft" (Nannestad 2009, S. 91). Im Jahr 1905 wurden die Sozialliberalen/Radikalliberalen v. a. für Kleinbauern aber auch Wählerschichten der anderen Parteien gegründet, wodurch sich ein Vierparteiensystem um 1920 etablierte, das lange Bestand haben sollte.

Stein Rokkan, jener für die Parteien- und Verbändeforschung äußerst einflussreiche norwegische Soziologe, auf den wir noch mehrmals in diesem Buch zurückkommen werden, hat für das dänische Parteiensystem v. a. drei traditionelle zentrale Konfliktlinien identifiziert:

- Den Grundkonflikt bildet der Wettbewerb um die Gunst der Angestellten zwischen den Konservativen und den Sozialdemokraten,
- diese müssen ihrerseits mit den Liberalen um die Kleinbauern und Landarbeiter buhlen.
- Der dritte Konflikt spielt sich zwischen den Liberalen und den Konservativen um die Stimmen des Mittelstandes ab.

Quer zu diesen Bruchlinien sind dabei die Radikalliberalen zu verorten, deren Wählerschaft sich eher generell aus oppositionellen Strömungen zu den oben genannten Gruppen
rekrutierte. Eine kommunistische Partei wie etwa die „Dänische Kommunistische Partei" konnte sich nur kurzweilig in Zeiten der Weltwirtschaftskrise und im 2. Weltkrieg
etablieren.

Das Vierparteiensystem drohte nach dem 2. Weltkrieg, verstärkt in den 1960er-Jahren
und schlussendlich in der historischen Wahl von 1973 zu zerfasern. Durch eine Ausdifferenzierung der Arbeitswelt gerieten die klassischen Wirtschafts- und Sozialstrukturen
ins Wanken. Es bildeten sich neue Parteien und die breite Basis der ehemals vier großen
Parteien brach in beträchtlichem Umfang weg. In der Wahl von 1973 wurde das Folketing von 5 Parteien auf zehn vergrößert und allein zwei neugegründete Parteien zogen ins
Parlament ein: die Fortschrittspartei und die Zentrumsdemokraten. Mit dieser Wahl hat
sich also ein Mehrparteiensystem etabliert, das eine charakteristische Diskrepanz im linken und rechten Parteienspektrum aufweist. In dieser ausdifferenzierten Lage konnte sich
keine rein ökologische Partei etablieren und der Versuch die Grüne Partei (De Grønne) zu
positionieren scheiterte in den 1980er-Jahren (Nannestad 2009, S. 90–95).

Für die Parteientwicklung der letzten Jahrzehnte nahm die Wahl 1973 entscheidenden
Einfluss, weshalb sie als „earthquake election" (Arter 2008, S. 101) bezeichnet wird. Zum
Verständnis für diese Schicksalswahl Dänemarks ist wichtig, dass zwischen 1945 und 1965
eine durchschnittliche Legislaturperiode aufgrund instabiler Regierungsverhältnisse gerade einmal 2,1 Jahre und von 1920 bis 1971 durchschnittlich 3,5 Jahre dauerte. Trotzdem
konnten bis Ende der 1960er-Jahre die 4 großen Parteien ihre Vormachtstellung verteidigen und erst ab 1971 zeichnete sich mit mehreren guten Wahlergebnissen der Sozialisten
eine Differenzierung ab (Damgaard 1974, S. 107, 113–114, 117).

Besonders ins Blickfeld rückte bei den Veränderungen von 1973 die Fortschrittspartei
um Mogens Glistrup, die sehr hohe Gewinne für sich verbuchen konnte (15,9 %, siehe Werte unten in Tab. 2.7). Der Partei kam zugute, dass die Diskussionen um einen EU-Beitritt
Dänemarks dazu führten, dass sich viele Wähler von ihren Stammparteien entfremdeten
und in ihrem Wahlverhalten volatiler wurden. Mit Andersen können die ursprünglichen
Ziele der Fortschrittspartei wie folgt umrissen werden:

- Deregulierung,
- Privatisierung,
- freie Marktwirtschaft,
- Neoliberalismus,
- Bürgerbeteiligung,
- Steuersenkungen,
- Bürokratieabbau,
- Beschränkung der Wohlfahrtsausgaben auf wirklich Bedürftige.

Die Konfliktlinie der wohlfahrtsstaatlichen Ausgaben war ein wahlentscheidendes Thema und auch wenn die Partei staatliche Leistungen vor allem für eigene Staatsbürger

proklamierte, so war sie doch keine nationalistische Bewegung im eigentlichen Sinne, sondern kann vielmehr als eine (rechts)populistische Strömung, die vor allem bei Rentnern Unterstützung fand, charakterisiert werden (Andersen 1994, S. 64, 67).

Metaphorisch gesprochen: Nach einer „eingefrorenen" Periode des Parteiensystems im Sinne Lipsets und Rokkans von 1920–1960 „taute" dieses 1973 auf und „zerschmolz". Gemessen an Parlamentssitzen veränderte sich sowohl die Anzahl der Parteien als auch ihre Größe. Während die vier etablierten Parteien (Sozialdemokraten, Sozialliberale, Liberale, Konservative) mitsamt der Sozialistischen Volkspartei zum Teil herbe Verluste hinnehmen mussten, konnten die neuen Parteien Erfolge erzielen (Damgaard 2004, S. 122). Diese bedeutende Wahl reiht sich laut Arter in diejenigen der nordischen Länder gewissermaßen ein, denn bereits 1970 und 1973 gab es erdrutschartige Wahlen in Finnland und Norwegen (Arter 2008, S. 101).

Die hohen Anteile der Fortschrittspartei relativierten sich im zeitlichen Verlauf und seit der Wahl von 2001 (0,5 %) ist die Partei nicht mehr im Folketing vertreten. Innerparteiliche Streitereien bei der Fortschrittspartei führten 1995 zur Aufspaltung der Partei in die Dänische Volkspartei, mit jeweils immer über 12 % der Stimmen ab 2001, und in die Dänische Fortschrittspartei, die nicht an ihre Erfolge anknüpfen konnte (Steffen 2006, S. 80).

Die erste Regierung nach der Wahl im Dezember 1973 wurde eine Einparteien-Minderheitsregierung der Liberalen, mit lediglich 22 Sitzen (Christiansen und Togeby 2006, S. 10). Diese unsichere politische Situation führte dazu, dass bereits im Januar 1975 Neuwahlen angesetzt werden mussten. Die Schwierigkeit, sichere Mehrheiten zur Regierungsbildung zu finden, setzte sich bis in die 1980er-Jahre fort, in denen sich die Blöcke egalisierten und starke Rechtspopulisten die Regierungen schwächten. Eine Zeit der klareren Verhältnisse setzte erst von 1993–2001 mit Ministerpräsident Poul Nyrup Rasmussen (Sozialdemokrat) und dessen Mitte-Links-Minderheitsregierung ein (Steffen 2006, S. 93).

Grundsätzlich ist zu den Regierungskonstellationen nach dem 2. Weltkrieg zu sagen, dass die meisten der 33 Regierungen Minderheitsregierungen waren und 14 Ministerpräsidenten und eine Ministerpräsidentin hervorbrachten (siehe Tab. 2.6). Direkt nach dem Krieg und der deutschen Besatzung bestand für wenige Monate eine Sammlungsregierung, die wenig später von einer liberalen verdrängt wurde. Häufig waren rein sozialdemokratische Minderheitsregierungen, bzw. in den 1960er-Jahren sozialdemokratisch-sozialistische Regierungen. Von 1968 bis 1971 übte mit Hilmar Baunsgaard der einzige sozialliberale Ministerpräsident sein Amt aus. Aus dem bürgerlichen Block regierten die Liberalen phasenweise alleine, gingen jedoch unter Erik Eriksen, Anders Fogh Rasmussen oder Lars Løkke Rasmussen Koalitionen mit den Konservativen ein. In dieser Konstellation konnten die Konservativen einmalig den Ministerpräsident stellen, nämlich Poul Schlüter von 1982–1993. In seine Regierungszeit fiel die Entscheidung, dass die Parteien ab 1988 stimmenanteilig Zuschüsse vom Staat erhalten sollten, da die Parteienmitgliedschaften stark gesunken waren. 1995 wurden die Zuschüsse erheblich erhöht, wofür im Gegenzug verlangt wurde, dass die Parteien ihre Einnahmen öffentlich darlegen (Nannestad 2009, S. 90–95).

Tab. 2.6 Regierungsbildung in Dänemark seit 1945. (Quelle: Eigene Erstellung in Anlehnung an Nannestad 2009, S. 78; Statsministeriet o. J. a; Statsministeriet o. J. b)

Regierungszeit	Ministerpräsident	Regierungsparteien	Regierungstyp
05.05.1945–07.11.1945	Vilhelm Buhl (Soz)	Soz + Ven + Kon + Dansk Samling + RadVen + Kommunistische Partei	Regierung der nationalen Einheit/ Sammlungsregierung
07.11.1945–13.11.1947	Knud Kristensen (Ven)	Ven	Minderheit
13.11.1947–16.09.1950	Hans Hedtoft (Soz)	Soz	Minderheit
16.09.1950–30.10.1950	Hans Hedtoft (Soz)	Soz	Minderheit
30.10.1950–30.09.1953	Erik Eriksen (Ven)	Ven + Kon	Minderheit
30.09.1953–01.02.1955	Hans Hedtoft (Soz)	Soz	Minderheit
01.02.1955–28.05.1957	Hans Christian Hansen (Soz)	Soz	Minderheit
28.05.1957–21.02.1960	Hans Christian Hansen (Soz)	Soz + RadVen + Dänischer Rechtsverbund	Mehrheit
21.02.1960–18.11.1960	Viggo Kampmann (Soz)	Soz + RadVen + Dänischer Rechtsverbund	Mehrheit
18.11.1960–03.09.1962	Viggo Kampmann (Soz)	Soz + RadVen	Minderheit
03.09.1962–26.09.1964	Jens Otto Krag (Soz)	Soz + RadVen	Minderheit
26.09.1964–02.02.1968	Jens Otto Krag (Soz)	Soz	Minderheit
02.02.1968–11.10.1971	Hilmar Baunsgaard (RadVen)	RadVen + Kon + Ven	Mehrheit
11.10.1971–05.10.1972	Jens Otto Krag (Soz)	Soz	Minderheit
05.10.1972–19.12.1973	Anker Jørgensen (Soz)	Soz	Minderheit
19.12.1973–13.02.1975	Poul Hartling (Venstre)	Ven	Minderheit
13.02.1975–30.08.1978	Anker Jørgensen (Soz)	Soz	Minderheit
30.08.1978–26.10.1979	Anker Jørgensen (Soz)	Soz + Ven	Minderheit
26.10.1979–30.12.1981	Anker Jørgensen (Soz)	Soz	Minderheit
30.12.1981–10.09.1982	Anker Jørgensen (Soz)	Soz	Minderheit

Tab. 2.6 (Fortsetzung)

Regierungszeit	Ministerpräsident	Regierungsparteien	Regierungstyp
10.09.1982– 10.09.1987	Poul Schlüter (Kon)	Kon + Ven + Zen + Chr	Minderheit
10.09.1987– 03.06.1988	Poul Schlüter (Kon)	Kon + Ven + Zen + Chr	Minderheit
03.06.1988– 18.12.1990	Poul Schlüter (Kon)	Kon + Ven + RadVen	Minderheit
18.12.1990– 25.01.1993	Poul Schlüter (Kon)	Kon + Ven	Minderheit
25.01.1993– 27.09.1994	Poul Nyrup Rasmussen (Soz)	Soz + Zen + RadVen + Chr	Mehrheit bis Anfang 1994, dann Minderheit
27.09.1994– 30.12.1996	Poul Nyrup Rasmussen (Soz)	Soz, + RadVen + Zen	Minderheit
30.12.1996– 23.03.1998	Poul Nyrup Rasmussen (Soz)	Soz + RadVen	Minderheit
23.03.1998– 27.11.2001	Poul Nyrup Rasmussen (Soz)	Soz + RadVen	Minderheit
27.11.2001– 18.02.2005	Anders Fogh Rasmussen (Venstre)	Ven + Kon	Minderheit
18.02.2005– 23.11.2007	Anders Fogh Rasmussen (Venstre)	Ven + Kon	Minderheit
23.11.2007– 05.04.2009	Anders Fogh Rasmussen (Venstre)	Ven + Kon	Minderheit
05.04.2009– 01.10.2011	Lars Løkke Rasmussen (Venstre)	Ven + Kon	Minderheit
01.10.2011– ?	Helle Thorning- Schmidt (Soz)	Soz + RadVen + SozV	Minderheit

(Soz) Sozialdemokraten, *(Ven = Venstre)* Liberale Partei, *(Kon)* Konservative (Volks)Partei, *(RadVen = Radikale Venstre)* Sozialliberale, *(SozV)* Sozialistische Volkspartei, *(Zen)* Zentrumdemokraten, *(Chr)* Christliche Volkspartei

Begründungen für die sinkende Anzahl an Parteimitgliedschaften liefert Togeby (Togeby 1992, S. 2, 13–17):

- Zum einen gibt es in Dänemark seit Jahrzehnten einen Anstieg des Bildungsgrades, wodurch die Parteien nicht mehr als sozialisierender und bildender Faktor benötigt werden;
- Zum Zweiten sinkt die Anzahl der Bauern, was sich natürlich auch in einer politischen Demobilisierung im agrarischen Bereich niederschlägt;
- Drittens nahm auch die Organisationsneigung der Arbeiterschaft tendenziell ab;
- Zum Vierten ist entscheidend, dass die sog. neue Mittelklasse und verstärkt Frauen v. a. ab den späten 1960er-Jahren politisch mobilisiert wurden – und dabei eher andere Wege (etwa neue soziale Bewegungen) beschritten, als sich in traditionellen politischen Parteien zu organisieren.

Die Minderheitsregierung unter Anders Fogh Rasmussen und später unter dessen Na-
mensvetter Lars Løkke Rasmussen ließ sich ab 2001 von der rechten Dänischen Volkspartei
tolerieren, die in den folgenden Jahren, natürlich unter aktiver Mitarbeit Rasmussens, die
Einwanderungspolitik zum zentralen Thema machte. (Siehe Kasten.)

**Widerspruch zum Gleichheitsideal des nordischen Modells: Einwanderungspolitik
unter Anders Fogh Rasmussen**

Die Verschärfung der Regelungen für Immigranten in der Regierungzeit der
Rasmussen-Koalitionen (ab 2001) steht in einem durchaus verwirrenden Wi-
derspruch zum Normengebäude des sozialdemokratischen Wohlfahrtsstaats mit
seinen Konzepten von Gleichheit und Fairness im Volksheim. Die z. T. objek-
tiv diskriminierenden Regelungen sowie die populistische Stimmungsmache gegen
Immigranten, entweder durch die Regierung selbst oder aus dem Lager der von
Pia Kjærsgaard geführten Dänischen Volkspartei, dem Merhheitsbeschaffer des
Rasmussen-Bündnisses, sorgten international für besorgte Blicke nach Dänemark.

Das Handelsblatt berichtete 2005 über die Einwanderungsdebatte in Dänemark:

,Wir wollen sicher sein, dass wir es mit Menschen zu tun haben, die aktive, engagierte
Bürger sind und gezeigt haben, dass sie sich selbst versorgen können', sagt (. . .) die
Ministerin für Flüchtlinge, Zuwanderer und Integration, Rikke Hvilshøj. Kaum hat-
ten sich erste Proteste gegen den geplanten Ausschluss von Rentnern, Studenten, zu
Hause bleibenden Eltern und anderen ,unproduktiven' Bewerbern von der dänischen
Staatsbürgerschaft gelegt, wechselten die Schlagzeilen auch schon zu einer neuen Idee
der Regierung: Hvilshøj legte jetzt eine neue ,Treueerklärung' mit 17 Punkten vor,
die Zuwanderer künftig unterzeichnen sollen, ehe sie eine Aufenthaltsgenehmigung
bekommen.
Darin heißt es unter anderem: ,Ich weiß, dass es in Dänemark verboten ist, seine
Kinder zu schlagen. Ich weiß, dass Beschneidung von Mädchen sowie die Anwendung
von Zwang bei der Anbahnung von Ehen in Dänemark strafbar ist.' Der rechtsliberale
Regierungschef Rasmussen nennt diese Linie bei der Ausländerpolitik ,fest, aber fair'
und beruft sich auf eine breite Mehrheit in der Bevölkerung.
Nach seinem Amtsantritt 2001 hatte Rasmussen in den Mittelpunkt seiner Regierungsarbeit die drastische Beschränkung der Zuwanderung unter anderem durch ein Verbot
des Zuzugs ausländischer Ehepartner unter 24 Jahren (aus Ländern außerhalb der EU)
gestellt. (Handelsblatt vom 04.11.2005)

Sechs Jahre später heißt es in einem Hintergrundbericht von Spiegel Online:

Die dänische Regierung hat sich von humanitären Ideen bei ihrer Einwandererpo-
litik offenbar endgültig verabschiedet und will künftig noch stärker wirtschaftliche
Erwägungen in den Mittelpunkt stellen: ,Ich habe keine Skrupel, das Land noch wirk-
samer vor denen dichtzumachen, die man verdächtigen könnte, Dänemark zur Last
zu fallen', kündigte der rechtsliberale Integrationsminister Søren Pind in der Zeitung
,Jyllands-Posten' an.

> Hintergrund der Äußerung: Ein Ministeriumsbericht – initiiert von der rechtspopulistischen Dänischen Volkspartei – kommt zu dem Schluss, dass der Staat in den vergangenen zehn Jahren durch verschärfte Zuwanderungsgesetze umgerechnet 6,7 Mrd. € eingespart hat, die er sonst für Sozialleistungen oder Wohnungen ausgegeben hätte. Nach der Rechnung kosten Migranten aus nichtwestlichen Ländern, die es nach Dänemark geschafft haben, jährlich umgerechnet 2,3 Mrd. €, während Einwanderer aus dem Westen 295 Mio. € pro Jahr in die Staatskasse spülen. Die Rechtspopulisten jubeln: ‚Nun haben wir es schwarz auf weiß, dass sich Verschärfungen auszahlen.‘ Die Dänische Volkspartei will das Ergebnis der Rechnung in Zukunftsverhandlungen über die dänische Wirtschaft nutzen.
>
> Groß ist die Empörung dagegen bei der sozialliberalen Oppositionspartei Radikale Venstre, die Initiative sei ‚unwürdig‘ und ‚diskriminierend‘. Die Zeitung ‚Politiken‘ titelt in ihrer Online-Ausgabe: Minister Pind und die Rechtspopulisten wollten ‚teure Ausländer aussortieren‘. (Reimann 2011)

Abseits der bloßen Neuregelung von Einwanderungsgesetzen wurde auch eine kulturpolitische Fokussierung auf das Thema Multikulturalismus angestoßen – verbunden mit einer ähnlichen Debatte, wie sie in Deutschland um das Jahr 2000 herum durch das vom CDU-Politiker Friedrich Merz geprägte Bild der „Leitkultur" angestoßen wurde. Dorte Skot-Hansen und Hans Elbeshausen schrieben in der „Zeitschrift für Kulturaustausch" des Deutschen Instituts für Auslandsbeziehungen:

> „Der dänische Kulturkanon ist Teil eines Kulturkampfes, der an die Diskussionen über die deutsche Leitkultur erinnert. (...)
>
> Die dänische Kulturpolitik ist, was die Erinnerungsfähigkeit im multiethnischen Bereich anbetrifft, gespalten. Kulturpolitischen Initiativen auf staatlichem Niveau geht es hauptsächlich um die Sicherung des kulturellen Erbes und der kulturellen Identität. Traditionen werden in der Nationalgeschichte verankert, kanonisiert und zu einer verpflichteten Leitkultur erweitert. (...) Grundsätzlich kann man sagen, dass die dänische Kulturpolitik mit der neuen Unübersichtlichkeit im postnationalen Zeitalter ihre liebe Mühe hat. Die Sicherung des kulturellen Erbes und die Durchsetzung einer dänischen Leitkultur auf der einen und die soziale Anerkennung kultureller Vielfalt auf der anderen Seite – das sind die beiden Pole, welche die kulturelle Auseinandersetzung in Dänemark im Moment bestimmen." (Skot-Hansen und Elbeshausen 2008, S. 43/44)

Zuletzt ein Blick auf die letzte Folketingwahl aus dem Jahr 2011. Nach zehn Jahren einer rechtsliberal-konservativen Minderheitsregierung unterstützt von der Dänischen Volkspartei, regiert seitdem eine Koalition aus Sozialdemokraten, Sozialliberalen und Sozialistischer Volkspartei, die von der Einheitsliste aus dem Zentrum unterstützt wird. Eine äußerst knappe Mehrheit von lediglich rd. 10.000 Stimmen machte die erste Frau, Helle

Thorning-Schmidt, zur Regierungschefin (Hopmann 2011, S. 7, 15). Helle Thorning-Schmidt ist die neunte Ministerpräsidentin der Sozialdemokraten seit 1945 (Arter 2008, S. 75). Insgesamt war dem Wahlkampf deutlich die vorangegangene 10-jährige Regierungszeit der rechtsliberal-konservativen Regierung anzumerken, in der v. a. die restriktive (und damit auch international kritisch betrachtete) Einwanderungspolitik ins Zentrum rückte. Dieses Themenfeld scheint in den vergangenen Jahren die Debatte um den Wohlfahrtsstaat als Gravitationszentrum der politischen Auseinandersetzung in Dänemark abgelöst zu haben.

Doch obwohl die Sozialdemokraten in Dänemark seit 2011 wieder die Ministerpräsidentin stellen, fuhren sie das schlechteste Wahlergebnis seit 1905 (24,8 %) ein. Die Liberalen sind wie schon seit 2001 weiterhin die stärkste Fraktion (26,7 %). Auch die Sozialistische Volkspartei schnitt schlechter ab als erwartet (9,2 %), doch durch die Verdopplung der Stimmanteile der Sozialliberalen auf 9,5 % konnte eine sozialdemokratisch-sozialliberale Koalition mit der Unterstützung der Einheitsliste (6,7 %) die Regierung ablösen. Die Liberale Allianz (5,0 %) zählt ebenfalls zu den Wahlsiegern. Interessant ist, dass durch diese Erfolge ein weiter Teil der Folketingabgeordneten dem Zentrum zuzurechnen ist und dieses nunmehr erheblichen Einfluss zwischen dem roten und dem blauen Block genießt.

Die schwerste Niederlage mussten dabei die Konservativen hinnehmen. Der Stimmanteil schrumpfte von 10,4 % auf 4,9 % und sie stellen somit die kleinste Parlamentsfraktion. Leichte Verluste hatte die Dänische Volkspartei hinzunehmen (12,3 %), wenngleich sie immer noch die zweitstärkste Oppositionsfraktion ist.

Die Situation der Ministerpräsidentin mit dem sozialliberalen Bündnispartner aus der Mitte ist schwierig. Ein Beispiel ist hierfür das Ziel der Sozialdemokraten, Steuererhöhungen für Besserverdienende durchzusetzen, was von Seite der Sozialliberalen nicht mitgetragen wurde. (Siehe auch: Hopmann 2011, S. 16–20; zu den Wahlergebnissen seit 1973 siehe Tab. 2.7)

2.3.2 Verbände und Interessenvermittlung

Martin Lipset und Stein Rokkan formulierten bereits 1967 in ihrem Buch ‚Party systems and voter alignments' Ideen zur Beziehung zwischen den politischen Parteien auf der einen und den Verbänden oder anderen Interessenorganisationen auf der anderen Seite und wiesen den Verbänden neben den Wahlen die zweite Säule der Politikfindung zu. Die Kernpunkte der Theorie werden im Teil über die norwegische Verbändelandschaft (Abschn. 4.3.2) näher beschrieben, können aber im Folgenden auch auf Dänemark übertragen werden.

In Dänemark liegt ein administrativer Korporatismus mit einem vielfältigen Verbandsystem vor, bei dem tangierte Verbände in politische und administrative Entscheidungsprozesse einbezogen werden. Während des gesamten Prozesses haben die Verbände Kontakt zu den zuständigen Politikern und Beamten und, wie in Abschn. 2.2.3 gezeigt worden ist, können sie in Ausschüssen gehört werden oder an Gesetzesinitiativen mitarbeiten.

Tab. 2.7 Wahlergebnisse in Dänemark 1973–2011 in %. (Quelle: Eigene Erstellung auf Basis von Danmarks Statistik 2012a, S. 47)

	1973	1975	1977	1979	1981	1984	1987	1988	1990	1994	1998	2001	2005	2007	2011
Arbeiterpartei KAP	–	–	–	0,4	0,1	–	–	–	–	–	–	–	–	–	–
Christdemokraten	4,0	5,3	3,4	2,6	2,3	2,7	2,4	2,0	2,3	1,9	2,5	2,3	1,7	0,9	0,8
Dänische Volkspartei	–	–	–	–	–	–	–	–	–	–	7,4	12,0	13,3	13,9	12,3
Dänischer Rechtsverband	2,9	1,8	3,3	2,6	1,4	1,5	0,5	–	0,5	–	–	–	–	–	–
Demokratische Erneuerung	–	–	–	–	–	–	–	–	–	–	0,3	–	–	–	–
Die Grünen	–	–	–	–	–	–	1,3	1,4	0,9	–	–	–	–	–	–
Die Humanistische Partei	–	–	–	–	–	–	0,2	–	–	–	–	–	–	–	–
Die Internationalen	–	–	–	–	0,1	0,1	–	–	–	–	–	–	–	–	–
Einheitsliste – Die Rot-Grünen	–	–	–	–	–	–	–	–	1,7	3,1	2,7	2,4	3,4	2,2	6,7
Fortschrittspartei	15,9	13,6	14,6	11,0	8,9	3,6	4,8	9,0	6,4	6,4	2,4	0,5	–	–	–
Gemeinsamer Kurs	–	–	–	–	–	–	2,2	1,9	1,8	–	2,4	–	–	–	–
Kommunistische Partei	3,6	4,2	3,7	1,9	1,1	0,7	0,9	0,8	–	–	–	–	–	–	–
Konservative Volkspartei	9,2	5,5	8,5	12,5	14,5	23,4	20,8	19,3	16,0	15,0	8,9	9,1	10,3	10,4	4,9
Liberale Allianz	–	–	–	–	–	–	–	–	–	–	–	–	–	2,8	5,0
Liberale Partei	12,3	23,3	12,0	12,5	11,3	12,1	10,5	11,8	15,8	23,3	24,0	31,2	29,0	26,2	26,7

Tab. 2.7 (Fortsetzung)

	1973	1975	1977	1979	1981	1984	1987	1988	1990	1994	1998	2001	2005	2007	2011
Linkssozialisten	1,5	2,1	2,7	3,7	2,7	2,7	1,4	0,6	–	–	–	–	–	–	–
Minderheitspartei	–	–	–	–	–	–	–	–	–	–	–	–	0,3	–	–
Rentnerpartei	–	–	0,9	–	–	–	–	–	–	–	–	–	–	–	–
Sozialdemokraten	25,6	29,9	37,0	38,3	32,9	31,6	29,3	29,8	37,4	34,6	35,9	29,1	25,8	25,5	24,8
Sozialistische Volkspartei	6,0	5,0	3,9	5,9	11,3	11,5	14,6	13,0	8,3	7,3	7,6	6,4	6,0	13,0	9,2
Sozialliberale	11,2	7,1	3,6	5,4	5,1	5,5	6,2	5,6	3,5	4,6	3,9	5,2	9,2	5,1	9,5
Zentrums-Demokraten	7,8	2,2	6,4	3,2	8,3	4,6	4,8	4,7	5,1	2,8	4,3	1,8	1,0	–	–
Ohne Parteilos	–	–	–	–	–	–	0,1	0,1	0,3	1,0	0,1	–	–	–	0,1

Nannestad schätzt den Einfluss der Verbände sogar so hoch, dass er von „‚quasi-gesetzgebende[n]' Organe[n]" (2009, S. 97) spricht. Bevor ein Gesetzvorschlag endgültig fertiggestellt wird, wird der Entwurf meist Interessenorganisationen vorgelegt, für die jedoch kein Anspruch auf Mitbestimmung besteht, und der zuständige Minister entscheidet, wer beteiligt wird.

Noch bis in die 1960er-Jahre hinein mussten Nicht-Gewerkschaftsmitglieder einen deutlich höheren Beitrag zur Arbeitslosenversicherung zahlen als Gewerkschaftsmitglieder. „Dieser Kern des dänischen Konsensmodells wird vom obersten dänischen Gerichtshof (Højesteret) als eine freiwillige private Vereinbarung angesehen, die keine Verletzung der negativen Vereinigungsfreiheit darstellt" (Christiansen et al. 2001, S. 52). Für das sog. Genter Modell der Arbeitslosenversicherung, wie es neben anderen nordischen Ländern auch in Dänemark besteht, ist dies prägend (siehe ausführlicher Abschn. 2.4.2).

Für die Beteiligung an der politischen Teilhabe bestehen für Interessenorganisationen verschiedene Zugangsmöglichkeiten. Es kann temporäre oder dauerhafte informelle Kontakte zu Entscheidungsträgern geben. Formeller Art sind Anhörungen, Verhandlungen, die Mitarbeit in Ausschüssen oder anderen Verwaltungsorganen (Räte oder Kommissionen). Nach dem Prinzip der Nichteinmischung werden nur solche Verbände zu Lösungsfindungen geladen, die sich auf dem jeweiligen Gebiet als Betroffene oder Experten ausweisen können. Heutzutage wird die Ausschussarbeit zunehmend innerhalb der Ministerien geregelt ohne Verbände einzubeziehen. Demgegenüber werden direkte und informelle Kontakte wesentlich wichtiger, weshalb man von einer Veränderung der Einflusskanäle sprechen kann (Christiansen et al. 2001, S. 61–62), weg vom formalen Ausschusskorporatismus hin zur volatilen Netzwerkbildung.

Das dänische Verbandsystem entwickelte sich Mitte/Ende des 19. Jahrhunderts und kann in zwei Gruppen eingeteilt werden. Zum einen bestehen gruppenbasierte Interessenverbände, wozu Gewerkschaften oder Arbeitgeber- und Industrieverbände zählen, die vornehmlich wirtschaftliche Interessen haben. Darüber hinaus fallen solche Gruppen hierunter, die von staatlichen Transferleistungen abhängig sind wie Rentner, Studenten oder Invaliden. Zum anderen gibt es sozial-karitative Organisationen, wie Umweltverbände, Menschenrechtsorganisationen oder Freizeitvereinigungen. Sie können sich politisch engagieren, was allerdings nicht ihr vordergründiges Ziel darstellt (Nannestad 2009, S. 96). Einige bedeutende gruppenbasierte Verbände seien an dieser Stelle vorgestellt:

Landwirtschaftliche Verbände Landwirtschaftliche Interessengemeinschaften haben eine lange Tradition und sind schon seit dem Absolutismus verbandsähnlich organisiert. 1834 schuf König Friedrich VI. beratende Ständeversammlungen und 1841 gewährte König Christian VIII. in der Landwirtschaft die Wahl von Vertretern auf Ebene der kommunalen Selbstverwaltung. Aus dieser Bewegung heraus gründete sich 1870 die Liberale Partei (Venstre). 1919 schlossen sich Genossenschaften, Branchenvereine und andere Organisationen der Agrarwirtschaft zum nationalen Dachverband des Landwirtschaftsrates (Landbrugsrådet) zusammen. Der Einfluss des Dachverbandes wurde durch das zeitweise

Fernbleiben der Kleinbauern geschmälert. Dennoch ist das Verbandswesen in der Landwirtschaft stabil, auch wenn mit dem EG-Beitritt der Einfluss der Landwirtschaftsverbände
zugunsten des nationalen Landwirtschaftsministeriums, das auf supranationaler Ebene
die Interessen der dänischen Landwirtschaft vertritt, abnahm (Christiansen et al. 2001,
S. 64). Wenn man die Landwirtschaftsverbände politischen Parteien zuordnen möchte,
tendieren Kleinbauern dazu, die Sozialliberalen und die restlichen Bauern dazu, die Liberalen zu wählen. Über weite historische Abschnitte waren die Liberale Partei und der
Landwirtschaftsverband auf dem Land das Gegenstück zu den Gewerkschaften und den
Sozialdemokraten in der Stadt (Christiansen et al. 2001, S. 69–70).

Gewerkschaften Ab den 1870er-Jahren begannen Arbeiter sich in organisierten Gewerkschaften zu vereinigen. Zu Beginn des Parteien- und Verbandswesens bestanden sehr enge,
zum Teil formalisierte Verbindungen zwischen Parteien und Verbänden und so teilte sich
beispielsweise die Arbeiterbewegung erst 1878 in Partei und Gewerkschaft auf. Dessen
ungeachtet bestand eine lange Verbundenheit und bis 1995 vertraten sich beide Organisationen im jeweils anderen Leitungsorgan. Früher bekamen die Sozialdemokraten noch
finanzielle Zuschüsse der Gewerkschaften, doch heute haben staatliche Zuschüsse die gewerkschaftlichen abgelöst und die Beziehungen sind ungebundener. Die Staatszuschüsse
für Parteien wurden erhöht, als sich die Sozialdemokarten von den Gewerkschaften lös-
ten (1995). 1898 wurde eine Zentralisierung durchgeführt, in der sich Fachverbände auf
nationaler Ebene vereinigten. Ihr Name war ‚Die Zusammenarbeitenden Fachverbände‘
(De Samvirkende Fagbund, DsF), die sich später in Landsorganisationen (LO) umbe-
nannten und als dänischer Gewerkschaftsbund anzusehen sind. Der Zusammenschluss
ist v. a. als Reaktion auf den 1896 gegründeten dänischen Arbeitgeberverband zu sehen.
Die LO etablierte sich im politischen Alltag und wurde 1932 noch einflussreicher als sich
die mitgliedsstarken Gewerkschaften für Einzelhandel und Büroangestellte anschlossen.
1952 formierte sich der gemeinsame Rat dänischer Staatsbediensteter und Gehaltsempfän-
ger (Fællesrådet for Danske Tjenestemands – og Funktionærorganisationer) und 20 Jahre
später die zentrale Akademikerorganisation (Akademikernes Centralorganisation).

Arbeitgeber- und Wirtschaftsverbände In der gewerblichen Wirtschaft sind die dominierenden Verbandsformen vor allem Branchen-, Wirtschafts- und Arbeitgeberverbände.
Einzelne Interessengemeinschaften organisieren sich teilweise in fachlichen Zusammen-
schlüssen oder Vereinen. Den dänischen Arbeitgeberverband (Dansk Arbejdsgiverfore-
ning) gibt es seit 1896. Gemeinsam mit der LO erkannten sich die beiden Verbände im
sog. Septemberkompromiss (Nannestad 2009, S. 96) bereits 1899 an. Dieser Schritt gilt als
wichtigste Grundlage des dänischen Konsensmodells, zu welchem unter anderem tarifvertraglich ausgehandelte Löhne und die Friedenspflicht während den Tarifverhandlungen
gehören. Die Beziehungen zwischen LO und Arbeitgeberverband können somit insgesamt
als konsensorientiert charakterisiert werden. Mittlerweile haben einzelne Berufsbranchen
eigene Arbeitgeberverbände. Einen wichtigen Zusammenschluss gab es 1992, als der Arbeitgeberverband der Industrie und der Industrieverband zum dänischen Industrieverband

(Dansk Industri) fusionierten. Hierin wird deutlich, dass das Verbandswesen in Dänemark zur Zentralisierung von Verbänden zu Großverbänden tendiert. Vor allem die konservative Volkspartei setzt sich für die Interessen der Arbeitgeber, der Industrie und der Wirtschaftsverbände ein. Die Beziehungen sind jedoch weniger eng als bei den Gewerkschaften oder den Landwirtschaftsverbänden (Christiansen et al. 2001, S. 58–60, 69–70).

Es findet sich eine große Anzahl gesellschaftlicher Partizipationsformen wie in den 1960er-Jahren die der Friedensbewegung. Darauf folgten Studenten-, Frauen- und Umweltschutzbewegungen, wobei sich letztere häufig mit dem Thema Anti-Atomkraft auseinandersetzten. Die Umweltbewegungen sind die einzigen, die sich dauerhaft mit ihren Themen Energiepolitik, Naturschutz und Klimawandel etablieren konnten. Eine Besonderheit Dänemarks ist eine ausgeprägte Bewegung gegen den EG-Beitritt. Diese Bewegung schaffte es mit den rechtsorientierten Parteien sogar ins Folketing und konnte die europakritische Debatte aufrechterhalten.

Politische Verbände auf lokaler und regionaler Ebene haben seit den Gebietsreformen in den 1970er-Jahren und 2007 an Mitspracherecht zugelegt. Dazu zählen der Landesverband der Kommunen (Kommunernes Landsforening) und der Verband der Kreise in Dänemark (Amtsrådsforeningen i Danmark). Grundsätzlich sind (Sport)Vereine oder Freizeitclubs sehr prägend für die dänische Gesellschaft und haben hohe Mitgliederzahlen (Christiansen et al. 2001, S. 51, 60).

Obwohl der Korporatismus in Dänemark ausgeprägt ist, wurden die Verbände seit den 1980er-Jahren schwächer, was beispielsweise auf den Ausbau von Betriebsgewerkschaften zurückzuführen ist. Seitdem das System der Arbeitslosenversicherung geöffnet wurde (Abschn. 2.4.2) kann man auch durch Gewerkschaften außerhalb der LO eine Arbeitslosenversicherung ohne Zusatzgebühren abschließen. Auf diese Weise gewinnen die Betriebsgewerkschaften zulasten der LO Mitglieder. 2011 trat ein Wendepunkt ein, weil der LO-Anteil an allen Gewerkschaften unter 50 % sank. Trotzdem ist der Organisationsgrad, wenn man alle Gewerkschaften summiert, mit 67,4 % hoch (Ibsen 2012, S. 4). Nichtsdestoweniger erkennen Christiansen et al. (2001, S. 67) seit den letzten Jahren einen leichten Rückgang des administrativen Korporatismus, den sie darauf zurückführen, dass Politiker weniger Macht an Verwaltungsorgane abgeben möchten und seltener Verbände in die Gesetzesinitiativen und in die Ausschussarbeit integrieren wollen. Sie suchen vermehrt die Hilfe von speziellen Unternehmen für ihre Probleme. Verbände versuchen weiterhin Parteien oder einzelne Politiker direkt zu kontaktieren und der Lobbyismus nimmt auf Kosten des Korporatismus zu (Christiansen und Togeby 2006, S. 11).

Krimis aus Dänemark

Spricht man von dänischen Krimis, muss man sicherlich Autoren wie Leif Davidsen, Kirsten Holst oder Dan Turell nennen, die in ihren Werken die Leser nicht nur in spannende, teilweise rätselhafte Geschichten entführen, sondern sie auch manches Mal in ein faszinierendes Land mitnehmen, das ihre Heimat ist. Dänemark wird in diesen Krimis dem Leser einmal auf eine ganz andere, eigene Art präsentiert, die dennoch nicht minder faszinierend ist. Wenn der Kommissar durch die Straßen seiner Stadt geht um den Spuren und Hinweisen eines Verbrechens zu folgen, begleitet man ihn gedanklich auf seinem Weg und fragt sich vielleicht wie es wäre, diesen ebenfalls zu gehen (Toedlicher-Norden.com o. J. a)

Der derzeit hierzulande vermutlich erfolgreichste Krimi-Autor aus Dänemark ist Jussi Adler-Olsen. In seinen Geschichten spiegelt sich eine Thematik wider, die seit Sjöwall/Wahlöö zu den grundsätzlichen Ingredienzien der Politik- und Staatsdarstellung im nordischen Kriminalroman gehört: Die Polizei – dargestellt als nüchterner, ja bisweilen übermüdeter Verwaltungsapparat – steht symptomatisch für einen Staat, der an die Grenzen seiner Durchsetzungsfähigkeit gelangt. Die Sozialsysteme des Volksheims mögen zwar monetären Ausgleich realisieren, sie garantieren dennoch am Ende keine Gerechtigkeit. Ganz im Gegenteil, sie treiben Menschen zum Verbrechen an und bieten Schlupfwinkel für systematische Gewalt gegen Schwächere. Der auf verlorenem Posten kämpfende Kommissar mag den einzelnen Täter am Ende eines Romans zwar aufspüren und seiner Strafe zuführen. Dennoch bleibt die Polizei eine Getriebene des Verbrechens – und mit ihr der Staat.

Während Kommissare wie Beck, aus der Feder von Sjöwall/Wahlöö, oder Wallander, aus der Feder von Henning Mankell, noch voll integriert waren in diesen kalten, an den Grenzen zur Überforderung agierenden Polizeiapparat, lassen jüngere Autoren ihre Helden aus den Verwaltungsstrukturen der Staatsgewalt ausbrechen. Bei mutiger Lesart mag dies gar als Metapher für einen liberalen Zeitgeist gelten, der sich von privater Altersvorsorge bis zur aktivierenden Arbeitsmarktpolitik längst auch im sozialdemokratischen Wohlfahrtsstaat zeigt. Das Leitbild „Selbsthilfe statt Vertrauen auf die Verwaltung" gilt beispielsweise für Harry Hole, der in den Romanen von Jo Nesbø als norwegischer „Dirty Harry" auf Verbrecherjagd geht. Und noch deutlicher tritt dies bei den Charakteren Jussi Adler-Olsens zu Tage: Der traumatisierte und verbitterte Ermittler Carl Mørck und sein umso gegensätzlicherer Counterpart Hafez el-Assad agieren im Dezernat Q abseits des normalen Polizeiapparats. Die besondere Pointe: Gerade hier nehmen sich die beiden alter, nie aufgeklärter Fälle an und bringen die Täter natürlich zur Strecke. Das Versagen des Staats wird also gerade abseits seiner üblichen Wege korrigiert.

2.4   Policies

2.4.1   Wirtschaftspolitik

Die dänische Wirtschaft, vor allem die Industrie, hat charakteristischerweise wenig Großunternehmen sondern viele klein- und mittelständische Unternehmen (KMU), die flexibel agieren können und häufig in Familienbesitz sind. Im landwirtschaftlichen Sektor, der lange Zeit ein wichtiger Pfeiler der dänischen Wirtschaft war (in Anteilen am BIP und an Arbeitskräften), haben sich die Betriebe häufig in Genossenschaften organisiert. Anders als in Norwegen oder als es lange Zeit in Schweden der Fall war, gibt es in Dänemark verhältnismäßig wenige Staatsbetriebe oder staatliche Investitionen in die Privatwirtschaft (Christiansen und Togeby 2006, S. 3). Staatliche Subventionen in den Bereichen Bergbau und Schwerindustrie sind selten und dadurch besteht eine liberale Industriepolitik. Nichtsdestoweniger ist die öffentliche Verwaltung in manchen Branchen Anteilseigner an Unternehmen wie in Telekommunikation, Wasserversorgung oder öffentlichem Verkehr (Lykketoft 2009, S. 6).

Im Folgenden wird die dänische Wirtschaft anhand von Eurostat-Daten und Statistiken der dänischen Statistikdatenbank in ihrer Ausrichtung näher beschrieben. In einer Zeitreihe des BIP von 2005 bis zu prognostizierten Werten von 2014 (siehe Tab. 2.8) fällt auf, dass sich die dänische Wirtschaft in absoluten Zahlen bis 2008 sehr positiv entwickelt hat und das BIP von 188.500 Mio. € auf 235.133 Mio. €, also um rd. 50.000 Mio. € zugenommen hat. Wie in den anderen ausgesuchten Ländern und der EU, setzte 2009 ein Rückgang der Wirtschaft ein, was sich in niedrigen BIP-Zahlen niederschlug.

Doch bereits 2010 hatte Dänemark wieder das Niveau vor der Krise erreicht, was auch für Norwegen und Deutschland zutrifft, und sich in Schweden das Niveau sogar angehoben hat. In Finnland und Island verlief das BIP noch länger unter dem Niveau vor der Wirtschaftskrise. Die folgenden Jahre entwickelten sich in Dänemark positiv und die Vorhersagen für 2014 deuten in dieselbe positive Richtung.

Die Wachstumsraten des BIP zeigen ergänzende Tendenzen zu den absoluten BIP-Werten. Von 2005 bis 2006 lagen die dänischen Wachstumsraten mit 2,3–3,4 % im durchschnittlichen EU-Niveau. In der Wirtschaftskrise waren die Werte ab 2008 schlechter als im EU-Schnitt und 2009 mit einem Rückgang von 5,7 % äußerst hoch. Danach erholte sich die Wirtschaft leicht, musste aber im letzten Erhebungsjahr 2012 wieder Rückgänge verzeichnen, wenngleich die Aussichten positiv sind (siehe Tab. 2.9).

Die größten Handelspartner Dänemarks waren 2011 zu zwei Dritteln andere Mitgliedstaaten der EU und zu 5 % Norwegen. Mit 20 % am Import aus Deutschland und 15 % am Export nach Deutschland ist die BRD der wichtigste Handelspartner. Der Warenaustausch mit der Volksrepublik China, die bereits viertgrößter Wirtschaftspartner geworden ist, nimmt jährlich zu. Im Bereich von Gütern sind Hauptexporte landwirtschaftliche Produkte, Öl, diversifizierte Industrieprodukte wie Maschinen und Produkte für die Medizin, Bekleidung, Möbel und Lebensmittel, woran im Speziellen Fleisch- und Wurstwaren große Anteile haben. Den Hauptteil der eingeführten Güter nehmen Verbrauchs- und Konsumgüter ein, doch auch Rohöl und daraus hergestellte Produkte sind mit 8 % der Importe bedeutend. Seit der Aufteilung des Kontinentalschelfs in der Nordsee mit Norwegen und Großbritannien, nehmen eigene Rohölexporte stetig zu, sodass Dänemark seit 1997 zu den Nettoexporteuren zählt (Danmarks Statistik 2012b, S. 339–340).

Tab. 2.8 Bruttoinlandsprodukt zu Marktpreisen in Mio. €. (Quelle: Eigene Erstellung auf Basis von Eurostat 2013a)

	2005	2006	2007	2008	2009	2010	2011	2012	2013[f]	2014[f]
EU (27 Länder)	11072291	11701131	12406299	12473092	11754457	12278744	12642399	12899150	13123183	13555923
Dänemark	207366,9	218747,4	227533,9	235133	223575,8	236477,1	240452,8	244535,2	250207,5	258660,8
Deutschland	2224400	2313900	2428500	2473800	2374500	2496200	2592600	2643900	2697835	2792949
Finnland	157429	165765	179830	185670	172318	178796	189489	194469	198702,2	204746,4
Schweden	298353,3	318170,8	337944,2	333255,7	292472,1	349945,1	387596	408467,2	422634,7	443707,2
Island	13111,9	13315,9	14932,4	10292,3	8674,9	9487,2	10109,8	10627,5	10736,4	11450,5
Norwegen	244582,1	271001,2	287712,2	311284,9	272958,8	317862,4	352857,9	390008,7	416208,2	437760,5

(f) Prognose

Tab. 2.9 Wachstumsrate des realen BIP-Volumens: Veränderungen gegenüber dem Vorjahr (%). (Quelle: Eigene Erstellung auf Basis von Eurostat 2013b)

	2005	2006	2007	2008	2009	2010	2011	2012	2013[(f)]	2014[(f)]
EU (27 Länder)	2,1	3,3	3,2	0,3	− 4,3	2,1	1,6	− 0,3	0,1	1,6
Dänemark	2,4	3,4	1,6	− 0,8	− 5,7	1,6	1,1	− 0,6	1,1	1,7
Deutschland	0,7	3,7	3,3	1,1	− 5,1	4,2	3,0	0,7	0,5	2,0
Finnland	2,9	4,4	5,3	0,3	− 8,5	3,3	2,8	− 0,2	0,3	1,2
Schweden	3,2	4,3	3,3	− 0,6	− 5,0	6,6	3,7	0,8	1,3	2,7
Island	7,2	4,7	6,0	1,2	− 6,6	− 4,1	2,9	1,6	2,0	2,7
Norwegen	2,6	2,3	2,7	0,1	− 1,6	0,5	1,2	3,2	2,6	2,5

(f) Prognose

Einen weitaus größeren wirtschaftlichen Erfolg als Güter aus dem produzierenden Sektor hat der Handel mit Dienstleistungen. Lagen die Werte beider Sektoren 1998 noch gleichauf, haben nun die Dienstleistungen die Produktionsgüter längst überflügelt. „In der Periode zwischen 1990 und 2011 hat sich der Handel von Dienstleistungen fast verfünffacht – 2011 betrug der Export von Dienstleistungen 352,2 Mrd. Kronen, während der Import bei 306,1 Mrd. Kronen lag" (Eigene Übersetzung aus dem Dänischen) (Danmarks Statistik 2012b, S. 342). Import und Export von Dienstleistungen erfolgen hauptsächlich nach Deutschland, in die USA, nach Schweden, Norwegen und Großbritannien. Mit über 50 % des Exports und über 40 % des Imports dänischer Dienstleistungen macht die Seewirtschaft mit angeschlossenen Dienstleistungen einen Großteil aus; daneben sind andere Dienstleistungen im Transportgewerbe bedeutsam (Danmarks Statistik 2012b, S. 343–344). Auf diese folgen als weiterer wichtiger Pfeiler unternehmensorientierte Dienstleistungen (Danmarks Statistik 2012b, S. 357).

Als langjährige Seefahrernation war die dänische Wirtschaft die meiste Zeit vom Handel geprägt und zu Beginn des 17. Jahrhunderts etablierten sich der Handel mit Stoffen und das Textilgewerbe. Jedoch wurde das Textilgewerbe schnell unrentabel und war eines der wenigen merkantilistischen Experimente. Einen Einbruch der Wirtschaft gab es Ende des 18. Jahrhunderts als Zollgebühren für Exporte aufgehoben wurden und Dänemark um 1830 unterentwickelt war, nur wenig Kapital besaß und lediglich die Schiffsindustrie expandieren konnte (Findeisen 1999, S. 131, 164, 173). Einhundert Jahre später, nach dem 1. Weltkrieg, verfolgte der dänische Staat eine nach dem Keynesianismus ausgerichtete Wirtschaftspolitik mit hohen öffentlichen Investitionen und der Absicht Arbeitsplätze zu generieren (Lykketoft 2009, S. 4).

Ein großer Einschritt war auch für die Wirtschaft der Zweite Weltkrieg. Obwohl Dänemark trotz der deutschen Besatzung eine relativ intakte Landwirtschaft und Infrastruktur behielt, häufte sich ein nicht unerheblicher Schuldenberg an. Erst nach Ende des Krieges konnten durch die Aufnahme günstiger Kredite, den Beitritt in die OEEC 1949 (spätere OECD) und die Öffnung der Handelsschranken die Schulden getilgt werden und die

Industrie erwirtschaftete Exportüberschüsse. Diese dienten der sozialdemokratischen Regierung ab 1953 zur Finanzierung ihrer Reformen im Bereich der Sozialpolitik (Findeisen 1999, S. 234–235). Darüber hinaus öffnete sich die dänische Wirtschaft und Einfuhrbeschränkungen für ausländische Waren wurden herabgesetzt. Allerdings führte dies umgehend zum Zusammenbruch der Textil- und Bekleidungsindustrie, die aufgrund der hohen Lohnkosten im Vergleich zu ausländischen Textilimporten zu teuer wurden. Im Gegenzug führten Errungenschaften der Gewerkschaften wie hohe (Mindest-)Löhne, ein geringer Niedriglohnsektor und viele Weiterbildungsmöglichkeiten zu Beschäftigung. Dies lässt sich durch das Prinzip der Flexicurity beschreiben, das in Abschn. 2.4.2 beschrieben wird. Durch kurze Kündigungsfristen und ein hohes Maß an Absicherung bei Arbeitslosigkeit kann die Wirtschaft flexibel auf Marktveränderungen reagieren. Schnelle Einstellungen bei Aufschwung und kurzfristige Kündigungen bei Abschwung sind möglich (Lykketoft 2009, S. 5–6).

Wie in allen Ländern stellte die Ölkrise von 1973 mit Arbeitslosigkeit, Inflation, wirtschaftlicher Stagnation und geringen Investitionsmöglichkeiten eine große Herausforderung für die dänische Wirtschaft dar. Zu dieser Zeit beinhalteten die Tarifverträge der Gewerkschaften die Klausel, wenn sich die Lebenshaltungskosten erhöhen, was durch die Ölkrise der Fall war, müssen sich auch automatisch die Löhne und Gehälter der Arbeiter erhöhen, was für die Unternehmen zusätzliche Lohnkosten bedeutete. Um dieses Problem zu beheben und die Wettbewerbsfähigkeit wieder zu steigern, wurde die Währung herabgestuft. Mit der erneuten Ölkrise 1980 setzten ähnliche Probleme ein und man koppelte die Dänische Krone zur Währungsstabilität fortan an die D-Mark bzw. später an den Euro (Stephens 1996, S. 42). Zusätzlich wurde die Klausel bezüglich der automatischen Lohnerhöhungen bei hohen Lebenskosten in den Tarifverträgen entfernt und seitens des Staates Investitionen getätigt, sodass zwischen 1983 und 1987 ein Aufschwung einsetzte.

Für Unternehmen wurde das Jahr 1983 zu einer Kehrtwende, als die Beiträge der Arbeitgeber zum Sozialversicherungssystem zulasten einer Erhöhung der Mehrwertsteuer um 2,5 % gesenkt wurden. Vor dem Hintergrund einer wirtschaftlichen Rezession wurde die konservative Regierung 1993 nach mehr als zehn Jahren Amtszeit abgewählt. Die anschließende Politik des Ministerpräsidenten Poul Nyrup Rasmussen (Sozialdemokraten) konnte positive Effekte bewirken, es wurde in Bildung und die Aktivierung von Arbeitslosen investiert und 1998 wurde die Frühverrentung weitgehend aufgehoben. Die Immobilienwirtschaft wurde dahingehend angekurbelt, dass deren Kredite verbessert wurden, indem alte Zinssätze zu neuen Konditionen umfunktioniert wurden. Damit ging eine aktive, durch Subventionen geförderte Industrie-, Infrastruktur-, Umwelt- und Energiepolitik mit mehr Fokus auf Nachhaltigkeit und dem Ausbau erneuerbarer Energien einher. Ein wichtiger Teil des Infrastrukturausbaus war die Eröffnung der Öresundbrücke im Juli 2000, die in untenstehendem Exkurs beschrieben wird (siehe Kasten). Im Bereich der Sozialleistungen wurden Beiträge für Bildung, Erziehung, Kinder- und Altenbetreuung erhöht (Lykketoft 2009, S. 11–15).

Abb. 2.2 Öresundbrücke von
schwedischer Seite. (Foto:
Trick)

Die Öresundbrücke als Baustein einer grenzüberschreitenden Integration
Am 01.07.2000 wurde von der schwedischen Kronprinzessin Victoria und dem dänischen Kronprinzen Frederik nach nicht einmal 4 Jahren Bauzeit die grenzüberschreitende Öresundbrücke feierlich eingeweiht. Die Idee solch einer festen Querung über den Öresund bestand schon lange und wurde mit den EU-Beitrittsverhandlungen Schwedens zu Beginn der 1990er-Jahre rasch vorangetrieben. Das eindrucksvolle und symbolträchtige Bauwerk (siehe Abb. 2.2), bestehend aus einer Kombination aus Tunnel- und Brückenkonstruktion, verbindet die dänische Hauptstadt Kopenhagen in der Region Sjællands mit der südschwedischen Metropole Malmö der Region Skåne über eine Straßen- und (Schnell)Zugverbindung. Im Mittelalter war die Öresundregion jahrhundertelang erbittert umkämpft und gehörte lange Zeit zum dänischen Königreich mit intensiven Beziehungen nach Kontinentaleuropa. Deshalb gibt es heute noch teilweise stockholmkritische Meinungen im weitentfernten schwedischen Süden und enge Verflechtungen zum direkten Nachbarn Dänemark (Lundén 2002, S. 187–188).

Matthiessen hat die Funktion der Brücke im Hinblick auf eine grenzüberschreitende Integration untersucht und bereits 2000, 2002 und letztlich 2004 in ein Phasenmodell der Integration eingearbeitet.

In der ersten Phase zu Beginn der 1990er-Jahre standen die Visionen und Möglichkeiten der grenzüberschreitenden Zusammenarbeit im Mittelpunkt.

Die zweite Phase (1991–1992) der umfangreichen Investitionen und der Entscheidung der beiden nationalen Regierungen zum Bau einer Brücke vollzog sich sehr rasch.

Vorherrschendes Ziel in der dritten Phase war, Bevölkerung, Politiker, Wirtschaft, etc. von den Vorteilen der Integration zu überzeugen. Diese Meinungsbildung ist in Teilen immer noch nicht abgeschlossen, da es sich um einen langwierigen und problemreichen Prozess handelt, der z. B. von Klagen durch Umweltgruppen, nationalistischen oder Anti-Wachstums-Bewegungen oder von der Stockholmer Furcht einer neuen dominanten Region im Norden begleitet wird. Deshalb gab es zunächst eine große Mehrheit, die gegenüber dem Brückenprojekt negativ eingestellt war, was sich 1998 einerseits durch die positive Entwicklung der eröffneten Großen-Belt-Brücke in Dänemark als vorbildhaftes Beispiel und andererseits durch den physischen Fortschritt des Baus der zuvor nur visionären Öresundbrücke änderte.

Ab 1999 wurden in der vierten Phase durch Studien und Berichte mögliche Integrationshemmnisse unterschiedlichster Art (rechtlich, organisatorisch, technisch, etc.) identifiziert, jedoch bis ins Jahr 2004 kaum behoben und es fehlt eine koordinierende Anlaufstelle mit ausreichenden Entscheidungskompetenzen zur praktischen Problembewältigung, was mit der Einrichtung des Öresundskommittes nicht ausreichend geschehen war.

Aus diesem Grund kam Matthiessen 2004 zu dem vorläufigen Ergebnis, dass zum damaligen Zeitpunkt die fünfte Phase, die der regionalen Integration, noch nicht abgeschlossen war, auch wenn viele Schritte in Richtung Integration unternommen worden waren.

Diesem Ergebnis entsprach auch eine OECD-Studie von 2003, die den Integrationsprozess der Öresundregion als langsam und problematisch bezeichnete. Der Region wurden aber gleichzeitig aufgrund der strategischen Lage als Tor zur Ostsee, als Bindeglied zwischen Skandinavien und Kontinentaleuropa und aufgrund des hohen Markt- und Arbeitskräftepotenzials als bevölkerungsreichste Region in den nordischen Ländern mit rd. 3,5 Mio. Einwohnern eine sehr gute Attraktionskraft und Wettbewerbsfähigkeit zugeschrieben (Matthiessen 2004, S. 34).

Seit 2004 hat sich in der Region einiges verändert und es gab Initiativen in den Bereichen der Regional-, Wirtschafts-, Bildungs-, Forschungs-, Infrastruktur-, Umwelt-, Kultur- und Medienentwicklung wie die Projekte Öresund Logistics, Öresund IT oder Öresund University zeigen (Nyström 2003, S. 206).

Der Pendelverkehr und Wohnortwechsel aufgrund von Disparitäten zwischen den Zentren trug zur Integration der Region bei. Beispielsweise waren Grundstücks- und Immobilienpreise in Schweden günstiger als in Dänemark, weshalb viele Dänen nach Skåne zogen. Auf der anderen Seite bestanden in Kopenhagen mehr Beschäftigungsmöglichkeiten, was bewirkte, dass viele Schweden nach Dänemark zur Arbeit pendelten.

Mittlerweile stagniert die Integration eher. Einer der Gründe ist, dass sich die Preisniveaus angeglichen haben und Unterschiede somit verringert worden sind. Weiterhin pendeln viele Menschen über den Öresund, indessen wächst ihre Zahl nicht mehr an, weshalb von einer ‚Reintegrationsphase' die Rede ist. Ein Beleg, der diese Behauptung unterstützen könnte, ist das Projekt Öresund Logistics, das nach guter Zusammenarbeit zwischen den Regionen mittlerweile geschlossen wurde.

Weiterhin bestehen gewaltige Barrieren, die eine zunehmende Integration erschweren, dazu zählen die hohen Mautgebühren für die Überfahrt mit dem PKW – der Zug ist günstiger – sowie unterschiedliche Gesetzgebungen, Währungen und Sozial- oder Steuersysteme. Nichtsdestoweniger bezeichnete Nyström (2003, S. 205) die Zusammenarbeit in der Öresundregion als „ein Beispiel der Errichtung einer transnationalen Region und als einen wichtigen Teil der europäischen Entwicklung" (Eigene Übersetzung aus dem Schwedischen).

Um im Bekanntheitsgrad weiter aufzusteigen, wurde im Februar 2013 die Öresundregion offiziell in „Copenhagen-Malmö-Region" umbenannt, da nach Angaben der Kommunaldirektoren von Kopenhagen und Malmö der neue Name kraftvoller sei und den Fokus mehr auf die international bekannte dänische Hauptstadt legen würde (Sydsvenskan (TT) 01.02.2013).

Dänemark hat sich seit den 1960er-Jahren von einer Agrargesellschaft in eine Industriegesellschaft und mittlerweile in eine Informations-/Dienstleistungsgesellschaft verwandelt. Moderne Forschungstechnologien und ein hohes Qualifikationsniveau der Arbeiter erwirtschaften Exportüberschüsse.

Lykketoft, der amtierende Präsident des Folketing und ehemalige Parteivorsitzende der Sozialdemokraten, hat in einer Politikanalyse von 2009 verschiedene Indikatoren aufgeführt, die Dänemark als ein wirtschaftlich prosperierendes Land ausweisen. Dazu sei eine große Gleichverteilung des Einkommens zu rechnen, was sich beispielsweise in einem niedrigen Wert des Gini-Koeffizienten (2011, S. 27,8; siehe Tab. 3.8) zeige. Demnach sei Dänemark gemessen am BIP pro Kopf das elftreichste Land der Welt und der Wettbewerbsindex des Weltwirtschaftsforums weise die dänische Wirtschaft als eine der drei besten weltweit aus. Nach Transparency International sei die Korruption die weltweit geringste und die Dänen zählten zu den glücklichsten Menschen (Lykketoft 2009, S. 3).

Trotzdem war Dänemark von der Wirtschaftskrise 2009 betroffen und die Befürchtung war groß, dass sich gerade die Gleichverteilung der Einkommen auseinanderbewegen könne. So wurde der Mitte-Rechts-Regierung von den linken Parteien der Vorwurf gemacht, dass durch große Wahlfreiheit zu viel für private (wohlhabende) Personen getan werde und zu wenig für die Einnahmen des Staates (Lykketoft 2009, S. 18). Nach der Krise und mit dem Regierungswechsel 2011 wurde wieder mehr Fokus auf Aktivierung und Fortbildung für Arbeitslose gelegt (OECD 2011a, S. 24).

Im Vergleich zu den anderen nordischen Ländern ist das dänische Staatsgebiet (ausgenommen Grönland) sehr klein und allein schon aus dieser Tatsache heraus nicht reich an Rohstoffen und Bodenschätzen. Doch seit den 1980er-Jahren gab es steigende

Einnahmen durch die Gas- und Erdölförderung in dänischen Hoheitsgebieten in der Nordsee (Lykketoft 2009, S. 8). Interessant bleibt die Frage um Ressourcen und Handelsrouten im Nordatlantik und im Nordpolarmeer. Aufgrund der Hoheitsansprüche in Grönland beteiligt sich Dänemark, wie die USA, Kanada und Russland an Forschungsprojekten in nordischen Gewässern, um Besitzansprüche zu proklamieren. Besonders aufgrund der globalen Erwärmung könnten in den nächsten Jahren und Jahrzehnten neue Lagerstätten verfügbar oder neue Handelsrouten schiffbar werden.

Viele international agierende Unternehmen haben Zweigstellen in Dänemark, denn das dänische Steuersystem hat für Unternehmen entscheidende Vorteile. Die Unternehmensteuer ist mit 25 % niedrig und Abschreibungsmöglichkeiten sind zahlreich. Darüber hinaus müssen Unternehmen keine Beiträge zur Sozialversicherung, zur Rentenversicherung oder zur freiwilligen Versicherung für Vorruhestandsregelungen zahlen. Demgegenüber ist die persönliche Einkommensteuer, die Mehrwertsteuer und die Steuer für Luxus- und Konsumgüter (Autos, Alkohol oder Tabak) hoch (Lykketoft 2009, S. 7).

Trotz der vornehmlichen KMU und flexiblen Privatunternehmen haben einige dänische Unternehmen globalen Anspruch. Im Bereich der Landwirtschaft sind zum einen das dänisch-schwedische Unternehmen Arla Foods nahe Aarhus und zum anderen der dänische Fleischverarbeitungskonzern Danish Crown hervorzuheben (Christiansen und Togeby 2006, S. 12). Ein internationales Unternehmen ist die in Kopenhagen ansässige und weltweit größte Reederei A. P. Møller-Mærsk, die neben der Seefahrt in der Öl- und Gasförderung tätig ist. Das Unternehmen beschäftigte 2011 insgesamt 117.000 Mitarbeiter (Maersk o. J.) und trägt, wie oben beschrieben, zu einem großen Teil zum Handel von (Transport)Dienstleistungen bei. Vestas ist ein wichtiges Windenergie-Unternehmen, das sich seit den 1990er-Jahren mit neuen energiepolitischen Zielen, vor allem mit dem Ausbau von Windkraftanlagen, beschäftigt und beispielsweise Windparks in der Nordsee errichtet hat.

2.4.2 Sozialpolitik

Dänemark lässt sich nach Esping-Andersen als sozialdemokratischer Wohlfahrtsstaat einordnen, der einen äußerst großen öffentlichen Sektor aufweist (Etherington 2004, S. 22, Esping-Andersen 1990). Wie für die nordischen Länder typisch sind die staatlichen Ausgaben für Sozialpolitik und soziale Dienstleistungen in Dänemark hoch.

Demgegenüber zeigt sich, dass sich der Gini-Koeffizient des verfügbaren Äquivalenzeinkommens zwischen 2005 und 2011 negativ entwickelt hat – d. h. die Verteilung des Einkommens in der Gesellschaft wurde in diesem Zeitraum ungleicher. Ein Wert von 23,9 im Jahr 2005 stieg bis 2011 auf 27,8 an (siehe Tab. 3.8). Er liegt zwar noch unter dem Niveau der EU-Mitgliedstaaten im Mittel, aber im Vergleich konnten die übrigen nordischen Länder den Wert konstanter halten. Die Armutsgefährdungsquote stieg im selben Zeitraum von 11,8 % auf 13 % an (siehe Tab. 5.11). Für Finnland und Schweden sind die Werte nur leicht darüber, in Norwegen deutlich niedriger. (Siehe zum Gini-Koeffizienten als Maß für soziale Ungleichheit Kap. 6)

Tabelle 2.10 zeigt das vielschichtige Sozialsystem der Versicherungen in Dänemark und beinhaltet die verschiedenen Versicherungszweige mitsamt ihren Prinzipien der Finanzierung und detaillierten Leistungen.

An dieser Stelle bietet sich ein Blick auf das Thema Arbeitslosigkeit und die Arbeitslosenquote an, die für verschiedene Länder und den EU-Durchschnitt in Tab. 2.11 ab 2002 abgebildet ist. Nach einer Zeit der Quasi-Vollbeschäftigung in den 1960er-Jahren setzte ein Auf und Ab der Arbeitsplatzsituation bis in die 1980er-Jahre ein. Um der Arbeitslosigkeit Einhalt zu gebieten und den Arbeitslosen die Eingliederung in den dänischen Arbeitsmarkt zu erleichtern, wurde 1993 probeweise in Aalborg das Arbeitsplatz-Rotations-Programm entworfen und wenig später in ganz Dänemark eingeführt. Das Prinzip ist hier, dass unterqualifizierte Arbeitnehmer eines Unternehmens an Schulungen teilnehmen und als Vertretung für sie Arbeitslose eingestellt werden, die Berufserfahrung sammeln können (Etherington 2004, S. 31–32)

Mit den 1990er-Jahren begann in der dänischen Arbeitsmarktpolitik eine Zeit der Reformen. Wichtigstes Leitbild war die Aktivierung von Potenzialen für den Arbeitsmarkt, durch eine Verbesserung von Wiedereingliederungsmöglichkeiten einerseits sowie durch eine Reduzierung des Lohnabstands andererseits.

Dingeldey hat in ihrem Rückblick auf zehn Jahre aktivierende Arbeitsmarktpolitik aus dem Jahr 2005 vom „dänische[n] Beschäftigungswunder" (Dingeldey 2005, S. 18) gesprochen, gelten doch die Politikziele, arbeitsmarktferne Personengruppen wieder in Beschäftigung zu bringen sowie die Beschäftigungsfähigkeiten zu fördern, als größtenteils erreicht (siehe auch Andersen 2002, S. 7).

Dingeldey gliedert die Arbeitsmarktpolitik seit den 1990er-Jahren in 3 Phasen:

1. Von 1994 bis 1999 setzte die sozialdemokratisch-sozialliberale Regierung vermehrt auf eine aktivierende Arbeitsmarktpolitik und eine Verringerung des Arbeitsangebots. Arbeitslose bekamen mehr Rechte aber vor allem mehr Pflichten, so wurde beispielsweise der Anspruch auf Arbeitslosengeld von 9,5 Jahre auf 4 Jahre verkürzt und strengere Regeln für den Erhalt der staatlichen Zuschüsse bei unverändert hohen Bezügen entworfen. Damit gingen eine Ausweitung der Erwachsenenbildung und der Ausbau des öffentlichen Sektors um fast 50.000 Stellen im Zeitraum von 1995 bis 2001 einher. Die Reduzierung des Arbeitsangebotes, also die zumindest temporäre Deaktivierung von Erwerbstätigen (und damit ihre Ausgliederung auch aus dem Bezugssystem der Arbeitslosenversicherung), war ein weiterer Bestandteil des Erfolgs: Zusätzlich zur Job-Rotation gab es die Möglichkeit, sich bis zu einem Jahr eine Sabbatzeit, einen Weiterbildungsurlaub oder einen Erziehungsurlaub bei einer anteiligen Auszahlung des Verdienstes genehmigen zu lassen. Indessen funktionierte die Arbeitsplatz-Rotation nur bedingt, weil i. d. R. lediglich im Falle der Sabbatzeit die freigewordene Stelle von Arbeitslosen besetzt wurde. Unterm Strich sanken auf der einen Seite die Ausgaben für Lohnersatzleistungen in diesem Zeitraum von 6,19 % des BIP (1991) auf 4,63 % (2000), auf der anderen Seite stiegen die Ausgaben für den Vorruhestand und für die Aktivierung deutlich an.

Tab. 2.10 Versicherungszweige im dänischen Sozialsystem. (Quelle: Eigene Erstellung auf Basis von MISSOC 2012a)

Versicherungszweig	Prinzip (Finanzierung)	Leistung
Gesundheit und Mutterschutz (Sachleistungen)	Steuerfinanziert	Keine Arzt-/Krankenhaus-kosten, keine Praxisgebühr, Wahlfreiheit bei Krankenhaus
Gesundheit und Mutterschutz (Geldleistungen)	Steuerfinanziert Beiträge von Angestellten und Selbstständigen	Lohnersatzleistungen durch Arbeitgeber bis Tag 21 der Krankheit Mutterschutz 4 Wochen vor bis 14 Wochen nach Geburt Mütter ohne volle Höhe Mutterschutz oder ohne Arbeitslosenversicherung erhalten Urlaubsgeld Maximum Mutterschutz: DKK 3.940 (€ 530) pro Woche
Langzeitpflege	Von Kommune im Rahmen der Gesundheitsleistungen finanziert	Unterstützung bei Pflege, Haushalt, Finanzen daheim oder Möglichkeit von betreutem Wohnen
Invalidität	Steuerfinanziert Staatliche Beiträge: 35 % Kommunale Beiträge: 65 %	Invaliditätsgeld berechnet sich nach Aufenthaltsdauer im Alter zwischen 15 und 65 Jahren. Maximum für Alleinlebende DKK 204.900 (€ 27.563) pro Jahr und DKK 174.168 (€ 23.429) für Verheiratete oder Zusammenlebende ab 65 wird Invaliditätsgeld in Rente umfunktioniert
Rentenversicherung	Steuerfinanziert Zusatzrente (arbejdsmarkedets tillægspension, ATP): Beiträge Arbeitnehmer und Arbeitgeber	Grundrente/Folkepension: Volle Grundrente DKK 68.556 (€ 9.221) pro Jahr ab 40-jähriger Aufenthaltsdauer zwischen 15 und 65 Jahren. Sonst anteilig je nach Jahren mit DKK 1.716 (€ 231) pro Jahr Renten-Ergänzung/pensionstillæg: Volle Rentenergänzung DKK 34.416 (€ 4.630) für Verheiratete und Zusammenlebende bzw. DKK 71.196 (€ 9.577) für alleinlebende Rentner pro Jahr wird ab 40-jähriger Aufenthaltsdauer zwischen 15 und 65 Jahren gewährt, sonst anteilig Zusatzrente (ATP): Mit 65 Jahren Höchstbetrag, wenn man bei Rentenergänzung seit 1964 dabei war und immer Vollzeit gearbeitet hat. Zwischen DKK 2.500 (€ 336) und DKK 24.300 (€ 3.269) pro Jahr weiterer Zusatz: DKK 11.200 (€ 1.507) pro Jahr bei 40 Jahren Beschäftigung

Tab. 2.10 (Fortsetzung)

Versicherungszweig	Prinzip (Finanzierung)	Leistung
Hinterbliebenenabsicherung	Steuerfinanziert Beiträge Arbeitnehmer und Arbeitgeber	Tod des Angehörigen vor 01.07.1992 35 % von realer oder hypothetischer ATP-Rente des Verstorbenen und 50 % danach einmaliger Pauschalbetrag nach Tod des Partners abhängig von Einkommen und Vermögen des Hinterbliebenen maximal DKK 12.820 (€ 1.725), kein Pauschalbetrag, wenn Jahreseinkommen höher als DKK 329.793 (€ 44, € 64).
Arbeitsunfälle	Beiträge von Arbeitgebern	Gehhilfen, Rollstühle, etc. durch Unfallversicherung abgedeckt dauerhafte Arbeitsunfähigkeit: 83 % des Einkommens des Verletzten bis zu Summe von DKK 474.000 (€ 63.762) pro Jahr bei Tod des Hauptverdieners Rente von 30 % des Verdienstes des Verstorbenen bis maximal DKK 474.000 (€ 63.762) und 10 Jahre lang
Arbeitslosenversicherung	Steuerfinanziert Beiträge von Staat und Kommunen Staatlicher Anteil z. T. von Versicherungsbeiträgen der Arbeitslosenversicherung	90 % des früheren Lohns (Bezugslohn), nicht mehr als DKK 788 (€ 106) pro Tag nicht mehr als DKK 3.585 (€ 482) für Personen geboren vor dem 01.07.1959 und DKK 3.940 (€ 530) nach dem 01.07.1959 pro Woche in manchen Fällen 82 % des Maximums für Arbeitslose garantiert
Familienleistungen	Steuerfinanziert	Kindergeld bis 18 Jahre Kinder von 0 bis2 Jahren DKK 4.266 (€ 574) pro Quartal Kinder von 3 bis 6 Jahren DKK 3.375 (€ 454) pro Quartal Kinder von 7 bis 14 Jahren DKK 2.658 (€ 358) pro Quartal Kinder von 15 bis 17 Jahren DKK 886 (€ 119) pro Monat zusätzlicher Kinderbeitrag bei Eltern, die Rente beziehen Eltern, die selbst Kinder erziehen (24 Monate bis 6 Jahre) erhalten Betreuungsgeld von Kommune zwischen 8 Wochen und einem Jahr lang. Maximal 3 Mal allgemeines Kindergeld von DKK 1.276 (€ 172) pro Quartal kann für Alleinerziehende mit zusätzlichem Kindergeld von DKK 1.300 (€ 175) pro Quartal ergänzt werden
Soziale Mindestsicherung	Steuerfinanziert Kommunale Beiträge	Kommune ist für soziale Mindestsicherung zuständig Sozialhilfe: grundsätzlich 80 % des maximalen Arbeitslosengeldes, für Eltern mit Kindern DKK 13.732 (€ 1.847) und ohne Kinder ab 25 Jahre DKK 10.335 (€ 1.390); für Personen unter 25 Jahren besondere Regelungen; zusätzlich Mietzuschüsse

Tab. 2.11 Arbeitslosenquote 2001–2012 (%). (Quelle: Eigene Erstellung auf Basis von Eurostat 2013c)

	2002	2003	2004	2005	2006	2007	2008	2009	2010	2011	2012
EU (27 Länder)	8,9	9,1	9,3	9,0	8,3	7,2	7,1	9,0	9,7	9,7	10,5
Dänemark	4,6	5,4	5,5	4,8	3,9	3,8	3,4	6,0	7,5	7,6	7,5
Deutschland	8,7	9,8	10,5	11,3	10,3	8,7	7,5	7,8	7,1	5,9	5,5
Finnland	9,1	9,0	8,8	8,4	7,7	6,9	6,4	8,2	8,4	7,8	7,7
Schweden	6,0	6,6	7,4	7,7	7,1	6,1	6,2	8,3	8,6	7,8	8,0
Norwegen	3,7	4,2	4,3	4,5	3,4	2,5	2,5	3,2	3,6	3,3	3,2

2. Darum wurde zwischen 2000 und 2002 eine Reorientierungsphase eingeleitet. Die Arbeitslosigkeit war niedrig und die sozialdemokratisch geführte Regierung kürzte die Maßnahmen im Rahmen des Arbeitsmarktrückzuges. Seit 2000 wurde die Sabbat-Regelung gestrichen und bereits ein Jahr später war der Bildungsurlaub nicht mehr möglich. Beide Instrumente hatten zuvor zur Entlastung des Arbeitsmarktes beigetragen. Insgesamt gerieten hier wohlfahrtstaatliche Ausgaben vor dem Hintergrund einer zunehmend neoliberalen Ausrichtung der Wirtschaftspolitik immer mehr in die Kritik und es kamen Fragen auf, ob die Leistungen für die Sozialpolitik nicht an ihr Ende gekommen seien. So war nicht verwunderlich, dass sich gerade eine liberal-konservative Koalition diese Themen zu eigen machte und damit 2001 ins Amt gewählt wurde (Etherington 2004, S. 34–35).
3. Ab 2003 setzte wieder eine verstärkte Aktivierung ein, bei der hauptsächlich die Neuorientierung der Arbeitsförderung im Mittelpunkt stand. Die Regierung versuchte unter dem Programm „Mehr Menschen in Beschäftigung" (Fler i arbejde) die Aktivierung voranzutreiben, von der nur Schwangere, Kranke, Mütter mit Kindern unter sechs Monaten oder Eltern, deren Kinder keinen Betreuungsplatz erhalten hatten, ausgenommen waren. Beispiele sind die damalige Vereinheitlichung in der Vermittlung von Arbeitslosen und Sozialhilfeempfängern, neue Beratungs- und Qualifizierungsangebote, Unternehmenspraktika, aber auch mehr Kontrolle und Einschränkungen der finanziellen Zuschüsse bei Zuwiderhandlungen (Dingeldey 2005, S. 18–22).

Gerade bei der Job-Rotation bestand eine starke Verbindung zwischen Politik und Gewerkschaften, da letztere über die Verteilung der Gelder aus der Arbeitslosenversicherung verfügen konnten. Somit zeigt sich auch auf diesem Feld der typische Konsenscharakter und der ausgeprägte Korporatismus Dänemarks (Etherington 2004, S. 37), gleichwohl gilt der Arbeitsmarkt in Dänemark im Vergleich zu den nordischen Nachbarstaaten als liberaler. Die gesetzlich verankerten Regeln zur Arbeitszeit und der Kündigungsschutz sind relativ schwach ausgeprägt. So sind etwa keine Abfindungszahlungen bei Entlassungen vorgesehen und Unternehmen müssen lediglich die ersten beiden Tage der Arbeitslosigkeit finanzieren. In Dänemark existiert, zugespitzt ausgedrückt, ein Hire-and-fire-System mit einem Zusammenspiel von flexibler Arbeitsmarktregulieung, hoher Absicherung bei Arbeitslosigkeit und einer aktiven Arbeitsmarktpolitik (Dingeldey 2005, S. 21). Dies wird unter dem Begriff ‚Flexicurity' zusammengefasst, den Anderson und Svarer (2007) folgendermaßen charakterisieren:

> The so-called flexicurity model has recently attracted much attention, and Denmark is often highlighted as the prime example of this particular mix of a *flexible* labour market with a generous social *security* system. (Anderson und Svarer 2007, S. 389)

Die Arbeitslosenversicherung folgt in Dänemark, wie auch in Finnland, Schweden und, außerhalb der Reichweite dieses Buches, Belgien, dem „Genter Modell". Dieses besteht in einer freiwilligen, gewerkschaftsnahen Arbeitslosenversicherung, verwaltet „von gewerkschaftlich (...) organisierten Kassen (...), die staatlich subventioniert werden" (Clasen und Viebrock 2006, S. 351). Dabei sind die Kassen sowohl für die Verteilung des Arbeitslosengeldes als auch für die Arbeitsvermittlung zuständig. Der Organisationsgrad der Gewerkschaften in Dänemark und in den anderen nordischen Ländern, die ähnliche Modelle haben, ist hoch. Im Gegensatz zu Deutschland sind die Versicherungsbeiträge zur Arbeitslosenversicherung in Dänemark geringer, weswegen ebenfalls mehr Mitglieder in der Arbeitslosenversicherung gemeldet sind. Weitere Vorteile der Arbeitslosenversicherung sind die hohen Auszahlungsbeträge beim Arbeitslosengeld und die Perspektive auf eine mögliche Rente (Clasen und Viebrock 2006, S. 351, 356, 362–363).

Der Mitgliedsbeitrag zur Arbeitslosenversicherung setzt sich aus einem Pflichtbetrag für die staatliche Zusatzrente, aus einem variablen Verwaltungsbetrag und zudem aus einem speziellen Pauschalbeitrag zusammen. Die Hauptfinanzierung erfolgt jedoch trotz der Beiträge durch Steuermittel aus einer zweckgebundenen Arbeitsmarktabgabe (8 % des Bruttoeinkommens) eines jeden Erwerbstätigen (Clasen und Viebrock 2006, S. 360).

Das Genter Modell wurde in Dänemark 1907, und damit äußerst früh, eingeführt. Neben dem hohen normativen Stellenwert sozialdemokratischer Ideen gilt es als eine Erklärung für den hohen gewerkschaftlichen Organisationsgrad in den nordischen Ländern (Clasen und Viebrock 2006, S. 354). Die ursprünglich gewerkschaftlichen Fonds wurden in den letzten Jahren jedoch in eigene unabhängige Kassen umgewandelt, die staatlicher Kontrolle unterstehen. Seit der Staat die Arbeitslosenkassen subventioniert, muss man zudem nicht mehr zwangsläufig Gewerkschaftsmitglied sein, um ein finanzierbares Anrecht auf Arbeitslosengeld zu haben (früher waren für Nichtmitglieder höhere Beiträge fällig) (Clasen 2006, S. 352). Im Jahr 2005 umfasste die Arbeitslosenversicherung 90 % des letzten Einkommens bis zu einem monatlichen Maximalbetrag vor Steuern von DDK 14.170 (umgerechnet etwa 1.900 €) bzw. einen Minimalbetrag von 82 % des Maximalbetrages (Clasen 2006, S. 357–358).

Familienleistungen sind ein wichtiger Bestandteil der dänischen Sozialpolitik, deren vornehmliches Ziel ist, sowohl den Vätern als auch den Müttern die Möglichkeit zum Arbeiten zu geben. Eine äußerst hohe Abdeckung in der Kinderbetreuung ist hierbei das zentrale Instrument (Dingeldey 2005, S. 22). Der Staat unterstützt Familien durch zwei Programme: Erstens seit 1987 durch die universale Familienbeihilfe, bei der jede

Familie vierteljährlich denselben Betrag gestaffelt nach Kindesalter bis zum 18. Lebensjahr ausbezahlt bekommt (siehe Tab. 2.10). Zweitens erhalten Eltern mit hohen Ausgaben (Eltern von Zwillingen, Eltern in Rente) zur Familienbeihilfe ein zusätzliches Kindergeld. Alleinerziehende Eltern können einen besonderen Zuschuss von 548 € jährlich erhalten (Abrahamson 2008, S. 71–72).

In Dänemark besteht die gesetzliche Pflicht für die Kommunen, jedem Kind ab sechs Monaten einen Kitaplatz zu garantieren (Abrahamson 2008, S. 57–58). Was in Deutschland umgangssprachlich als „Herd-Prämie" bezeichnet wird, also eine Form des Betreuungsgeldes, wurde in Dänemark im Sinne der Wahlfreiheit 2002 durch die lokale Verwaltung eingeführt. Eltern, die ihr Kind, das unter 5 Jahre alt ist, daheim erziehen, bekommen von der Kommune finanzielle Unterstützung. Die Zeit, in der die Familie das Geld erhält, kann acht Wochen bis zu einem Jahr betragen und kann dreimal beantragt werden (Abrahamson 2008, S. 66). Vor dem Hintergrund der deutschen Debatte (ganz gleich auf welcher Seite man dort stehen mag) ist es doch bemerkenswert, dass im sozialdemokratischen Wohlfahrtsstaat Dänemark ein Betreuungsgeld existiert: Kritiker aus dem sozialdemokratischen Lager führen gegen die „Herdprämie" doch vor allem ein reaktionäres Familienbild ins Felde; der Norden steht dagegen für progressive Gleichberechtigung und Flexibilität im Rollenbild der Geschlechter.

Eltern, deren Kind unter neun Jahre alt ist, konnten bis 2002 zwischen 13 und 52 Wochen zur Kindererziehung zu Hause bleiben. Die ersten 26 Wochen waren gesetzlich verankert, die restlichen 26 mussten mit dem Arbeitgeber oder mit dem Arbeitsamt verhandelt werden (Etherington 2004, S. 28). Ab 2002 wurden die 52 Wochen, die von einem Elternteil alleine oder von beiden gemeinsam geteilt genommen werden konnten, verkürzt. Nach der Geburt stehen der Mutter 14 Wochen Mutterschutz zu. In dieser Zeit kann der Vater zwei Wochen Vaterschaft beantragen. Nach den 14 Wochen haben beide Elternteile die Möglichkeit auf 32 Wochen Elternzeit – entweder gemeinsam (jeweils 16) oder nacheinander jeweils 16 Wochen. Während dieser Zeit erhalten sie den vollen Betrag des Arbeitslosengeldes. Das System ist insgesamt durch unterschiedliche Reformen individueller und flexibler geworden, der Bezugszeitraum aber eben auch deutlich kürzer (Abrahamson 2008, S. 69–70).

Dänemark hat ein vielschichtiges Rentensystem, bei dem es eine seit 1956 bestehende steuerfinanzierte universale nationale Basisrente/Volkspension (Folkepension) und zusätzlich eine einkommensabhängige Rente gibt. Da ohne eine dritte Säule das Armutsrisiko ab 65 Jahren hoch wäre, wurde 1963 aus dem Pensionsfonds des Arbeitsmarktes eine Form der Betriebsrente eingeführt, die ATP-Rente (Arbejdsmarkedets Tillægspension), die aber nicht alle erhalten (Frericks et al. 2006, S. 478–481; Abrahamson 2008, S. 72; Green-Pedersen und Lindbom 2006, S. 245).

Leistungen bei Krankheit und Mutterschaftsurlaub entsprechen denen bei Arbeitslosigkeit. Das Recht auf die beiden erstgenannten Leistungen besteht schon nach kurzer Zeit in Beschäftigung. Um Arbeitslosengeld zu erhalten, muss man mindestens ein Jahr beschäftigt gewesen und Mitglied in der Arbeitslosenversicherung sein. Die Finanzierung aller drei Sozialleistungen erfolgt zu großen Teilen durch die hohen Einkommensteuereinnahmen, aus der Mehrwertsteuer und aus Mitgliedsbeiträgen von Arbeitnehmern. Arbeitgeber zahlen für diese Leistungen keinen oder nur einen sehr geringen Anteil (Lykketoft 2009, S. 6–7).

Studienbeihilfen, vergleichbar zum Bafög, müssen nicht zurückbezahlt werden und für den Hochschulbesuch bestehen zahlreiche Finanzierungsmöglichkeiten durch Stipendien. Kindergärten oder Freizeitzentren, die sich um die Kinder nach dem Unterricht kümmern, werden steuerlich bezuschusst und Eltern müssen meist nur ein Drittel der Gesamtausgaben tragen. Rentner können im Alter durch eine kostenlose Haushaltshilfe oder Mietzuschüsse Unterstützung erhalten. Arztbesuche und Krankenhausaufenthalte sind ebenfalls kostenlos und durch die Krankenversicherung abgedeckt (Lykketoft 2009, S. 7–8). Der Anteil, den der dänische Staat für seine sozialen Dienste ausgibt, ist deshalb sehr hoch und betrug 2010 mit 569 Mrd. DDK (ca. 76 Mrd. €) 33,5 % des Bruttoinlandsproduktes (Danmarks Statistik 2012b, S. 131).

2.4.3 Bildungspolitik

Der bedeutende dänische Pastor, Philosoph und Bildungspolitiker Nikolai Frederik Severin Grundtvig hat die Bildung in Dänemark mit seinen Gedanken geprägt und 1814 die erste Heimvolksschule, der Vorläufer der privaten freien Schule (Efterskole), gegründet. Seiner Meinung nach ist lebenslanges Lernen für ein erfülltes Leben unabdingbar, trägt zur persönlichen Entwicklung bei und führt die Gesellschaft auf einen demokratischen Weg. Das Prinzip viel Wert auf gute (Aus-/Weiter)Bildung zu legen, zeigt sich in Dänemarks Bildungspolitik, denn die Regierung versucht Chancengleichheit herzustellen und allen Personen – egal welcher Ethnie sie angehören oder aus welchem Land sie stammen – gleichen Zugang zu Wissen bereitzustellen, um soziale Gerechtigkeit und die Homogenität der Gesellschaft zu stärken. Bildungsziele sind Interdisziplinarität, fächerübergreifender Unterricht, Projektorientierung und der Fokus auf Informations- und Kommunikationstechnologien (Werler 2004a, S. 76–77). Werler fasst das Schulsystem Dänemarks folgendermaßen zusammen:

> Das dänische Schulsystem kann ohne Zweifel zum skandinavischen Modell gezählt werden. Hauptkennzeichen sind darin ein ausgeprägtes reformpädagogisches und sozialdemokratisches Bildungsdenken. So wurde das Bildungswesen immer auch als Teil der Sozialpolitik verstanden. Seitens des Schulsystems wird eine hohe Bereitschaft zur Loyalität gegenüber dem Staat gezeigt. (Werler 2004a, S. 76)

Die institutionelle Bildung beginnt optional für Kleinkinder im Alter von sechs Monaten bis drei Jahre in einer Kinderkrippe. Daran schließt sich von drei bis sechs Jahren der Kindergarten an, in dessen letztem Jahr die Vorschule besucht wird. Offiziell besteht keine Schulpflicht, sondern eine allgemeine Unterrichtspflicht von neun Jahren, sodass grundsätzlich Heimunterricht gestattet ist, den aber nur wenige in Anspruch nehmen und nahezu alle Schüler besuchen eine öffentliche (ca. 80 %) oder private Schule (Friskole, ca.

20 %). Der Anteil von Schülern an Privatschulen nimmt stetig zu, weil seit den 1990er-Jahren die Schulwahl von mehr Wahlfreiheit gekennzeichnet ist. Dänemark verfügt über ein relativ liberales Bildungssystem und so ist bereits seit 1855 gesetzlich verankert, dass Lehrer oder Eltern unter bestimmten Voraussetzungen und unter staatlichen Richtlinien (z. B. einheitliche Abschlussprüfungen) eigene, private Schulen errichten können. Diese privaten Schulen haben oft ein fachspezifisches Profil und werden zum größten Teil (80–85 %) von öffentlichen Geldern finanziert (Justesen 2002, S. 27, 32). In der dänischen Bildungspolitik und im Besonderen im Schulwesen existiert somit eine hohe Wahlfreiheit der Schulen, die höher ist als in den anderen nordischen Ländern (Ståhlberg 1997, S. 99).

Mit 6–7 Jahren beginnt die 9-jährige öffentliche Grundschule (Folkeskole), welche die Primarstufe/Grundschule (Klasse 1–6) und untere Sekundarstufe (Klasse 7–9/10) umfasst. Darüber hinaus beinhaltet die Sekundarstufe nach der Folkeskole auch weiterführende Gymnasien, berufsbildende Gymnasien und die berufliche Bildung. Gymnasien bereiten hauptsächlich auf eine akademische Ausbildung an Universitäten vor, während die berufs-bildenden Schulen praktischer orientiert sind (Werler 2004a, S. 79). Verantwortlich für die öffentlichen Schulen sind die 98 Gemeinden, für die Privatschulen sind es Elternvertreter, die sich jedoch an den vom Bildungsministerium gesetzten Rahmen zur Einhaltung der Bil-dungspläne halten müssen (OECD 2011a, S. 5–6). Einheitliche Abschlussprüfungen finden in der neunten bzw. zehnten Klasse statt, deren Ausgang allerdings nicht den Zugang zur höheren Sekundarbildung determiniert (OECD 2011a, S. 25). Um den Gleichheitsgedan-ken zu wahren, sind alle Schulbücher, die Schule selbst und andere Unterrichtsmaterialien kostenlos (Werler 2004a, S. 80–81). Der Schulunterricht endet relativ früh am Nach-mittag und viele Schüler besuchen nach dem Unterricht kostenlose Einrichtungen für nachgelagerte Betreuung in der Schule, oder in außerschulischen Freizeiteinrichtungen (Abrahamson 2008, S. 68).

Nach der Grundschule ergeben sich 3 Möglichkeiten der Weiterbildung:

1. Es besteht die Möglichkeit einer dual organisierten beruflichen Ausbildung.
2. Absolventen des höheren Sekundarniveaus können ein allgemeinbildendes Gym-nasium besuchen und an einem 3-jährigen Hochschulvorbereitungskurs (Højere Forberedelseksamen, HF-Kurs) als Vorbereitung für ein Studium teilnehmen.
3. Eine 2- bis 3-jährige Doppelqualifizierung an Handelsschulen (Højere Handelseksa-men, HHX) und technischen Schulen (Højere Teknisk Eksamen, HTX) zählt ebenfalls zum höheren Sekundarniveau.

Die letzten beiden Weiterbildungsmöglichkeiten schließen mit dem Abitur (Studente-reksamen) ab und führen zur Hochschulzugangsberechtigung. Während die allgemein-bildenden Gymnasien vor allem auf eine Universitätslaufbahn mit Bachelor- und/oder Masterabschluss abzielen, sind die Handelsschulen und technischen Schulen für die Ausbil-dung von Fachkräften in Handel, Wirtschaft, Technik, Betriebswirtschaft und Verwaltung zuständig. Die berufliche Grundausbildung wurde 2000/2001 reformiert und teilt sich in einen berufsschulgestützten Basiskurs und in einen theoretisch-praktischen Hauptkurs (Werler 2004a, S. 84–87).

Interessant ist ein Blick auf die Ergebnisse von Schulvergleichsstudien. Die TIMMS-Studie (Trends in International Mathematics and Science Study) von 2007 zeigt, dass dänische Schüler in Mathematik überdurchschnittlich gut sind. Während jüngere Umfrageteilnehmer bessere Leistungen erzielten, sind die Ergebnisse älterer Schüler im oberen Leistungsbereich zurückgegangen (OECD 2011a, S. 26). Die PISA-Ergebnisse von 2009 waren nicht so gut wie in Schweden und Finnland. Zwar waren die Leistungen im Bereich ‚Politisches Wissens‘ gut, aber besonders beim höchsten Schwierigkeitsniveau in anderen Themenkomplexen schnitten die Schüler schlechter ab. Die dänische Regierung reagierte auf diesen ‚Schock‘ mit mehr Evaluation von Schulen, Schülern, Lehrern und Abschlussprüfungen sowie mit nationalen Tests und deren Veröffentlichung zur besseren Vergleichbarkeit (OECD 2011a, S. 5–8).

Folkeskole-Lehrer sind Angestellte der lokalen Verwaltung und werden von dieser bezahlt. Sie müssen einen geprüften Lehramtsabschluss erworben haben oder einen vergleichbaren ausländischen Abschluss. Der Abschluss ist ein 4-jähriger Bachelorabschluss, der an Universitäten erworben wird, mit parallel stattfindenden praktischen Lehrtätigkeiten. Er befähigt zur Erziehung in der Primarstufe und der unteren Sekundarstufe. An Gymnasien unterrichten Fachlehrer, die mindestens zwei Fächer an einer Universität studiert haben. Nach dem Studium müssen sie eine theoretische und praktische Ausbildung von sechs Monaten absolvieren, während der sie bereits an einer Schule tätig sind. Dies ist mit dem deutschen Referendariat vergleichbar, das mit meist 18–24 Monaten aber deutlich länger ist (OECD 2011a, S. 74–75).

Seit den 1990er-Jahren besteht die freie Schulwahl im Gemeindegebiet. Aufgrund des demographischen Wandels werden immer weniger Kinder geboren und durch das Taxameterprinzip in der Subventionierung der Schüler, bei dem die Schule pro Schüler Geld erhält, wird das Ringen um die Anzahl der Schüler zwischen den Schulen immer stärker (Werler 2004a, S. 89). Da immer mehr Elternteile arbeiten, müssen der Staat oder andere Bildungseinrichtungen in zunehmend umfassender Weise die Erziehung der Kinder übernehmen, doch auch wenn die PISA-Ergebnisse von 2009 leichte Rückgänge in der oberen Spitze der Leistungen offenbarten, ist die Gleichheit im System weiterhin sichergestellt und das allgemeine Bildungsniveau hoch. Dazu wird das Prinzip der Einheitsschule verfolgt und die Schüler bleiben in einer langen Grundschulzeit gemeinsam im Klassenverband. Feststellbar ist dennoch eine leichte Tendenz zum Besuch von Privatschulen und das Schulsystem wird häufiger von ökonomischen Interessen geleitet (OECD 2011a, S. 24).

2.4.4 Außen- und Sicherheitspolitik und internationale Organisationen

Als Anrainerstaat der Nord- und Ostsee war für Dänemark Handelsfreiheit innerhalb Europas immer wichtig, auch aus dem Grund, dass Dänemark wenige Bodenschätze hatte und lange Zeit keine Energieressourcen aufweisen konnte. Deshalb trat Dänemark 1960 der EFTA, der europäischen Freihandelszone, und 1973 der EWG bei. Innenpolitisch war der EWG-Beitritt trotz eines relativ klaren positiven Referendums umstritten und die bislang sechs durchgeführten Europa-Referenden zeigen die gespaltene Meinung, welche die Dänen gegenüber Europa haben. Einerseits sind sie für eine wirtschaftliche Integration, andererseits gegen eine politische (z. B. Ablehnung des Euro). Da Dänemark seit 1973 Mitglied der EU ist, ist das Land gezwungen Gesetzesvorschläge von der EU-Ebene in nationales Recht zu überführen.

Im Jahr 1949 wurde Dänemark Gründungsmitglied der NATO und hat damit einen neuen außen- und sicherheitspolitischen Weg eingeschlagen, weg von der traditionellen Neutralitätspolitik, was sich mit den Militäreinsätzen in Afghanistan oder im Irak belegen lässt. Zudem ist Anders Fogh Rasmussen (dänischer Ministerpräsident der Liberalen von 2001 bis 2009) seit 2009 Generalsekretär der NATO.

Zunächst waren nicht alle Parteien des Folketings für einen NATO-Beitritt. Die Sozialliberalen wollten Neutralität wahren und nur ein begrenztes Budget für Verteidigungsmaßnahmen ausgeben. Die Sozialdemokraten befürworteten den Beitritt und konnten letztendlich die anderen Parteien überzeugen (Damgaard 1974, S. 118). Man wollte sich in Zeiten des Kalten Krieges vor dem Osten schützen und schloss sich nach dem 2. Weltkrieg klar und deutlich dem Westen an. Dänemark wollte damals allerdings eigentlich eher ein rein skandinavisches Sicherheitsbündnis und sich keinem Block zuordnen (was einen NATO-Eintritt also eigentlich ausgeschlossen hätte). Die Verhandlungen zwischen Schweden, Dänemark und Norwegen scheiterten jedoch, vor allem aufgrund der absoluten Neutralität Schwedens. Dänemark hatte nunmehr nur die Wahl wie Schweden neutral zu bleiben (was ausgeschlossen wurde) oder sich wie Norwegen dem Westen anzuschließen (Frandsen 1994, S. 197–202).

In der Beziehung zu Deutschland war ein wichtiger Einschnitt der NATO-Beitritt Westdeutschlands 1955. Die BRD hatte damals noch eingeschränkte Souveränität und für den Beitritt war die Zustimmung Dänemarks nötig. Bei diesen Verhandlungen handelte die dänische Regierung einen Minderheitenschutz für die Dänen in Südschleswig (Deutschland) aus. Die deutsche Minderheit in Nordschleswig wurde ebenfalls unter Minderheitenschutz gestellt (1955) (Frandsen 1994, S. 196–197). Die dänische Minderheit formt in Schleswig-Holstein heute den Südschleswigschen Wählerverband (SSW).

Dänemark ist seit Juli 1945 Gründungsmitglied der Vereinten Nationen und das Engagement lässt sich darin belegen, dass Kopenhagen mehrere Institutionen der UN beherbergt.

Mit den anderen nordischen Ländern ist Dänemark über den Nordischen Rat (Nordisk Råd) verbunden. Frandsen bezeichnet nordische bzw. skandinavische Bündnisse als wenig effektiv und es ergeben sich nur geringe Erfolge in der Zusammenarbeit. Stattdessen seien die Schritte zur EU-Integration von Dänemark, Schweden und Finnland oder der Beitritt zur europäischen Freihandelszone bedeutsamer (Frandsen 1994, S. 203). Ein Beleg für die misslungene Zusammenarbeit war die NORDEK-Initiative Dänemarks, eine wirtschaftliche Union in Skandinavien voranzutreiben. Dieses Ziel verfolgte Dänemark nach dem gescheiterten EU-Beitrittsversuch 1970. Gemeinsam mit Schweden, Norwegen und Finnland wollte man NORDEK gründen und ein unterschriftsreifer Vertrag lag vor, doch unerwartet zog Finnland seine Teilnahme zurück (Petersen u. Elklit 1973, S. 201).

Im Folgenden soll noch einmal der Beitritt Dänemarks in die EG, die heutige EU, näher beschrieben werden, weil Dänemark das erste der nordischen Länder war, das diesen Schritt „wagte". Um der EU beitreten zu können, musste die Verfassung 1953 angepasst werden, in der ein Gesetz verankert wurde, das vorsah, dass bei bestimmten Situationen durch eine Fünf-Sechstel-Mehrheit im Folketing oder eine einfache Mehrheit mit einem Referendum Entscheidungskompetenzen an supranationale Ebenen abgetreten werden konnten. Bereits 1960 trat Dänemark der EFTA bei, da hier ein Beitritt leichter möglich war als in die EG, weil es sich nur um eine wirtschaftliche und keine politische Integration handelte (Frandsen 1994, S. 204).

Für den Beitritt zur EG musste ein Referendum durchgeführt werden. Bis auf die Sozialdemokraten hatten die Parteien des traditionellen Systems einheitliche Meinungen und befürworteten den Beitritt. Das linke Lager der Sozialdemokraten sowie die Sozialistische Volkspartei waren dagegen und formierten sich in der ‚Volksbewegung gegen die EG' (Folkebevægelsen mod EF). Obwohl sich die LO für den Beitritt aussprach, positionierten sich einzelne Gewerkschaften wie die Metallarbeiter gegen den Beitritt. Ein schlagkräftiges Argument für den Beitritt war die Tatsache, dass England als damals wichtigster Handelspartner zuvor Mitglied der EG geworden war und man in einer gemeinsamen Freihandelszone mit diesem Partner bleiben wollte. Beitrittsgegner führten eine potentielle Abhängigkeit an und dass das bevölkerungsarme Dänemark zwischen den großen europäischen Staaten untergehen könne und von ausländischen Unternehmen überflutet würde. Obendrein sei die EG zu kapitalistisch strukturiert und man sollte nicht als einziger nordischer Staat dem Bündnis beitreten, denn das wäre schlecht für den Umgang mit den nordischen Nachbarn.

Das Referendum am 02.10.1972 hatte mit 90,1 % die höchste Wahlbeteiligung aller Referenden in Dänemark. In Norwegen hatte nur eine Woche zuvor ebenfalls ein EU-Referendum stattgefunden, das negativ ausgefallen war (Petersen und Elklit 1973, S. 206–208), hingegen war das Ergebnis in Dänemark positiv und seit 01.01.1973 kann sich Dänemark zu den EU-Ländern zählen (Petersen und Elklit 1973, S. 198–199).

Zu heftigen Diskussionen, vor allem in Deutschland, führten verschärfte Grenzkontrollen in den letzten Jahren. Von 1993 bis 2008 gab es einen großen Einwanderungszustrom nach Dänemark, bei dem viele Einwanderer im Zuge einer Familienzusammenführung zu Familienmitgliedern nach Dänemark migrierten, woraufhin die rechtsliberale Regierung trotz des Schengen-Abkommens Grenzkontrollen verschärfte. Der außenpolitische Druck auf die Regierung wurde so groß, dass die Kontrollen nach kurzer Zeit wieder eingestellt wurden (Hopmann 2011, S. 11–12).

2.5   Fazit und Einordnung

Der dänische sozialdemokratische Wohlfahrtsstaat ist über viele Jahrzehnte gewachsen und hat sich vor allem seit den 1960er-Jahren zu einem Modell entwickelt, das ein hohes Steueraufkommen benötigt, aber seinen Bürgern auch umfangreiche Leistungen zugesteht.

Die Sozialdemokratie und die Gewerkschaften sind zwar ein wenig schwächer ausgeprägt als beim Nachbarn Schweden, jedoch ist auch Dänemark auf Gleichheit und Ausgleich von Disparitäten bedacht. Einen Widerspruch hierzu stellt allerdings die Einwanderungspolitik der letzten Jahre dar.

Sozialpolitisch besonders interessant ist das Konzept der Flexicurity auf dem Arbeitsmarkt: Der Staat garantiert seinen Bürgern Sicherheiten, vor allem durch umfangreiche Arbeitslosenregelungen, aber er fordert zunehmend Pflichten ein. Die Bürger sollen für den Arbeitsmarkt flexibel sein und sich aktiv in die Jobfindung einschalten. Dabei ist vor allem die kommunale Ebene als Anlaufstelle wichtig, denn diese hat neben der nationalen Ebene viel Handlungsspielraum und kann sich entlang nationaler Richtlinien ihr eigenes Profil entwerfen.

Das Parteiensystem hat sich seit der „Erdrutschwahl" von 1973 stark verändert, womit eine Phase einher ging, in der Regierungen unterm Strich an Einfluss verloren und das Parlament an Einfluss gewann. Der Grund dafür ist zum einen, dass die Parteien nicht mehr so viele Mitglieder haben wie in der Genese-Phase des sozialdemokratischen Wohlfahrtsstaats und sich parallel typische Stammwählerschaften (v. a. bestimmte Berufsgruppen) verändert haben. Zum anderen gab es in der jüngeren dänischen Geschichte häufig Minderheitsregierungen, die nur durch Kompromisse und Konsens regieren konnten und in deren Rahmen bleibt immer fraglich, ob die beteiligten Parteien wieder Wahlergebnisse mit stabilen Mehrheiten erreichen werden.

Für das Fortbestehen der wirtschaftlichen Stärke Dänemarks setzt der Staat auf Bildung. Von frühkindlicher Betreuung über Erwachsenenbildung bis zum Leitbild des lebenslangen Lernens möchte die dänische Bildungspolitik das Potenzial des Humankapitals in der Wissensgesellschaft bestmöglich ausschöpfen – und damit auch einen Grundstein für die Chancengleichheit in der dänischen Gesellschaft festigen. Es handelt sich hierbei um ein wichtiges normatives Leitbild dänischer Politik und in der Tat wird dem Land im internationalen Vergleich ein sehr hohes Niveau an Gleichheit attestiert (OECD 2011a, S. 24). Dies spiegelt sich in dem von Lykketoft beschriebenen „dänischen Modell" zur Gestaltung von Wirtschafts- und Sozialpolitik wider. Es beinhaltet

- „eine nahezu gleichmäßige Verteilung von Qualifikationen, eine hohe Beteiligung am Arbeitsmarkt von sowohl Männern als auch Frauen;
- eine umfangreiche Umverteilung durch ein progressives Steuersystem, das öffentliche Leistungen im Bereich der Bildung, Kinderbetreuung, Altenpflege und im Gesundheitswesen finanziert,
- außergewöhnlich geringfügige Unterschiede im Lebensstandard zwischen Arm und Reich im Vergleich mit anderen Ländern;
- die relativ hohe Steuerquote – besonders bei Privateinkünften und beim Konsum –, die eng verbunden ist mit Erfolgen bei Investitionen in Bildung, Forschung und Entwicklung, in eine gute Infrastruktur etc.; ferner niedrige Unternehmenssteuern und geringe gesetzliche Beiträge zur Sozialversicherung für die Arbeitgeber;
- einen öffentlichen Dienst, der im internationalen Vergleich sehr effektiv und bürgerfreundlich ist; Korruption gibt es so gut wie gar nicht" (Lykketoft 2009, Titelblatt).

Nach den Ergebnissen der PISA-Studie, in deren letzten Ausgaben Dänemark nicht so positiv abgeschnitten hat wie Schweden oder Finnland, bleibt abzuwarten, wie sich die Bildungspolitik weiterentwickelt. Als wichtigste Ressource Dänemarks gilt innnovationsfähiges Wissen als Grundlage exportorientierter Dienstleistungen. Allerdings waren die Leistungen der Schüler besonders im Spitzenbereich schlechter als erwartet. Zwar reagierte der Staat mit der Einführung eines Evaluationssystems für öffentliche Schulen, dennoch haben Privatschulen einen immer größeren Zulauf. Man wird sehen, ob das dänische Bildungssystem zunehmend privatisiert wird und sich Elite-Unis herausbilden. In gewissem Maße würde dies sicherlich dem dänischen Gleichheitsprinzip widersprechen, da so die Gefahr bestünde, die Schere zwischen Arm und Reich weiter zu öffnen. So lassen sich Privatisierungsbestrebungen bereits in der Altersvorsorge erkennen, bei der immer größere Anteile der Oberschicht private Vorsorge betreiben und auch bei den Arbeitslosenkassen, in denen eine zunehmende Wahlfreiheit besteht.

Im Bereich der Wirtschaftspolitik lassen sich zwei spannende Themen identifizieren, die es in Zukunft zu beobachten gilt und die beide mit dem Klimawandel zusammenhängen. Im Jahr 2009 fand die UN-Klimakonferenz in Kopenhagen statt, bei der sich die Stadt als weltoffen, modern, interkulturell und nachhaltig präsentierte. In der Hauptstadt der Fahrräder mit bis zu dreispurigen Fahrradautobahnen ist gerade die Nachhaltigkeit in Bezug auf Energiegewinnung und Umgang mit Ressourcen wichtig und man versucht Vorbild für andere Länder zu sein. Deshalb ist die Windkraft mit vielen Windparks auf dem Land oder im Meer ein wichtiger Teil der Energiepolitik und der dänischen Wirtschaft insgesamt.

Darüber hinaus beteiligt sich Dänemark am „Scramble for Arctica": Durch die Erderwärmung schmelzen bekanntlich die Polkappen ab und der Meeresspiegel erhöht sich, wodurch im Nordpolarmeer und im Nordatlantik neue Handelsrouten frei werden und sich neue Möglichkeiten für die Entnahme von Rohstoffen ergeben. Mit Grönland hat Dänemark in diesem Bereich Hoheitsansprüche und versucht weite Teile des Gebietes für sich zu beanspruchen. Als Seefahrernation mit zahlreichen großen Reedereien wird sich Dänemark intensiv an der Erschließung neuer Gebiete beteiligen.

2.6   Drei Titel zum Weiterlesen

1. Andersen, Torben M. und Svarer, Michael (2007): Flexicurity – Labour Market Performance in Denmark. In: *CESifo Economic Studies* (53), H. 3, S. 389–429. Verfügbar unter: http://cesifo.oxfordjournals.org/content/53/3/389.full
   - Die beiden Autoren stellen in ihrem Aufsatz Dänemark als Paradefall der Flexicurity auf dem Arbeitsmarkt dar. In ihren umfangreichen Ausführungen schildern sie sowohl die historische Entwicklung hin zu mehr Aktivierung in der Arbeitsmarktpolitik mitsamt den durchgeführten Reformen als auch zahlreiche empirische Befunde über finanzielle Aufwendungen für Aktivierung. In ihrer Auswertung gehen

Andersen u. Svarer auf die Übertragbarkeit auf andere Länder und die (positiven) Effekte solch einer Ausrichtung der Arbeitsmarktpolitik ein.

2. Carlsson, Carl-Magnus et al. (Hrsg.) (2012): Rethinking Transport in the Øresund Region Policies, Strategies and Behaviours. Lund. Verfügbar unter: http://www.interreg-oks.eu/se/Menu/Projektbank/Projektlista+%C3%96resund/Rethinking + Transport + in+the+%C3%98resund+Region

   - Dieser Sammelband setzt sich aus Beiträgen dänischer und schwedischer Wissenschaftler der Öresund Region zusammen, die sich mit den Themen nachhaltiger und zukunftsorientierter Verkehrs- und Transportplanung sowie mit neuen Möglichkeiten des Mobilitätsmanagements anhand der grenzüberschreitenden Region auseinandersetzen. Die vielfältigen politischen und verkehrsgeographischen Themen verweisen auf dänisch- und schwedischsprachige Literatur und stellen die Zusammenarbeit und Funktionsweise einer grenzüberschreitenden Kooperation innerhalb eines INTERREG IV-A-Projektes prototypisch dar.

3. Damgaard, Erik (1974): Stability and Change in the Danish Party System over Half a Century. In: *Scandinavian Political Studies* 9 (9), S. 103–125.

   - Aus historischer Perspektive ist Damgaards Aufsatz zur Entwicklung der dänischen Parteienlandschaft interessant. Er zeigt darin sowohl Konstanten als auch Veränderungen der Parteien auf und nimmt die Erdrutschwahl des Jahres 1973 in den Fokus. Zahlreiche Tabellen zu Wahlergebnissen, Wahlverhalten und Parteienveränderungen untermauern seine Ausführungen.

2.7 Übungsfragen

Übungsfragen 2 und 3

Frage 2

Bitte erläutern Sie das „Genter Modell" der Arbeitslosenversicherung.
Schwierigkeitsgrad: 1

Frage 3

David Etherington hat die dänische Arbeitsmarktpolitik als „welfare-through-work-model" bezeichnet. Welche konkreten Beispiele stützen diese These Ihrer Meinung nach?
Schwierigkeitsgrad: 2

Musterlösungen zu den Übungsfragen können im Internet unter www.springer.com/springer+vs/politik/book/978-3-658-02030-9 heruntergeladen werden.

Finnland

3

Basisdaten Finnland siehe Tab. 3.1

Tab. 3.1 Basisdaten Finnland. (Quelle: Eigene Erstellung auf Basis von Eurostat 2013c, 2013d, 2013e, 2013f; OECD StatExtracts o. J.; Wikimedia Commons 2011b)

Staatsform	Parlamentarisch-demokratische Republik		
Staatsoberhaupt	Präsident Sauli Niinistö (Sammlungspartei)		
Amtssprache	Finnisch, Schwedisch		
Regierungschef	Jyrki Katainen (Sammlungspartei)	**Reales BIP pro Kopf**	30.900 €(2012)
Arbeitslosigkeit	7,7 % (2012)	**Inflationsrate**	3,2 % (2012)
Anteil am BIP - Landwirtschaft - Industrie - Dienstleistungen	4 % 34 % 62 %	**Bevölkerung**	5.426.674 (1/2013)
Gewerkschaftlicher Organisationsgrad	69,0 % (2011)	**Fläche**	338.154 km²
Stimmanteile Sozialdemokraten	19,1 % (2011)	**Hauptstadt**	Helsinki

C. Förster et al., *Die nordischen Länder*,
DOI 10.1007/978-3-658-02031-6_3, © Springer Fachmedien Wiesbaden 2014

3.1 Einführung: Politische Geschichte

Die Staatswerdung des finnischen Gebietes und seiner Bevölkerung ist eng verknüpft mit der Anbindung an den im ausgehenden Mittelalter und während der Neuzeit globalpolitisch ungleich mächtigeren Nachbarn Schweden. Mitte des 12. Jahrhunderts begann die schwedische Krone damit, die finnischen Gebiete zu missionieren und festigte ihre Machtstellung im finnischen Gebiet insbesondere zum Ende des Jahrhunderts durch die Errichtung verschiedener Militäranlagen ab. In einem Friedensvertrag mit dem damals an die finnischen Gebiete grenzenden russischen Teilstaat Nowgorod im Jahr 1223 wurde die Grenze zu Russland definiert, die schließlich Anfang des 17. Jahrhunderts durch einen neuerlichen Vertrag zwischen Schweden und Russland im Groben ihre heutige Form annahm. Völkerrechtlich war Finnland damit ein Teil Schwedens. Und wurde auch dadurch zum Spielball zwischen Schweden und Russland, das seine Ansprüche auf die Gebiete v. a. während des 18. Jahrhunderts wiederholt mit militärischen Übergriffen durchsetzte, welche wiederum von schwedischer Seite mit dem Versuch der Rückeroberung beantwortet wurden. Die Machtbalance neigte sich während dieser Zeit jedoch zur Seite Russlands, was schlussendlich auch im dritten schwedisch-russischen Krieg (1808–1809) seinen Ausdruck fand. Dieser endete mit dem Friedensschluss von Hamina, in dem Schweden unter anderem Finnland an Russland abtreten musste (Edgren 2009). Bereits 1808 hatte Zar Alexander I. ein zu Russland gehörendes Großfürstentum Finnland proklamiert. Dies fand einerseits die Billigung Napoleons (das Europa jener Jahre stand unter dem Zeichen der napoleonischen Kriege und der wechselnden Koalitionen Bonapartes) und wurde anderseits in der aristokratisch geprägten Verwaltung der finnischen Gebiete Schwedens nicht unbedingt abgelehnt. Der Friedensschluss von Hamina formalisierte somit lediglich realpolitisch schon bestehende Machtverhältnisse (Jussila et al. 1999, S. 15–20).

Die russische Herrschaft in Finnland endete mit der Oktoberrevolution 1917: Die bürgerlichen Kräfte Finnlands, die aus den im gleichen Monat abgehaltenen Neuwahlen zum Parlament deutlich gestärkt hervorgingen, nutzten dieses Chancenfenster einer sich wandelnden politischen Großwetterlage und legten im Dezember eine Unabhängigkeitserklärung vor. Diese wurde von Lenin, der nun in Russland die Macht innehatte, akzeptiert und die Anerkennung durch die europäischen Nachbarn folgte kurz darauf. Der Vorlage der Unabhängigkeitserklärung am 06.12. wird heute in Finnland am Nationalfeiertag gedacht.

Die politische Binnenlage des außenpolitisch nun stabilisierten Staates blieb jedoch unübersichtlich: Geprägt vom Eindruck der Ereignisse in Russland und angeheizt durch eine Nahrungsmittelkrise (als Folge des 1. Weltkriegs) radikalisierte sich die Arbeiterbewegung. Während die bürgerliche Regierung militärische Schutzkorps aufstellte und diese einem explizit gegenrevolutionären Oberbefehlshaber unterstellte, formierten die Arbeiter in den Städten rote Paramilitärs und setzten außerdem im Januar 1918 eine revolutionäre Gegenregierung ein. Die Lage eskalierte und es kam zum Bürgerkrieg, den das bürgerliche Lager nicht zuletzt aufgrund militärischer Unterstützung aus Deutschland dominierte. Die Auseinandersetzungen endeten im April äußert blutig; zahlreiche Gefangene wurden von den Regierungstruppen hingerichtet, die Revolutionsregierung musste fliehen (Bohn 2005, S. 206–208). Nachdem das bürgerliche Lager also die Oberhand gewonnen hatte, plante der deutschlandfreundliche und monarchistische Premierminister Juho Kusti Paasikivi eigentlich eine starke Bindung Finnlands an das damals noch wilhelminische Deutschland. Der Prinz von Hessen sollte sogar zum König von Finnland gewählt werden. Das Ende des 1. Weltkrieges und der darauffolgende politische Umbruch in Deutschland verhinderten dies und so geriet auch die schon seit 1917 in der Ausarbeitung befindliche Verfassung zu einem Kompromiss zwischen Präsidentialismus (bzw. der nunmehr als Gestaltungsoption ausgeschiedenen Monarchie) und dem vom sozialdemokratischen Lager präferierten parlamentarischen Regierungssystem. Resultat dieser politischen Ausgangslage wurde der über lange Jahre für Finnland konstitutive Semi-Präsidentialismus, von dem schließlich im Rahmen einer großen Verfassungsänderung im Jahr 2000 zu Gunsten eines (fast) parlamentarischen Systems abgewichen wurde (Abschn. 3.2.1).

Während der Naziherrschaft in Deutschland musste die finnische Politik eine viergleisige Strategie fahren: Gleichsam wichtig war 1) die Absicherung vor Hitlerdeutschland, 2) das Bündnis mit Russland (ohne dabei jedoch von Stalin militärisch in die Pflicht genommen zu werden) und die 3) Integration mit den skandinavischen Nachbarn. Konsequente Folge dieser Zielsetzung war es, mit Stalin schon früh (1932) einen Nichtangriffspakt zu schließen und später zusammen mit den anderen nordischen Ländern die Anfrage Hitlers nach einem Nichtangriffspakt (1939) wiederum abzulehnen. Wichtig war zudem 4), das immer noch unter dem Eindruck des erbitterten Bürgerkrieges von 1918 stehende Land nach innen zu einen, weshalb die Regierung auf einen Ausgleich zwischen den Lagern bedacht war und insbesondere die im Parlament vertretenen Parteien aktiv zusammenführte. Ausdruck des dezidiert staatstragenden Antikommunismus war dabei das Verbot der kommunistischen Partei. Auf der anderen Seite des politischen Spektrums distanzierte sich das System durch die Zerschlagung der rechtsradikalen Lapua-Bewegung von extremistischen Tendenzen (Hoesch 2009, S. 121–128).

Die Bemühungen Finnlands, eine friedliche Außenpolitik zu wahren, blieben allerdings vergebens. Nach dem Einmarsch Hitlers in Polen hatte das Land, als geographisches Bindeglied zu Russland immerhin von wichtiger strategischer Bedeutung, zunehmend Mühe gegenüber dem sowjetischen Sicherheitsdrängen die politische Souveränität zu wahren. Nachdem Verhandlungen mit Stalin nicht zur Einigung über die außenpolitische Zusammenarbeit führten, entzündete sich der Winterkrieg zwischen Finnland und der übermächtigen Sowjetunion (1939–1940) am Streit um die angebliche Beschießung eines sowjetischen Dorfes von Finnland aus. In den bis heute für die finnische Nation identitätsstiftenden Kämpfen konnten die zahlenmäßig freilich weit unterlegenen Finnen zwar einige militärische Erfolge erringen, die (mit der Abtretung von Gebieten an die UdSSR verbundene) Niederlage aber letztlich nicht vermeiden (Edwards 2009).

Die Kämpfe auf finnischem Gebiet begannen im Jahr 1941 erneut, als das Hitler-Regime beschloss, über Finnland die Sowjetunion anzugreifen. Die folgende Bündnispartnerschaft zwischen Finnland und Deutschland war dabei von finnischer Seite in erster Linie antibolschewistisch motiviert: „Aus der deutsch-finnischen ‚Waffenbrüderschaft' in den Kriegsjahren 1941 bis 1944 auf eine weitergehende Annäherung der Finnen an die ideologischen Vorgaben des nationalsozialistischen Deutschland schließen zu wollen wäre daher voreilig." Allerdings: „In Einzelfällen sind Juden auch an die nationalsozialistischen Behörden überstellt worden" (Hoesch 2009). Im Jahr 1944 schließlich zogen sich die deutschen Truppen nach einem finnisch-sowjetischen Waffenstillstandsvertrag aus dem Land zurück und wandten dabei die zerstörerische „Taktik der verbrannten Erde" an. Die dramatischen Kriegsjahre, in denen Finnland durch seine bedeutsame Lage den Kämpfen nicht ausweichen konnte, prägten die finnische Außenpolitik auf Jahre. Nur in diesem Zusammenhang lässt sich die Neutralitätsposition Finnlands während des Kalten Krieges sehen (Abschn. 3.4.4).

Wenige Worte machen. Finnen schweigen gern.
Von Outi Tuomi-Nikcula

Spätestens seit dem Jahr 1870 vererbt sich in der finnischen Literatur, im Film und der Dichtung das identifizierte, starre Bild des wortkargen Wald-Menschen von einer Generation auf die andere. Damals erschien der Entwicklungsroman „Die sieben Brüder" (…) des ersten finnischen Romandichters Aleksis Kivi. Denselben Grundtypen, den die Hauptfigur des Romans Juhani oder Kukolas Jussi verkörpert, stellte auch der Historiker und von den finnischen Kindern geliebte Märchenonkel Zacharias Topelisu 1875 in seinem Werk „Das Buch von unserem Land"... dar: einen schweigsamen, verantwortungsvollen, prinzipientreuen und als grundehrlich charakterisierten Südfinnen aus der Region Häme. (Tuomi-Nikula 2008, S. 36 f.)
Typisch für die finnische Art zu kommunizieren ist unter anderem der Verzicht auf Smalltalk, das gute Ertragen von Stille, langsames Sprechen und lange Sprechpausen, sparsame Mimik, Gestik sowie das Vermeiden von starken Gefühlsausdrücken. Der Gesprächspartner wird nicht unterbrochen. Das eigene Anliegen wird in einem gut begründeten unvorbereiteten Monolog vorgebracht. (Tuomi-Nikula 2008, S. 37)

Der Sozialstaat entwickelte sich in Finnland eher fragmentarisch. Zwar wurden relativ früh soziale Absicherungen gegen Arbeitsunfälle (1894) und Arbeitslosigkeit (1917) sowie das Kindergeld (1948) eingeführt, das Rentensystem (1939) und die Krankenversicherung (1963) wurden aber spät implementiert. In der Literatur werden einige ausschlaggebende Faktoren genannt, so zum Beispiel die Tatsache, dass die in Finnland lange dominierende ländliche Selbstversorgerwirtschaft kein sehr großes Interesse an stark auf urbane Industriearbeiter zugeschnittene Sozialsysteme hatte (Kangas und Saari 2008; Flora 1986). Erwähnenswert ist die frühe Volletablierung politischer Partizipationsrechte in Finnland: Seit 1906, damals war Finnland russisches Großfürstentum, besteht das uneingeschränkte gleiche Wahlrecht für Frauen und Männer.

3.2 Polity: Grundzüge des politischen Systems

3.2.1 Verfassung

Finnland hat eine überaus junge Verfassung – das finnische Grundgesetz wurde im Jahr 1999 vom Parlament erlassen und ist seit dem 01.03.2000 in Kraft. Grundlage der finnischen Verfassung sind das Demokratie- und das Rechtsstaatsprinzip, der Parlamentarismus und die Gewaltenteilung. Das Grundgesetz verfügt über einen umfassend ausgearbeiteten Grundrechtekatalog. Ferner sind in der Verfassung Finnisch und Schwedisch als Nationalsprachen verankert sowie das daraus folgende Recht festgeschrieben, im offiziellen Umgang mit dem Verwaltungs- und Justizapparat beide Sprachen verwenden zu dürfen. Außerdem wurden kulturelle Minderheitsrechte für die Samen und für die Roma verankert (Justizministerium Finnland o. J.). In das Grundgesetz aufgenommen wurde auch die Möglichkeit einer konsultativen Volksbefragung – eine Regelung, die ebenso während der Gültigkeit der alten Verfassungstexte bestand. Davon wurde beim EU-Referendum im Jahr 1994 Gebrauch gemacht, bei dem sich 56,9 % für den (tatsächlich zum 01.01.1995 erfolgten) Beitritt zur EU aussprachen. Ansonsten kommen Referenden in Finnland quasi nicht zum Einsatz.

Bis zum Inkrafttreten des neuen Grundgesetzes basierte die finnische Verfassung auf zwei zentralen Gesetzestexten: Dem eigentlichen Verfassungstext (Hallitusmuoto) und der Reichstagsverordnung (Valtiopäiväjärjestys). Wie bereits erwähnt (Abschn. 3.1), konstruierten diese beiden Texte ein semi-präsidentielles Regierungssystem. Mit der Einführung des neuen Grundgesetzes wurde dieser Semi-Präsidentialismus in ein parlamentarisches Regierungssystem überführt, das im internationalen Vergleich allerdings immer noch durch seinen starken Präsidenten auffällt (Nousiainen 2001). Was zeichnet nun ein semi-präsidentielles System aus und warum entschied man sich in Finnland, dieses abzuschaffen?

Mit dem Begriff Semi-Präsidentialismus werden Regierungssysteme gekennzeichnet, die eine Mischform darstellen zwischen präsidentiellen Systemen wie etwa in den USA (direkt gewählter Präsident als Staatsoberhaupt und Regierungschef; Dualismus zwischen exekutivem Präsident und legislativem Parlament) und parlamentarischen Systemen wie etwa in den anderen nordischen Ländern oder in Deutschland (Regierungschef von Parlamentsmehrheit gewählt und dem Parlament verantwortlich) (Duverger 1980). Nach Govianni Sartori hat ein semi-präsidentielles System 2 Merkmale:

1. Das Staatsoberhaupt (der Präsident) wird durch eine direkte oder indirekte Wahl vom Volk bestimmt (d. h. semi-präsidentielle Systeme sind genau wie präsidentielle immer Republiken, was beim parlamentarischen System nicht der Fall sein muss).
2. Der Präsident teilt sich die Exekutivmacht mit einer vom Regierungschef geführten Regierung, was im Einzelnen durch verfassungsspezifische Kompetenzaufteilungen geregelt wird. Während das Volk den Präsidenten wie gesagt direkt wählt, wird die Regierung samt Regierungschef vom Parlament gewählt. Sie ist daher von der Parlamentsmehrheit abhängig und ihr gegenüber verantwortlich.

Sartori argumentiert, dass semi-präsidentielle Systeme die Vorteile von präsidentiellen sowie parlamentarischen Systemen vereinen: Sie böten durch die herausgehobene Stellung des Präsidenten Stabilität in Zeiten von Übergängen und sich verändernden Mehrheiten und könnten gleichzeitig durch die dem Parlament verantwortliche Regierung flexibel auf sich wandelnde Machtkonstellationen reagieren (Sartori 1997).

In Finnland dagegen setzte sich ab Beginn der 1980er-Jahre (Ende der 25-jährigen Amtszeit Urho Kekkonens) und dann verstärkt in den 1990er-Jahren (Ende Kalter Krieg und EU-Beitritt) die Erkenntnis durch, dass als Begleiterscheinung semi-präsidentieller Regierungssysteme jene Aspekte zumindest in abgemilderter Form auftreten können, die Juan Linz in seinem viel beachteten Aufsatz „The Perils of Presidentialism" als Argument gegen präsidentielle Regierungsformen ins Feld geführt hat. Linz' These lautete, dass in präsidentiellen Systemen eine machtpolitische „Starrheit" (rigidity) herrsche, die den Präsidenten nicht in genügendem Maße an politische Kontrolle und direkte Verantwortung rückbinde (Linz 1990). Dieses Bild spiegelt sich auch in den vier Gründen, mit denen der finnische Politologe Heikki Paloheimo erklärt, warum in Finnland die Abkehr vom Semi-Präsidentialismus stattgefunden hat (Paloheimo 2003):

1. Während der Zeiten des Kalten Krieges war der Präsident als Ansprechpartner für die Sowjetunion und als personalisierte Repräsentanz der finnischen Neutralitätspolitik wichtig. Diese außenpolitische Funktion entfiel nach dem Zusammenbruch des Ostblocks.

2. Damit war für Finnland auch der Weg frei, eine verstärkt integrative Bündnispolitik im Westen zu betreiben. Ausdruck dessen war der Beitritt zur EU, mit dem jedoch außenpolitische Entscheidungen von ihrer vormaligen rein sicherheitspolitischen Dimension abgelöst wurden. Ganz im Gegenteil tangiert EU-Politik eben auch verschiedene innenpolitische Themenfelder, was es nötig machte, das gesamte Regierungskabinett an der EU-Politik zu beteiligen. In der traditionellen Kompetenzaufteilung der „alten" Verfassung war dies nicht vorgesehen.

3. Die finnischen Regierungskoalitionen hatten sich in den letzten Dekaden als zunehmend stabil erwiesen, weshalb die präsidentielle Intervention als integratives Moment an Bedeutung verloren hatte.

4. Und schließlich, so Paloheimo, war nach dem Ende der Ära von Präsident Urho Kekkonen (1956–1981) unter den Parteien eine Art von Präsidenten-Verdruss festzustellen. Der in der Bevölkerung äußerst beliebte Kekkonen hatte während seiner Amtszeit seine Spielräume überdeutlich ausgenutzt und so die Machtbasis des Präsidenten erweitert: Zwar wurden während dieses Vierteljahrhunderts ganze 26 Regierungen verbraucht, dennoch galt Kekkonen als Garant für außen- und z. T. auch für innenpolitische Stabilität. Durch seinen Nachfolger Mauno Koivisto, der das Amt viel zurückhaltender ausübte, war hier ein deutlicher Bruch vollzogen worden.

Das Grundgesetz des Jahres 2000 führte mit seiner Kompetenzneuverteilung zwischen Staatspräsident und Premierminister (Abschn. 3.2.4) einen deutlichen Wandel des politischen Systems durch. Dennoch kam dieser Schritt nicht abrupt, vielmehr war die schlussendliche Neuformulierung des Grundgesetzes nur der Höhepunkt einer Phase des kontinuierlichen Wandels. Bereits in den 1980er- und 1990er-Jahren hatte es diverse Verfassungsänderungen zum Ausbau der Kompetenzen des Parlaments und zur Einschränkung der Machtbasis des Präsidenten gegeben. Eine breite (politik)wissenschaftliche und öffentliche Debatte hat zudem den Verfassungswechsel diskursiv vorbereitet (Arter 1986, S. 43).

Finnland hat kein Verfassungsgericht. Parlamentsbeschlüsse offiziell als verfassungswidrig einzustufen, ist schlicht nicht im System vorgesehen. Es obliegt dem Parlament, bei der Verabschiedung von Gesetzen deren Vereinbarkeit mit der Verfassung sicherzustellen. Konkret führt diese Aufgabe der Verfassungsausschuss des Parlaments im Rahmen des Gesetzgebungsverfahrens aus. Eine weitere Kontrollstelle ist der vom Präsidenten ernannte Justizkanzler, der Kabinettsrang besitzt und die Arbeit von Regierung und Verwaltung auf Gesetzmäßigkeit überprüft. Eine ähnliche Rolle obliegt dem parlamentarischen Ombudsmann für Justizangelegenheiten, der v. a. eine Kontrollfunktion gegenüber der Beamtenschaft wahrnimmt. Dem obersten Gericht und dem obersten Verwaltungsgericht als letzten Instanzen im Gerichtswesen obliegt lediglich die Aufgabe, dem Staatspräsidenten Gesetzesänderungen vorzuschlagen, sofern die entsprechenden Richter dies für nötig befinden (Auffermann und Laasko 2008, S. 87).

3.2.2 Gebietskörperschaftlicher Aufbau und bedeutende Zentren

Das politische System Finnlands ist zentralstaatlich organisiert. Bis 2010 untergliederte sich die öffentliche Verwaltung in 6 rein exekutive (d. h. es bestand kein eigenes Regionalparlament o. ä.) Verwaltungsprovinzen: Südfinnland, Westfinnland und Ostfinnland im südlichen Landesteil, Oulu im mittleren Landesteil, Lappland im Norden und die zwischen Finnland und Schweden gelegene Insel Åland. Nachdem die Zahl der Verwaltungsprovinzen im Jahr 1997 bereits von 12 auf 6 reduziert worden war, wurde zum Jahresbeginn 2010 erneut eine Reform der Verwaltungsstruktur durchgeführt. Nun bestehen nur noch zwei große Verwaltungseinrichtungen, die alle bisherigen Zuständigkeiten vom Polizeiapparat über die Betreuung von Arbeitslosen bis zu Umweltbelangen bündeln: Die 6 Regionalagenturen der Staatsverwaltung (wobei je eine Regionalagentur auf eine der bisherigen 6 Provinzen entfällt) und die insgesamt 15 Zentren für ökonomische Entwicklung, Transport und Umwelt (Finanzministerium Finnland 2009).

Finnland ist überdies in 20 Regionen aufgeteilt, auf deren Ebene die einzelnen Gemeinden in Regionalräten ihre Belange koordinieren. Insgesamt gibt es in Finnland rd. 340 Gemeinden, denen eine von der Gemeindeversammlung (zwischen 17 und 85 Mitglieder) gewählte Gemeinderegierung vorsteht, an deren Spitze der Stadtdirektor, die finnische Variante des Bürgermeisters, steht. Gemeinden können Kommunalsteuern erheben und haben Verwaltungskompetenzen im sozialen Bereich sowie bei Gesundheit und Bildung.

Die Gemeinderäte werden alle 4 Jahre gewählt. Eine Sonderstellung kommt der von schwedischsprachigen Finnen bewohnten Inselgruppe Åland zu: Um 1920 herum sprach sich die
dortige Bevölkerung in einem Referendum dafür aus, ihr Gebiet Schweden anzuschließen.
Die finnische Regierung hatte daran freilich kein Interesse und gewährte den Åländern für
ihr Verbleiben im schwedischen Staat deutliche Autonomien. Völkerbundentscheide der
Jahre 1921 und 1922 sprachen das Archipel schließlich Finnland zu und demilitarisierten
die Insel zudem (Auffermann 2009, S. 256).

Das bedeutende Zentrum Finnlands ist die an der Südküste gelegene Hauptstadt Helsinki. Sie hat rd. 580.000 Einwohner; der gesamte Ballungsraum Helsinki, zu dem auch
die einwohnerstarke Stadt Espoo (rund 250.000 Einwohner) gehört, kommt auf rd. 1 Mio.
Menschen. Drittgrößte Stadt des Landes (nach Helsinki und Espoo) ist das nordwestlich
von Helsinki gelegene Tampere. Die Stadt Turku (rund 180.000 Einwohner) im Südwesten
ist mit drei Universitäten ein wichtiges Bildungszentrum.

3.2.3   Parlament und Gesetzgebung

Das finnische Parlament, die Eduskunta, besteht aus 200 Abgeordneten. Sie teilen sich
derzeit auf 15 Ausschüsse auf, die im Groben dem Aufgabenzuschnitt der Ministerien entsprechen. Hinzu kommt der sog. Große Ausschuss, der sich v. a. mit EU-Angelegenheiten
befasst und der während der alten Verfassungslage (bis 2000) zudem eine vorberatende
Funktion in der Gesetzgebung hatte; er hat 25 statt wie die anderen Ausschüsse 17 Mitglieder. Von den parlamentarischen Akteuren wird der Große Ausschuss nicht unbedingt als
politisch reizvoll empfunden – es hat sich eingebürgert, dass dorthin eher die jüngeren und
unerfahrenen Abgeordneten entsandt werden, während alteingesessene und prominente
Parlamentarier lieber in anderen Ausschüssen, z. B. dem Finanzausschuss, mitarbeiten. Die
Eduskunta ist ein Einkammerparlament, das bei seiner Schaffung im Jahr 1906, legitimiert
durch das sog. Oktobermanifest von Zar Nikolaus II, stark an den norwegische Storting
angelehnt wurde. Bis zu einer 2009 in Kraft getretenen Verfassungsänderung teilte sich der
norwegische Storting in zwei Kammern (Lagting und Odeslting) auf, die allerdings eher
prozedurale Bedeutung hatten und den Storting zu einem „semi-bikameralen" Parlament
machten. Genau diese spezifisch norwegische Eigenschaft des Parlaments war es, die bei
der Eduskunta mit der Schaffung des Großen Ausschusses aufgegriffen worden ist (Arter
1986, S. 45). Neben dem großen Ausschuss haben 3 weitere Ausschüsse Verfassungsrang
(Grundgesetzausschuss, Finanzausschuss, Ausschuss für auswärtige Angelegenheiten), die
übrigen Ausschüsse sind in der Geschäftsordnung der Eduskunta verankert.

Da es im finnischen Wahlsystem keine Sperrklausel für Parteien (wie etwa die 5-%-
Hürde in Deutschland) gibt, sind in der Eduskunta recht viele und z. T. kleine Fraktionen
vertreten (etwa 10). Die Fraktionsmitglieder unterliegen keinem imperativen Mandat und
sind ganz im Gegenteil verfassungsrechtlich gesehen „nur" ihrem Gewissen verpflichtet. In
der Praxis besteht aber freilich auch in der Eduskunta eine Fraktionsdisziplin und Abge-

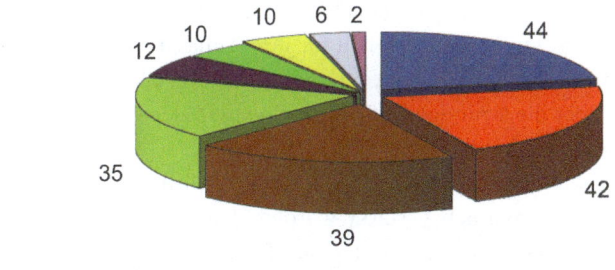

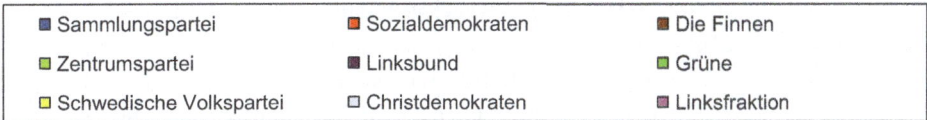

Abb. 3.1 Sitzverteilung in der Eduskunta 2011–2015. (Quelle: Eigene Erstellung auf Basis von Parliament of Finland o. J.)

ordnete, die dieser in strategisch bedeutenden Angelegenheiten zuwiderhandeln, müssen mit entsprechenden innerparteilichen Sanktionen rechnen (Auffermann 2009, S. 230).

In der Legislaturperiode 2011, die voraussichtlich bis 2015 andauert, sind in der Eduskunta 9 Parteien vertreten. Nach den Parlamentswahlen bildete sich eine Mehrparteien-Regierung aus Sammlungspartei, Sozialdemokraten, Linksbund, Grünen, Schwedischer Volkspartei und Christdemokraten (siehe Abb. 3.1).

Das Initiativrecht im Gesetzgebungsprozess besitzen die Regierung, die vom Ministerialapparat ausgearbeitete Gesetzesvorlagen in die Eduskunta einbringt, und alle Abgeordneten. Die Parlamentarier haben das Recht, entweder selbst eine Gesetzesinitiative auszuarbeiten oder eine sog. Maßnahmeninitiative einzubringen, die der Regierung eine bestimmte gesetzliche Neuregelung vorschlägt. In der Praxis werden zwar relativ häufig Initiativen von Abgeordneten eingebracht – das Verhältnis lag hier während der letzten Legislaturperioden etwa bei 1:0,7 – wobei der größere Anteil auf Regierungsvorlagen entfällt. Allerdings sind die von Abgeordneten eingebrachten Vorlagen meist nicht erfolgreich, was sich u. a. damit erklären lässt, dass ihnen nicht auch nur annähernd jene Ressourcen zur Verfügung stehen, welche die Regierung zur Erarbeitung von Gesetzesvorlagen nutzen kann. Im Gesetzgebungsprozess wird nach einer allgemeinen Eröffnungsdebsatte, die das jeweilige Gesetzesvorhaben zum Gegenstand hat, die Vorlage in den zuständigen Fachausschuss verwiesen (hieran wird der Charakter der Eduskunta als Arbeitsparlament deutlich). Es folgen 2 Lesungen im Plenum: Bei der ersten wird endgültig über den Inhalt der Vorlage abgestimmt (bei besonders kontroversen Themen hangelt sich das Abstimmungsprozedere an den einzelnen Abschnitten des Textes entlang), bei der zweiten Lesung (frühestens am dritten Tag nach der ersten Lesung) wird dann mit einfacher Mehrheit über die Annahme oder Ablehnung der Vorlage entschieden. Bei Verfassungsänderungen sind die Hürden freilich höher: Die Gesetzesvorlage durchläuft hier zunächst den gleichen Prozess wie ordentliche Gesetze, doch wird nach der zweiten Lesung die Vorlage im Falle

ihrer Billigung bis zur ersten Plenarsitzung nach den nächsten Parlamentswahlen zurück-
gestellt. Dort ist dann eine Zweidrittelmehrheit für ihre Annahme nötig. Allerdings kann
auf der Basis einer Fünf-Sechstel-Mehrheit ein Dringlichkeitsverfahren eingeleitet werden,
was die Abstimmung über die Grundgesetzänderung noch in derselben Legislaturperiode
ermöglicht (Auffermann und Laasko 2008; Eduskunta o. J.).

Die Mitwirkungsrechte des Parlaments in der Außenpolitik sind durch die Grund-
gesetzneufassung von 2000 deutlich gestärkt worden: Staatsverträgen, internationalen
Abkommen und auch Kriegserklärungen muss vom Parlament zugestimmt werden. Der
Große Ausschuss nimmt zudem zu EU-Angelegenheiten Stellung und beruft vor den
Sitzungen des EU-Ministerrates den jeweils zuständigen Minister zur Beratung in die
Ausschusssitzung ein. Formal sind die Entscheidungen des Großen Ausschusses für die
EU-Politik der Regierung nicht bindend, ähnlich wie ein konsultatives Referendum entfal-
ten sie aber informelle politische Prägewirkung. Die Zuständigkeit des Großen Ausschusses
in EU-Angelegenheiten umfasst die erste und dritte „Säule" der Union (EG und polizeili-
che sowie juristische Zusammenarbeit). Mit dem Bereich der gemeinsamen Außen- und
Sicherheitspolitik, der zweiten Säule der EU, befasst sich der Parlamentsausschuss für
auswärtige Angelegenheiten (Auffermann 2009, S. 229).

Bis zur Grundgesetzneufassung im Jahr 2000 hatte die qualifizierte Mehrheit im finnischen Gesetzgebungsprozess eine überaus wichtige Rolle. So wurden einerseits die
Interessen von Minderheiten im zeitweise sehr polarisierten politischen Prozess aufge-
wertet, andererseits war eine Blockademöglichkeit in der Gesetzgebung vorhanden, was
den politischen Prozess lähmen oder zumindest verzögern konnte. In der Historie geht
dies auf die Zeit der russischen Herrschaft über Finnland zurück, in der die qualifizierte
Mehrheitswahl genutzt wurde, um eine Übertragung von Staatsaufgaben des Großfür-
stentums nach St. Petersburg (damals Hauptstadt des Zarenreiches) zu verhindern (Arter
1986, S. 49). Trotz der dominanten Stellung des Staatspräsidenten galt die Eduskunta in
legislativen Belangen im internationalen Vergleich deshalb als starkes Parlament. Andere
Gründe für diese Einschätzung bestehen bis heute fort: Die Mitspracherechte des Parlaments in EU-Angelegenheiten sind vergleichsweise hoch. Außerdem gibt es im politischen
System Finnlands wie gesagt kein gesondertes Verfassungsgericht (Abschn. 3.2.1) – eine
präventive Normenkontrolle übt stattdessen der Grundgesetzausschuss des Parlaments
aus, der von den behandelnden Fachausschüssen hinzugezogen werden muss, wenn die
Vereinbarkeit einer zu beratenden Gesetzesinitiative mit dem finnischen Grundgesetz oder
mit internationalen Verträgen unklar ist. Der Entscheid des Grundgesetzausschusses hat
für den jeweiligen Fachausschuss bindende Wirkung. Der Eduskunta obliegt somit eine
Kompetenz bzgl. der Institutionen im politischen System.

Eine wichtige Kontrollmöglichkeit der Eduskunta gegenüber der Regierung ist die
mündliche Anfrage, die jeden Donnerstag im Rahmen einer parlamentarischen Fragestunde gestellt werden kann. Abgeordnete können zudem schriftliche Interpellationen an
die Regierung übersenden, die innerhalb von 15 Tagen beantwortet werden müssen. Eine
spezifische Kontrollfunktion bzgl. der staatlichen Haushaltsführung haben 5 Staatsreviso-

ren, die am Anfang jeder Legislaturperiode von der Eduskunta gewählt werden und dem Parlament jährlich Bericht erstatten.

Seit der Grundgesetzneufassung wählt das Parlament den Premierminister, welcher wiederum vom Staatspräsidenten ernannt wird. Die restlichen Minister ernennt ebenfalls der Staatspräsident und zwar auf Vorschlag des neuen Premierministers. Im Unterschied zum vorherigen Regierungssystem nach semi-präsidentiellem Muster kommt hier also der übliche Mechanismus bei parlamentarischen Regierungssystemen zum Einsatz, der so auch im umgekehrten Fall angewandt wird: Will ein Kabinettsmitglied, aus welchen Gründen auch immer, zurücktreten oder unterliegt eine Regierung bei der Vertrauensfrage, erfolgt die Entlassung auf Vorschlag der Eduskunta durch den Präsidenten. Dem Staatspräsidenten obliegt es ferner, die Eduskunta aufzulösen und Neuwahlen anzusetzen. Dies erfolgt auf der Basis eines entsprechend begründeten Antrages des Premierministers, erst nachdem alle Parlamentsfraktionen Stellung nehmen konnten.

3.2.4 Regierung

Im alten semi-präsidentiellen Regierungssystem, das mit der Grundgesetzneufassung von 2000 endgültig „beerdigt" wurde, teilte sich die Exekutivmacht zwischen Präsident und Regierung auf: „[T]he constitution consolidated a dual-authority structure, a real dyarchy between the president and the prime minister. Both of them had their core areas within which they acted in separate roles, supported by strong legitimacy" (Nousiainen 2001, S. 98). Dabei lag der Schwerpunkt der Regierung auf der Exekutivfunktion, während der Präsident neben seiner exekutiven Aufgabe (er führte die Außenpolitik des Staates praktisch autonom) zusammen mit dem Parlament auch die legislative Gewalt ausübte: Er hatte das Recht Gesetzesvorlagen der Regierung abzuändern und sie aufzuschieben (Arter 1986, S. 50). Unterm Strich hatte er so die Rolle einer „general authority" gegenüber der Exekutive inne (Paloheimo 2003, S. 225). Umso deutlicher wurde dies während Perioden der aktiven und machtbewussten Wahrnehmung des Präsidentenamtes, etwa unter Urho Kekkonen (1956–1981).

Wie sich in der neuen Verfassung die Machtbalance verschoben hat, wird v. a. an folgenden Beispielen deutlich (Nousiainen 2001, S. 106):

- Bei der Regierungsbildung verliert der Präsident deutlich an Einfluss. Im alten System dominierte er diesen Prozess, er hatte die Rolle eine Gesprächsinitiators und Moderators und konnte Druck auf die beteiligten Parteien ausüben. Kam es bei den Koalitionsverhandlungen zu einer Einigung der Partner, setzte der Präsident die Regierung ein. Im neuen System allerdings wählt die Eduskunta den Premierminister, dieser wird vom Präsidenten eingesetzt. Als erstes Amtsgeschäft schlägt der Premierminister dem Präsidenten die übrigen Kabinettsmitglieder vor, die dieser dann ernennt. Er hat mithin nur noch formale Funktion.
- Die Leitlinien der Außenpolitik bestimmt nun nicht mehr, wie früher, alleine der Präsident, sondern Regierung und Präsident erarbeiten die Positionen gemeinsam.

- Die Rolle des Präsidenten in der Gesetzgebung fällt nun deutlich geringer aus. Seine aufschiebende Vetomacht wurde praktisch abgeschafft und sein Recht auf Verordnungserlass wurde im Wesentlichen der Regierung übertragen.

Im Einzelnen listet Tab. 3.2 die Kompetenzen von Präsident und Regierung im alten System, unter der neuen Verfassung und im Zwischenstadium während der 1990er-Jahre auf.

Wie in anderen Ländern mit parlamentarischem Regierungssystem, verleiht die Verfassung dem finnischen Staatspräsidenten eine Rolle, die über Logik parteipolitischer Auseinandersetzungen gewissermaßen erhaben ist. Dies wird nicht nur an der Direktwahl durch das Volk, sondern auch an der sehr langen Amtsperiode von 6 Jahren deutlich, die den Präsidenten zu einer Konstante im politischen System werden lässt. Abgesehen von dieser besonderen verfassungsrechtlichen Stellung muss festgehalten werden, dass der finnische Präsident auch nach der Grundgesetzneufassung eine für parlamentarische Regierungssysteme überaus hohe Bedeutung in der täglichen Politik hat. Neben seinen nach wie vor vorhandenen Kompetenzen in der Außenpolitik wird dies auch daran deutlich, dass er am Alltagsgeschäft der Regierung teilnimmt und jede zweite Kabinettssitzung (immer freitags) leitet. Die vom Präsidenten geleiteten Sitzungen folgen dabei einem bestimmten Zeremoniell, das seiner herausgehobenen Stellung entspricht: So beschreibt Auffermann (2009) den Beginn jeder Kabinettssitzung mit Teilnahme des Präsidenten wie folgt:

> Diese Sitzungen finden in anderen Räumen statt als die normalen Kabinettssitzungen; ihr Ablauf ist sehr stark formalisiert. So trifft sich der Premierminister zunächst mit dem Präsidenten zu einem kurzen informellen Gespräch unter vier Augen und geleitet ihn anschließend zu den nach Rangordnung in einer Reihe aufgestellten Ministern, die der Präsident mit Handschlag begrüßt (Auffermann 2009, S. 232).

Die Anwesenheit des Präsidenten im Kabinett ist wegen dessen Zuständigkeit in der Außenpolitik (zusammen mit der Regierung) nötig. Während ihm früher in der täglichen Regierungsarbeit bei Konflikten im Kabinett außerdem die Letztentscheidung zustand, ist nun das Kabinettsprinzip dominierend. Der Premierminister unterdessen hat im Kreis der Minister die Stellung eines primus inter pares inne: Er kann dem Staatspräsidenten die Entlassung einzelner Minister vorschlagen und verfügt zudem über beträchtliche „Agendasetting-Power", da er Kabinettssitzungen vorbereitet und so bestimmte Themen fördern oder eben blockieren kann. Der parteiliche Wettbewerb und seine herausgehobene Position als Spitzenkandidat im Wahlkampf machen ihn zudem natürlich zu einer äußerst wichtigen Figur in der öffentlichen Debatte.

Die Zahl der Ministerien und ihr Zuschnitt sind in Finnland gesetzlich vorgeschrieben. Tabelle 3.3 zeigt den Ministerienzuschnitt anhand der parteipolitischen Besetzung in der Legislaturperiode 2011–2015. Auffällig ist der sehr hohe Frauenanteil im Kabinett, in dem 10 Frauen und „nur" 9 Männer Mitglied sind.

Tab. 3.2 Kompetenzen des Staatspräsidenten in der alten und neuen Verfassung sowie Zwischen-stadium. (Quelle: Eigene Erstellung auf Basis von Paloheimo 2003, S. 225, eigene Übersetzung)

	Alte Verfassung ab 1919	Abgeänderte Verfassung, späte 1990er-Jahre	Neue Verfassung ab 2000
Hauptsächliche, exekutive Autorität	Staatspräsident	Staatspräsident	Regierung
Ernennung der Regierung	Autonome Kompetenzen beim Staatspräsident	Staatspräsident nach Anhörung der Parlamentsfraktionen	Parlament, nur formale Rolle beim Staatspräsidenten
Rücktritt der Regierung	Staatspräsident oder Premierminister oder Staatspräsident indirekt über Parlamentsauflösung	Staatspräsident oder Premierminister	Staatspräsident oder Premierminister
Parlamentsauflösung und damit Herbeiführung vorgezogener Neuwahlen	Staatspräsident	Staatspräsident auf Initiative des Premierministers	Staatspräsident auf Initiative des Premierministers
Regierungsvorlagen	Staatspräsident darf Regierungsvorlagen abändern	Staatspräsident darf Regierungsvorlagen abändern	Befugnis des Staatspräsidenten, Regierungsvorlagen abzuändern, wurde größtenteils abgeschafft
Gesetzgebung: Vetorecht	Staatspräsident darf bis zur ersten Parlamentssitzung nach nächster Parlamentswahl aufschieben	Staatspräsident darf bis zur nächsten Parlamentssitzung aufschieben	Parlament kann ohne Wartefrist Veto des Staatspräsidenten für nichtig erklären
Gesetzgebung: Verordnungen	Staatspräsident und Regierung	Staatspräsident und Regierung	Regierung
Gestaltung der Außenpolitik	Staatspräsident	Staatspräsident	Staatspräsident in Kooperation mit Regierung
Gestaltung der Außenpolitik: EU-Angelegenheiten	–	Regierung	Regierung
Oberbefehlshaber des Heeres	Staatspräsident	Staatspräsident	Staatspräsident
Ernennung bestimmter Spitzenbeamter	Staatspräsident und Regierung	Anzahl der vom Staatspräsidenten zu ernennenden Beamten reduziert	Staatspräsident ernennt nur noch eine kleine Anzahl höchster Spitzenbeamter

Tab. 3.3 Zusammensetzung der Regierung in der Legislaturperiode 2011–2015. (Quelle: Eigene Erstellung auf Basis von Finnish Government o. J. c.)

Partei	Anzahl Ministerien	Themengebiete und Ressortzuschnitte
Sammlungspartei	6	Premierminister; Europäische Angelegenheiten und Außenhandel; Öffentliche Verwaltung und Kommunalwesen; Land- und Forstwirtschaft; Wirtschaft; Soziales und Gesundheit
Sozialdemokraten	6	Finanzen; auswärtige Angelegenheiten; Bildung und Wissenschaft; Arbeit; Gesundheit und soziale Dienste; Wohnungswesen und Kommunikation
Schwedische Volkspartei	2	Justiz; Verteidigung
Grüne	2	Internationale Entwicklung; Umwelt
Linksbund	2	Kultur und Sport; Verkehr;
Christdemokraten	1	Inneres

Die Ministerien in Finnland zeichnen sich im Vergleich zu den anderen nordischen Ländern durch relativ flache Hierarchien und einen vergleichsweise übersichtlichen organisatorischen Aufbau aus. In der Literatur wird die finnische Verwaltung mit der schwedischen verglichen: Genau wie in Schweden gilt auch in Finnland die Verwaltung als politisch relativ unabhängig und autonom – wobei in der Verwaltungsgeschichte Finnlands eher als in Schweden gegenläufige Tendenzen (also hin zu einer Kompetenzbündelung im Ministerium) feststellbar sind (Petterson 1989, S. 100, 105). Mit der 2010 in Kraft getretenen Verwaltungsreform soll eine Effizienzsteigerung auf lokaler und regionaler Ebene erreicht werden, was sich in einer größeren „Kunden-Orientierung" der Behörden niederschlagen soll (Abschn. 3.2.2).

Eine wichtige Kontrollfunktion gegenüber den Ministerien und der übrigen öffentlichen Verwaltung erfüllen der parlamentarische Ombudsmann für die Zivilverwaltung, den das Parlament für 4 Jahre ernennt und der über rd. 60 Mitarbeiter verfügt, und der Justizkanzler, der vom Staatspräsidenten auf unbestimmte Zeit ernannt wird. Beide können auf Beschwerden aus der Bevölkerung hin aktiv werden. Ihre inhaltliche Zuständigkeit überschneidet sich, jedoch gibt es einige Unterschiede, beispielsweise ist der Justizkanzler nicht für Angelegenheiten zuständig, die die Streitkräfte betreffen. Der Justizombudsmann verfügt über verschiedene Sanktionsmöglichkeiten, die von der Stellungnahme bis zur strafrechtlichen Anzeige reichen. Da der Justizkanzler auf Kabinettsebene angesiedelt ist, kommt ihm allerdings die Aufgabe (oder das Privileg) zu, an Kabinettsitzungen teilzunehmen und während dieser etwaige Bedenken was die Gesetzmäßigkeit des Regierungshandelns angeht vorzubringen. Als weitere Kontrollinstitutionen für den Bereich der öffentlichen Verwaltung kommt eine Reihe gesetzlich verankerter Spezialombudseinrichtungen hinzu, die sich mit ihnen zugeteilten Bereichen der Staatstätigkeit befassen (Stern 2008a).

Urho Kekkonens „charismatische Herrschaft"

Der international wahrscheinlich bekannteste finnische Politiker ist die mittlerweile historische Figur Urho Kekkonen, der für die Zentrumspartei von 1950 bis 1956 (mit kurzen Unterbrechungen) das Amt des Ministerpräsidenten innehatte und sich dann zum Staatspräsidenten wählen ließ. – Was er ganze 25 Jahre lang blieb, bis er 1981 im Alter von 81 Jahren (Kekkonen wurde exakt zur Jahrhundertwende geboren) mit geschwächter Gesundheit zurücktrat. Kekkonen, der aus kleinen Verhältnissen stammte, arbeitete sich kontinuierlich und nicht ohne Rückschläge ins höchste Amt des finnischen Staates hoch. Nach seinem Jurastudium war er als Anwalt tätig und zog 1936 in die Eduskunta ein. Ab 1937 hatte er dann verschiedene Ministerposten inne. Eine erste Kandidatur als Präsidentschaftskandidat endete im Jahr 1950 mit der Niederlage – allerdings wurde er vom siegreichen Juho Paasikivi zum Ministerpräsidenten ernannt.

Um Kekkonens Person entstand während seiner Präsidentschaft ein regelrechter Kult. Eigentlich untypisch für die nordische Alltagskultur, in der, so unser subjektiver Eindruck, sonst nicht gerade die Neigung herrscht, Einzelpersonen in den Vordergrund zu rücken. Doch Kekkonen machte sich mit seinem dominanten Politikstil zur unübersehbaren Integrationsfigur parteipolitischer Befindlichkeiten und zur Verkörperung finnischer Politik schlechthin. Für den Politikwissenschaftler liegt hier vor allem eine Analogie nahe – und zwar zum Konzept der charismatischen Herrschaft, wie es Max Weber beschrieben hat (Weber 1972). Legitime Machtausübung war bei Urho Kekkonen, dessen Vorname übersetzt sinnigerweise „Held" bedeutet, in der Tat an die Strahlkraft seiner Person geknüpft. Dies wird an der Art und Weise deutlich, wie der Präsident in der Bevölkerung wahrgenommen wurde. Der Spiegel schrieb einmal über den Personenkult um Kekkonen (Ausgabe 10/1981):

> Sein Geburtshaus, eine armselige Holzfäller-Kate in Pielavesi bei Helsinki, ist ein nationales Museum; sogar Klein-Urhos Wiege wird vom ehrfürchtigen Publikum begrabscht. Sein mächtiger kahler Schädel mit der gewaltigen Hornbrille ziert Finnlands 500-Mark-Schein, die höchste Währungseinheit der Republik. Die Straße vor seiner ehemaligen Wohnung in Helsinki trägt seinen Namen, Schiffe sind nach ihm benannt, Eisbrecher etwa, und ganz in der Nähe des finnischen Parlaments ist der Staatspräsident sogar schon heiliggesprochen – von einem Gastronomen, der sein Restaurant ‚St. Urho's Pub' taufte. (Der Spiegel 10/1981)

Doch wie lässt sich dieser polemische Unterton erklären? Zum Teil liegt dies sicherlich am obrigkeitsskeptischen Stil des Magazins, doch war es längst nicht nur der Spiegel, der Kekkonen kritisch sah: Unter den westlichen Bündnispartnern wurde die Kekkon'sche Neutralitätspolitik während des Kalten Krieges, mit der er an seinen Amtsvorgänger Juho Kusti Paasikivi anknüpfte und die daher auch „Paasikivi-Kekkonen-Linie" genannt wurde, mit Argwohn betrachtet, denn Teil davon war auch ein freundschaftliches Verhältnis zur Sowjetunion. Noch einmal lohnt sich ein Zitat aus besagtem Spiegel-Beitrag, das die Sichtweise der westlichen Öffentlichkeit zur damaligen Zeit wiedergibt:

> Doch eben deswegen [gemeint ist seine Außenpolitik] ist Kekkonens politisches Wirken (. . .) ins Zwielicht geraten. Denn was Helsinkis Politiker als seinen Erfolg preisen, das schwache Finnland nämlich vor dem Zugriff des starken Nachbarn Sowjet-Union bewahrt zu haben, wird im Ausland, im westlichen zumal, mokant als „Finnlandisierung" abqualifiziert: Finnlands Unabhängigkeit sei von Moskaus Gnaden, seine Neutralität ein Wechselbalg. Finnland ist, nach dieser Lesart, ein geschickt getarnter Vasall Moskaus, Kekkonen ein Sprachrohr des Kreml.

Dem kann freilich mit dem Hinweis entgegnet werden, dass Finnland kurz hintereinander zwei Kriege gegen die Sowjetunion verloren hat, was die Umarmungsstrategie rechtfertigte, und dass hinter Kekkonens Politik keinerlei kommunistische Ideologie steckte, zumal er parteipolitisch vollkommen anders verortet war, sondern vielmehr ein unmittelbares staatliches Überlebensinteresse. Schlussendlich verlor die Außenpolitik Finnlands erst mit dem Zusammenbruch der Sowjetunion diese gewisse Dramatik.

3.2.5   Parlamentswahlsystem (inklusive Präsidentenwahl)

Wahlberechtigt zu den Parlamentswahlen, sowohl aktiv als auch passiv, sind alle Finnen, die am Wahltag 18 Jahre oder älter sind. Eine volle Legislaturperiode beträgt 4 Jahre – falls keine vorzeitige Parlamentsauflösung stattfindet, ergibt sich für die nächsten Wahlen also der Rhythmus 2015, 2019 und 2023. Die Abgeordneten werden nach dem Prinzip der Verhältniswahl in insgesamt 15 Wahlkreisen bestimmt, auf die wiederum die 200 zu vergebenden Sitze in der Eduskunta proportional nach der Bevölkerungszahl verteilt werden. Die Umrechnung des Stimmenanteils in Parlamentssitze erfolgt nach dem d'Hondt-Verfahren. Bei der Stimmabgabe wird auf eine getrennte Wahl von Abgeordnetem und Partei, wie etwa im deutschen Verfahren mit Erst- und Zweitstimme, verzichtet, stattdessen gibt der Wähler seine Stimme einem der auf der jeweiligen Parteiliste zur Wahl stehenden Abgeordneten und damit auch seiner Partei. Formal handelt es sich also um eine reine Personenwahl (Petterson 1989, S. 41).

Tab. 3.4 Finnische Präsidenten 1944–2013. (Quelle: Eigene Darstellung auf Basis von Office of the President of the Republic of Finland 2012)

Amtszeit	Präsident	Partei
1944–1946	Carl Gustaf Emil Mannerheim	Parteilos
1946–1956	Juho Kusti Paasikivi	Sammlungspartei
1956–1982	Urho Kaleva Kekkonen	Bauernbund/Zentrumspartei
1982–1994	Mauno Henrik Koivisto	Sozialdemokraten
1994–2000	Martti Oiva Kalevi Ahtisaari	Sozialdemokraten
2000–2012	Tarja Kaarina Halonen	Sozialdemokraten
2012–?	Sauli Väinämö Niinistö	Sammlungspartei

Erwähnenswert ist ferner, dass stets ein Sitz auf einen Abgeordneten aus Åland entfällt, der dort, im Gegensatz zum sonst gültigen System, nach dem Prinzip der Mehrheitswahl bestimmt werden muss. Eine Sperrklausel gibt es wie bereits gesagt in Finnland nicht, was entsprechende Folgen für die Zusammensetzung der Eduskunta (relativ viele Parteien mit relativ geringen Sitzanteilen) nach sich zieht.

Aufgrund der wichtigen Stellung des Präsidenten im finnischen System ist der Modus der Präsidentenwahl zumindest einen Seitenblick wert: Bis 1982 erfolgte die Wahl des Präsidenten indirekt. Zum Einsatz kam ein mit den USA vergleichbares Wahlmännersystem. Die 301 Mitglieder des Elektorengremiums wurden vom Volk gewählt, nach einem an die Parlamentswahlen angelehnten Verfahren. Bei der Präsidentschaftswahl 1988 kam dann ein Mischsystem aus direkter und indirekter Wahl zum Einsatz, seit 1991 wird aber eine ausschließliche direkte Volkswahl durchgeführt. In diesem Zuge wurde auch die maximale Amtszeit des Präsidenten auf 2 Amtsperioden begrenzt, was 12 Jahren entspricht und ein weiteres Beispiel dafür ist, wie sich die Machtbalance im ehemals semi-präsidentiellen Regierungssystem allmählich vom Präsidenten weg hin zur Regierung verschoben hat. Die Ergebnisse der Präsidentschaftswahlen von 1944 bis zum amtierenden Präsidenten Sauli Väinämö Niinistö sind in Tab. 3.4 aufgelistet. Niinistö wurde nach Paasikivi am 01.03.2012 zum zweiten Präsidenten der Sammlungspartei gewählt. Die Wahl fand in 2 Wahlgängen statt, nach denen sich Niinisto mit einer Wahlbeteiligung von 68,9 % im zweiten Wahlgang gegen seinen Herausforderer Pekka Haavisto der Grünen Partei mit 62,6 % gegenüber 37,4 % deutlich durchsetzen konnte. Bis auf die Åland Inseln konnte Niinistö in allen Wahlbezirken die Mehrheit erreichen, auch wenn dies in der Hauptstadt Helsinki mit 50,1 % zu 49,9 % denkbar knapp war (Statistics Finland 2012).

3.3   Politics: Kräfteverhältnisse im politischen Wettbewerb

3.3.1   Politische Parteien im Wettbewerb

Wie können wir das finnische Parteiensystem in seinen grundsätzlichen Zügen charakterisieren? Die Politologen Sten Berglund, Pertti Pesonen und Gylfie Gíslason antworten in einem schon älteren Aufsatz auf diese Frage, dass das Parteiensystem Finnlands zwar wie die der anderen nordischen Länder in 5 Parteifamilien zu gliedern ist, die sich dann in weiteren Abspaltungen intern ausdifferenzieren: Kommunisten, Sozialdemokraten, Agrarier, Konservative und Liberale. Dennoch ist Finnland, so argumentieren Berglund und Kollegen, im Vergleich der nordischen Parteiensysteme ein abweichender Fall: Zwar ließen sich auch in Finnland die 5 Parteifamilien relativ leicht in ein Rechts-Links-Schema einteilen, doch bestehen gegenüber den anderen nordischen Ländern v. a. 2 spezifisch finnische gesellschaftliche Konflikte (sog. Cleavages), die sich in der Parteienlandschaft abbilden:

1. Der linguistische Konflikt zwischen schwedischsprachigen und finnischsprachigen Bevölkerungsgruppen sowie
2. die Befürwortung bzw. klare Ablehnung des Kommunismus (Berglund et al. 1981, S. 84–85).

Auch wenn sich das finnische Parteiensystem in den letzten Jahrzehnten stärker fragmentierte, insbesondere durch die Etablierung der Grünen Partei in den 1980er-Jahren, besitzt die Einschätzung von Berglund und seinen Ko-Autoren auch heute noch gewisse Gültigkeit: Auf der linken Seite des Parteienspektrums ist der sozialistische Linksbund (VAS) zu verorten, der Ende der 1980er-Jahre aus der kommunistischen Demokratischen Union des finnischen Volkes (SKDL) hervorgegangen war. Hinzu kommt freilich die Sozialdemokratische Partei (SDP). Von den 5 Parteifamilien entfallen damit 2 auf das linke Spektrum. Weit unübersichtlicher ist die rechte Hälfte des Spektrums: Hier ist zunächst die agrarische Zentrumspartei (bis 1965 Bund der Agrarier, ML) als dritte Parteifamilie zu nennen. Die konservative Parteifamilie bilden die Nationale Sammlungspartei (KOK), Finnlands Christdemokraten (KD) und die rechtspopulistischen Basisfinnen (PERUS, in der deutschen Debatte auch „Wahre Finnen"). In Finnland marginalisiert ist die fünfte Parteifamilie: Die Liberalen (LIB) bewegen sich seit Ende der 1970er-Jahre bei Parlamentswahlen im Bereich nur unbedeutender Stimmenanteile. Allerdings ist die Schwedische Volkspartei, ein am linguistischen Konflikt zwischen Befürwortern des Schwedischen und des Finnischen entstandenes Spezifikum, ebenfalls der liberalen Parteienfamilie zuzuordnen, was sich auch in ihrer Mitgliedschaft bei den Europäischen Liberalen ausdrückt. Hinzu kommen nun die 1987 gegründeten Grünen (VIHR), die nur schwer in die Berglund'schen 5 Familien einzugliedern sind und als separate Erweiterung betrachtet werden sollten. Dominiert wird die finnische Parteienlandschaft dabei von drei etwa gleich starken Parteien: Der SDP, der Zentrumspartei und der Sammlungspartei.

Was war nun ausschlaggebend für die Herausbildung dieser Parteienlandschaft? Detlef Jahn, Kati Kuitto und Christoph Oberst zeichnen die historische Entwicklung anhand von 8 Konfliktlinien (oder Cleavages) nach, die auch jene Elemente beinhalten, die im erwähnten Aufsatz von Berglund als finnische Besonderheiten genannt werden (Jahn et al. 2006, S. 136–141):

1. Der Ursprung des finnischen Parteiensystems ist der Landtag von 1863. Der Zar erließ hier ein Dekret, in dem das Finnische dem Schwedischen gegenüber als offi-

zielle Sprache gleichberechtigt wurde. Entlang des so entstehenden Konflikts zwischen schwedischer Elite und finnischer, meist ländlicher, Bevölkerung entstanden Parteien, die sich jeweils für eine und gegen die andere der Sprachalternativen positionierten. Noch heute ist dieses Thema in der finnischen Parteienlandschaft mit der Schwedischen Volkspartei präsent.

2. Bis zur Eigenständigkeit Finnlands 1917 war zudem das Verhältnis zum zaristischen Russland eine parteibildende Konfliktlinie, die sich u. a. in den nunmehr historischen Parteien der pro-russischen Altfinnen und anti-russischen Jungfinnen niederschlug. Letztere beteiligten sich später an der liberalen Bewegung.

3. Ein weiterer Cleavage, wahrscheinlich der bedeutendste, ist der klassische Konflikt zwischen Arbeit und Kapital, der v. a. die Bildung der SDP (1899 unter noch anderem Namen gegründet) förderte.

4. Der Konflikt um die Befürwortung oder Ablehnung des Kommunismus war in Finnland wegen der geographischen Nähe zur Sowjetunion und den daraus resultierenden schmerzlichen politischen Erfahrungen (Winterkrieg 1939–1940) v. a. nach Ende des zweiten Weltkrieges von Bedeutung, als die Positionsbestimmung gegenüber der Sowjetunion das beherrschende politische Thema war. Die kommunistische Position dieses Konflikts wurde dabei von der pro-sowjetischen Demokratischen Union des Finnischen Volkes (SKDL) repräsentiert, aus der sich mittlerweile über den Umweg verschiedener Abspaltungen und Umbenennungen das gemäßigte Linksbündnis entwickelt hat. Das gegenteilige politische Spektrum wurde zwischenzeitlich von der faschistischen Lapua-Bewegung und ihrem parteipolitischen Arm, der Vaterländischen Volksbewegung (IKL, verboten 1944) repräsentiert.

5. Zu nennen ist auch eine innerhalb der bürgerlichen Parteien verlaufende Konfliktlinie zwischen wertkonservativer und liberaler Ausrichtung. Erstere wird dabei im Parteiensystem von der traditionsreichen Sammlungspartei verkörpert, letztere wurde von den, wie gesagt, mittlerweile praktisch verschwundenen Liberalen verarbeitet.

6. Ein weiterer geradezu klassischer makrogesellschaftlicher Konflikt ist der Gegensatz zwischen Stadt und Land. Dabei werden die Interessen der dünn besiedelten und zunehmend peripherisierten Landesteile, v. a. im Norden, von der Zentrumspartei (bis 1965 Bund der Agrarier) und auch von den stimmenmäßig weitaus unbedeutenderen rechtspopulistischen Basisfinnen vertreten.

7. Der Gegensatz Kirche vs. Staat bzw. Säkularisation erklärt die Existenz von Finnlands Christdemokraten, die 1958 unter dem Namen Christliche Union Finnlands (SKL) gegründet wurde.

8. Schließlich ist die postmaterialistisch-ökologische Wertdimension zu nennen, die parteipolitisch wie in anderen Ländern auch von den in den 1980er-Jahren entstandenen Grünen repräsentiert wird.

Die in der finnischen Politik so bedeutende Frage nach dem richtigen Verhältnis zu Russland ging über lange Jahre auch in die Bildung von Regierungskoalitionen ein, was der besonderen Stellung des Staatspräsidenten im semi-präsidentiellen Regierungssystem geschuldet war: Der Staatspräsident konnte die Außenpolitik des Landes quasi autonom gestalten und bestimmte zudem die Regierungsbildung. Logische Folge hiervon war, dass das außenpolitische Programm der Parteien zur wesentlichen Determinante ihrer Regierungsbeteiligung wurde (Nousiainen 1997). Deutlich wurde dies v. a. während der Ära Kekkonen (1956–1981), in der die außenpolitische Paasikivi-Kekkonen-Linie (globalpolitische Neutralität Finnlands sowie Aussöhnung mit und friedliches Verhältnis zur Sowjetunion) auch zum innenpolitischen Paradigma wurde und beispielsweise die Sammlungspartei strukturell aus der Regierungsverantwortung drängte, während die Zentrumspartei praktisch fortwährend an der Regierung beteiligt war (Berglund et al. 1981, S. 103–105). Dies wandelte sich mit Kekkonens Nachfolger im Präsidentenamt Mauno Koivisto (1982–1994), der viel stärker die parlamentarischen Machtverhältnisse in der Regierungsbildung berücksichtigte. Unter anderem zeigte sich das daran, dass Koivisto (immerhin SDP-Mitglied) 1987 die konservative Sammlungspartei zur Regierungsbildung aufrief. Die daraus entstehende Koalition mit der Schwedischen Volkspartei und der Landvolkpartei (Vorgänger der heutigen Basisfinnen) reichte nach der Präsidentschaftswahl 1988 auch nicht, wie bis dato üblich, ihren Rücktritt ein (Auffermann 2009, S. 235).

Im Vergleich zu den 1950er- und 1960er-Jahren, in denen die Logik starrer politischer Lager das Wahlverhalten entlang sozioökonomischer Stichwörter wie Arbeiterschaft, Bürgertum oder Agrarier determinierte, ist der finnische Medianwähler in seinem Stimmverhalten volatiler geworden (siehe Tab. 3.5). Allerdings macht sich dies in Finnland, bei einer im internationalen Vergleich übrigens leicht unterdurchschnittlichen Wahlbeteiligung, weniger stark als in anderen europäischen Ländern bemerkbar (Mair 2002; Jahn et al. 2006). Die Parlamentswahlen waren über lange Jahre hinweg für die Regierungsbildung zwar eine wichtige Ausgangsbedingung, aber bei weitem nicht ihr zentrales Antriebsmoment, was sich v. a. an der extrem hohen Schlagzahl von Regierungswechseln in Finnland zeigt – unter den europäischen Staaten gab es seit Ende des 2. Weltkriegs nur in Italien ähnlich viele Regierungswechsel wie in Finnland. Dafür verantwortlich war das über lange Jahre bestehende Machtübergewicht beim Präsidenten, von dem die Regierungen abhingen (Abschn. 3.2.4). Bis 1983 lag die maximale Lebensdauer der bis dahin 35 Regierungen bei rd. 3 Jahren und erst nach dem Ausscheiden Kekkonens aus dem Präsidentenamt wurden Regierungskoalitionen zum dauerhaften Politikgestalter (Kropp 2008).

Was sind nun die grundlegenden Muster der Regierungsbildung in Finnland abseits dieser Zweiteilung in eine rd. 40-jährige Phase sich schnell wandelnder Regierungsverhältnisse unter präsidentieller Dominanz und die danach beginnende Stabilität? Charakteristisch ist die Tatsache, dass die Regierungsbildung in Finnland häufig konsensdemokratische, integrative Züge trägt. Dies wird deutlich, wenn man die Koalitionszusammensetzung seit Ende des zweiten Weltkrieges eingehender betrachtet:

- Die Grenzen politischer Blöcke sind in Finnland kein Koalitionshindernis. Zudem sind Regierungskoalitionen in machtpolitischer Hinsicht keine exklusive Einrichtung. Vielmehr sind „oversized coalitions", die mehr Parteien als nötig umfassen, eher die Regel als die Ausnahme. Dies änderte sich bemerkenswerterweise auch im parlamentarisierten

Tab. 3.5 Wahlergebnisse in Finnland ausgewählter Parteien seit 1975. (Quelle: Eigene Darstellung auf Basis von Statistics Finland 2004 o. J.)

	1975	1979	1983	1987	1991	1995	1999	2003	2007	2011
Christdemokraten	3,3	4,8	3,0	2,6	3,1	3,0	4,2	5,3	4,9	4,0
Die Finnen (Basisfinnen)	3,6	4,6	9,7	6,3	4,8	1,3	1,0	1,6	4,1	19,1
Grüne	–	–	–	4,0	6,8	6,5	7,3	8,0	8,5	7,3
Kommunistische Partei	–	–	–	–	–	–	0,8	0,8	0,7	0,3
Liberale	4,3	3,7	–	1,0	0,8	0,6	0,2	0,3	0,1	–
Linksbund	18,9	17,9	13,5	13,6	10,1	11,2	10,9	9,9	8,8	8,1
Sammlungspartei	18,4	21,7	22,1	23,1	19,3	17,9	21,0	18,6	22,3	20,4
Schwedische Volkspartei	4,7	4,2	4,6	5,3	5,5	5,1	5,1	4,6	4,6	4,3
Sozialdemokraten	24,9	23,9	26,7	24,1	22,1	28,3	22,9	24,5	21,4	19,1
Zentrumspartei	17,6	17,3	17,6	17,6	24,8	19,8	22,4	24,7	23,1	15,8
Andere	4,3	1,9	2,8	2,4	2,7	6,3	5,0	2,5	1,7	2,0

System nicht, was darauf hindeutet, dass die konsensdemokratische Zusammenarbeit zwischen den Blöcken nicht nur ein Produkt präsidentieller Steuerung, sondern auch ein parteikultureller Faktor geworden ist (Jahn et al. 2006, S. 148).

• Auffällig häufig war die kommunistische SKDL bzw. seit den 1980er-Jahren ihr postkommunistischer Nachfolger, der Linksbund, an der Regierung beteiligt. Gerade in den Jahren des Kalten Krieges war die kommunistische Machtbeteiligung in Volksfrontregierungen, deren Charakteristikum es ist, neben bürgerlichen Kräften auch die extreme Linke einzuschließen, als konsensdemokratisches Element in der finnischen Politik präsent (Arter 1986, S. 70–71).

Ein immer wiederkehrendes Muster der Koalitionsbildung sind Bündnisse, an denen sowohl die SDP als auch die agrarische Zentrumspartei beteiligt ist. Derartige „Roterde-Koalitionen", oder finnisch Puna-Multa-Koalitionen, sind agrarisch statt primär ökologisch geprägte rot-grüne Bündnisse, die eine integrative Wirkung dadurch entfalten, dass sie 2 der 3 wichtigsten parteipolitischen Kräfte in die Regierungsverantwortung holen (Andrén 1964, S. 89–90; siehe Tab. 3.6).

Die Wahl zur Eduskunta 2011 geht als eine der ereignisreichsten in die finnische Politikgeschichte ein. Bis auf die Partei der Basisfinnen (Perussuomalaisten Puolue, seit 2012 Die Finnen genannt) mussten alle Parteien Verluste hinnehmen. Linksbund, Grüne, Christdemokraten und Schwedische Volkspartei hatten zwar nur leichte Verluste zu verzeichnen, doch bei der Sammlungspartei (−1,9), den Sozialdemokraten (−2,3) und bei der Zentrumspartei (−7,3) waren die Verluste erheblich. Entscheidend waren 3 Themen für den Erfolg der Basisfinnen von 4,1 % 2007 auf 19,1 % 2011, was den größten Sprung einer Partei von einer zur nächsten Wahl bedeutete (siehe Tab. 3.5).

1. Erstens hatte die Regierung mit verschiedenen Bestechungsskandalen umzugehen, die sich nicht schnell lösen konnten.
2. Zweitens konnten die Basisfinnen das Thema der Migration auf die Wahlkampfagende setzen.
3. Und drittens, das wohl entscheidende Thema, war die Eurokrise und die mögliche Unterstützung anderer Länder der Eurozone. Sowohl Sozialdemokraten und Linksbund als auch die Basisfinnen, alle drei als Oppositionsparteien, stimmten gegen Finanzzahlungen an bedrohte Länder wie Griechenland oder Portugal (Raunio 2011, S. 1–3).

Aufgrund des überwältigenden Wahlergebnisses ist ein genauerer Blick auf die Basisfinnen und deren Wahlerfolg nötig. Die Wurzeln der Partei liegen in der Finnischen Bauernpartei/Landbund, der in den 1970er- und 1980er-Jahren immer wieder an der Regierung beteiligt war. Bereits bei der Europawahl 2009 konnte die Partei mit ihrem charismatischen Vorsitzenden Timo Soini mit knapp 10 % einen Erfolg für sich verbuchen, der 2011 noch übertroffen wurde. Mit 19,1 % liegt die Partei mit den Sozialdemokraten gleich-

Tab. 3.6 Regierungsbildung in Finnland seit 1945. (Quelle: Eigene Darstellung auf Basis von Finnish Government o. J. a, b)

Regierungszeit	Premierminister	Regierungsparteien	Regierungstyp
17.04.1945–26.03.1946	Juho Kusti Paasikivi III (parteilos)	Parteilos + Soz + Demo + Bau (+ Fort/SweVP)	Mehrheit
26.03.1946–29.07.1948	Mauno Pekkala (Demo)	Demo + Bau + Soz + SweVP + parteilos	Mehrheit
29.07.1948–17.03.1950	Karl-August Fagerholm (Soz)	Soz + parteilos	Minderheit
17.03.1950–17.01.1951	Urho Kekkonen (Bau)	Bau + Fort + SweVP + parteilos	Minderheit
17.01.1951–20.09.1951	Urho Kekkonen II (Bau)	Bau + Soz + Fort + SweVP + parteilos	Mehrheit
20.09.1951–09.07.1953	Urho Kekkonen III (Bau)	Bau + Soz + SweVP (+ parteilos)	Mehrheit
09.07.1953–17.11.1953	Urho Kekkonen IV (Bau)	Bau + SweVP + parteilos	Minderheit
17.11.1953–05.05.1954	Sakari Tuomioja (Lib Bund)	Lib Bund + parteilos + Sam + Kom + SweVP	Parteilose Regierung
05.05.1954–20.10.1954	Ralf Törngren (SweVP)	SweVP + Bau + Soz + parteilos	Mehrheit
20.10.1954–03.03.1956	Urho Kekkonen V (Bau)	Bau + Soz (+ parteilos)	Mehrheit
03.03.1956–27.05.1957	Karl-August Fagerholm II (Soz)	Soz + Bau + SweVP + Kom/parteilos	Mehrheit
27.05.1957–29.11.1957	Vieno Sukselainen (Bau)	Bau + Kom + Parteilos (+ SweVP + Lib/Demo + Soz)	Minderheit
29.11.1957–26.04.1958	Rainer von Fieandt (parteilos)	Parteilos	Parteilose Regierung
26.04.1958–29.08.1958	Reino Kuuskoski (parteilos)	Parteilos	Parteilose Regierung
29.08.1958–13.01.1959	Karl-August Fagerholm III (Soz)	Soz + Bau + Sam + SweVP + Kom	Mehrheit
13.01.1959–14.07.1961	Vieno Sukselainen II (Bau)	Bau + SweVP	Minderheit
14.07.1961–13.04.1962	Martti Miettunen (Bau)	Bau + parteilos	Minderheit
13.04.1962–18.12.1963	Ahti Karjalainen (Bau)	Bau + Sam + SozBund + SweVP + Kom	Mehrheit
18.12.1963–12.09.1964	Reino Ragnar Lehto (parteilos)	Parteilos	Parteilose Regierung
12.09.1964–27.05.1966	Johannes Virolainen (Zen/Bau)	Zen + Sam + SweVP + Kom + parteilos	Mehrheit
27.05.1966–22.03.1968	Rafael Paasio (Soz)	Soz + Zen + Demo + SozBund	Mehrheit
22.03.1968–14.05.1970	Mauno Koivisto (Soz)	Soz + Zen + Demo + SweVP + SozBund	Mehrheit
14.05.1970–15.07.1970	Teuvo Aura (parteilos)	Parteilos	Parteilose Regierung

Tab. 3.6 (Fortsetzung)

Regierungszeit	Premierminister	Regierungsparteien	Regierungstyp
15.07.1970–29.10.1971	Ahti Karjalainen II (Zen)	Zen + Soz + SweVP + Lib + Demo/parteilos	Mehrheit
29.10.1971–23.02.1972	Teuvo Aura II (parteilos)	Parteilos	Parteilose Regierung
23.02.1972–04.09.1972	Rafael Paasio II (Soz)	Soz	Minderheit
04.09.1972–13.06.1975	Kalevi Sorsa (Soz)	Soz + Zen + SweVP + Lib + parteilos	Mehrheit
13.06.1975–30.11.1975	Keijo Liinamaa (Parteilos)	Parteilos	Parteilose Regierung
30.11.1975–29.09.1976	Martti Miettunen II (Zen)	Zen + Soz + Demo + SweVP + Lib + parteilos	Mehrheit
29.09.1976–15.05.1977	Martti Miettunen III (Zen)	Zen + Lib + SweVP + parteilos	Minderheit
15.05.1977–26.05.1979	Kalevi Sorsa II (Soz)	Soz + Zen + Demo + Lib + Parteilos (+ SweVP)	Mehrheit
26.05.1979–19.02.1982	Mauno Koivisto II (Soz)	Soz + Zen + Demo + SweVP + parteilos	Mehrheit
19.02.1982–06.05.1983	Kalevi Sorsa III (Soz)	Soz + Zen + SweVP (+ Demo + parteilos/+ Lib)	Mehrheit
06.05.1983–30.04.1987	Kalevi Sorsa IV (Soz)	Soz + Zen + SweVP + FinBau	Mehrheit
30.04.1987–26.04.1991	Harri Holkeri (Sam)	Sam + Soz + SweVP (+ FinBau)	Mehrheit
26.04.1991–13.04.1995	Esko Aho (Zen)	Zen + Sam + SweVP + Christ/parteilos	Mehrheit
13.04.1995–15.04.1999	Paavo Lipponen (Soz)	Soz + Sam + SweVP + Links + Grüne + parteilos	Mehrheit
15.04.1999–17.04.2003	Paavo Lipponen II (Soz)	Soz + Sam + SweVP + Links (+ Grüne + parteilos)	Mehrheit
17.04.2003–24.06.2003	Anneli Jäätteenmäki (Zen)	Zen + Soz + SweVP	Mehrheit
24.06.2003–19.04.2007	Matti Vanhanen (Zen)	Zen + Soz + SweVP	Mehrheit
19.04.2007–22.06.2010	Matti Vanhanen II (Zen)	Zen + Sam + SweVP + Grüne	Mehrheit
22.06.2010–22.06.2011	Mari Kiviniemi (Zen)	Zen + Sam + SweVP + Grüne	Mehrheit
22.06.2011–?	Jyrki Katainen (Sam)	Sam + Soz + Links + Grüne + SweVP + Christ	Mehrheit

Bau Bauernbund/ab 1965, *Zen* Zentrumspartei, *Christ* Christdemokraten, *Demo* Demokratische Union des Finnischen Volkes, *FinBau* Finnische Bauernpartei, *Fort* Nationale Fortschrittspartei, *Kom* Kommunisten, *Lib* Liberale, *Lib Bund* Liberaler Bund, *Links* Linksbund, *parteilos* parteilose Minister, *Sam* Sammlungspartei, *Soz* Sozialdemokraten, *SozBund* Sozialdemokratischer Bund der Arbeiter- und Kleinbauernschaft, *SweVP* Schwedische Volkspartei auf und besitzt 39 Mandate in der Eduskunta. Sie konnte von allen klassischen Parteien Wähler abschöpfen, aber auch Desinteressierte und Nichtwähler für sich mobilisieren. Die Verluste führten dazu, dass die Regierung unter Premierministerin Kiviniemi abgewählt wurde und eine 6-Parteien-Regierung unter dem Premierminister Katainen der Sammlungspartei ins Amt gewählt wurde. Jedoch gestalteten sich die Koalitionsverhandlungen schwierig, da die Basisfinnen sehr viele Sitze erhalten hatten und auch zu Beginn als Regierungspartner gehandelt worden waren. Die Idee einer Regierungsbeteiligung der Basisfinnen zerbrach aber aufgrund der europakritischen Einstellung der Partei. Sie stellt sich gegen die Unterstützung finanziell bedrohter Euro-Länder, rückt die Kosten für eine EU-Integration in den Vordergrund und positioniert Finnland als reinen Nettozahler in Europa. Des Weiteren zählt zur Strategie der Basisfinnen, dass sie die in Finnland geborene Bevölkerung vor Einwanderern und Minderheiten schützen will. Sie sind zwar nicht so radikal wie die Schwedendemokraten oder die Dänische Fortschrittspartei, dennoch ordnet Breitmeier die Basisfinnen als rechtspopulistische Partei ein, die eine Mischung von linksorientierter Politik bei sozio-ökonomischen Angelegenheiten (z. B. bei einem nordischen universalistischen Wohlfahrtsmodell, bei dem alle Finnen von einem starken und aktiven Staat profitieren) und konservativer Politik bei sozio-kulturellen Fragen betreibt, die unter anderem gleichgeschlechtliche Ehen missbilligt und sich gegen Migranten ausspricht (Breimaier 2011, S. 1–3).

3.3.2 Verbände und Interessenvermittlung

Der britische Politologe Francis G. Castles hat einmal geschrieben, dass Finnland eine politische Kultur habe „which can only be described as a hybrid between the ,unstable' democracies of Western Europe and the compromise of Scandinavia" (Castles 1967, S. 69). Betrachtet man das Verbändesystem Finnlands und die Art und Weise, wie Verbände in der finnischen Politik mitwirken, bieten sich einige illustrative Belege für diese Einschätzung. Die Erfahrung des Bürgerkrieges polarisierte über lange Jahre die Beziehungen zwischen den Sozialpartnern. Die deshalb vorherrschende „much greater animosity between workers' and employers' organizations (. . .) compared with the rest of Scandinavia" schlug erst unter dem Eindruck des Winterkriegs 1939/1940 in eine gegenseitige Anerkennung um (Castles 1967, S. 69). Die Anfang 1940 geschlossene „Januarverlobung" eröffnete den Gewerkschaften durch die offizielle Anerkennung seitens der Arbeitgeber den Schritt aus der politischen Marginalisierung heraus. Der Weg für die Etablierung eines kollektiven Tarifvertragssystems, dessen Eckpunkte in einem Generalvertrag 1944 festgeschrieben wurden, war damit frei. Nicht zuletzt war die Aufwertung der Gewerkschaften auch einem gewissen „Druck der Basis" geschuldet, da während der Kriegsjahre die Gewerkschaften einen enormen Mitgliederzulauf erfahren hatten und es den Arbeitgebern und bürgerlichen Parteien deshalb zunehmend schwerer fiel, ihre so erworbene Machtposition zu ignorieren (Lappalainen und Siisiäinen 2001, S. 112–113).

Bis Ende der 1960er-Jahre herrschten in Finnland mesokorporatistische Arrangements vor, die eher gelegentlich einzelne Verbände in die Politikfindung integrierten (Wassenberg 1982). Zwar diente der Wirtschaftspolitische Planungsrat, dem neben Arbeitgebern und Arbeitnehmern auch der Bauernverband angehörte, als wichtiges Instrument der Korporatismus-affinen keynesianistischen Politik der Globalsteuerung, die nach dem Ende des zweiten Weltkrieges von SDP und ML (Vorgänger der Zentrumspartei) verfolgt wurde. Diese Linie aber konnte nicht dauerhaft aufrecht erhalten werden: Ende der 1950er-Jahre zerbrach die gemeinsam verfolgte Stabilitätspolitik bei der Lohn- und Gehaltsentwicklung. Sie hatte einerseits ihre Akzeptanz in den Parteien verloren und wurde andererseits innerhalb der Gewerkschaften zunehmend kritisch gesehen. Der „typisch nordische" Makrokorporatismus, in dem starke, zentralisierte Verbände dauerhaft die Funktion eines Policy-Gestalters innehaben, etablierte sich erst Ende der 1960er-Jahre. Nach sieben Oppositionsjahren kehrte 1966 die SDP in der neu geschaffenen Volksfrontregierung mit der kommunistischen SKDL und der ML an die Regierungsverantwortung zurück. Von nun an konnten sich die großen Zentralverbände nach dem Muster einer konzertierten Aktion systematisch an der Wirtschaftspolitik beteiligen. Zum Gegenstand der Tarifverhandlungen, die nicht vollkommen autonom ablaufen, sondern bei denen der Staat als Schlichter fungiert, wurden in diesem Zuge auch diverse Aspekte der Sozial-, Arbeits- und Wirtschaftspolitik erhoben (Lappalainen und Siisiäinen 2001, S. 113–118).

Das klassische korporatistische Dreieck aus den drei Verhandlungspartnern Staat, Arbeitgebern und Arbeitnehmern muss in Finnland um den Bauernverband MTK erweitert werden. Die industriellen Arbeitnehmer sind im gewerkschaftlichen Zentralverband SAK zusammengeschlossen (daneben gibt es die Zentralorganisation der Angestellten STTK und den Gewerkschaftsdachverband für akademische Berufe AKAVA). Die 3 wichtigsten Verbände SAK, STK und MTK weisen für sich genommen eine jeweils eigene parteipolitische Verzahnung auf, die ihnen eine Interessenvertretung im Parlament garantiert. Dies wird einerseits an einer personellen Überschneidung und andererseits an einer inhaltlichen Nähe der politischen Positionen deutlich. Der STK ist dabei der Sammlungspartei zuzuordnen, der Bauernverband der Zentrumspartei und die Gewerkschaften der SDP (Auffermann 2009, S. 251). Immer wieder wurden in der Geschichte auch direkt Verbändevertreter an der Regierung beteiligt. Beispielsweise saß in der sozialdemokratischen Minderheitsregierung 1948–1950 ein Gewerkschaftsvertreter, zeitweise wurden auch STK-Angehörige direkt in die Regierung einbezogen. Seit Beginn der 1960er-Jahre wird diese direkte Beteiligung allerdings nicht mehr praktiziert. Beibehalten wird dagegen die Mitwirkungsmöglichkeit von Verbänden am parlamentarischen Entscheidungsprozess dergestalt, dass Verbandsvertreter in Parlamentsausschüssen angehört werden (Arter 1986, S. 201; Lappalainen und Siisiäinen 2001, S. 113–116).

Das klassische Muster gesellschaftlicher Repräsentation über große Wirtschaftsverbände wurde ungefähr mit dem Beginn der 1980er-Jahre um neue Partizipationsformen ergänzt: neue soziale Bewegungen, die unter anderem ökologische Themen besetzten und zu denen die Friedens- und Antiatomkraftbewegung gehört, sind auch in Finnland aufgekommen; die finnischen Grünen, mittlerweile parlamentarisch dauerhaft etabliert, sind

Tab. 3.7 Organisationszugehörigkeit befragter Personen in Finnland 1988 und 1994 in % der befragten Personen (Mehrfachantworten möglich). (Quelle: Eigene Erstellung auf Basis von Siisiäinen 2005)

	1988	1994
Traditionelle politische Organisationen		
Gewerkschaften	62,0	53,0
Parteien	10,4	7,7
Tendenz		− 11,7
Andere weltanschauliche Organisationen und Freizeitverbände		
Sportvereinigungen	19,8	21,1
Religiöse Vereinigungen	7,9	9,5
Kunst, Kultur, Studiengruppen	10,7	15,3
Umwelt und Ökologie	3,1	5,9
Tendenz		+ 10,3

als deren parteipolitische Vertretung entstanden. Ein weiterer Trend ist, dass die Zahl von Organisationen, die sich mit Freizeitgestaltung oder sportlichen Themen befassen, z. B. Jagdvereine oder künstlerische Gruppen, deutlich angestiegen ist (Lappalainen und Siisiäinen 2001, S. 110–111). Tabelle 3.7 zeigt Daten aus einem Beitrag des finnischen Soziologen Martti Siisiäinen. Von Siisiäinen ausgewählt wurden Daten für die Jahre 1988 und 1994 – ein Zeitraum, der eine kritische Phase des Wandels gesellschaftspolitischer Aktivität beleuchtet. Gut ersichtlich ist hierbei, wie Parteien und Gewerkschaften als Formen des traditionellen Engagements an Bedeutung verloren haben.

3.4 Policies

3.4.1 Wirtschaftspolitik

Die jüngere Wirtschaftsgeschichte Finnlands ist im internationalen Vergleich höchst bemerkenswert: Noch bis zum zweiten Weltkrieg war das Land wirtschaftlich gesehen europäische Peripherie und vor allem von der Landwirtschaft bestimmt. Dies hat sich grundlegend gewandelt: Die finnische Industrie ist inzwischen zu einem wichtigen Handelspartner der anderen EU-Staaten und Russlands geworden; heute speist sich das finnische BIP zu rund einem Drittel aus Exporten. Dabei sind vor allem zwei Produktgruppen bedeutend: Holz- und Papierprodukte sowie die Elektrotechnologie, hier v. a. die Mobilfunksparte. Mit rd. 23 % (Stand: 2008) haben Elektronikprodukte den größten Anteil an den finnischen Exporten, es folgt mit rd. 17 % die Chemieindustrie, zu der man die Papierherstellung zählt (Statistics Finland 2009).

Einen dramatischen Einschnitt bedeutete für die finnische Wirtschaft der Zusammenbruch des Ostblocks zu Beginn der 1990er-Jahre, der katastrophale Folgen für die bis dahin
lebhafte Exporttätigkeit finnischer Unternehmen in die Gebiete der Sowjetunion hatte.
Deutlich ist dies in den langen Zeitreihen der Wachstumswerte abzulesen: 1991 schrumpfte das BIP in Finnland um rd. 6 % und erst 1994 waren wieder positive Wachstumswerte
zu verzeichnen. In der jüngeren Vergangenheit pendelte sich das BIP-Wachstum bei einem gesunden Wert von durchschnittlich guten 3 % ein. Allerdings war, und ist zum
Teil immer noch, Finnland heftig von der globalen Konjunkturkrise ab 2008 betroffen,
was sich in der Statistik für das Jahr 2009 mit einem dramatischen Minuswachstum von
6,9 % bemerkbar macht – Finnland war damit stärker als die anderen nordischen Länder
von der Krise betroffen. Wie andere auch reagierte die finnische Regierung mit einem
Konjunkturprogramm, das neben staatlichen Investitionen einen Ausbau der Existenz-
gründungsförderung und der aktiven Arbeitsmarktpolitik umfasste. Im Jahr 2009 schien
dann der wirtschaftliche Abschwung auch gestoppt, doch mit einiger Zeitverzögerung
dürfte sich die konjunkturelle Abschwächung dennoch auf dem Arbeitsmarkt niederschlagen. In der zweiten Hälfte der 2000er-Jahre hatte sich die Arbeitslosenquote bei Werten
zwischen 6 und 8 % eingependelt, was im Vergleich mit den nordischen Nachbarn ein
relativ schlechter Wert ist (Eurostat 2010).

Finnland trägt seit den 1990er-Jahren den Beinamen „Japan des Nordens", eine Bezeichnung, die auf die Technologieorientierung der finnischen Industrie abzielt. Die
aufstrebende IT- und Hochtechnologiebranche war in der Tat der Schlüssel zur Überwindung des erwähnten Konjunktureinbruchs zu Beginn der 1990er-Jahre. Der EU-Beitritt
Finnlands im Jahr 1995 verlieh dem Strukturwandel hin zum Hightech-Bereich dabei zusätzliche Schubkraft, da sich die bis dato recht protektionistisch ausgerichtete Agrarpolitik
dem Binnenmarkt öffnen und fallende Erzeugerpreise hinnehmen musste.

In den international vergleichenden Statistiken zur Innovationsfähigkeit von Volkswirtschaften schneidet Finnland dank seiner Technologiefähigkeit hervorragend ab: Anfang
der 2000er-Jahre stellte das „United-Nations-Developmental-Program" auf dem Höhepunkt des weltweiten IT-Booms seinen vielbeachteten, jährlich erscheinenden, „Human
Development Report" unter das Motto „Neue Technologien für menschliche Entwicklung". Den darin präsentierten „Technological Achievement Index", in den Faktoren
wie Patentanmeldungen und Technologieexporte eingingen, führte Finnland an (UNDP
2001). Auch mehr als eine Dekade später weist das Land eine beachtliche Innovations-
performanz auf; auf 1 Mio. Einwohner kommen rd. 250 Patentanmeldungen im Jahr,
was im EU-Vergleich weit überdurchschnittlich ist. Auffällig ist allerdings, dass die Tech-
nologieaffinität der Finnen im privaten Bereich zwar hoch ist, das Land hier allerdings
nicht in der Spitzengruppe des internationalen Vergleichs rangiert. Im Jahr 2009 hatten
in Finnland 78 % aller Haushalte einen Internetanschluss – andere Länder haben weit höhere Werte (Eurostat 2010). Gleichwohl greift hier der finnische Staat aktiv ein: Als erste
Regierung überhaupt kündigte die finnische im Jahr 2009 an, einen Rechtsanspruch auf
Breitbandzugang zum Internet gesetzlich verankern zu wollen (Die Presse 2009).

Zweifelsohne ist Nokia das bedeutendste finnische Hightech-Unternehmen, allerdings wäre es falsch, das „Japan des Nordens" auf dieses eine Unternehmen zu reduzieren. Der finnische IT-Sektor besteht aus rd. 3.000 Unternehmen, unter denen Nokia zwar weitaus das größte ist, das mit Firmen wie dem IT-Dienstleister Tieto oder dem Mobilfunknetzbetreiber Sonera aber weitere Größen aufweist. Nicht vergessen werden darf in dieser Aufzählung auch das Computerbetriebssystem Linux, das in Helsinki entwickelt wurde.

Die Innovationsforscher Manuell Castells und Pekka Himanen von der Berkeley-Universität haben sich das finnische Hightechcluster in einem 2002 erschienen Buch zum Analysegegenstand genommen und mit anderen Erfolgsgeschichten wie beispielsweise dem kalifornischen Silicon Valley verglichen. Sie kommen zu einem bemerkenswerten Ergebnis, das aber bei genauerer Kenntnis der nordischen Länder eigentlich nicht überraschen sollte:

> Finland shows that a fully fledged welfare state is not incompatible with technological innovation, with the development of the information society, and with a competitive new economy. Indeed it appears to be a decisive contributing factor to the growth of this new economy on a stable basis. It provides the human foundation for labour productivity necessary for the informational model of development, and it also brings institutional and social stability, which smoothes the damage to the economy and to people during periods of potentially sharp downturns. This welfare state is not suitable without a high level of taxation. But taxation is not an economic problem as long as productivity and competitiveness grow faster than taxes, and as long as people recognize the benefits they receive in the form of social services and the quality of life. In this sense, Finland stands in sharp contrast to the Silicon Valley model that is entirely driven by market mechanisms, individual entrepreneurialism, and the culture of risk – with considerable social costs, acute social inequality, and a deteriorating basis for both locally generated human capital and economic infrastructure (Castells und Himanen 2002, S. 166–167).

Finnland ist gewissermaßen, in Anlehnung an Gøsta Esping-Andersens sozialdemokratischen Wohlfahrtsstaat, ein sozialdemokratischer Innovationsstaat, der marktwirtschaftliche Mechanismen durch politische Steuerung ergänzt (Esping-Andersen 1990). Und zudem den Unternehmen einen hohen Abgabeaufwand abverlangt, was über den Umweg der Sozialsysteme zur Krisenresistenz des finnischen Modells beiträgt. Der Wohlfahrtstaat bietet nämlich mit Lohnersatzleistungen und einer aktiven Arbeitsmarktpolitik Sicherheiten in Zeiten wirtschaftlicher Umbrüche und erhöht auf diese Weise die Legitimation des finnischen Wirtschaftsmodells, was wiederum die betriebliche Arbeitskultur und die Beschäftigungsfähigkeit der Erwerbsbevölkerung fördert. Die starken Gewerkschaften Finnlands sind ihrerseits höchst interdependent in dieses Netzwerk eingebettet: Sie partizipieren an der staatlichen Politikfindung und üben so Einfluss auf die wohlfahrtsstaatliche Entwicklung aus. Außerdem sind sie ein wesentlicher Bestimmungsfaktor in der Lohnpolitik und im alltäglichen Unternehmensgeschehen. Auch auf der Mikroebene des Betriebs kommt somit der zur Koordination neigende Charakter der finnischen Marktwirtschaft zum Ausdruck – es handelt sich eben um eine „koordinierte Marktökonomie" (Hall und Soskice 2001).

Dabei muss ein starker Staat als wesentlicher Mitspieler im Innovationssystem seine Steuerung nicht unbedingt über den öffentlichen Sektor ausüben. Ganz im Gegenteil war es gerade die bewusste Liberalisierungspolitik der finnischen Regierung, die zur Etablierung der Hightechsparte im Land beitrug: So war beispielsweise Finnland dank seiner frühen Öffnung des Mobilfunkgeschäfts (1990) das erste Land weltweit mit einem privaten GSM-Dienstleister. Zudem half die öffentliche Verwaltung Nokia aktiv bei der Entwicklung seiner Mobilfunktechnologie, etwa über die Vermittlung von Subunternehmen und Zulieferern (Castells und Himanen 2002, S. 55).

Natürlich stößt die staatliche Wirtschaftspolitik dort an ihre Grenzen, wo es um strategische Unternehmensentscheidungen geht, die in Finnland wie anderswo auch den Wettbewerbsbedingungen der Globalisierung unterworfen sind. Daran können meist auch staatliche Anteilseignerschaften nichts ändern, wie der sog. Fall Stora Enso zeigt. Zwar gehören dem finnischen Staat große Anteile an dem international bedeutenden Papierhersteller, dies konnte aber nicht verhindern, dass sich Stora Enso 2007 mit dem Hinweis auf hohe Standortkosten in Finnland dazu entschloss, eine Reihe von Produktionsstätten, darunter eine profitable Papierfabrik in Kemijärvi (Lappland), zu schließen. Die bürgerliche Regierung unter Premierminister Vanhanen wies die Forderungen der Opposition nach einem engagierten Eingreifen zurück und konnte sich dabei auf das 2008 neu formulierte Gesetz über staatliche Eignerschaft berufen, denn dieses sieht vor, dass sich der Staat bei konkreten Sachentscheidungen im Unternehmen zurückzuhalten hat, falls ihm nicht mehr als die Hälfte des Unternehmens gehört. Bei ähnlichen Fällen in der Hightech-Industrie gilt dies natürlich genauso.

3.4.2 Sozialpolitik

Die finnische Gesellschaft hat eine im internationalen Vergleich nur geringe Neigung, sozial Bedürftige zu prekarisieren. Dies macht sich in einer relativ homogenen Einkommensverteilung sowie in einer nur schwachen Armutsgefährdung von gering verdienenden und auf Sozialleistungen angewiesenen Personen bemerkbar (siehe Tab. 3.8). So liegt der Gini-Koeffizient zur Messung sozialer Ungleichheit mit einem Wert von rd. 26 deutlich unter dem durchschnittlichen Ungleichheitsniveau in der EU (EU 27: 30,7 im Jahr 2011) (siehe Tab. 3.9). Der Gini-Koeffizient ist in Finnland relativ konstant geblieben und bewegt sich zwischen 25,4 und 26,3. Er liegt damit zwischen dem leicht niedrigeren schwedischen und deutlich unter dem dänischen Wert, jedoch leicht über dem norwegischen. Auch sind in Finnland „nur" 3 % der Einwohner von akuter Armut bedroht, definiert als 40 % oder weniger des medianen Äquivalenzeinkommens. Dies ist der geringste Wert im Vergleich mit den anderen nordischen Staaten und er ist erwartungsgemäß auch erheblich geringer als der Durchschnittswert in der EU. Der finnische Wohlfahrtsstaat leistet hierzu mit seiner Versicherung gegen Standardrisiken wie Arbeitslosigkeit und Krankheit und über sein Rentensystem einen erheblichen Beitrag. Weitere Werte zur Armutsgefährdungsquote befinden sich in Tab. 5.11 (Abschn. 5.4.2).

Tab. 3.8 Armutsgefährdung in Finnland. (Quelle: Eigene Erstellung auf Basis von Eurostat 2010)

	2000	2005	2008	Schnitt 1998–2008
Armutsgefährung[a] (%)	2	2	3	2,1

[a] Als Bevölkerungsanteil; Armutsgefährdung definiert als Einkommen $\leq$ 40 % des medianen Äquivalenzeinkommens

Tab. 3.9 Gini-Koeffizient des verfügbaren Äquivalenzeinkommens. (Quelle: Eigene Erstellung auf Basis von Eurostat – Statistics on Income and Living Conditions (SILC) 2013a)

	2005	2006	2007	2008	2009	2010	2011
EU (27 Länder)	30,6 (s)	30,2 (s)	30,6	30,8	30,4	30,5	30,7
Dänemark	23,9	23,7	25,2	25,1	26,9	26,9	27,8
Deutschland	26,1[a]	26,8	30,4	30,2	29,1	29,3	29,0
Finnland	26,0	25,9	26,2	26,3	25,9	25,4	25,8
Schweden	23,4	24,0	23,4	24,0	24,8	24,1	24,4
Island	25,1	26,3	28,0	27,3	29,6	25,7	23,6
Norwegen	28,2	31,1	23,7	25,1	24,1	23,6	22,9

(s) Eurostat Schätzung
[a] Bruch in Zeitreihe

Tabelle 2.11 in Abschn. 2.4.2 zeigt die Arbeitslosenquote der nordischen Länder, Deutschlands und der 27 EU-Länder im Schnitt. In Finnland ist die Arbeitslosigkeit von 9,1 % im Jahr 2001 bis auf ein Minimum von 6,4 % (2008) gesunken. Aufgrund der Wirtschaftskrise stieg die Quote wieder auf über 8 % an, sank jedoch 2011 und 2012 wieder auf 7,7 % ab. Damit liegt die Arbeitslosigkeit mittlerweile auf dem Niveau Dänemarks und Schwedens und ist deutlich unter dem EU-Durchschnitt mit 10,5 % (2012).

Betrachtet man neben diesen gesellschaftlichen Ergebnissen wohlfahrtsstaatlicher Politik den dafür betriebenen finanziellen Aufwand, ist erstaunlich, dass Finnland seine überdurchschnittliche Performanz, die in etwa auf dem Niveau der übrigen nordischen Länder liegt, mit deutlich weniger Aufwand erreicht. Die Sozialleistungsquote in Finnland liegt deutlich unter den Werten Norwegens, Schwedens und Dänemarks und stattdessen auf dem durchweg niedrigeren Niveau kontinentaleuropäischer Staaten wie etwa Deutschland und Frankreich – konkret bei etwa 26 % des BIP und damit merkbar unter den knapp 30 %, die sich ergeben, wenn man den Durchschnittswert der nordischen Länder bildet. Dies schlägt sich nieder in einer sozialen Absicherung, die pro Kopf geringer ausfällt, als dies im Norden üblich ist, aber im globaleren EU-Vergleich überdurchschnittlich ist. Mit einer Erwerbsquote von rd. 76 % (Stand 2008) realisiert der finnische Wohlfahrtsstaat dabei eine vergleichsweise hohe Beteiligung am Arbeitsmarkt, die jedoch unter den hohen Werten der anderen nordischen Länder liegt und zudem von einer Arbeitslosenquote flankiert wird, die bei rd. 6 % und damit nicht unbedingt nahe bei Spitzenländern wie Norwegen liegt. Im Umkehrschluss heißt dies, dass der Wohlfahrtsstaat auf die in Finnland herrschende hohe Einkommenshomogenität zwar unterstützend wirkt, zu deren

Erklärung aber weitere Faktoren wie beispielsweise die von starken Gewerkschaften geprägte Lohnpolitik herangezogen werden sollten.

Auch die Organisation der sozialen Sicherung folgt in Finnland nur begrenzt dem in den übrigen nordischen Staaten üblichen Muster. So hat in Finnland die Steuerfinanzierung von Sozialleistungen keine so hohe Bedeutung wie in den skandinavischen Vergleichsländern. Zwar wird die Pflege nicht wie in Deutschland über eine Arbeitnehmerversicherung, sondern über das Steuersystem durch die Kommunen finanziert. Die steuerbasierten Elemente in der Rentenversicherung, ansonsten ein Paradebeispiel für den Wohlfahrtsstaat im Norden, haben aber eher untergeordnete Bedeutung gegenüber den einkommensbasierten Teilen des Rentensystems: So erhielten beispielsweise im Jahr 2004 nur 4 % der Rentner ausschließlich die als Mindestsicherung angelegte steuerfinanzierte Volksrente, während 48 % ausschließlich durch die beitragsfinanzierte einkommensabhängige Rente versorgt wurden. Betrachtet man allerdings den Abdeckungsgrad der sozialen Sicherungssysteme, wird durchaus eine typisch nordische Tendenz zur universalen Sicherung der Bevölkerung, und eben nicht nur der Erwerbsbevölkerung, deutlich – und zwar einerseits anhand der bereits erwähnten Volksrente und andererseits beim Krankentagegeld, das als Mindestsatz auch an erwerbslose Personen ausbezahlt wird (Eurostat 2010).

Der Organisationsmodus der Arbeitslosenversicherung entspricht dem sog. Genter Modell und weist damit ebenfalls die in Skandinavien typischen Elemente auf: Die Gewerkschaften fungieren hier als hauptsächlicher Träger der Arbeitslosenversicherung und organisieren die verdienstabhängige Arbeitslosenbeihilfe, die vergleichbar mit dem deutschen Arbeitslosengeld I ist. Lediglich die steuerfinanzierten Teile der Arbeitslosenversicherung, also das für 500 Tage ausbezahlte Grundtagegeld und die sich anschließende, auf einer Bedürftigkeitsprüfung beruhende, Arbeitslosenhilfe sind staatlich organisiert. Neben dem universalistischen Abdeckungsgrad bei Grundrente, Krankentagegeld und den steuerfinanzierten Teilen der Arbeitslosenversicherung herrscht in den beitragsfinanzierten Teilen des finnischen Sozialsystems allerdings eine klientelspezifische Untergliederung nach Berufsgruppen vor – und dies nicht nur bei der Gent'schen Arbeitslosenversicherung, sondern auch im höchst individualistisch organisierten Rentenversicherungssystem, das Sonderversicherungszweige etwa für Beamte, Selbstständige und Bauern, Zeitarbeiter, Künstler etc. aufweist. Dies ist sonst nicht üblich in den nordischen Ländern, sondern vielmehr aus Kontinentaleuropa bekannt, man denke nur an das untergliederte deutsche Rentensystem, (Kangas und Saari 2008; Niemelä und Salminen 2006, ferner Tab. 3.10).

Fassen wir an dieser Stelle noch einmal zusammen: Der finnische Wohlfahrtsstaat trägt zu einer homogenen Einkommensverteilung und einer nur geringen Armutsgefährdung wesentlich bei. Er weist in einigen Bereichen universalistische Tendenzen auf und bezieht die Gewerkschaften als Träger der Arbeitslosenversicherung ein. Soweit sind dies typische Elemente eines nordischen, sozialdemokratischen Wohlfahrtsmodells. In anderen Bereichen allerdings ist das finnische Sozialsystem kontinentaleuropäischen Mustern viel ähnlicher – man denke etwa an die Untergliederung der Rentenversicherung nach Berufsgruppen, die hohe Bedeutung einkommensbasierter Sozialleistungen (sog. Lohnarbeitszentriertheit) und ein Absicherungsniveau pro Kopf, das deutlich unter den Vergleichswerten der skandinavischen Länder liegt. Insgesamt ist Finnlands Wohlfahrtsstaat also ein Hybrid.

Tab. 3.10 Versicherungszweige im finnischen Sozialsystem. (Quelle: Eigene Erstellung auf Basis von MISSOC 2013)

Versicherungszweig	Prinzip (Finanzierung)	Leistung
Gesundheit und Mutterschutz (Sachleistungen)	Von Kommune im Rahmen der Gesundheitsleistungen finanziert Staat subventioniert Kommunen	Freie Arztwahl in öffentlichen Krankenhäusern (vornehmlich in eigener Kommune) und bei Privatärzten; dort Zuzahlungen möglich in öffentlichen Gesundheitszentren Praxisgebühr von € 13,80 bei ersten 3 Arztbesuchen oder maximal € 27,50 pro Jahr. Unter 18 Jahren keine Gebühren Geh- und Sehhilfen sowie Hörgeräte meist ohne Zuzahlung
Gesundheit und Mutterschutz (Geldleistungen)	Finanzierung durch Krankenversicherung aus Beiträgen von Versicherten, Arbeitgebern und Selbstständigen	Für alle zwischen 16 und 67 Jahren Lohnfortzahlungen durch Arbeitgeber ab 9. Tag der Krankheit zwischen 50 und 100 % vom Verdienst und 1–2 Monate entweder Bereitstellung von Kinderbetreuung oder € 140 monatlich Mutterschutz 105 Tage, davon 30–50 vor Geburt; Vaterschaft 54 Tage Elternurlaub für Vater oder Mutter von 158 Tagen (jeweils ohne Sonntage) mind. € 23,77 pro Tag
Langzeitpflege	Von Kommune im Rahmen der Gesundheitsleistungen finanziert	Alle Einwohner ohne Alters- oder Zeitbeschränkung Unterstützung bei Pflege und Haushalt daheim oder Möglichkeit von betreutem Wohnen Krankentransporte und (technische) Hilfsmittel, wenn nötig; Betrag von € 61,83/153,91/325,46 pro Monat und zusätzlich Wohnbeitrag abhängig von Einkommen, Angehörigen, Unterhaltungskosten und Kommune Bei Behinderungen von Kindern je nach Beeinträchtigung € 92,31/417,68 pro Monat
Invalidität	Steuerfinanziert	Invaliditätsgeld wird auf der Basis verschiedener Berechnungsfaktoren wie z. B. Behinderungsgrad, Familiensituation und Beschäftigungsdauer mit Maximum von € 738,82 pro Monat ausbezahlt
Rentenversicherung	Volksrente und garantierte Rente: steuerfinanziert einkommensbasierte Rente: Beiträge von Arbeitnehmern, Arbeitgebern, Selbstständigen und Subventionen von Staat	Volksrente: 3 Jahre Aufenthalt nach Alter von 16 Jahren. Für volle Rente mind. 80 % der Zeit von 16 bis 65 Jahren in Finnland. Maximal € 558,83 bis 630,03 pro Monat je nach Beziehungsstatus garantierte Rente: Wird ausgezahlt, wenn Volksrente unter € 738,82 liegt einkommensbasierte Rente: Abhängig von (Dauer der) Beschäftigung, Alter, Verdienst

Tab. 3.10 (Fortsetzung)

Versicherungszweig	Prinzip (Finanzierung)	Leistung
Hinterbliebenen-absicherung	Finanziert aus Rententöpfen	Volksrente: erste 6 Monate erhält Hinterbliebener maximal € 324,93, abhängig von Aufenthaltsdauer des Verstorbenen. Danach, wenn Hinterbliebener Kind unter 18 Jahren hat, € 101,78 bis 528,24 je nach Einkommen einkommensabhängige Rente: 17–50 % der erwarteten Rente des Verstorbenen Weitere Zuschüsse für Pflege, Haushalt oder Lebensmittel Frühverrentung ab 62 Jahren möglich
Arbeitsunfälle	Finanziert durch Arbeitgeber	Tageszuschuss bis zu 1 Jahr, danach Arbeitsunfallrente Tageszuschuss 4 Wochen entsprechend Krankengeld, danach 1/360 der Jahresbezüge. bei vollständiger Arbeitsunfähigkeit 85 % von (erwartetem) Verdienst, ab 65 Jahren 70 % bei partieller Arbeitsunfähigkeit anteilig
Arbeitslosenversicherung	Grundsicherung: Steuern (74,5 %) und Beiträge von angestellten Arbeitnehmern, die nicht Mitglied in Arbeitslosenversicherung sind (25,5 %) verdienstabhängige Arbeitslosenhilfe wird durch Gewerkschaften organisiert	Grundtagegeld: Für alle Arbeitnehmer und Selbstständigen zwischen 17 und 64 Jahren 500 Tage à € 32,46 Arbeitslosenhilfe: Beruht auf Grundtagegeld und benötigt Bedürftigkeitsprüfung, € 37,21/Tag. verdienstabhängige Arbeitslosenhilfe: Alle Arbeitnehmer und Selbstständigen zwischen 17 und 64 Jahren in Versicherung Grundtagegeld + 45 % Differenz von täglichem Lohn und Grundtagegeld € 37,21/Tag bei Teilnahme an Wiedereingliederungsprogrammen
Familienleistungen	Steuerfinanziert	Einkommensunabhängiges Kindergeld bis 17. Geburtstag für in Finnland lebende Kinder (pro Monat): 1. Kind: € 104,19; 2. Kind: € 115,13; 3. Kind: € 146,91; 4. Kind: € 168,27; 5. und weitere Kinder: € 189,63. Alleinerziehende erhalten pro Kind zusätzlich € 48,55 Arbeitslose, Rentner, Witwen bekommen für die Kinder zusätzliche Unterstützungen

Tab. 3.10 (Fortsetzung)

Versicherungszweig	Prinzip (Finanzierung)	Leistung
Soziale Mindestsicherung	Von Kommune im Rahmen der Sozialleistungen finanziert	Besteht aus Grundsicherung und bedürfnisabhängiger Unterstützung Grundsicherung: Alleinlebende € 477,26; Alleinerziehende € 524,99; andere Personen ab 18 Jahren erhalten 85 % der Beträge pro Monat. Kind über 18 Jahre, das bei Eltern lebt 73 %; Kind von 10 bis 17 Jahren 70 %; Kind unter 10 Jahren 63 %. Familien mit Kindern unter 17 Jahren erhalten leicht geringere Beträge. Kostenabdeckung von existenziellen Bereichen wie Miete, Medikamente, Kinderbetreuung

Neben sozialdemokratischen Elementen weist er einige Charakteristika des konservativen Wohlfahrtsmodells auf. Ferner lässt sich aufgrund seiner Historie sogar eine Parallele zum Mittelmeerraum finden: Teile des finnischen Sozialstaats sind spät entstanden (die Krankenversicherung geht auf das Jahr 1964 und die Rentenversicherung auf das Jahr 1939 zurück), weshalb Finnland ein Nachzügler im nordischen Raum ist – ganz ähnlich wie die Staaten des Mittelmeerraums im europäischen Vergleich. Wenn es darum geht, Wohlfahrtsstaaten zu typologisieren, bereitet Finnland aufgrund dieser Widersprüchlichkeiten Probleme. Es liegt ein Hybridfall vor, der auch im etablierten 3-Welten-Modell Esping-Andersens nicht näher zugeordnet werden kann (Siegel 2007, S. 267; Esping-Andersen 1990, S. 52).

Der finnische Wohlfahrtsstaat reagiert mit verschiedenen Umgestaltungen auf den global herrschenden Reformdruck, insbesondere auf den in Finnland besonders ausgeprägten demographischen Wandel. In den letzten Jahren wurden mehrere Rentenreformen umgesetzt, die jedoch die Grundstrukturen des Systems insgesamt unangetastet ließen und stattdessen in der Logik des hergebrachten Organisationsmusters kompensierende Mechanismen schufen. Einen auslösenden Effekt hatte dabei der Zusammenbruch des Ostblocks, der massive Folgen für den finnischen Außenhandel und damit einen heftigen Konjunktureinbruch nach sich zog. Bis dato wurden die Beiträge zum einkommensabhängigen Teil der Renten ausschließlich von den Arbeitgebern aufgebracht – als Reaktion auf die Krise wurde Anfang der 1990er ein Teil hiervon auf die Arbeitnehmer umgeladen. Außerdem wurden in den Folgejahren die Lohnersatzleistungen einzelner privilegierter Versicherungszweige für bestimmte Berufsgruppen zurückgefahren, was sich auf die Ausschüttungen der Rentenversicherung bei weiterhin bestehender organisatorischer Fragmentierung homogenisierend auswirkte. Im Jahr 1996 wurde schließlich der Abdeckungsgrad der Volksrente deutlich eingeschränkt, der seitdem nur noch abhängig von der Höhe der einkommensbasierten Teile in der individuellen Rente ausbezahlt wird – in der Praxis bedeutet dies, dass (ehemalige) Gutverdiener seitdem nicht mehr auf die Volksrente zugreifen und diese stärker mindestsichernden Charakter erhielt.

Bis zur Mitte des (neuen Jahrtausends 2500?) letzten Jahrzehnts traten diverse weitere Einsparmaßnahmen in Kraft: Die Berechnungsbasis des einkommensabhängigen Teils der Rente wurde auf das gesamte Erwerbsleben ausgedehnt, ein demographischer Faktor wurde in die Rentenberechnung eingeführt und mit einer progressiven Steigerungsrate wurden Anreize für eine möglichst lange Erwerbsbeschäftigung im Alter geschaffen. Die Ausgestaltung dieser Reformmaßnahmen folgte den Steuerungsprinzipien des Korporatismus. Die Gewerkschaften und Arbeitgeberverbände spielten bei der Formulierung eine zentrale Rolle und traten dezidiert als Impulsgeber auf, wie eine von den Sozialpartnern unter Ausschluss der staatlichen Seite ins Leben gerufene Rentenkommission zeigt, die ihren Bericht im Jahr 2002 vorlegte (Kangas und Saari 2008, S. 247–248).

3.4.3 Bildungspolitik

Seit dem Erscheinen der ersten Pisa-Studie im Jahr 2000, die schwerpunktmäßig die Lesekompetenz von Schülern zum Gegenstand hatte, wird Finnland mit erfolgreicher

Schulpolitik assoziiert. Auch in den PISA-Folgestudien mit Schwerpunkt Mathematik bzw. Naturwissenschaften fand sich Finnland stets in der Spitzengruppe. Dabei ist das finnische Schulsystem auf spezifisch nordische Voraussetzungen ausgelegt, was die Frage aufdrängt, inwieweit finnische Rezepte für eine gute Schule überhaupt auf andere soziale Kontexte, beispielsweise in die Großstädte der Bundesrepublik, übertragbar sind. So existieren neben den unmittelbar politisch steuerbaren institutionellen Gegebenheiten der Schulpolitik auch diverse „weiche" Erfolgsfaktoren in der finnischen Kultur, die freilich nicht übertragbar sind: Beispielsweise die ausgeprägte Lesetradition in finnischen Familien, die sich mit der langen Dunkelheit während des Winterhalbjahres erklären lässt, oder die Tatsache, dass ausländische Filme, zumeist natürlich englischsprachig, nicht übersetzt sondern nur untertitelt werden, was die Sprachkompetenz von Kindern unterstützt (Freymann 2004).

Finnland hat mit rd. 5 Mio. Einwohnern eine recht niedrige Einwohnerzahl, zudem besteht in der Bevölkerungsstruktur, speziell in der Verteilung der Menschen im Land, ein deutlicher Gegensatz zwischen den großen Städten im Süden und den dünn besiedelten ländlichen Gebieten. An die Bildungspolitik werden unter quantitativen Gesichtspunkten, zumal in den ländlichen Gebieten, also eher geringe Anforderungen gestellt – allerdings geht diese „typisch nordische" Sozialstruktur aber ebenso mit speziellen Rahmenbedingungen einher, auf die sich das Schulwesen einstellen muss. Ein Beispiel hierfür ist das Ganztagsschulwesen, das im finnischen Schulsystem aufgrund der langen Schulwege gerade im Norden des Landes bereits früh institutionalisiert wurde, da wegen des langen Heimweges für viele Kinder die Notwendigkeit eines warmen Mittagessens bestand. Diese Regelungstradition hat heute wiederum ihre (positive) Auswirkung, wenn es darum geht, durch Betreuungsangebote die Berufstätigkeit beider Elternteile zu fördern (Matthies 2002, S. 40).

Kern des in den 1970er-Jahren grundlegend reformierten finnischen Schulsystems ist die 9-jährige Grundschule Perusskoulu. Dabei markieren die Klassen 1 bis 6 den Primarbereich und die Stufen 7 bis 9 den Sekundarbereich, wobei der Übergang standardisiert und durchlässig ist – eine eigene Prüfung, die dann, ähnlich wie in Deutschland, zur Aufteilung der Bildungswege führen würde, findet nicht statt. Am Ende des Gesamtschulbesuchs steht in Klasse 9 gleichwohl eine Abschlussprüfung, nach deren Bestehen Schülerinnen und Schüler in die Sekundarstufe II wechseln, wo wiederum zwischen einem allgemeinbildenden und einem beruflichen Zweig gewählt werden kann. Der allgemeinbildende Zweig (Lukio) endet mit der zentral geprüften allgemeinen Hochschulreife, die durch zusätzliche Prüfungen zur Verbesserung der Zulassungschancen an Hochschulen ergänzt werden kann. Der alternative berufsbildende Zweig weist Elemente eines dualen Ausbildungssystems, wie beispielsweise in Deutschland und Dänemark, auf, ist insgesamt aber doch recht stark verschult (Gries 2005, S. 24–26).

Zwar besteht in Finnland die Möglichkeit, dass schwächere Schüler Klassen wiederholen müssen, allerdings wir dies in der Praxis kaum genutzt, vielmehr wird durch individuell angepasste Förderungen und auch durch den Einsatz von Sonderpädagogen versucht, die Kinder in ihrer alten Klassenstufe zu halten. Eine weitere Auffälligkeit des finnischen Schulsystems ist, dass die Schulen neben Lehrkräften im engeren Sinne über zusätzliches pädagogisches Personal wie beispielsweise Schulpsychologen verfügen. Eine

Ganztagsschulstruktur im engeren Sinn besteht in Finnland vor allem für ältere Schüler, während in den unteren Klassen der eigentliche Schultag in der Regel um 13 oder 14 Uhr endet. Die so entstehende Betreuungslücke der 7- bis 9-jährigen wird durch verschiedenartige Ansätze wie beispielsweise am Nachmittag stattfindende Arbeitsgemeinschaften, Nachmittagsbetreuung in Kindertagesstätten oder Angebote freier Träger aufgefangen (Freymann 2004; Matthies et al. 2009).

Spitzenklasse. Woher kommen die finnischen PISA Erfolge?
Von Falk Hartig

> Für das gute Verhältnis zwischen Lehrern und Schülern sind auch kleine Klassen sehr hilfreich(,) im Ballungsraum Helsinki sitzen maximal 25 Schüler in einer Klasse, im übrigen Finnland weniger als 20 Schüler. Die Hälfte der Gemeinschaftsschulen, in denen die Schüler bis zur neunten Klasse zusammen lernen, hat weniger als 100 Schüler. (Hartig 2008, S. 69)
> Die drei Säulen der Rahmenlehrpläne sind die Vermittlung stoffbezogener Fakten, die Anleitung zum ‚Lernen lernen' und die Anleitung zum ‚lebenslangen Lernen'. (...)
> Die Schulen haben weitreichende Entscheidungsbefugnisse, nicht nur bei der Umsetzung der Lehrpläne. So sucht sich jede Schule ihre Lehrer oder kann entscheiden, wann Ferien sein sollen. (Hartig 2008, S. 71)

Das finnische Hochschulwesen, das sich aus 20 Universitäten und rd. 30 Fachhochschulen mit kürzeren und stärker berufsbezogenen Ausbildungsgängen zusammensetzt, wird recht stark von technischen Fächern dominiert. Ungefähr ein Drittel der Studierenden ist in Mathematik, den Ingenieurswissenschaften oder anderen technischen Fächern immatrikuliert, was im internationalen Vergleich deutlich überdurchschnittlich ist und auch als eine unter mehreren Erklärungen für die erfolgreiche finnische Innovationswirtschaft gilt (Castells u. Himanen 2002, S. 51; Abschn. 3.4.1). Studiengebühren gibt es Finnland nicht, die Studierenden werden ganz im Gegenteil durch umfangreiche staatliche Leistungen abgesichert und unterstützt: Der staatliche Wohnkostenzuschuss und die Unterstützungsleistungen zur Abdeckung der Lebenshaltungskosten summieren sich auf € 500 monatlich auf – eine Bedürftigkeitsprüfung ist hier nicht vorgesehen und rückzahlbar sind die Leistungen auch nicht (Dobson 2009). Der Zugang zu den Universitäten ist zum Großteil durch häufig sehr selektive Aufnahmetests geregelt, welche die einzelnen Universitäten individuell ausarbeiten.

Die finnischen Hochschulen bieten eine Lehrer- und Pädagogenausbildung an, die einerseits ein hohes Sozialprestige genießt und andererseits für Studierende als besonders herausforderungsreich gilt: Jährlich werden nur rd. 10 % der ca. 5.000 Bewerberinnen und Bewerber zum Lehramtsstudium zugelassen, welches sich im internationalen Vergleich insbesondere durch seine fachliche Tiefe auszeichnet. Die finnische Hochschulbildung leistet so wiederum einen wesentlichen Beitrag zur Qualität des Schulsystems (Sahlberg 2007, S. 154–155).

3.4.4 Außen- und Sicherheitspolitik und internationale Organisationen

Die Außenpolitik Finnlands war während der Blockkonfrontation von den traumatischen Erfahrungen des zweiten Weltkrieges geprägt, in dem das kleine Land zwischen der Sowjetunion und Hitlerdeutschland regelrecht aufgerieben wurde. Strategische Maßgabe nach Kriegsende war daher, die neutrale Position zu unterstreichen und sich gleichzeitig mit freundschaftlichen Beziehungen zur Sowjetunion gegen außenpolitische Aggressionen abzusichern (sog. Paasikivi-Kekkonen-Linie, siehe auch Exkurs zu Staatspräsident Urho Kekkonen Abschn. 3.2.4). Im Jahr 1948 schlossen Finnland und die Sowjetunion den Vertrag über Freundschaft, Zusammenarbeit und gegenseitigen Beistand (FZB-Vertrag), den Finnland erst nach einigen Nachverhandlungen ratifizierte. Während der Vertragsverhandlungen hatte Stalin zunächst versucht, Finnland für den Fall eines Konfliktes mit einer Bündnispartnerschaft zu vereinnahmen, zeigte sich jedoch kompromissbereit, als Präsident Paasikivi dies ablehnte. Nach dem Zusammenbruch des Ostblocks trat ein Nachbarschaftsvertrag mit Russland an die Stelle des alten FZB-Vertrages. Trotz der sich in Folge der FZB-Unterzeichnung entwickelnden wirtschaftlichen Partnerschaft und der engen diplomatischen Beziehungen war das Verhältnis zur Sowjetunion nicht konfliktfrei, wie die sog. Nachtfröste im Winter 1958/1959 zeigen, als Chruschtschow während der Berlin-Krise die Beziehungen zu Finnland vorübergehend einfror. Auch im finnischen Präsidentschaftswahlkampf 1961 kam es zu Konflikten, weil Moskau hier versuchte, auf die finnische Innenpolitik einzuwirken. Auf finnische Initiative gingen die blockübergreifenden Konferenzen über Sicherheit und Zusammenarbeit in Europa (KSZE) zurück – ein Thema, an dem Finnland im Rahmen der Paasikivi-Kekkonen-Linie ein vitales Interesse hatte. Die erste dieser Konferenzen wurde 1973 in Helsinki abgehalten (Wergin 2001, S. 70–71; Kekkonen 1975).

Zwar schloss sich Finnland 1952 dem nordischen Rat an, doch wurde ein EU-Beitritt bis nach dem Ende des Kalten Krieges als mit der verfolgten Neutralitätsposition unvereinbar angesehen. 1973 schloss die EG allerdings ein Freihandelsabkommen mit Finnland. Für den EU-Beitritt war der Weg erst nach der Wende von 1991 frei, zumal die Mitgliedschaftsanträge der ebenfalls neutralen Staaten Schweden und Österreich Finnland in seinem Politikwandel bestärkten. In der Erweiterungsrunde von 1995 wurde Finnland EU-Mitglied und verfolgt seitdem die ökonomische Einbindung in den Binnenmarkt engagiert – auch weil aufgrund der wirtschaftlichen Folgen des Zusammenbruchs der Sowjetunion ein Wandel der Außenwirtschaftspolitik nötig geworden war.

Der EU-Beitritt Finnlands hatte auch Auswirkungen auf die verfassungspolitische Frage nach der Machtstellung von Präsident und Premierminister im semipräsidentiellen Regierungssystem Finnlands: Die Mitwirkung in der EU koppelte die Außenpolitik von ihrer alten, primär zwischenstaatlichen Bedeutung zusehends ab und verknüpfte außen- und innenpolitische Problemfelder. Es lag daher nahe, die Außenpolitik stärker parlamentarisch rückzubinden, was schließlich mit der Grundgesetzneufassung im Jahr 2000 umgesetzt wurde (Abschn. 3.2.1).

Krimis aus Finnland – Von Mord nach Süd
Von Manfred Ertel

Ein richtiger Newcomer war Soininvaara eigentlich schon längst nicht mehr, als 2004 mit ‚Finnisches Requiem' sein erster Roman in Deutsch auf den Markt kam und auf Anhieb zum Erfolg wurde. Denn Nummer eins in Deutschland war bereits der dritte in Finnland. „Das ist ein bisschen schade", findet der Autor, denn eigentlich sollen die Leser mit seinen Hauptfiguren ja wie in Finnland mitwachsen können und Fall für Fall, Story für Story älter werden. (. . .)
Sein Serienheld Arto Ratamo ist ein ehemaliger Virologe der Nationalen Forschungsanstalt für Veterinärmedizin, der sich nun als Ermittler der finnischen Sicherheitspolizei und als allein erziehender Vater durchs Leben schlägt. Das wird erschwert durch seine Gefühle für die Ex-Geliebte und Kollegin Riita, die vor Artos Bindungsunfähigkeit zu Europol nach Den Haag flüchtet. Und, natürlich, durch das globale Verbrechen, das auch vor der vergleichsweise beschaulichen finnischen Metropole nicht Halt macht.
In ‚Finnischer Tango', Soininvaaras neuestem Buch, muss Ratamo nicht nur gegen islamistischen Terror bestehen, der Helsinki zur internationalen Drehscheibe auserwählt hat. Er muss auch noch sein kleinbürgerliches Privatleben in Ordnung halten und die Unschuld einer Freundin beweisen. (. . .)
Soininvaara zum Beispiel mischt die klassische Detektivgeschichte geschickt mit Elementen des Polit-Thrillers. Helsinki ist der Ausgangspunkt, nach Finnland geht es immer wieder zurück, aber die Bühne für seine Geschichten ist das globale Verbrechen, vor allem politisch motivierter Terrorismus. In ‚Finnischer Tango', seinem neuesten und zugleich sechsten Roman um Arto Ratamo, geht es um einen Anschlag auf ein Kreuzfahrtschiff – Auftakt eines weltweiten Dschihad, der in Helsinki seinen Ausgang nimmt und den Leser in zum Teil atemberaubenden Tempo bis in die aktuellen politischen Krisenherde mitnimmt.
Die Schweden-Krimis seien die Vorreiter der neuen Finnen-Welle, aber nicht das Vorbild, sagt Soininvaara selbstbewusst. Damit ist vor allem die politische und historische Randlage Finnlands in Europa gemeint. Sie war bis zum Eintritt in die Europäische Union 1995 immer von der besonderen, oft spannungsgeladenen Nachbarschaft zu Russland und der Sowjetunion geprägt. Das hatte Auswirkungen auf die gesellschaftliche Entwicklung. ‚Die ganze Stimmung war bei uns nicht so offen und global wie bei den anderen Nordländern', sagt Soininvaara.
Und vor allem eines war vielen Finnen lange besonders fremd: Die von den schwedischen Nachbarn zur Schau getragene politische Moral. ‚Die schwedischen Krimis sind so politisch korrekt', stöhnt Autorenkollege Matti Rönkä. ‚Wir mussten deshalb mehr über Dinge schreiben, die uns unterscheiden als verbinden'. (Ertel 2008)

Finnland ist bis heute kein NATO-Mitglied, was eine abgemilderte Fortsetzung der früheren kategorischen Neutralität bedeutet. Im offiziellen Jargon der finnischen Regierung heißt dies „Allianzfreiheit mit einer unabhängigen nationalen Verteidigung". Allerdings ist Finnland Teil des NATO-Programms „Partnerschaft für den Frieden" und beteiligt sich in diesem Rahmen an NATO-geführten Einsätzen. In den 1950er-Jahren nahm Finnland zum ersten Mal an einer Blauhelmmission der Vereinten Nationen teil – ein Engagement, das in den 1960er-Jahren vertieft wurde (Auffermann 2009, S. 257–259). Überdies besitzt die Entwicklungshilfe in den finnischen Außenbeziehungen einen recht hohen Stellenwert.

Im Jahr 2010 wendete Finnland insgesamt rd. 0,55 % des Bruttonationaleinkommens für
Entwicklungshilfe auf, womit das Land im EU-Vergleich zwar nicht in der Spitzengruppe
liegt, allerdings überdurchschnittlich viel ausgibt.

3.5 Fazit und Einordnung

Finnland hat in den letzten Jahrzehnten große politische und wirtschaftliche Veränderungen erlebt:

Erstens wandelte sich die politische Ordnung des Landes: Bis zum Beginn der 1980er-
Jahre hatte Finnland ein sog. semi-präsidentielles Regierungssystem, wie es beispielsweise
auch in Frankreich besteht. Eine Reihe von Verfassungsänderungen und schließlich das
neue finnische Grundgesetz aus dem Jahr 2000 haben ein (fast) parlamentarisches System
geschaffen – „fast", weil zwar die parlamentarisch gewählte Regierung mit dem Premierminister an der Spitze das Zentrum der Exekutivmacht darstellt und nicht mehr, wie noch
während der Ära von Staatspräsident Kekkonen, unter dem Vorbehalt eines Präsidenten
steht, der auch in der innenpolitischen Gesetzgebung massive Befugnisse hatte.

Zweitens ist Finnlands Wirtschaft zu einem erfolgreichen Hightech-Cluster geworden,
dessen Innovationen ihm den Titel „Japan des Nordens" einbrachten. Dabei bleibt Finnland ein Musterbeispiel für die starke Stellung von Verbänden in Wirtschaft und Politik –
eine Steuerungsform, die die Legitimation des Systems in der Arbeiterschaft erhöht und so
zu seiner dauerhaften Stabilität beiträgt. Die Innovationsforscher Castells und Himanen
haben dies als Erfolgsfaktor im finnischen Hochtechnologie-Sektor identifiziert, denn für
Investoren muss der nordische Korporatismus keine Abschreckung darstellen, er kann
vielmehr auch für institutionelle Zuverlässigkeit stehen (Castells und Himanen 2002).

Drittens ist die große Veränderung in der jüngeren politischen Gesichte der Wandel
der Außenbeziehungen: Während der Blockkonfrontation verfolgte Finnland eine konsequente Neutralitätspolitik, die es dem Land verbat, der EG und der NATO beizutreten
und ihm aufgrund seiner offenen und freundschaftlichen Beziehungen zur Sowjetunion im
Westen viel Kritik einbrachte. Der Zusammenbruch des Ostblocks zu Beginn der 1990er-
Jahre hatte mit einer tiefen Konjunkturkrise massive Folgen für die finnische Wirtschaft,
öffnete zugleich aber den Weg in die europäische Integration. Finnland verfolgt seitdem
aktiv die Einbindung in den Binnenmarkt und nahm deshalb auch zum frühestmöglichen
Zeitpunkt vollumfänglich an der Wirtschafts- und Währungsunion teil, was dabei hel-
fen kann, die wirtschaftliche Peripherisierung innerhalb der Gemeinschaft zu verhindern
(Wergin 2001).

Konsensuale Mechanismen der Entscheidungsfindung sind für derartige gesellschaftliche Veränderungen in Finnland charakteristisch. So war der Wechsel hin zur parlamentarischen Regierungsform keine abrupte Umstellung, sondern eine langfristige, eher
natürliche politische Entwicklung, die sich über Jahre hinzog und schließlich in einer überparteilich ausgearbeiteten Verfassung ihren Höhepunkt fand. Die Innovationsökonomie

Finnlands basiert nicht nur auf den Anreizmechanismen des freien Marktes, sondern hat vielmehr den Staat und die Gewerkschaften als Mitspieler. Und die wichtigste außenpolitische Entscheidung der letzten Jahre, der EU-Beitritt, wurde nicht nur in der „black box" von Parlament, Parteien und Regierung gefällt, sondern mit einem Referendum im Volk zusätzlich legitimiert. Ein derartiger, auf Verhandlungen und der Einbindung vieler verschiedener Akteure beruhender, Steuerungsmechanismus ist aufwendig, aber durchaus erfolgreich, wie die Performanz Finnlands in diversen Vergleichskategorien zeigt. Man denke hier neben der wirtschaftlichen Leistungsfähigkeit v. a. an das erreichte Maß von sozioökonomischer Gleichheit (im positiven Sinn) und auch an die erfolgreiche finnische Bildungspolitik. Für die politischen Aufgaben der Zukunft, wie etwa die Standortsicherung oder die wohlfahrtsstaatliche Bewältigung des demografischen Wandels, wird die konsensuale Entscheidungsfindung eine wesentliche Determinante bleiben, denn sie ist ein eingeschriebenes Merkmal der politischen Kultur, die sich auch in der Regierungsbildung niederschlägt.

Auch wenn wir viele Gemeinsamkeiten mit den anderen Ländern des Nordens feststellen, bereitet Finnland in komparatistischer Perspektive Kopfzerbrechen: Die politische Ordnung des Landes, also die polity-Dimension von Politik, weicht von jener der anderen „Nordics" ab. Auch der Wohlfahrtsstaat tritt in Finnland als schwer zu klassifizierende Hybridform auf. Die Geschichte der Parteien hat in Finnland eine ganz spezifische Prägung. Und nicht zuletzt hat die finnische Sprache nichts gemeinsam mit der ihrer Nachbarländer. Geographisch ist Finnland natürlich ein Teil Nordeuropas und die enge Kooperation mit Dänemark, Norwegen und Schweden macht es auch zu einem Teil des skandinavischen Raumes im gesellschaftlichen Sinn. Dennoch bleibt Finnland innerhalb des Nordens bis zu einem gewissen Grad ein Spezifikum und weist zu den Systemen der skandinavischen Nachbarn weit mehr Unterschiede auf als Dänemark, Norwegen und Schweden untereinander. Wir werden darauf zurückkommen (Siehe hierzu vor allem die vergleichenden Bemerkungen in Kap. 6).

3.6   Drei Titel zum Weiterlesen

1. Castells, Manuel/Himanen, Pekka (2002): The information society and the welfare state. The Finnish model. Oxford: Oxford Univ. Press. Verfügbar unter http://www.loc.gov/catdir/toc/fy035/2002727223.html/http://www.loc.gov/catdir/enhancements/fy0614/2002727223-d.html
   - Manuel Castells und Pekka Himanen portraitieren in diesem Buch die erfolgreiche Innovationsökonomie Finnlands. Im Vergleich mit anderen Hightech-Clustern wie zum Beispiel dem Silicon Valley arbeiten die beiden Autoren die Determinanten finnischer Technologieinnovationen, man denke nur an Nokia oder Linux, heraus und diskutieren vor allem die Rolle, die hierbei der finnische Wohlfahrtsstaat spielt.
2. Matthies, Aila-Leena/Skiera, Ehrenhard Karl/Sorvakko-Spratte, Marianneli (Hrsg.) (2009): Das Bildungswesen in Finnland. Geschichte, Struktur, Institutionen und pädagogisch-didaktische Konzeptionen, bildungs- und sozialpolitische Perspektiven.

Bad Heilbrunn: Klinkhardt. Verfügbar unter http://www.gbv.de/dms/ilmenau/toc/ 600342786.PDF

- Der Sammelband befasst sich ausführlich mit dem finnischen Schulwesen, das aufgrund seines guten Abschneidens in internationalen Studien zu einem interessanten Vergleichsfall geworden ist. Die Autoren des Bandes, aus Finnland stammend, nähern sich dem Schulwesen mit pädagogischen, soziologischen und politikwissenschaftlichen Fragestellung, was das Buch zu einer Fundgrube für unterschiedliche Themenstellungen macht.

3. Paloheimo, Heikki (2003): The Rising Power of the Prime Minister in Finland. In: Scandinavian Political Studies 26 (3), S. 219–243.

- Der Artikel zeichnet den Wandel der finnischen Verfassung vom semipräsidentiellen zum parlamentarischen Regierungssystem (das allerdings nach wie vor einen relativ dominanten Präsidenten hat) nach. Dabei bietet Paloheimo eine Übersicht zum graduellen Wandel der finnischen Verfassung bis zur endgültigen Grundgesetzneufassung von 2000. Zudem liefert der Beitrag schlüssige Erklärungsfaktoren, warum es überhaupt zu diesem Wandel kam.

3.7 Übungsfragen

Übungsfragen 4 und 5

Frage 4

Das Regierungssystem Finnlands wies bis in die 1990er-Jahre noch deutlichere Unterschiede zu den Regierungssystemen der übrigen nordischen Länder auf, als dies heute der Fall ist. Bitte vergleichen Sie einige ausgewählte zentrale Merkmale des finnischen Regierungssystems mit den Regierungssystemen der anderen hier behandelten Länder. Bitte stellen Sie außerdem dar, welche Gründe Ihrer Meinung nach in Finnland zu einer Abkehr vom semi-präsidentiellen System geführt haben.

Schwierigkeitsgrad: 1

Frage 5

Wie lässt sich der finnische Wohlfahrtsstaat im Vergleich zu den übrigen nordischen Ländern einordnen? Bitte ziehen Sie zur Einordnung das Bild des „sozialdemokratischen Wohlfahrtsstaats" (Esping-Andersen 1990) heran.

Schwierigkeitsgrad: 2

Musterlösungen zu den Übungsfragen können im Internet unter www.springer.com/ springer+vs/politik/book/978-3-658-02030-9 heruntergeladen werden.

Basisdaten Norwegen siehe Tab. 4.1

Tab. 4.1 Basisdaten Norwegen. (Quelle: Eigene Erstellung auf Basis von Eurostat 2013c, d, e, f; OECD StatExtracts o. J.; Wikimedia Commons 2011c)

Staatsform	Konstitutionelle Monarchie auf parlamentarisch-demokratischer Grundlage		
Staatsoberhaupt	König Harald V.		
Amtssprache	Norwegisch, Samisch		
Regierungschef	Erna Solberg (Høyre)	**Reales BIP pro Kopf**	52.800 €(2012)
Arbeitslosigkeit	3,2 % (2012)	**Inflationsrate**	0,4 % (2012)
Anteil am BIP - Landwirtschaft - Industrie - Dienstleistungen	1 % 40 % 59 %	**Bevölkerung**	5.051.275 (1/2013)
Gewerkschaftlicher Organisationsgrad	54,7 % (2012)	**Fläche**	323.802 km²
Stimmanteile Sozialdemokraten	35,4 % (2011)	**Hauptstadt**	Oslo

C. Förster et al., *Die nordischen Länder*,
DOI 10.1007/978-3-658-02031-6_4, © Springer Fachmedien Wiesbaden 2014

4.1 Einführung: Politische Geschichte

Der genaue Zeitpunkt der Gründung des norwegischen Königreiches ist in der Geschichts-
schreibung umstritten. Die mittelalterliche Staatswerdung verlief stark diskontinuierlich
und war in den Anfangsjahren von dezentralisierenden Konflikten regionaler Herrscher
gekennzeichnet. Die genaue Bestimmung der Reichsgründung wird zudem durch die
Unzuverlässigkeit der als zentrale Quelle geltenden und von Mythen beeinflussten Sa-
galiteratur erschwert. Dennoch gilt als gesichert, dass die Einigung des Reiches der als
„letzte Wikinger" geltende Harald Hardråde (1047–1066) vollendete, der beim Versuch,
England zu erobern, gefallen ist. Ihm gingen mit Harald Hårfagre (ca. 852–933) und Olav
II (1015–1028, auch: Olav Digre), dem „Heiligen", zwei bedeutende Wikingerherrscher
voraus, die die Reichseinigung ebenfalls vorangetrieben hatten: Harald Hårfagre gelang es,
sich um das Jahr 900 herum an der Südküste des Landes gegen andere Kleinkönige durchzusetzen und damit eine beachtenswerte Machtbasis zu schaffen, auch wenn ihm wohl
noch nicht, wie es in älteren Quellen zu lesen ist, die nachhaltige Vereinigung der einzelnen Landesregionen zu einem geschlossenen Königreich (sog. rikssamling) glückte. Olav
dem Heiligen gelang ein knappes Jahrhundert später eine bemerkenswerte Ausdehnung
seines Herrschaftsgebiets von der Südküste des Landes bis hinauf in die Finnmark, in heute ostschwedische Gebiete und auf die Orkney- und Shetland-Inseln. Während Olav die
Christianisierung des Landes verfestigte, blieb seine politische Machtbasis schlussendlich
aber brüchig und von Rivalen bedroht (Darstellung nach Petrick 2002, S. 31–39; Stenersen
und Libæk 2003, S. 27–37).

Als moderner Staat erlangte Norwegen erst spät politische Unabhängigkeit. Von 1380
bis 1814 wurde Norwegen von Dänemark aus regiert. Trotz der kulturellen Hegemonie
Dänemarks, die sich beispielsweise an der Einführung des Dänischen als Schriftsprache
zeigte, behielten die Norweger jedoch ein eigenes politisches Bewusstsein bei. Im Zuge der zu Ende gehenden napoleonischen Kriege zwang der Friedensschluss von Kiel
(1804) den an der Seite Bonapartes stehenden dänischen König Friedrich VI., die Herrschaft über Norwegen an Schweden abzugeben. Auch wenn die Norweger schlussendlich
gezwungen waren, die neue Union mit Schweden zu akzeptieren, gelang es einer in Eidsvoll zusammengetretenen Nationalversammlung, das Chancenfenster vorübergehender
politischer Unklarheit zur Erarbeitung einer norwegischen Verfassung zu nutzen. Ihrer
Verabschiedung am 17.05.1814 wird in Norwegen seitdem als Nationalfeiertag gedacht.

Ende des 19. Jahrhunderts kam es innerhalb der schwedisch-norwegischen Union zu
Konflikten um die (von Norwegen geforderte und von Schweden anfangs verhinderte)
außenpolitische Souveränität des Landes, was zwischenzeitlich sogar zu militärischen
Drohgebärden Norwegens führte. Nachdem 1905 Verhandlungen in dieser Sache abgebro-
chen worden waren, kündigte das mit der Verfassung von 1814 geschaffene norwegische
Parlament Storting die Union, was bei einer darauf folgenden Volksabstimmung deutlich
unterstützt und schließlich von schwedischer Seite akzeptiert wurde. Da die schwedische
Krone aufgrund der gerade gebrochenen Union als Machtoption ausschied, wurde Prinz
Carl von Dänemark neuer norwegischer König, der sich in Hakoon VII umbenannte, ein

traditionell norwegischer Name. Für Norwegen stellte Hakoon VII auch deshalb eine strategisch kluge Machtoption dar, weil er mit einer britischen Prinzessin verheiratet war, was die internationale Akzeptanz des neuen, nun eigenständigen Norwegens erleichtern sollte (Heidar 2001, S. 19).

Während des zweiten Weltkriegs wurde Norwegen im Rahmen der Operation Weserübung von Hitlerdeutschland besetzt (Petrick 1998). Nachdem die Königsfamilie vom nördlichen Tromsø, der Kriegshauptstadt, aus im Juni 1940 nach London geflüchtet war, kapitulierten die norwegischen Truppen. Im Herbst 1940 wurde der Storting bis auf die faschistische NS (Nasjonal Samling) aufgelöst, die von dem 1942 unter Beibehaltung sämtlicher Machtbefugnisse beim deutschen Reichskommissar Josef Terboven als Ministerpräsidenten eingesetzten Vidkun Quisling angeführt wurde. Schätzungen zufolge haben der NS während der Besatzungszeit rd. 50.000 Mitglieder angehört (Petrick 2002, S. 224), was freilich nicht über die engagierte norwegische Widerstandsbewegung hinwegtäuschen darf: Teils vom englischen Exil aus wurden zahlreiche Sabotage-Aktionen organisiert, die Gleichschaltung verschiedener Verbände verschleppten die Norweger durch Austritte und mit Streiks versuchten die organisierten Arbeiter dem Besatzerregime Widerstand zu leisten. Im Herbst 1941 kam es in Oslo zum sog. Milchstreik in 50 Industriebetrieben, den über 200 Norweger mit langjähriger Haft in Deutschland bezahlen mussten. Zahlreiche tatsächliche oder mutmaßliche Widerständler wurden in Konzentrationslager deportiert, so etwa die Bewohner des Dorfes Telavåg in der Nähe von Bergen, das die SS nach der missglückten Verhaftung zweier Widerstandsaktivisten im Frühjahr 1942 quasi vollständig zerstörte (Martin 2005). Rund 800 norwegische Juden wurden in Konzentrationslager deportiert, der Großteil von ihnen ließ dort sein Leben. Die Besatzungszeit dauerte bis ins Jahr 1945 an.

Unter der Regierung Einar Gerhardsens (Arbeiterpartei) konnte Norwegen in den Nachkriegsjahren die Grundlagen für ein erfolgreichen Beschäftigungsmodell legen, stellte die Weichen für das typische Steuermodell eines sozialdemokratischen Wohlfahrtsstaats und konnte die wirtschaftlichen Folgen der Besatzung vergleichsweise schnell hinter sich lassen. Die „Zeit" schrieb 1949:

> Norwegen ist unbestreitbar ein gut regiertes Land. Es hat sich von allen ehemals okkupierten Ländern verhältnismäßig am raschesten erholt, Allerdings sind die Maßnahmen der Regierung nirgends populär: Lohn- und Preisstopp, harte Einfuhrbeschränkungen, Rationierungen, besonders aber empfindlicher Steuerdruck (...). Aber wenn auch die Schaufenster in Oslo nicht mit dem gleichen Warenüberschuß prunken können, wie in Brüssel, Hamburg oder anderen westeuropäischen Städten, so gibt es dafür auch keine Arbeitslosigkeit in Norwegen (Schleyer 1949).

Die in der Verfassung von Eidsvoll aus dem Jahr 1814 verankerten Parlamentswahlen waren zunächst als repräsentative Wahlen angelegt, wobei in einem Wahlbezirk nach dem Mehrheitsprinzip Wahlmänner bestimmt wurden, welche wiederum die Storting-Abgeordneten wählten. Wahlberechtigt waren Beamte, Landbesitzer und alle städtischen Bürger, deren Vermögen oberhalb einer bestimmten Grenze lag. 1898 wurde das allgemeine Wahlrecht für Männer eingeführt, das für Frauen folgte 1913. Im Jahr 1905 wurde die repräsentative Wahl zu Gunsten der Direktwahl abgeschafft. Ein umstrittener sog. Bauernparagraph, der die dünn besiedelten Gebiete des Landes bei der Mandatsverteilung begünstigen sollte, de facto jedoch die Städte überrepräsentierte, wurde 1952 abgeschafft. Das heute gültige Wahlgesetz (zum Verfahren Abschn. 4.2.5) geht auf das Jahr 1953 zurück.

Erste Schritte zur Institutionalisierung eines Systems sozialer Absicherung wurden in Norwegen im ausgehenden 19. Jahrhundert ergriffen. Das Land war dabei Teil eines gewissen europäischen Prozesses der Politikdiffusion: Die schwedisch-norwegische Krone und die norwegische Regierung verfolgten die in Deutschland unter Bismarck erfolgte Sozialgesetzgebung genau und nahmen diese zum Anlass, eine norwegische Variante des beginnenden Sozialstaats zu bedenken und schließlich umzusetzen (Heidar 2001, S. 118). So wurde 1894 eine allgemeine, für alle Unternehmen verpflichtende und von den Arbeitgebern finanzierte Unfallversicherung als erster Pfeiler einer nach und nach sich herausbildenden umfassenden Sozialversicherung eingeführt. Im Jahr 1909 folgte eine für die damalige Zeit durchaus innovative Krankenversicherung, die für Arbeiter unterhalb einer gewissen Einkommensgrenze verpflichtend war und auch deren Familien mit absicherte. 1936 wurde ein Vorläufer der heutigen norwegischen Volksrente (s. u.) eingeführt, in deren Rahmen über 70-jährige Norwegerinnen und Norweger auf der Basis einer Bedürftigkeitsprüfung im Alter finanziell unterstützt wurden. 1938 wurde die Einführung einer Arbeitslosenversicherung für Industriearbeiter beschlossen. Nach dem zweiten Weltkrieg wurde der Ausbau des Sozialstaates auf der Basis eines breiten politischen Konsenses fortgesetzt: Ein wichtiger Einflussfaktor war die in Schweden voranschreitende Implementation sozialer Sicherung, deren Ideen sich v. a. Exilanten zu eigen gemacht hatten, die nun in politische Funktionen innerhalb Norwegens zurückkehrten (Heidar 2001, S. 119; Krantz 1980). 1957 wurde die Krankenversicherung auf die gesamte Bevölkerung ausgedehnt, 1966 wurden die Einzelversicherungen schließlich im umfassenden „Folketrygdloven" (Volksversicherungsgesetz) zusammengefasst.

4.2 Polity: Grundzüge des politischen Systems

4.2.1 Verfassung

Noch heute ist die 1814 verabschiedete Verfassung von Eidsvoll in Kraft, was sie zur ältesten in Europa existierenden Verfassung macht. Die Gewaltenteilung und die Volkssouveränität sind ihre politischen Prinzipien. In einer christlich-naturrechtlichen Tradition arbeitet sie die Menschenrechte weniger systematisch aus, sondern legt an verschiedener Stelle des Verfassungstextes einzelne zentrale Grundrechte fest. Geprägt vom orthodoxen Protestantismus begreift die Verfassung Menschenrechte also vielmehr als naturrechtlich gegeben denn als verfassungsmäßig konstruierbar. Sie kann deshalb insgesamt als „von dogmatisch-christlichen Prinzipien geprägt" (Groß und Rotholz 2009, S. 153) gelten, was sich auch daran zeigt, dass der Protestantismus in Norwegen Staatsreligion ist.

Aus den obersten Verfassungsorganen Parlament, König, Staatsrat (Regierung), oberstem Gericht und Reichsgericht (Verfassungsgericht) konstruiert die norwegische Verfassung ein System der parlamentarischen Monarchie. Nach Art. 1 der Verfassung handelt es sich bei Norwegen um ein „freies, selbstständiges, unteilbares und unveräußerliches Reich. Seine Regierungsform ist eine beschränkte und erbliche Monarchie." Einen zentralen Stellenwert nimmt in der Verfassung die evangelisch-lutherische Konfession als Staatsreligion ein. Nach Art. 2 „verbleibt [sie] öffentliche Religion des Staates" und bekennend protestantische Norweger werden verpflichtet, ihre Kinder gemäß der Staatsreligion zu erziehen. Der in der Verfassung als heilig bezeichnete König hat nach Art. 4 ebenso der Staatsreligion anzugehören wie mindestens die Hälfte der Regierung (Art. 12) (Die norwegische Verfassung 2012).

Differenzen zwischen ursprünglichem Verfassungstext und Verfassungswirklichkeit werden, wie es freilich in anderen Ländern gerade mit im Vergleich sehr alten Verfassungen auch der Fall ist, an verschiedenen Punkten des täglichen politischen Lebens deutlich. So ist es etwa der Praxis des parlamentarischen Regierungssystems und dem Bedeutungsgewinn der Regierung gegenüber dem König geschuldet, dass sich die Idee des Gegenübers von Storting und Krone nicht mehr in einem Dualismus niederschlägt, wie man ihn aus präsidentiellen Regierungssystemen wie zum Beispiel den USA kennt, sondern vielmehr „von einer monistischen Staatsauffassung abgelöst" wurde (Petterson 1989, S. 24). Der verfassungswirkliche Bedeutungsverlust des Königs ist auch an der Regierungsbildung ersichtlich. Die Wahl von Ministerpräsident und Ministern ist formal bei der Krone angelegt (Art. 12: „Der König wählt selbst einen Rat stimmberechtigter norwegischer Bürger. Dieser Rat soll aus einem Ministerpräsidenten und mindestens weiteren sieben Mitgliedern bestehen."). Nach wie vor verzichtet die norwegische Verfassung auf eine formale Bestätigung der Regierung durch den Storting, vielmehr genügt es, dass sich keine Parlamentsmehrheit explizit gegen die Regierung ausspricht. Dennoch gehorcht die Regierungsbildung längst der sich im Parlament niederschlagenden parteipolitischen Logik von Mehrheitsverhältnissen und der in den Wahlkämpfen präsenten Spitzenkandidaten (Heidar 2001, S. 34–35).

Für eine Änderung der Verfassung ist eine Zweidrittelmehrheit im Parlament erforderlich. Dies ist im internationalen Vergleich, man denke hier beispielsweise an die gleiche Regelung in der Bundesrepublik, alles andere als ungewöhnlich. Es ist vielmehr eine andere Bestimmung, die die Hürde für Verfassungsänderungen in Norwegen hoch legt: Ein Vorschlag zur Verfassungsänderung, der formal wie jede andere Gesetzesinitiative eingebracht wird, muss nämlich am Beginn einer Legislaturperiode vorliegen und kann nach seiner Verabschiedung erst vom folgenden Storting in Kraft gesetzt werden, der freilich nach neuerlichen Wahlen ganz anders zusammengesetzt sein kann. Neben dieser machtpolitischen „Bremse" ergibt sich so für die geänderte Bestimmung eine Warteschleife von einer Legislaturperiode (4 Jahre). Neben diesen bewussten prozeduralen Blockade- und Verzögerungselementen existiert in Norwegen ein starker gelebter Verfassungskonservatismus:

Reformen wurden und werden nur selten von Verfassungsänderungen eingeleitet, sondern dadurch, dass man die jeweiligen Bestimmungen der Verfassung im Zusammenhang mit gesellschaftlichen und rechtlichen Veränderungen neu auslegt. Diese Vorgehensweise ist zwar strukturkonservativ, aber sie ist im höchsten Grade elastisch – ein Moment, das eines der hervorragenden Merkmale des politischen Lebens in Norwegen ist (Groß und Rotholz 2009, S. 152).

Nicht in der Verfassung vorgesehen ist das auf Initiative des Parlaments durchführbare fakultative Referendum. Hier ist das Abstimmungsergebnis zwar konsultativ, weist de facto aber eine hohe politische Bindewirkung auf. Auch über die Grenzen Norwegens hinaus wahrgenommen wurden die beiden Referenden zu einem EG-Beitritt des Landes in den Jahren 1972 und 1994, die mit 46,5 % der Befragten für einen Beitritt 1972 und 47,8 % beide negativ ausfielen. Insbesondere das Referendum des Jahres 1972 hatte politische Verwerfungen zur Folge: Die sozialdemokratische Minderheitsregierung hatte sich damals, wie übrigens 1994 erneut, für einen EG-Beitritt ausgesprochen. Sie trat nach dem negativen Ergebnis zurück und konnte nach der Wahl 1973 nur mit deutlichen Verlusten die Macht wiedererlangen. Im Jahr 1994 wurde das EG-Referendum kurz nach den Abstimmungen in Finnland und Schweden durchgeführt. Diese hatten ein positives Ergebnis, konnten allerdings nicht, etwa im Sinne einer Art Dominoeffekt, nach Norwegen ausstrahlen (Luthardt 1995). Die Zurückhaltung gegenüber der europäischen Integration steht wie auch der starke Verfassungskonservativismus Norwegens im Zeichen der Aufrechterhaltung nationaler Souveränität – ein Leitmotiv norwegischer Politik, das historisch durch die langen Phasen der Abhängigkeit von Dänemark und Schweden geprägt wurde (Groß und Rotholz 2009).

Ein Gericht, das wie das deutsche Bundesverfassungsgericht eigens für Verfassungsrecht zuständig ist, gibt es in Norwegen nicht. Ob Gesetze verfassungsmäßig sind, überprüfen gewöhnliche Gerichte bis hoch zur obersten Instanz im Straf- und Zivilrecht: dem Obersten Gericht, das aus 17 von der Regierung ernannten (und nicht vom Parlament gewählten) Richtern und einem Vorsitzenden besteht. Aufgrund der Brisanz entsprechender Verfahren werden Angelegenheiten von Verfassungsrang in der Regel letztinstanzlich verhandelt. Als Kontrollinstanz für das Oberste Gericht wiederum könnte das Reichsgericht wirken. Es handelt sich hierbei nicht um ein Gericht im eigentlichen Sinne, sondern um einen Impeachment-Ausschuss des Parlaments, der sich aus Parlamentariern und Vertretern des Obersten Gerichts zusammensetzt und über die Handlungen von Regierungsmitgliedern, obersten Richtern oder Parlamentariern urteilt – im parlamentarischen Regierungssystem hat dieses Instrument jedoch an Bedeutung verloren und kommt praktisch nicht mehr zur Anwendung (Groß und Rotholz 2009, S. 169, 184–185; Andrén 1964, S. 120).

4.2.2 Gebietskörperschaftlicher Aufbau und bedeutende Zentren

Hauptstadt des zentralistisch organisierten Norwegens ist Oslo, das mit gut ½ Mio. Einwohnern auch die bevölkerungsreichste Stadt des Landes ist. Weitere bedeutende Zentren sind die in Westnorwegen gelegene Hansestadt Bergen als zweitgrößte Stadt des Landes, bekannt als touristischer Magnet und durch seine Universität. Das in Mittelnorwegen gelegene Trondheim ist die drittgrößte Stadt des Landes und Sitz der Technisch-Naturwissenschaftlichen Universität Norwegens NTNU. Das im Süden gelegene Stavanger, viertgrößte Stadt des Landes, ist Sitz zahlreicher Ölunternehmen, unter anderem des größten norwegischen Unternehmens StatoilHydro ASA. Die geographische Nähe zu den norwegischen Offshore-Ölgebieten am europäischen Kontinentalschelf ist verantwortlich für die Ansiedlung dieser Unternehmen in Stavanger. Insgesamt ist das große Norwegen abseits der Zentren mit rd. 4,7 Mio. Einwohnern (CIA 2013) äußerst dünn besiedelt.

Norwegen ist in 5 Landesteile untergliedert: Nord-Norwegen, das Mittelnorwegen umfassende Trøndelang (Region um Trondheim), Westland (Region um Bergen), Ostland (Region um Oslo) und Südland (südwestlich Oslos), die hauptsächlich statistische Bedeutung haben. Auch politisch bedeutsam sind dagegen die 19 Regierungsbezirke (Fylkeskommuner), welche die Funktion von Verwaltungseinheiten erfüllen, über ein direkt gewähltes Regionalparlament (Fylkesting) verfügen und Steuern erheben können. Die rd. 450 Kommunen Norwegens stellen lokale Infrastruktur bereit, erfüllen wohlfahrtsstaatliche Aufgaben und verwalten das Schulwesen. Die kommunalen Gemeinderäte (Kommunestyret) sind als Plenum für grundsätzliche kommunalpolitische Entscheidungen verantwortlich und delegieren speziellere Aufgaben an das von ihm gewählte Exekutivkommitee Formannskap. Die Nordmeerinseln Jan Mayen und Svalbard (Spitzbergen) sind nicht in die Struktur der Fylkeskommuner eingegliedert. Dort gibt es, aufgrund der äußerst spärlichen Besiedlung, auch keine einzelnen Gemeinden.

4.2.3   Parlament und Gesetzgebung

Der Storting (wörtlich: „große Versammlung") setzt sich aus gegenwärtig 169 Abgeordneten zusammen. Hiervon werden 150 in den Regierungsbezirken (Fylkeskommuner) direkt gewählt, die 19 übrigen Sitze werden als Ausgleichsmandate an regional unterrepräsentierte Parteien vergeben (Heidar 2001, S. 36). Von den Ausgleichmandaten profitieren diejenigen Kandidaten, die in der direkten Vergabe der Parlamentssitze am knappsten gescheitert sind, wobei an der Vergabe der Ausgleichsmandate lediglich diejenigen Parteien teilnehmen dürfen, die landesweit 4 % oder mehr der Stimmen erreicht haben. Der Storting wird von einem sechsköpfigen Präsidium geleitet und untergliedert sich in 12 ständige Ausschüsse, die ihm deutlich den Charakter eines Arbeitsparlaments verleihen.

Bis zu einer 2009 in Kraft getretenen Verfassungsänderung war der Storting als Zweikammerparlament organisiert. Dabei gehörte $\frac{1}{4}$ der Abgeordneten der ersten Kammer Lagting an und $\frac{3}{4}$ der Abgeordneten entfiel auf die zweite Kammer Odelsting (Andrén 1964, S. 122–124). Die Zweiteilung hatte de facto keine politische, sondern rein prozedurale Bedeutung, auch war die parteipolitische Zusammensetzung der beiden Kammern, hervorgehend aus der allgemeinen Parlamentswahl, gleich. Das norwegische Parlament wurde daher auch „semi-bikameral" genannt (Heidar 2001). Von den Vätern der norwegischen

Verfassung war das Odelsting ursprünglich mit einigen Privilegien ausgestattet, so kam beispielsweise ihm und nicht dem Lagting das Recht zu, Gesetzesinitiativen einzubringen und
Vorlagen als erstes zu bearbeiten. Zudem sollte die Zweiteilung den Gesetzgebungsprozess
zeitlich entzerren, da zwischen der Behandlung eines Gesetzes in beiden Ausschüssen mindestens 3 Tage lagen. Dass beide Kammern unterschiedlich über Vorlagen votierten, was
eine Art Ping-Pong-Spiel abgeänderter Wiedervorlagen zu Folge gehabt hätte, kam quasi
nicht vor. Die Verfassungsänderung von 2009 war somit nur Ausdruck eines natürlichen
Prozesses gelebter parlamentarischer Praxis.

Ein Sonderfall des norwegischen Stortings ist, dass während einer Legislaturperiode
keine Möglichkeit für den König besteht, das Parlament aufzulösen und so Neuwahlen
herbeizuführen. Ferner ist Norwegens Parlament ein Beispielfall für sog. negativen Parlamentarismus. Grob gesagt ist hierunter zu verstehen, dass dem Storting vergleichsweise
wenige formale Autorisierungskompetenzen obliegen und stattdessen die Kontroll- oder
gar Vetomacht des Storting nur bei einer Entfremdung zwischen parlamentarischer Wil-
lensbildung und Regierungshandeln zum Tragen kommt. In der Praxis zeigt sich dies
beispielsweise daran, dass die vom König eingesetzte Regierung vor der Übernahme ihrer Amtsgeschäfte nicht durch das Parlament bestätigt wird, sondern ganz im Gegenteil
davon ausgegangen wird, dass die Krone bei der Einsetzung den gewählten Mehrheitsverhältnissen entsprechend handelt. Nur wenn dies nicht der Fall ist oder falls während der
laufenden Legislatur im Parlament erhebliche Zweifel an der Regierung aufkommen, können die Abgeordneten mit einer negativ beschiedenen Vertrauensfrage die Regierung zum
Rücktritt zwingen. Dass nach einer negativen Vertrauensfrage eine Regierung zurücktritt,
war bis vor kurzem noch bloßes Gewohnheitsrecht und wurde erst 2009 verfassungsmäßig
verankert (Groß und Rotholz 2009, S. 162). Grundsätzlich kann die Vertrauensfrage von
jedem Parlamentarier oder von der Regierung selbst gestellt werden.

Neben der nun auch verfassungsmäßig aufgewerteten Vertrauensfrage sind weitere
wichtige formale Kontrollmöglichkeiten des Parlaments gegenüber der Regierung. . .

- die Anrufung und Ernennung der Reichsrevisoren zur Überprüfung von finanziellen
  Vorgängen (ein Äquivalent zum deutschen Rechnungshof),
- die parlamentarische Fragestunde, bei der Anfragen von einzelnen Parlamentariern,
  zumeist Anliegen aus dem Wahlkreis, schriftlich wie mündlich gestellt werden können
  und vom zuständigen Regierungsmitglied innerhalb einer Woche beantwortet werden
  müssen,
- die parlamentarische Interpellation als aufwendigere Variante der einfacheren Anfrage,
  die spätestens nach einem Monat von der Regierung beantwortet werden muss und
  zumeist größere parlamentarische Debatten zur Folge hat (Stortinget 2009a).

In der Legislaturperiode 2009–2013 stellte die Arbeiterpartei von Premierminister Jens
Stoltenberg mit 64 Sitzen die größte Fraktion im Storting, gefolgt von der rechtspopulistischen Fortschrittspartei und der konservativen Høyre als drittgrößter Fraktion (Abb. 4.1).

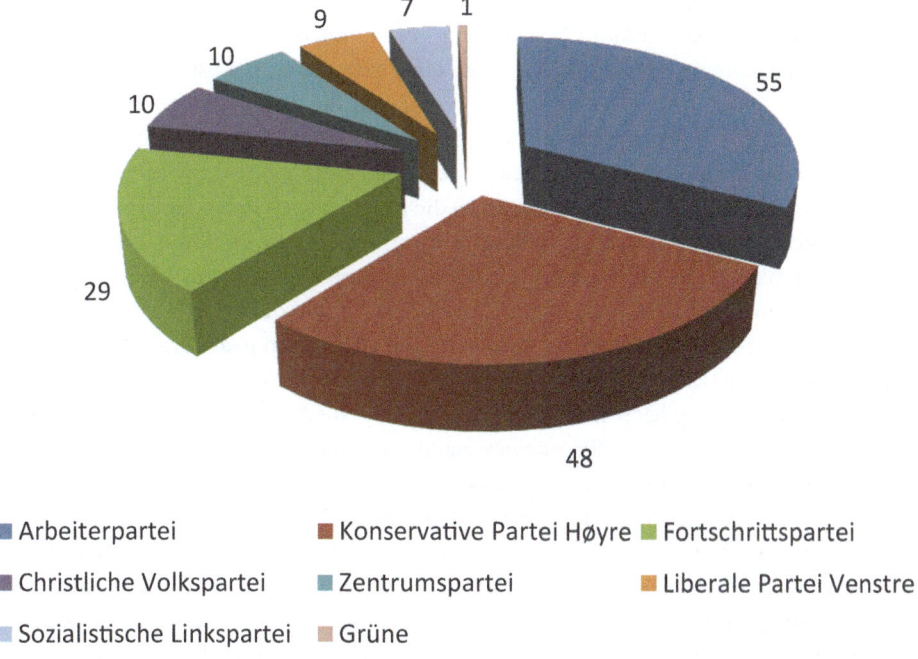

- Arbeiterpartei
- Konservative Partei Høyre
- Fortschrittspartei
- Christliche Volkspartei
- Zentrumspartei
- Liberale Partei Venstre
- Sozialistische Linkspartei
- Grüne

Abb. 4.1 Sitzverteilung im Storting 2013–2017; Eigene Erstellung auf Basis von Stortinget o. J

Parlamentsabstimmungen unterliegen der Fraktionsdisziplin, wenngleich in der Verfassung kein imperatives Mandat vorgesehen und der Abgeordnete stattdessen seinem Gewissen verpflichtet ist (Petterson 1989, S. 73). Der von Sachfragen häufig losgelöste Antagonismus zwischen Koalitions- und Oppositionsfraktionen, wie wir ihn etwa aus der Bundesrepublik kennen, nimmt dabei unter den für nordische Länder durchaus typischen Bedingungen der Minderheitsregierung einen stark fluiden Charakter an: Je nach Sachfrage muss die norwegische Regierung im Storting ihre Mehrheit organisieren, weshalb Teile der Opposition neben der parlamentarischen Kontrolle auch stets die Gesetzgebungsfunktion des Parlaments wahrnehmen.

Auch beim norwegischen Parlament schafft die Zusammensetzung der Abgeordneten keine idealtypische Repräsentation der Sozialstruktur des Landes, stattdessen herrscht tendenziell eine Überrepräsentation bestimmter Gruppen wie beispielsweise älterer Menschen oder höher ausgebildeter Menschen. Betrachtet man die Zusammensetzung des Storting im Längsschnitt, fällt auf, dass der Anteil der Bauern und Fischer abgenommen hat, stattdessen ist beispielsweise der Anteil der Lehrer nach gestiegen (Petterson 1989, S. 72, 73; Groß und Rotholz 2009, S. 156). In den letzten Legislaturperioden stieg der Frauenanteil im Storting an (1997–2001: 36,4 %, 2001–2005: 36,4 %, 2005–2009: 37,9 %, 2009–2013: 39,6 %); im Vergleich unter den Parlamentsfraktionen ist er in der Arbeiterpartei am höchsten (Stortinget 2013).

Der Gesetzgebungsprozess wurde durch die Abschaffung des (Semi)Bikameralismus stark vereinfacht. Die getrennte Behandlung von Gesetzesvorlagen in Odelsting und Lagting entfällt seitdem, was die Möglichkeit einer gegenteiligen Abstimmungslage und folgender Revisionen und Wiedervorlagen (welche in der Praxis wie gesagt bereits an Bedeutung verloren hatte) ausräumt. Das formale Initiativrecht im Gesetzgebungsprozess liegt bei der Regierung sowie bei den Abgeordneten des Storting, wobei Kommunen, Interessenorganisationen und Einzelpersonen die Möglichkeit haben, den Fraktionen Gesetzesinitiativen vorzuschlagen. Die Ausarbeitung der Gesetzesinitiative erfolgt in der politischen Praxis im jeweils zuständigen Ministerialapparat und wird vor der Abstimmung im Storting vom Kabinett gebilligt. Formal erfolgt dies durch den König, der jeden Freitag in der Staatsratssitzung Regierungsbeschlüsse „trifft", was in der Praxis nichts anderes als die Billigung des Regierungswillens bedeutet. In der Praxis wird das Initiativrecht, im internationalen Vergleich nichts ungewöhnliches, quasi allein von der an entsprechenden Arbeitsressourcen reichen Regierung übernommen, die „in fact a monopoly on initiative" hat, während der Storting die Funktion einer „letter-box" für Gesetzesinitiativen aus der Mitte der Gesellschaft übernimmt, diese an die Regierung weiterleitet und so in den ausführenden Ministerialapparat einspeist (Andrén 1964, S. 125). Im internationalen Vergleich beachtenswert, jedoch gerade für die nordischen Länder nichts Besonderes, ist das sog. Remiss-Verfahren, in dessen Rahmen die Regierung, bzw. konkret das zuständige Ministerium, von der Vorlage berührte Interessengruppen und häufig die mit der Implementation betrauten Kommunen anhört.

Ins Storting eingebrachte Gesetzesvorlagen werden vor der Plenardebatte in den zuständigen Ausschüssen vorberaten. Die Ausschüsse entscheiden in der Regel einstimmig, jedoch können verschiedene zuständige Ausschüsse natürlich gegenteilig votieren, was dann zum Gegenstand der folgenden Plenardebatte wird (Rommetvedt 1998, 2003, S. 65–89). Am Ende des Gesetzgebungsprozesses steht die Anerkennung durch den König, der formal ein Vetorecht besitzt, was er allerdings seit mehr als 100 Jahren nicht mehr angewendet hat.

4.2.4 Regierung

Die Arbeit der aus Ministerpräsident und gegenwärtig 18 Ministern bestehenden Regierung ist stark kollegial ausgerichtet oder wie es der bekannte norwegische Organisationstheoretiker Johan P. Olsen (er ist Mit-Entwickler der sog. Mülleimer-Theorie über mikropolitische Vorgänge) einmal ausgedrückt hat: die Regierung des Landes untergliedert sich in funktionale und nicht in hierarchische Akteurskoalitionen (Olsen 1983, S. 118). Das Kabinettsprinzip dominiert damit über die Führungskompetenzen des Ministerpräsidenten, bezüglich derer die Verfassung keine Aussagen trifft. Somit ist der norwegische Ministerpräsident auch nicht mit einer formalen Richtlinienkompetenz, wie sie in Deutschland im Grundgesetz verankert ist, ausgestattet, jedoch hat er gegenüber den Fachministern und ihrem administrativen Apparat ein Informationsrecht, was ihn zum primus inter pares der Regierung macht (Die norwegische Verfassung 2010: Teil B). Eine informelle Richtlinienkompetenz verleiht dem Ministerpräsidenten allerdings sein herausgehobener parteipolitischer Status (Groß und Rotholz 2009, S. 166). Die Tatsache, dass bisher alle norwegischen Ministerpräsidenten auch Parteivorsitzende waren und die Wahlkämpfe dem späteren (und häufig auch gegenwärtigen) Ministerpräsidenten als Spitzenkandidat eine Bühne zum politischen Agenda-Setting bieten, verschafft ihm de facto in eine Stellung, die in der Verfassungswirklichkeit exponierter ausfällt als dies der eigentliche Text vorsieht. Hinzu kommt, dass die Autoren des Verfassungstextes die Funktionsweise des politischen Systems viel stärker monarchisch konstruierten, als sich dies in der historischen Entwicklung des 20. Jahrhunderts bewährt hätte. Während die Rolle des Königs (z. B. Aufenthaltspflicht im Reich, Einsetzung der Regierung, Oberbefehl, etc.) sehr ausführlich behandelt wird, lassen die Ausführungen zur Arbeitsweise der Regierung Raum für Interpretation. Der Oberbefehl über die Streitkräfte gleichwohl liegt auch heute beim König. Auslandseinsätze bedürfen aber der Zustimmung des Storting.

Zweiwöchentlich kommt die Regierung in der sog. Regierungskonferenz zusammen, die grundlegende politische Fragen behandelt. Oberhalb der Ressortaufteilung ist die Regierung in Fachausschüsse unterteilt, in denen die zuständigen Minister tagen. Nach dem Minister und den ihm zuarbeitenden Staatssekretären folgen in den norwegischen Ministerien die Hierarchieebenen

- eines Generalsekretärs als Spitze des Verwaltungsapparats,
- mehrerer Generaldirektoren für bestimmte Themengebiete,
- Abteilungs- und Unterabteilungsleiter,
- sog. Bürochefs, die in ihrem Status innerhalb des Ministeriums mit den deutschen Referatsleitern vergleichbar sind sowie
- Beamtenschaft, Sachbearbeiter und Bürokräfte.

Während in Schweden und Finnland eine hohe Unabhängigkeit der Verwaltung gegenüber der Regierung besteht (hier wird die Verwaltung in erster Linie durch die Erteilung allgemeiner Direktiven durch die Regierung gesteuert), kann in Norwegen und Dänemark zwischen Regierung und Verwaltung eine vertikale Integration der Hierarchien festgestellt werden, die auch in konkreten Sachfragen der politischen Arbeit wirksam ist. Norwegen folgt damit der kontinentaleuropäischen Verwaltungstradition – oder im Falle des hier vorliegenden regionalen Vergleichs: einer west-nordischen Variante von Verwaltung (Petterson 1989, S. 100). In diesem Zusammenhang interessant sind (wenngleich schon ältere) Umfragewerte, die zeigten, dass Spitzenbeamte noch vor der reinen Sacherwägung politische Signale als ausschlaggebenden Impuls für ihre Arbeit sehen (Christensen 1991, S. 307).

Die Institution des Ombudsmannes für die Verwaltung erfüllt die Rolle einer Kontrollinstanz. Er wird zu Beginn jeder Legislaturperiode vom Storting gewählt, darf dabei selbst

Tab. 4.2 Zusammensetzung der Regierung in der Legislaturperiode 2013–2017. (Quelle: Eigene Erstellung auf Basis von Regjeringen o. J)

Partei	Anzahl Ministerien	Themengebiete und Ressortzuschnitte
Konservative Partei Høyre	11	Ministerpräsidentin; Öffentliche Verwaltung und Erneuerung; Minister der Staatskanzlei; Außen; Kultur und Kirche; Fischerei; Klima und Umwelt; Handel und Industrie; Gesundheit; Verteidigung; Bildung und Forschung
Fortschrittspartei	7	Finanzen; Transport und Kommunikation; Kinder, Gleichberechtigung und soziale Inklusion; Arbeit und Soziales; Justiz und öffentliche Sicherheit; Öl und Energie; Landwirtschaft und Ernährung

kein Parlamentsmitglied sein und bearbeitet mit einem Stab von gegenwärtig 42 Mitarbeitern bei ihm eingehende Beschwerden aus der Bevölkerung über staatliche Entscheidungen. Da er auch Beschwerden aus der Verwaltung selbst bearbeiten kann, fungiert er darüber hinaus als Prozessor einer internen Feedback-Schleife der Bürokratie. Ferner hat der Ombudsmann ein eigenes Initiativrecht zur Bearbeitung von Vorgängen, d. h. er ist nicht auf Beschwerden angewiesen, um seine Arbeit aufzunehmen. Neben dem Ombudsmann für Verwaltung gibt es weitere Ombudsmänner für bestimmte Themengebiete wie z. B. militärische Angelegenheiten (auch zuständig für den Zivildienst) und Gleichstellungsfragen (Tab. 4.2; Stern 2008b).

4.2.5 Parlamentswahlsystem

Im Folgenden werden lediglich die „harten Fakten" des Wahlsystems in Norwegen erläutert. Um die Themen Wahlverhalten, Wahlkampf und um die Resultate der vergangenen Parlamentswahlen geht es in Abschn. 4.3.1 über Parteien im politischen Wettbewerb, da es sich dabei um einen Aspekt des Themas Wahlen handelt, der nicht der systemisch-funktionalen Polity-Dimension zuzurechnen ist, sondern dem Bereich der Politics, wo es um politische Auseinandersetzung und die daran beteiligten Gruppen geht.

Allgemeine Parlamentswahlen finden in Norwegen alle 4 Jahre statt – und zwar in jedem Fall nur alle 4 Jahre, da es wie gesagt keine Möglichkeit zur vorzeitigen Parlamentsauflösung gibt. Die nächsten Wahlen finden in den Jahren 2013, 17 und 21 statt. Das Wahlsystem folgt dem Verhältniswahlrecht nach dem Prinzip d'Hondts. Als es oben um die Zusammensetzung des Parlaments ging, haben wir bereits erwähnt, dass sich unter den 169 Parlamentsmandaten 19 Ausgleichsmandate befinden. Innerhalb der Wahlbezirke profitieren knapp unterlegene Parteien von den Ausgleichsmandaten, die relativ zum Verhältnis ihres gesamten Stimmenanteils im Storting zu wenige Sitze erhalten würden. Und zweitens wird durch die Ausgleichsmandate bewusst eine Überrepräsentation des ländlichen Nordens geschaffen, um so einem Konflikt von Zentrum und Peripherie entgegenzuwirken (Groß und Rotholz 2009, S. 171).

Wie wird diese Überrepräsentation des Nordens nun technisch erreicht? Der entscheidende Punkt hierbei ist, dass jeder der 19 Wahlkreise des Landes (sie entsprechen den Fylkeskommuner, Abschn. 4.2.2) auf der Basis seiner Größe einen bestimmten Sitzanteil im Parlament zugewiesen bekommt. Einwohnerreiche Fylkeskommuner, sprich die im Süden gelegenen Zentren, verfügen so über mehr Parlamentssitze als dünn besiedelte, was unter demokratischen Gesichtspunkten freilich gerechtfertigt ist. Bei den Ausgleichsmandaten spielt die Einwohnerzahl jedoch keine Rolle: Jede Fylkeskommune erhält unabhängig von ihrer Größe immer genau ein Ausgleichsmandat (daher auch die Anzahl von 19 dieser Mandate). Dies begünstigt natürlich den dünner besiedelten Norden, da hier das jeweilige Ausgleichsmandat auf eine geringere Anzahl von Personen fällt als dies im Süden der Fall ist. Inwiefern diese Regelung sich tatsächlich in für den Norden vorteilhaften Politikergebnissen niederschlägt, ist freilich nur schwer überprüfbar.

4.3 Politics: Kräfteverhältnisse im politischen Wettbewerb

4.3.1 Politische Parteien im Wettbewerb

Der Bergener Professor Stein Rokkan (1921–1979) war neben dem bereits erwähnten Johan Olsen der international wahrscheinlich einflussreichste norwegische Sozialwissenschaftler (Rokkan und Flora 2006). Zusammen mit dem US-Amerikaner Seymour Martin Lipset entwickelte Rokkan Ende der 1960er-Jahre die Cleavage-Theorie über makrosoziologische Konfliktlinien und ihre Organisation in Form von Parteiensystemen (Lipset und Rokkan 1967). Norwegen ist hierbei von besonderem Interesse: Zum einen spielte Rokkans skandinavische Heimat stets eine große Rolle in seiner Forschung – die internationale Wissenschaftlergemeinde bekam so anhand der Analyse des Parteiensystems neue Einblicke in die nordischen Staaten und speziell eben in die norwegische Politik geliefert. Und zum anderen ist es paradoxerweise gerade Norwegen, anhand dessen aus heutiger Warte die Theorie von Lipset und Rokkan zwar nicht widerlegt werden sollte, jedoch im Lichte der empirischen Entwicklungen auf einen harten Prüfstand gestellt wird.

Grundsätzlich meint der Begriff Cleavage (übersetzt: Konfliktlinie) „einen dauerhaften Konflikt, der in der Sozialstruktur verankert ist und im Parteiensystem seinen Ausdruck findet" (F. U. Pappi, hier nach: Schmitt-Beck 2007, S. 252). Für Norwegen identifiziert Rokkan zusammen mit seinem Ko-Autor Henry Valen 7 solche grundsätzlichen Konfliktlinien (Valen und Rokkan 1974, S. 326):

- Die erste davon ist geographisch geprägt und verläuft zwischen Zentrum und Peripherie des Landes. Im ausgehenden 19. Jahrhundert sei diese Konfliktlinie v. a. für den Erfolg linker Parteien in bestimmten ländlichen Gegenden des Landes verantwortlich gewesen, wo sich die peripheren Wähler so eine stärkere Repräsentation im Staate erhofft hatten. Die historische Dominanz der Arbeiterpartei ließe sich anhand dieser Konfliktlinie damit erklären, dass ihr eine Überbrückung eben dieses Konflikts gelungen ist. Und natürlich ist insbesondere die Existenz der Zentrumspartei, welche die Interessen des Agrarsektors vertritt, anschaulich unter Heranziehung dieser Konfliktlinie zu erklären.

- Weitere 3 durch die norwegische Gesellschaft laufende Konfliktlinien sind dagegen kulturell geprägt. Valen und Rokkan nennen hier die Auseinandersetzung um die Rolle von Kirche und Religion. Außerdem die (auch wiederum geographisch determinierte) linguistische Trennlinie zwischen den beiden Schriftvarianten des Norwegischen, dem eher ländlichen Nynorsk (Neunorwegisch) und der Standardschriftsprache Bokmål (siehe Kasten: Die norwegische Sprache). Und drittens Auseinandersetzungen um ethisch-moralische Fragen, wie etwa den Umgang mit Alkohol, was insbesondere anlässlich der Prohibition in Norwegen (1916–1927) ein politisch bedeutendes Thema war. Das Paradebeispiel für die Abbildung kultureller Cleavages im norwegischen Parteiensystem ist freilich die Existenz der von protestantischer Ethik geprägten christlichen Volkspartei und auch was die linguistische Konfliktlinie und die Frage nach dem Umgang mit Alkohol angeht, finden Valen und Rokkan in der parteipolitischen Historie einige Beispiel für deutliche Positionsunterschiede.

- Schließlich existieren 3 ökonomische Konfliktlinien: erstens zwischen den Produzenten von Agrarprodukten, den Bauern in den ländlichen Gebieten, und den Abnehmern in den Städten bzgl. Preisgestaltung; zweitens zwischen der ländlichen Unterschicht (landwirtschaftliche Hilfskräfte etc.) und agrarischen Arbeitgebern (Bauern, Grundbesitzer, etc.); und drittens natürlich zwischen gewerkschaftlich organisierten Arbeitern und den Arbeitgebern der Industrie. Der letztgenannte Cleavage kann als der wohl dominanteste des 20. Jahrhunderts, nicht nur in Norwegen, angesehen werden und gilt als ursächlich für die Polarisierung des Parteiensystems in einen sozialistischen und einen bürgerlichen Block.

Wenn einmal die Demokratisierung eines Landes mit der Durchsetzung politischer Artikulationsrechte, des allgemeinen Wahlrechts, einer Senkung klassenspezifischer Privilegien im Wahlsystem und einer mehrheitsgerechten politischen Entscheidungsstruktur abgeschlossen ist, so Lipset und Rokkan, findet eine Einfrierung des Parteiensystems statt (Lipset und Rokkan 1967, Schmitt-Beck 2007, S. 253). In der demokratischen Chancenstruktur nämlich haben die existierenden Parteien eine Mobilisierungskraft erreicht, die neuen Bewegungen weitgehend die Möglichkeit nimmt, sich als Partei zu institutionalisieren. Dies ist, so Rokkans Auffassung, auch in Norwegen der Fall, wo das Parteisystem der 1960er-Jahre immer noch den Konfliktlinien der 1920er-Jahre entspricht. Konkret schlägt sich dies, am Ende der 1960er-Jahre, in einem Zusammenspiel von 6 Parteien nieder: Der sozialdemokratischen Arbeiterpartei und der ab den 1950er-Jahren zunehmend marginalisierten Kommunistischen Partei als sozialistischer Block, der agrarischen Zentrumspartei, und dem bürgerlichen Lager aus der liberalen Venstre-Partei, den Konservativen und der Christlichen Volkspartei.

Seit dem Ende der 1960er-Jahre hat sich gleichwohl das Norwegen Stein Rokkans deutlich gewandelt (Østerud und Selle 2006, S. 39). Neue Konfliktlinien mit massiven Folgen für
das Parteiensystem sind entstanden und die blockartige Stammwählerschaft vergangener
Jahre tendiert nun zu einem volatilen Wahlverhalten. Mit der sozialistischen Linkspartei
und der rechtspopulistischen Fortschrittspartei hat das eingefrorene Parteiensystem wie es
Rokkan beschrieb eine deutliche Erweiterung erfahren. Dabei wirkte, dies wird deutlich,
wenn man auf die Entwicklungen seit Erscheinen der Rokkan'schen Analysen zurückblickt,
die Erdrutschwahl des Jahres 1973 wie ein Dammbruch.

Was war geschehen? Beherrschendes politisches Thema dieser Jahre war die Frage eines möglichen EG-Beitritts Norwegens. Wie oben schon festgestellt wurde, handelte es
sich hierbei wegen der von Fremdbeherrschung geprägten Historie des Landes um eine
Frage besonderer Brisanz. Im Jahr 1972 fand das erste norwegische EG-Referendum statt,
das mit 46,5 % Ja-Stimmen negativ ausfiel und zum Rücktritt der von der Arbeiterpartei
geführten Minderheitsregierung führte, die sich für einen Beitritt engagiert hatte. Die ein
Jahr später folgende Parlamentswahl führte erstens zu dramatischen Verlusten der bis dato
hegemonialen Arbeiterpartei (von 46,6, auf 35,4 % der Wählerstimmen) und zweitens zum
Einzug jener beiden neuen Parteien, die sich im Storting etablieren sollten: der sozialistischen Linkspartei als neu formierte EU-kritische Abspaltung der Arbeiterpartei und der
rechtspopulistischen Fortschrittspartei.

Verfolgt man die Entwicklung von der Erdrutschwahl 1973 bis heute weiter, stellt man
3 Trends im norwegischen Parteiensystem fest (angelehnt an Steffen 2006, S. 76):

1. ist die dominante Stellung der Arbeiterpartei gebrochen. Zwar ist mit rd. 13 % der
   Abstand zur nächst größeren Partei in dieser Phase immer noch sehr groß gewesen,
   doch konnten die Sozialdemokraten nie wieder Ergebnisse wie noch in den 1950er-
   Jahren (bis zu 48 %) erzielen. Besonders deutlich wurde dies an der Wahl von 2001,
   wo die Arbeiterpartei mit 24,4 % auf ein historisches Tief fiel, von dem sie sich jedoch
   wieder erholt hat (2009: 35,4 %).
2. konnten die Parteien der Mitte (Zentrumspartei, liberale Venstre, Christliche Volkspartei) ihren Stimmenanteil vergleichsweise stabil halten.
3. ist tendenziell ein Bedeutungsgewinn des rechten Flügels (Fortschrittspartei und
   konservative Høyre) feststellbar, der v. a. an der dauerhaften Etablierung der Fortschrittspartei mit teils erheblichen Stimmenanteilen (2009: 22,8 %) deutlich wird.
   Allerdings ist im rechten Flügel auch eine starke Unzuverlässigkeit der Wahlergebnisse feststellbar, wie die deutlichen Schwankungen der Wahlergebnisse sowohl der
   Fortschrittspartei als auch der Konservativen zeigen.

Nimmt man nun eine Rückbindung an die oben angerissene Theorie Lipsets und Rokkans sowie an Valen und Rokkans Anwendung für den Fall Norwegen vor, lässt sich
zweierlei bemerken: Zunächst kann die These des seit den 1920er-Jahren eingefrorenen Parteiensystems für die Gegenwart nicht mehr gelten. Und folgt man der Logik des
Lipset-Rokkan-Ansatzes, stellt sich außerdem die Frage, welche neuen Konfliktlinien das

erweiterte Parteiensystem Norwegens heute repräsentiert. Aufschluss hierüber kann die parteiliche Themenbesetzung im Laufe der gerade geschilderten Entwicklungen bieten. Definitiv als neue wichtige Konfliktlinie erscheint dabei die Internationalisierungsfrage, die sich konkret an den Auseinandersetzungen um den norwegischen EG-Beitritt zeigt – wobei es zu kurz greifen würde, diesen Cleavage als im einfachen Sinne zwischen Parteien verlaufend zu charakterisieren:

> Die Europa-Frage ist in Norwegen kein Thema von Rechts und Links. Die Trennlinien verlaufen hier traditionell zwischen Zentrum und Peripherie, zwischen Stadt und Land sowie parteiintern zwischen Führungselite und Nachwuchs.
> Für viele Politiker ist das Thema EU-Beitritt eine „heiße Kartoffel", die vorzugsweise nicht angerührt wird. Sowohl die derzeitige Regierung [gemeint ist die sozialdemokratische geführte Regierung 2005–2009] als auch ihre Vorgängerin haben sogenannte „Selbstmordklauseln" in den Regierungsvertrag eingearbeitet. Eine ernsthafte Behandlung der Mitgliedschaftsfrage würde das Ende der Zusammenarbeit bedeuten (Allers 2009, S. 11).

Eine weitere neue Konfliktlinie, die wir im Sinne Lipsets und Rokkans im heutigen Parteiensystem Norwegens erkennen können, ist der Umweltschutz. Dabei fällt auf, dass sich in Norwegen die eigenständige Grüne Partei nur im marginalen Stimmenbereich bewegt (Parlamentswahl 2009: 0,3 %). Erklärt werden kann dies damit, dass das Thema Ökologie als neuer Konflikt durch die alten Parteien verarbeitet wird. Quasi im Vorübergehen hat das Thema die sozialistische Volkspartei besetzt. Deren Entstehung wurde ursprünglich durch einen ganz anderen politischen Konflikt hervorgerufen (nämlich die EU-Frage), mittlerweile jedoch ist die Ökologie zu einem sozialistischen Stammthema geworden. Heute bezeichnet sich die Partei selbst als explizit rot-grün.

An den Bruchlinien zweier weiterer Auseinandersetzungen ist die Fortschrittspartei entstanden: der Frage nach der richtigen Einwanderungspolitik (offen vs. gesteuert vs. restriktiv, etc.) und der Frage nach der Fortführung der umfangreichen sozialdemokratischen Wohlfahrtspolitik. Dabei macht sich die Fortschrittspartei für eine restriktive Einwanderungspolitik ebenso stark wie für eine restriktive, d. h. steuerfreundliche Wohlfahrtspolitik. Ein dominantes Konfliktthema ist zudem die Frage um die Verwendung der Einnahmen aus der norwegischen Erdöl- und Erdgas-Förderung. Dabei spricht sich insbesondere die Arbeiterpartei für eine restriktive Handhabung der Einnahmen aus natürlichen Ressourcen aus und will die Erlöse lieber für die nachhaltige Sicherung des wohlfahrtsstaatlichen Versorgungsniveaus anlegen als kurzfristig, beispielsweise für die Gegenfinanzierung von Steuersenkungen oder für Investitionen in die Infrastruktur, ausgeben. Vor allem im rechten Lager sieht man dies anders (Abschn. 4.4.2).

Was determiniert nun die Entscheidung der norwegischen Wähler (siehe Tab. 4.3) unter den Bedingungen dieser politischen Multioptionslandschaft? Der wahrscheinlich auffälligste Makrotrend ist, dass die „klassenbasierte Links-Rechts-Eindimensionalität" einen „relativen Bedeutungsverlust" durchmacht (Steffen 2006, S. 87) und das Wahlverhalten stattdessen eher einer issue-spezifischen Logik folgt – ausschlaggebend ist also,

Tab. 4.3 Wahlergebnisse in Norwegen ausgewählter Parteien seit 1973. (Quelle: Statistik Sentralbyrå 2013)

	1973	1977	1981	1985	1989	1993	1997	2001	2005	2009	2013
Arbeiterpartei	35,3	42,3	37,2	40,8	34,3	36,9	35,0	24,3	32,7	35,4	30,8
Fortschrittspartei	–	1,9	4,5	3,7	13,0	6,3	15,3	14,6	22,0	22,1	16,3
Høyre	17,4	24,8	31,7	30,4	22,2	17,0	14,3	21,2	14,1	17,2	28,6
Sozialistische Linkspartei	11,2	4,2	4,9	5,5	10,1	7,9	6,0	12,5	8,8	6,2	4,1
Christliche Volkspartei	12,3	12,4	8,9	8,3	6,5	7,9	13,7	12,4	6,8	5,5	5,6
Zentrumspartei	11,0	8,6	4,2	6,6	6,5	16,7	7,9	5,6	6,5	6,2	5,5
Venstre	3,5	3,2	3,2	3,1	3,2	3,6	4,5	3,9	5,9	3,9	5,2

welche Themen in der öffentlichen Debatte wie prominent von wem besetzt werden (Aylott 2004). Durch den relativen Bedeutungsverlust der klassischen Rechts-Links-Bruchlinie (wenn hier auch gleichwohl nicht von einer Marginalisierung die Rede sein kann, wie der einschlägig analysierte Datenapparat zeigt) entsteht auch eine Homogenisierung des Wahlverhaltens zwischen Berufsgruppen (Groß und Rotholz 2009, S. 175). Feststellbar sind ferner ein gewisser Einfluss des Lebensalters auf die Wahlentscheidung sowie ein generationenabhängiges Wahlverhalten (sog. Kohorteneffekt): Wie auch in Dänemark und Schweden, profitiert die Arbeiterpartei in Norwegen stärker von Stimmen der Vorkriegsgeneration als andere Parteien. Und Angehörige der 68er-Generation neigen offensichtlich eher dazu, ihre Stimme den linkssozialistischen Parteien in Dänemark, Norwegen und Schweden zu geben (Steffen 2006, S. 86).

Betrachtet man, wie sich diese wahlsoziologische Ausgangslage seit dem Ende des zweiten Weltkrieges konkret in der Regierungsbildung niedergeschlagen hat (Tab. 4.4), fällt vor allem zweierlei auf:

- Zwar ist, über die Historie hinweg betrachtet, eine deutliche Dominanz der Arbeiterpartei feststellbar (von den insgesamt 30 Regierungskabinetten seit 1945 waren 19 von der Arbeiterpartei geführt), jedoch ist der Zugang zur Regierungsführung vergleichsweise offen. Während wir aus anderen parlamentarischen Systemen eine Dominanz zweier großer Parteien gewohnt sind, die dann zumeist auch den Regierungchef stellen, wurde das Amt in Norwegen seit dem Ende des 2. Weltkrieges von vier Parteien (Arbeiterpartei, konservative Høyre, Zentrumspartei und Christliche Volkspartei besetzt). Auch im Vergleich mit den anderen nordischen Ländern ist dies eine recht hohe Volatilität in der parteipolitischen Färbung der Regierung (siehe hierzu v. a. die Ausführungen zum Fall Dänemark Abschn. 2.3.1).
- Auch in Norwegen sind Minderheitsregierungen häufig. Von den 20 verschiedenen Regierungen seit 1945 waren 15 zumindest zeitweise Minderheitsregierungen (Tab. 4.4). Im Vergleich mit den anderen nordischen Ländern ist dies nichts Ungewöhnliches und für Norwegen gilt eine ähnliche Erklärung wie auch für seine Nachbarn: Es sind gleichsam eher parlamentarisch-kulturelle Faktoren, die das Überleben von Minderheitsregierungen fördern, wie auch der sog. negative Parlamentarismus als demgegenüber „harter" institutioneller Wirkmechanismus.

Von 2005 bis 2013 regierte in Norwegen die Arbeiterpartei mit Ministerpräsident Jens Stoltenberg, wobei unter dessen Führung die Sozialdemokraten einen koalitionspolitischen Strategiewechsel vollzogen haben: Bis dato stellte die Arbeiterpartei stets Alleinregierungen (sei es als Mehrheits- oder Minderheitsregierung), bei Stoltenberg-Regierung jedoch handelte es sich um eine rot-grüne Mehrheitskoalition aus Arbeiterpartei, sozialistischer Volkspartei und Zentrumspartei.

Aus der Parlamentswahl 2013 ging die konservative Høyre als Sieger hervor.

Tab. 4.4 Regierungsbildung in Norwegen seit 1945. (Quelle: Norwegische Regierung 2013)

Regierungszeit	Ministerpräsident	Regierungsparteien	Regierungstyp
25.11.1945–05.11.1945	Einar Gerhardsen (AP)	Arbeiterpartei, Høyre, Venstre, Bauernpartei, Kommunistische Partei	Mehrheit
05.11.1945–19.11.1951	Einar Gerhardsen (AP)	Arbeiterpartei	Mehrheit
19.11.1951–22.01.1955	Oscar Torp (AP)	Arbeiterpartei	Mehrheit
22.01.1955–28.08.1963	Einar Gerhardsen (AP)	Arbeiterpartei	Mehrheit, ab 1961 Minderheit
28.08.1963–25.09.1963	John Lyng (H)	Høyre, Zentrumspartei, Christliche Volkspartei, Venstre	Minderheit
25.09.1963–12.10.1965	Einar Gerhardsen (AP)	Arbeiterpartei	Minderheit
25.09.1963–17.03.1971	Per Borten (Zentrumspartei)	Høyre, Zentrumspartei, Venstre, Christliche Volkspartei	Mehrheit
17.03.1971–18.10.1972	Trygve Bratelli (AP)	Arbeiterpartei	Minderheit
18.10.1972–16.10.1973	Lars Korvald (Christliche Volkspartei)	Zentrumspartei, Christliche Volkspartei, Venstre	Minderheit
16.10.1972–15.01.1976	Trygve Bratelli (AP)	Arbeiterpartei	Minderheit
15.01.1976–04.02.1981	Gro Harlem Brundtland (AP)	Arbeiterpartei	Minderheit
04.02.1981–09.05.1986	Kåre Willoch (Høyre)	Bis 1983: Høyre, bis 1986: Høyre, Christliche Volkspartei, Zentrumspartei	Bis 1985 Mehrheit, bis 1986 Minderheit
09.05.1986–16.10.1989	Gro Harlem Brundtland (AP)	Arbeiterpartei	Minderheit
16.10.1989–03.11.1990	Jan P. Syse (Høyre)	Høyre, Christliche Volkspartei, Zentrumspartei	Minderheit
03.11.1990–25.10.1996	Gro Harlem Brundtland (AP)	Arbeiterpartei	Minderheit
25.10.1996–17.10.1997	Thorbjørn Jagland (AP)	Arbeiterpartei	Minderheit
17.10.1997–17.03.2000	Kjell Magne Bondevik (Christliche Volkspartei)	Christliche Volkspartei, Zentrumspartei, Venstre	Minderheit
17.03.2000–19.10.2001	Jens Stoltenberg (AP)	Arbeiterpartei	Minderheit
19.10.2001–17.10.2005	Kjell Magne Bondevik (Christliche Volkspartei)	Christliche Volkspartei, Zentrumspartei, Venstre	Minderheit
17.10.2005 -17.10.2013	Jens Stoltenberg (AP)	Arbeiterpartei	Mehrheit
Seit 17.10.2013	Erna Solberg (Høyre)	Høyre, Fortschrittspartei	Minderheit

Regierungswechsel nach Parlamentswahl: Norwegen will die „Eiserne Erna"

„Die oppositionellen Konservativen haben die Parlamentswahl in Norwegen wie erwartet für sich entschieden. Der bisherige Regierungschef Jens Stoltenberg gestand seine Niederlage ein. Die vier konservativen Parteien, die sich zu einem Bündnis zusammengetan haben, kommen Hochrechnungen zufolge auf 96 Sitze im 169 Abgeordnete zählenden Parlament – und damit elf mehr, als für eine Mehrheit nötig sind.

Neue Ministerpräsidentin dürfte Erna Solberg von der konservativen Partei Høyre werden, die zweitstärkste Kraft wurde. ‚Die Wähler hatten die Wahl zwischen zwölf Jahren rot-grüner Regierung oder einer neuen Regierung mit neuen Ideen und Lösungen', sagte sie.

Das bürgerliche Bündnis hatte im Wahlkampf versprochen, die Wirtschaft des Landes zu diversifizieren und die Abhängigkeit vom Öl zu verringern. Die 52-jährige Solberg, die wegen ihrer harten Haltung in einer früheren Regierung den Spitznamen ‚Eiserne Erna' trägt, warb um Wählerstimmen mit der Zusage, Staatsfirmen zu privatisieren und in dem Hochsteuerland die Abgaben zu reduzieren. Solberg hatte unter anderem vorgeschlagen, Anteile am Ölkonzern Statoil und der Telekomgruppe Telenor zu veräußern. ‚Wir brauchen weitere Standbeine, nicht nur Öl', hatte sie erklärt" (tagesschau.de 2013).

Die norwegische Sprache: Bokmål vs. Nynorsk

Die norwegische Sprache kennt zahlreiche regional verschiedene Dialekte, aber überdies auch 2 offizielle Schriftsprachen: Bokmål [gesprochen etwa Bukmol] und Nynorsk [gesprochen etwa Nünoschk]. Die beiden Varianten unterschieden sich deutlich. Der Satz „Ich komme aus Norwegen." heißt beispielsweise auf Bokmål „Jeg kommer fra Norge" und auf Nynorsk „Eg kjem frå Noreg". Dabei folgt Bokmål, das von rd. 90 % der Bevölkerung gesprochen wird und damit überaus dominant ist, im wesentlich dem Dänischen und ist eine Tochtersprache desselben, auch wenn die norwegische Aussprache wesentlich härter als die dänische ist. Nynorsk dagegen weist eine Verwandtschaft mit westskandinavischen Sprachen, d. h. Färöisch und Isländisch, auf.

Wie kam es zur Zweisprachigkeit? Die Gründe sind einmal mehr in der politischen Geschichte des Landes zu suchen. Bokmål entwickelte sich aus dem Dänischen, das während der dänischen Fremdherrschaft in Norwegen offizielle Landessprache war. Nynorsk dagegen ist eine Plansprache, die in der Zeit der Nationalromantik nach dem Ende der dänischen Herrschaft entstand. Sie geht auf den Sprachforscher und Dichter Ivar Aasen (1813–1896) zurück, der die Sprache aus verschiedenen regionalen Dialekten konstruierte. Vor allem zur Mitte des 20. Jahrhundert erfreute sich Nynorsk recht großer Beliebtheit; Schätzungen zufolge wurde es zu seiner Hochzeit von etwa einem knappen Drittel der Bevölkerung verwendet. V. a. in den Zentren konnte sich die als ländlich empfundene Schriftsprache aber nicht in der urbanen Bevölkerung durchsetzen, was sich durch den Bedeutungsgewinn der Zentren durch den industriellen Strukturwandel freilich noch verschärft hat. Heute wird Nynorsk in ländlichen Regionen Westnorwegens und in einigen Gegenden im Landesinneren, dabei jedoch tendenziell eher nicht im Osten, verwendet.

4.3.2 Verbände und Interessenvermittlung

Auch beim Thema Verbände und Interessenvermittlung in Norwegen lohnt ein Blick in das umfangreiche Werk Stein Rokkans. In einem 1967 erschienenen Aufsatz entwickelte Rokkan die These, dass es sich bei Norwegen um ein 2-Säulen-System der politischen Entscheidungsmacht handele: Zum einen beeinflussten natürlich Wahlen ganz erheblich die Politikfindung, da diese die politischen Makrokonstellationen wie Parlamentsmehrheiten und die Regierungsbildung wesentlich determinierten. Rokkan nennt dies den „numerical channel of influence", da durch ihn die numerischen Mehrheitsverhältnisse im politischen System generiert werden. Darüber hinaus bestünde jedoch die eben gerade nicht durch Wahlen determinierte Einflussmacht gesellschaftlicher Gruppen auf die politische Entscheidungsfindung der, so Rokkan, „corporate channel of influence" als zweite Säule des policy-making. Rokkan schreibt über diese korporativen Muster der Politikfindung:

> The crucial decisions on economic policy are rarely taken in the parties or in the Parliament: the central area is the bargaining table where the government authorities meet directly with the trade union leaders, the representatives of the famers, the smallholders, and the fishermen, and the delegates of the Employers' Association. (...)
> At least in matters of internal policy it [gemeint ist die Regierung] can rarely if ever force through decisions solely on the basis of its electoral power but has to temper its policies in complex consultations and bargains with the major interest organizations (Rokkan 1967, S. 107).

Diese Charakterisierung der norwegischen Verbändemacht wurde von der späteren Forschung aufgegriffen und debattiert. Mit dem Ergebnis, dass der These des „corporate channel of influence" zwar nach wie vor einiges an empirischer Relevanz abzugewinnen ist, was den puren Einfluss von Verbänden auf die politische Entscheidungsfindung angeht, sie aber ausdifferenziert werden muss, was die Sichtweise auf den Prozess der Einflussnahme betrifft. So schreibt etwa Knut Heidar, Politikwissenschaftler an der Osloer Universität, aus heutiger Sicht:

No doubt the main organizations in the private economic sector present significant input, but the claim [gemeint ist eben Rokkans Vorstellung von Verbändemacht] – if interpreted in the strong sense – that the major economic decisions are made at the negotiating table in the „corporate channel" has not been substantiated by later research. (. . .)
The weaker interpretation, however, that the organizations influence public decisionmaking has been corroborated. Research has confirmed the strong impact of organizations in Norwegian politics. Also Rokkan labelled it the corporate channel, this did not imply that the polity was „corporate" in the old sense, with organizations ordered hierarchically and exercising an organizational monopoly within their sector (Heidar 2001, S. 75).

Es wäre demnach falsch, den norwegischen Korporatismus als einen Staatskorporatismus eher autoritärer Prägung zu verstehen, in dem Interessengruppen „top-down" von Staatsseite in den Prozess der Politikfindung integriert werden, um politische Lösungen hierarchisch zu legitimieren. Rokkans Beschreibung des „corporate channel" müsse, so Heidar, vielmehr im Sinne des von Philippe Schmitter und Gerhard Lehmbruch geprägten Konzepts eines „societal corporatism" (oder deutsch: Neokorporatismus) begriffen werden. Kennzeichnend für den Neokorporatismus sind gegenüber dem Staat autonome Verbände, die als intermediäres Organ zwischen Staat und Individuum dienen. In organisatorisch vielfältiger Manier werden sie in die Politikfindung einbezogen und dienen dabei einerseits als stakeholder im Formulierungsprozess (sog. Einflusslogik der Verbände) wie auch als Legitimator gegenüber der Gesellschaft (sog. Mitgliederlogik). Die verbandliche Interessenvermittlung in die Politik hinein bedeutet dabei auch die Vermittlung zwischen diesen beiden Logiken. Sie verläuft in „bottom-up-Richtung", da Verbände als inhaltlich ernst genommener Verhandlungspartner gegenüber dem Staat fungieren und die Chance bekommen, ihre gesellschaftlichen Interessen in die entstehende policy einzuspeisen (Schmitter und Lehmbruch1979; Schmid 1998).

Welche Form nehmen nun diese neokorporatistischen Arrangements an als Kern dessen, was Rokkan den „corporate channel of influence" genannt hat? Natürlich sind hier zum einen informelle Kontakte zwischen den Vertretern von Interessengruppen und politischen Entscheidungsträgern wie Parlamentariern, Ministerialbeamten und Regierungsmitgliedern zu nennen. Hierzu zählen korporatistische Mikro-Ereignisse wie zufällige Treffen auf einschlägigen Veranstaltungen, etwa Tagungen und Workshops, die dann zum Meinungsaustausch genutzt werden, aber auch extra anberaumte Treffen zwischen Staatsvertretern und Interessengruppen. Darüber hinaus aber hat auch das politische System Norwegens korporatistische Arrangements institutionalisiert. Zu nennen sind hier zum einen das Remiss-Verfahren im Gesetzgebungsprozess (Abschn. 4.2.3) und zum anderen das parlamentarische Ausschusswesen mit seinen Expertenanhörungen, das zudem als natürliche Anlaufstelle für Lobbygruppen fungiert. Außerdem existiert in Norwegen eine Vielzahl von Ausschüssen zur Koordination und Steuerung öffentlicher Aufgaben. Als erstes wurde im Jahr 1864 eine zivile Ingenieurskommission ins Leben gerufen. Diverse andere Ausschüsse folgten, die heute „keineswegs auf das sozioökonomische Gebiet beschränkt, sondern ebenso in kulturellen und sozialen Bereichen präsent sind" (Rotholz 2001, S. 326–327). Seit den 1930er-Jahren kennt das norwegische System der Lohnfindung zudem einen staatlichen Schlichtungsmechanismus, der ein weiterer Kontaktpunkt zwischen Staat und Verbänden ist (Der Spiegel 1981).

Insgesamt ist die starke Stellung der Verbände in Norwegen – wie auch in Schweden – mit der politischen Dominanz der Sozialdemokratie verbunden, was den interdependenten Charakter politisch-gesellschaftlicher Regime unterstreicht: Ohne die politische Dominanz bestimmter Kräfte, hier eben der Sozialdemokratie, wäre die Herausbildung entscheidender Systemmerkmale unwahrscheinlich gewesen. Und institutionalisierte Systemmerkmale waren es andererseits, die es vermochten, gesellschaftliche Legitimation eben für diese Dominanz aufrecht zu erhalten (Groß und Rotholz 2009, S. 181; Rotholz 2001, S. 330). Dass korporatistische Modi der Politikfindung einem gewissen politischen Druck unterliegen und wechselnden Mehrheitsverhältnissen gegenüber keinesfalls immun sind, zeigen verschiedene Beispiele – der Rückbau der Gewerkschaftsmacht im Großbritannien zur Zeit Thatchers ist hierfür der Paradefall. In Norwegen freilich reichten auch die historisch betrachtet eben sehr kurzen Phasen bürgerlicher Regierung nicht zu einem Rückbau aus. Vielmehr bediente die politische Entscheidungsfindung auch in diesen Zeiten den „corporate channel of influence".

Welche Verbände nun genau tonangebend sind in der norwegischen Interessenvermittlung, ist an anderer Stelle ausführlich dokumentiert (Rotholz 2001). Genannt werden sollen daher hier nur die wichtigsten Gruppen: Arbeitnehmerinteressen werden in 3 Dachverbänden aggregiert:

1. im gewerkschaftlichen Landesverband Landsorganisasjonen (LO),
2. im Dachverband der Angestelltengewerkschaften Unio, im berufsständischen Zentralverband Yrkesorganisasjonenes Sentralforbung (YS) sowie
3. im Akademikerverbund Akademikernes Fellesorganisasjon (AF).

Auf der Arbeitgeberseite bedeutend sind der Arbeitgeberverband Norsk Arbeidgiverforening (NAF), der Industrieverband Norges Industrieforbund (NRF) und der Handwerksverband Norsk Håndverkerforbund. Zu den großen Verbänden des Landes zählt außerdem die Bauernorganisation Norsk Landmansforbund.

Krimis aus Norwegen

„Wer gerne Krimis liest, der hat sicherlich auch schon einmal etwas von Anne Holt oder Jo Nesbø gehört, zwei der vielen norwegischen Autoren, die ihre Leser in Welten voll Spannung und Rätsel, Tatorten und Spuren führen. Zudem entführen sie einen oft in einige bekannte oder weniger bekannte Landstriche ihrer Heimat: Norwegen. Werke norwegischer Krimiautoren spielen nicht selten – wie im Übrigen in den meisten skandinavischen Ländern – im Heimatland, oftmals sogar in der Heimatstadt des Schreibers. So führen sie ihre Leser durch die hohen Gebirgsketten im Osten, den kargen Hochebenen und die unzähligen Fjorde, die ein Sinnbild für

Norwegen sind. Die Krimis spielen oft in Städten wie Oslo, Bergen und Stavanger, aber nicht selten auch in der Umgebung, auf dem Land oder in anderen – bis dato weniger bekannten Ortschaften" (Quelle: Toedlicher-Norden.com o. J. b).

„Unni Lindells [Autorin einer norwegischen Krimireihe] Schilderungen des norwegischen Alltags weisen Parallelen zu denen ihrer Kollegin Kim Småge auf – bei beiden Autorinnen ist Norwegen alles andere als das Vorzeigeland der Emanzipation. Gewalt gegen Frauen und Kinder ist an der Tagesordnung in ihren Büchern, doch häufig begehren die Frauen dagegen auf und greifen zum Messer – und Unni Lindell, die ihren Romanpersonen meistens wohl will, scheut, krimi-untypisch, nicht davor zurück, die eine oder andere Mörderin ungeschoren davonkommen zu lassen" (Haefs 2009).

4.4 Policies

4.4.1 Wirtschaftspolitik (inklusive Rohstoffpolitik)

Die norwegische Wirtschaft ist als offen zu charakterisieren. Der Anteil von Exporten am BIP ist relativ hoch (der Wert liegt traditionell bei guten 45 % des BIP), womit Norwegen vergleichsweise verletzlich gegenüber globalen Konjunkturschwankungen ist. Wichtigster Handelspartner sind die EU-Staaten, vor den USA, China und Kanada (WTO 2013). Oberste wirtschaftspolitische Maßgabe in jüngerer Zeit war wie anderswo auch eine aktive Krisenbewältigung was die konjunkturellen Folgen der Weltfinanzmarktkrise anging. Konkret wurde ein Kreditprogramm für Banken verabschiedet, ebenso ein Konjunkturprogramm zur Förderung infrastruktureller Investitionen, zudem setzte die Regierung verschiedene Steuererleichterungen durch. Des Weiteren wurden zwei Fonds eingerichtet, aus denen bedrohte Banken unterstützt wurden. Diese Maßnahmen schlugen sich im expansivsten Haushalt seit den 1980er-Jahren nieder, scheinen aber insgesamt erfolgreich. Nach dem Human Development Index des UNDP gilt Norwegen als eines der Länder mit dem höchsten Lebensstandard (Tab. 4.5). Im entsprechenden Ranking der Länder der Erde belegte Norwegen während der vergangenen Jahre häufig den ersten Platz.

Auffallende Besonderheit der norwegischen Wirtschaft ist die äußerst ökologisch ausgerichtete Energieversorgung. Hier ist die Wasserkraft überaus dominant – auf diese Energiequelle entfallen sogar rd. 99 % der Stromerzeugung. Über eigene Kernkraftwerke verfügt das Land nicht, allerdings wird in marginalem Umfang Atomstrom aus Partnerländern importiert.

Strukturell ist in Norwegen vor allem der Rohstoffabbau, konkret die Öl- und Erdgasindustrie, bedeutend, was auch stets den wesentlichen Posten in der Exportstatistik des Landes ausmacht. Nachdem Ende der 1950er-Jahre vor der niederländischen Küste

	Land	2010	2011	2012
1	Norwegen	0,952	0,952	0,953
2	Australien	0,935	0,936	0,938
3	USA	0,934	0,936	0,937
4	Niederlande	0,919	0,921	0,921
5	Deutschland	0,916	0,919	0,920
6	Neuseeland	0,917	0,918	0,919
7	Irland	0,916	0,915	0,916
8	Schweden	0,931	0,951	0,916
9	Schweiz	0,912	0,912	0,913
10	Japan	0,909	0,910	0,912
...				
15	Dänemark	0,899	0,901	0,901
...				
21	Finnland	0,890	0,892	0,892

Tab. 4.5 Ausgewählte Ergebnisse des Human Development Index, geordnet nach Ergebnissen 2012. (Quelle UNDP 2013)

Erdgasvorkommen entdeckt worden waren, rückte die Nordsee als möglicher Lieferant wirtschaftlich wertvoller Ressourcen in das Blickfeld der verschiedenen Anrainerstaaten. Nachdem Dänemark, Großbritannien und Norwegen sich 1965 auf eine gegenseitige Aufteilung des Kontinentalschelfs in der Nordsee geeinigt hatten, wurden kurz darauf vom norwegischen Staat erste Lizenzen an Privatunternehmen zur Förderung vergeben. Die in den Folgejahren erschlossenen Öl- und Gasvorkommen machten Norwegen zu einem der wichtigsten Länder auf dem internationalen Erdöl- und Erdgasmarkt. Heute machen die Öl- und Gasexporte knapp $\frac{1}{4}$ des norwegischen Bruttoinlandsprodukts aus; im Jahr 2008 lag der Wert bei 23,3 %. Im Jahr 2007 entfielen 3,2 % des insgesamt geförderten Erdöls auf Norwegen, was das Land zum elftgrößten Förderer und zum siebtgrößten Rohölexporteur macht. Beim Erdgas ist Norwegen mit 3 % der Fördermenge fünftgrößter Förderer und drittgrößter Exporteur (BGR 2007).

Die staatlichen Gewinne aus der zu einem erheblichen Teil öffentlich kontrollierten Erdöl- und Gasförderung werden seit 1996 in einem bereits 1990 gegründeten Pensionsfonds angelegt. In den Fonds gehen zum einen die Steuern der auf norwegischem Gebiet operierenden Ölfirmen sowie Zölle ein. Überdies hat der norwegische Staat aber eine aktive Rolle in der Ölförderung: In den Fonds fließen so die Dividenden der staatlich gehaltenen Aktien am Erdöl- und Gaskonzern StatoilHydro ASA, der 2007 durch die Fusion von Statoil und der Öl- und Gassparte von Norsk Hydro entstanden ist. Profite der staatlichen Ölholding Petoro AS kommen ebenfalls dem Fonds zugute. Petoro AS wurde nach der Teilprivatisierung des Statoil-Konzerns 2001 als Verwalter der norwegischen „State Direct Financial Interests" (SDFI) in der Erdöl- und Gasförderung gegründet. Petoro vergibt dabei Förderlizenzen für die Abtragung der Öl- und Gasvorkommen und ist in verschiedenen Joint-Ventures mit den privatwirtschaftlichen Akteuren der Ölförderung am

Kontinentalschelf verbunden. Insgesamt besitzt der norwegische Staat rund ein Drittel des geschätzten verbliebenen Öl- und Gasvorkommens (Löffler 2003, S. 77–78; Petoro 2008, S. 1–3).

Während rd. 60 % des Pensionsfonds konventionell angespart werden, fließen 40 % in ein Portfolio an Aktien- und Kapitalfonds, die jedoch sämtlich im Ausland angesiedelt sind, um so eine Überhitzung der norwegischen Binnenwirtschaft zu vermeiden. Ziel des Fonds ist es, den hohen norwegischen Lebensstandard auch für die Zeit nach einem Versiegen der Öl- und Gasvorkommen abzusichern. Seine Mittel sollen u. a. dazu dienen, die Nachhaltigkeit der einem sozialdemokratischen Wohlfahrtsstaat gemäßen umfassenden sozialen Absicherung zu gewährleisten. Insbesondere der steuerfinanzierte Teil des Rentensystems soll von den dann frei werdenden Fondsgeldern profitieren, um so angesichts des voranschreitenden demographischen Wandels drastische Steuer- und Beitragserhöhungen zu vermeiden (Steuer 2005). Traditionell höchstens 4 % der staatlichen Öl- und Gasgewinne werden dem öffentlichen Haushalt für kurzfristige Investitionen zugeführt (Allers 2009, S. 8).

Niemand legt das Geld besser an als die Norweger
Von Dennis Kremer

Glückliches Norwegen: Im vergangenen Jahr erzielte der Staatsfonds des Landes stolze 13 % Rendite.

„Norwegens Staatsfonds verwaltet den Ölreichtum des Landes: 560 Mrd. €. (. . .)

Der statens pensjonsfonds utland, wie der Fonds offiziell heißt, ist eine Macht – und das nicht nur, weil er seine Einnahmen aus den üppigen Öl- und Gasvorkommen des Landes gewinnt und sie quasi als Treuhänder für alle Norweger anlegt. Kein Staatsfonds der Welt ist größer, weder die Chinesen noch die Scheichs aus AbuDahbi können da mithalten.

(. . .) Gerät ein Unternehmen auch nur in den Verdacht der Kinderarbeit, drohen die Staatsfondsleute mit dem Verkauf der Aktien – ein starkes Druckmittel, das viele Firmen zum Umdenken veranlasst" (Kremer 2013, S. 43).

In der Politikwissenschaft werden Staaten, deren Staatshaushalt sich zu einem erheblichen Teil aus Exportrenten speist, mit dem Begriff Rentierstaaten umschrieben – wobei hier der Terminus Rente nicht seine alltägliche Bedeutung (Alterseinkünfte) hat, sondern ganz allgemein ein dauerhaftes Einkommen meint, für dessen Bezug keine Produktivleistung erbracht werden muss. Staatliche Exportrenten entstehen v. a. aufgrund von Rohstoffreichtum und so gelten als klassische Beispielfälle für Rentiertstaaten die Erdölökonomien des Nahen Ostens (beispielsweise Saudi-Arabien und Teile der Vereinigten Arabischen Emirate; Boeckh 1997).

Strategisch geschickt genutzt, bedeutet Rohstoffreichtum für eine Ökonomie zweifelsohne einen großen Vorteil. Die als klassische Rentierstaaten geltenden Länder allerdings scheinen an einem „ressource-curse" (deutsch Ressourcenfluch) zu leiden. Genau wie sich der Wunsch des antiken König Midas, alles, was er berührte, in Gold verwandeln zu können, in Wirklichkeit als Fluch herausstellte, scheinen Rentierstaaten mit einem politischen Fluch belegt zu sein – so eine zugegebenermaßen pathetische, in der einschlägigen Literatur dennoch immer wiederkehrende Metapher. Wie genau sich dieser „ressource-curse" äußert, ist umstritten. In der Forschung kursieren hier verschiedene, teilweise gegensätzliche sowie von verschiedenen Autoren bestätigte oder eben widerlegte Hypothesen. So wird beispielsweise vermutet, dass der Ressourcenreichtum eines Landes einer nachhaltigen Entwicklung im Wege steht, da sich alle wirtschaftliche Aktivität auf die Ausbeutung der natürlichen Ressourcen beschränkt und so die Entfaltung eigener Produktivkraft minimiert. Eine andere Hypothese besagt, dass ressourcenreiche Staaten dazu neigen, autoritär und nicht demokratisch regiert zu werden, da die dem Regime zugeführte Rente es den Machthabern ermöglicht, kritische Interessengruppen finanziell zufriedenzustellen und (auch finanziell aufwendige) Unterdrückungsapparate aufzubauen (Smith 2004; Ross 2001).

Nun gerät Norwegen freilich nicht in den Verdacht, besonders undemokratisch zu sein oder über einen die Partizipationsrechte unterdrückenden Repressionsapparat zu verfügen. Dennoch stellt sich die Frage: Auch wenn Norwegen kulturell und politisch sehr große Unterschiede zu den klassischerweise als Rentierstaaten behandelten Ländern mitbringt, können wir hier trotzdem negative politische Effekte des Ressourcenreichtums feststellen? Der Trondheimer Politologe Ola Listhaug ist dieser Frage in einem 2005 publizierten Artikel nachgegangen. Seine These lautet, dass in Norwegen durchaus eine Art „Ressourcen-Fluch" feststellbar ist, wenngleich auch nur in einer stark abgemilderten Variante. Die Ressourcenpolitik der Regierung, die wie beschrieben bis auf für kurzfristige Investitionen verwendbare 4 % die Erdöl- und Gasgewinne anlegt, verursache nämlich eine zunehmende Unzufriedenheit in der Bevölkerung. In der Tat ist in Norwegen die Zufriedenheit mit der Politik rückläufig, wie der von Listhaug zitierte Datenapparat zeigt. So wurde zur Jahrtausendwende Politikern generell weniger vertraut als noch Ende der 1980er-Jahre, ebenso war die Zufriedenheit mit der eher abstrakten Funktionsweise der norwegischen Demokratie geringer. Vergleichsdaten, die gleichwohl nur diskontinuierlich vorliegen und lediglich unter Zuhilfenahme verschiedener, kombinierter Quellen im Längsschnitt rückverfolgbar sind, zeigen außerdem, dass die politische Kultur Norwegens im internationalen Vergleich zwar nach wie vor von einer hohen Zustimmung zu System und Akteuren gekennzeichnet ist, das Land allerdings innerhalb der nordischen Vergleichsgruppe nach hinten zu rutschen scheint. Auf der Basis von ausführlichen Umfragedaten führt Listhaug unter Heranziehung verschiedener Kontrollvariablen eine Regressionsanalyse durch und kommt zu dem Ergebnis, dass die Unzufriedenheit mit der Ölpolitik hier neben anderen Wirkmechanismen (z. B. Forderungen nach einer restriktiveren Einwanderungspolitik) ein ausschlaggebender Faktor ist (Listhaug 2005).

Die Frage nach der Verwendung der Öleinnahmen ist in Norwegen kein latentes Thema, sondern auch in der Öffentlichkeit der beherrschende Aspekt von Wirtschaftspolitik. Dies zeigte beispielsweise der Wahlkampf 2009, in dem u. a. die Fortschrittspartei eine stärkere Verwendung der Öl- und Gaseinnahmen für kurzfristige, v. a.

infrastrukturelle Investitionen gefordert hat und sich die konservativen Høyre für eine Abschaffung der Vermögensteuer bei Gegenfinanzierung durch die Ressourcengewinne einsetzte. Vor dem Hintergrund der besonderen wirtschaftlichen Situation des Jahres 2009 entschied sich die Regierung in der Tat, die Einnahmen aus den natürlichen Ressourcen zur Krisenkompensation zu nutzen. (Siehe Ausführungen zu Beginn dieses Abschnitts über die norwegische Krisenkompensationspolitik.) Auch im Parlamentswahljahr 2013 spielte die Verwendung der Öleinnahmen eine entscheidende Rolle: Nachdem die Koalitionsregierung unter Führung der Arbeiterpartei Wachstumsprognosen für die Wirtschaftszweige abseits der Ölwirtschaft gesenkt hatte, entschied Premierminister Jens Stoltenberg, eine im Vergleich ungewöhnlich hohe Summe aus den Öleinnahmen für konjunkturfördernde Investitionen heranzuziehen – wenngleich damit die 4-%-Grenze unangetastet blieb (Milne 2013).

4.4.2 Sozialpolitik

Nach der äußerst einflussreichen Wohlfahrtsstaatstypologie Esping-Andersens gilt Norwegen als sozialdemokratischer Wohlfahrtsstaat, der sich durch ein besonders hohes Niveau an Dekommodifizierung auszeichnet – d. h. dank im Vergleich sehr hoher Sozialleistungen sind hier die Menschen staatlicherseits stärker als anderswo gegen die Wechselfälle des Marktes abgesichert. Zudem übt in sozialdemokratischen Wohlfahrtsstaaten wie in Norwegen das Sozialsystem nur eine geringe stratifizierende Wirkung aus: Die Zuteilung von Sozialleistungen basiert dort nicht auf Status oder Klasse, sie folgt vielmehr der Idee des Universalismus. Die Erwerbsarbeit als Voraussetzung für den Zugang zu Sozialleistungen spielt im Norden deshalb keine so große Rolle wie etwa in kontinentaleuropäischen Staaten und Privilegien oder Benachteiligung bestimmter Gruppen finden sich dort weniger häufig als es anderswo der Fall ist.

Was das gesellschaftliche Ergebnis, den Policy-Outcome, angeht, so ist eine egalisierende Wirkung der sozialdemokratischen Wohlfahrtspolitik feststellbar. Einschlägige Indikatoren zur Messung der gesellschaftlichen Outcomes sozialstaatlicher Politik weisen für Norwegen überdurchschnittliche Werte aus: So mussten im Jahr 2011 in Norwegen „lediglich" 10,5 % der Bevölkerung von 60 % oder weniger des medianen Äquivalenzeinkommens leben, während der EU-27-Schnitt bei 16,9 % lag. Die Maßzahl des Gini-Koeffizienten zur Erfassung der Einkommens(un)gleichverteilung in einer Gesellschaft lag im Jahr 2011 in Norwegen bei 22,9 und damit deutlich unter den Zahlen nicht nur anderer nordischer Länder (je geringer der Wert beim Gini-Koeffizienten, desto höher die Einkommensgleichheit zwischen Schichten). Zum Vergleich: In Deutschland lag der Gini-Koeffizient 2011 bei 29. Und der konjunkturanfällige Indikator der Arbeitslosenquote bescheinigt dem sozialdemokratischen Wohlfahrtsmodell in Norwegen für die vergangenen Jahre eine hohe Fähigkeit, Menschen in Arbeit zu halten bzw. bei individuellen Beschäftigungsumbrüchen schnell in Arbeit zu bringen. In den vergangenen 12 Jahren (bis einschließlich 2012) lag die Arbeitslosenquote in Norwegen, trotz krisenhafter

Zeiten, bei durchschnittlich 3,5 %. Dies geht einher mit einer hohen Erwerbsquote von durchschnittlich rd. 82 %, die unter den nordischen Ländern nur von Schweden um einen Prozentpunkt übertroffen wird (alle Daten: Eurostat 2013g).

Das nationale Versicherungssystem Folketrygden fungiert in Norwegen als Überbau für die einzelnen Zweige der Sozialversicherung. Eine gesonderte Rechtsgrundlage allerdings besteht für die Familienleistungen, außerdem ist die von den Kommunen finanzierte Sozialhilfe ausgegliedert. Verwaltet wird das nationale Versicherungssystem von der staatlichen Behörde Arbeids- og Velferdsetaten (Arbeits- und Wohlfahrtsverwaltung), die mit 19 Büros auf regionaler Ebene und rd. 500 Büros auf lokaler Ebene präsent ist. Zwischen 2006 und 2009 wurden die Lokalbüros mit den Arbeitsämtern zu integrierten Anlaufstellen für die Sozialpolitik zusammengefasst, die auch für die Abwicklung der Sozialhilfe zuständig sind (MISSOC 2009).

Das nationale Versicherungssystem Norwegens fällt durch einen hohen Anteil an steuerfinanzierten Leistungen auf. So sind beispielsweise die Familienleistungen (vollumfänglich) steuerfinanziert. Ein universelles Zuteilungsmuster in der sozialen Sicherung wird insbesondere im norwegischen Rentensystem deutlich. Es handelt sich hier um ein universelles Pflichtsystem, in dessen Rahmen neben einem einkommensbezogenen Teil auch eine Grundrente ausgezahlt wird, deren volle Höhe bei einer Wohnsitzdauer in Norwegen ab 40 Jahren erzielt wird; analog haben alle Einwohner einen Anspruch auf Hinterbliebenenrente, während dies beispielsweise im „typisch konservativen" deutschen Wohlfahrtsstaat dem Klientel der versicherten Arbeitnehmer vorbehalten ist. Das Rentensystem folgt der pay-as-you-go-Logik, das gesetzliche Renteneintrittsalter liegt bei 67 Jahren und eine Frühverrentung ist im System nicht vorgesehen (siehe hierzu gleichwohl die unten genannten Neuregelungen ab 2010). Im Krankheitsfall erhalten Arbeitnehmer für 16 Tage Lohnfortzahlung und danach bis 2 Jahre nach Krankheitseintritt ein Krankengeld in voller Einkommenshöhe. Bei Selbstständigen ohne Zusatzversicherung beträgt das Krankengeld 65 % der zu Grunde gelegten Einkommensbasis. Im Falle eines Arbeitsunfalls erhalten Arbeitnehmer für ein Jahr Leistungen aus der gesetzlichen Unfallversicherung, die durch ein System privater Zusatzversicherungen ergänzt wird. Die Arbeitsunfallversicherung wurde im Jahr 2004 um einen eigenen Zweig für Leistungen bei vorübergehender Arbeitsunfähigkeit ergänzt (MISSOC Online Datenbank, siehe zu den Funktionsweisen der einzelnen Versicherungszweige Tab. 4.6).

Anspruchsberechtigte arbeitslose Personen erhalten aus der Arbeitslosenversicherung Arbeitslosengeld, das täglich rd. ein Viertel Prozent des Einkommens in dem als Berechnungsgrundlage herangezogenen Zeitraum (normalerweise das abgelaufene Kalenderjahr, falls dies für die Betroffenen vorteilhafter ist, allerdings die 3 vergangenen Jahre) beträgt, was i. d. R. ein Lohnersatzniveau von etwas mehr als 60 % ergibt. Die Lohnersatzleistung wird für 2 Jahre gewährt. Insgesamt ist die norwegische Arbeitsmarktpolitik von einem im Vergleich sehr hohen Aktivitätsgrad gekennzeichnet – d. h. aktive Maßnahmen der Arbeitsmarktpolitik wie beispielsweise Weiterbildungen und Arbeitsbeschaffungsmaßnahmen nehmen gegenüber passiven Transferleistungen einen höheren Stellenwert ein. Im Vergleich mit anderen sozialdemokratischen Wohlfahrtsstaaten ist dies alles andere

Tab. 4.6 Versicherungszweige im norwegischen Sozialsystem. (Quelle: Eigene Erstellung auf Basis von MISSOC 2010)

Versicherungszweig	Prinzip	Leistung
Gesundheit und Mutterschutz (Sachleistungen)	Steuerfinanziert	Behandlung und Medikamente, freie Hausarztwahl mit Überweisungen zu Spezialisten, Praxisgebühr in Höhe von NOK 132 (rd. € 16) bei Allgemeinmedizinern und NOK 295 (rd. € 36) bei Spezialisten
Gesundheit und Mutterschutz (Geldleistungen)	Beiträge von Arbeitnehmern und Arbeitgebern	Lohnfortzahlung durch Arbeitgeber bis Tag 16 der Krankheit, folgend Krankengeld in Lohnhöhe, für Selbstständige 65 % der Lohnberechnungsbasis
Invalidität	Beiträge von Arbeitnehmern und anderen Versicherten und von Arbeitgebern, Steuern.	Ein befristetes Invaliditätsgeld wird auf der Basis verschiedener Berechnungsfaktoren wie z. B. Behinderungsgrad, Familiensituation und Beschäftigungsdauer im Bereich zwischen dem Mindestsatz (rd. NOK 143.500, rd. € 17.500) und dem Höchstsatz (rd. NOK 288.500, rd. € 35.500) gewährt Die dauerhafte Invaliditätsrente richtet sich nach den Bestimmungen im regulären Rentensystem, herangezogen werden ferner Behinderungsgrad, Familiensituation, Beschäftigungsdauer u. a. m.
Rentenversicherung	Beiträge von Arbeitnehmern und anderen Versicherten und von Arbeitgebern, Steuern.	Grundrente: Eine volle Grundrente (rd. NOK 143.500, rd. € 17.500) wird ab einer 40-jährigen Einwohnerschaft in Norwegen gewährt Einkommensbezogene Zusatzrente errechnet sich auf Basis von im Erwerbsleben erworbenen Rentenpunkten Hinzu kommt eine Sonderzulage für Personen, die keinen Anspruch auf eine einkommensbezogene Zusatzrente haben oder deren Zusatzrente unter der Sonderzulage liegt
Hinterbliebenenabsicherung	Beiträge von Arbeitnehmern und anderen Versicherten und von Arbeitgebern, Steuern.	Die Hinterbliebenenrente setzt sich aus der Grundrente des Verstorbenen sowie 55 % der Zusatzrente des Verstorbenen zusammen

Tab. 4.6 (Fortsetzung)

Versicherungszweig	Prinzip	Leistung
Arbeitsunfälle	Beiträge von Arbeitnehmern und anderen Versicherten und von Arbeitgebern, Steuern.	Bei vorübergehender Arbeitsunfähigkeit für 1 Jahr Lohnersatzleistungen in Höhe von 100 % des zum Unfallzeitpunkt bezogenen Einkommens
		Bei dauerhafter Arbeitsunfähigkeit: Bezug von Invalidenrente (s. o.)
		Im Todesfall: Hinterbliebene (Ehepartner, Kinder) beziehen Hinterbliebenenrente (s. o.) bzw. Waisenrente
Arbeitslosenversicherung	Beiträge der Arbeitgeber und Steuern	Für 104 Wochen Bezug von Arbeitslosengeld Höhe i. d. R.: 62 % des Lohns im Berechnungszeitraum (meist abgelaufenes Kalenderjahr)
Familienleistungen	Steuern	Kindergeld (NOK 970/rd. € 120 je Kind und Monat)
Soziale Mindestsicherung	Steuern	Keine einheitlich festgelegte Höhe der Sozialhilfe, Kommunen sind verpflichtet, die Höhe der Sozialhilfe so zu gestalten, dass der Betroffene ein „Leben in Würde" führen kann und der ihm ausbezahlte Betrag nicht „sittenwidrig" ist – Regierung gibt an Kommunen entsprechende Richtlinien heraus

als ungewöhnlich. Jedoch ist der norwegische Arbeitsmarkt im Vergleich zu Dänemark und Schweden insofern ein Sonderfall, als sich die Erdöl- und Erdgasindustrie hier als vorteilhafter, gleichwohl nicht unanfälliger Konjunkturfaktor und wichtiger Arbeitgeber bemerkbar macht. Insgesamt wird so in Norwegen ein enorm hohes Aktivitätsniveau auf dem Arbeitsmarkt erreicht.

Ein langjähriges Reformprojekt im norwegischen Wohlfahrtsstaat war die Ausarbeitung einer Rentenreform, die dem auch in Norwegen voranschreitenden demographischen Wandel begegnet. Erste Anstöße lieferte hierzu die 2001 von der ersten Stoltenberg-Regierung eingesetzte Renten-Kommission, die ihren Abschlussbericht 2004 vorlegte und damit der Reformdiskussion wichtige Impulse verschaffte, welche schließlich in der 2009 im Storting verabschiedeten fertigen Rentenreform ihren Niederschlag fanden. Die wichtigsten Elemente der 2010 in Kraft getretenen Reform sind (Haatvedt 2008, S. 13–14; Rochlitz 2007):

- Das gesetzliche Renteneintrittsalter wird auf eine Zeitspanne zwischen dem 62. und dem 70. Lebensjahr flexibilisiert. Hierbei ist für einen frühen Renteneintritt innerhalb dieser Zeitspanne jedoch der Erwerb einer relativ hohen Anzahl an individuellen Rentenpunkten nötig.
- Die Berechnungsbasis wird auf das gesamte Erwerbsleben ausgeweitet, was mit der Integration einkommensschwächerer Jahre (beispielsweise Berufseinstieg) in die Berechnung des durchschnittlichen Referenzeinkommens einhergeht. Bisher war die Berechnungsbasis dünner und damit für den Rentner vorteilhafter, so lag sie beispielsweise bei der Zusatzrente (Tab. 4.5) bei 20 Jahren.
- Eine Mindestrente für diejenigen, die nicht grundrentenberechtigt sind (40 Jahre Wohnsitz in Norwegen) wird eingeführt.
- Wurde bisher der beitragsbasierte Teil der Rentenfinanzierung über die Gesamtbeiträge zum nationalen Versicherungssystem (Arbeitnehmer: 7,5 %, Arbeitgeber: 14,1 % des Lohns) abgewickelt, wird nun ein gesonderter Beitrag zur Rentenversicherung eingeführt.
- Bei der Bestimmung der individuellen Rentenhöhe wird stärker als bisher die (steigende) Lebenserwartung als limitierender Faktor herangezogen.

Insgesamt zeigt die sparpolitische Stoßrichtung dieser Rentenreform, dass die Existenz des aus den Rohstoffeinnahmen gespeisten Pensionsfonds institutionelle Reformen nicht ersetzen kann. Nachhaltigkeit kann also auch im norwegischen Rentensystem trotz seiner finanziellen Privilegierung nicht auf dem alten Versorgungsniveau realisiert werden.

4.4.3 Bildungspolitik

Das norwegische Bildungssystem weist einige typische Charakteristika für ein nordisches Land auf. So gibt es hier eine ausgeprägte Betreuungskultur, die zudem durch eine hohe

Qualifikation der frühkindlichen Erzieher (Studium) geprägt ist, kennzeichnend ist außerdem der im internationalen Vergleich lange gemeinsame Schulbesuch und eine relativ homogene Universitätslandschaft. Zwar gibt es in Norwegen Universitäten mit auch international hervorragendem Ruf (so etwa die Universität Trondheim), trotzdem existiert im norwegischen Hochschulsystem keine sich in „Elite-Universitäten" äußernde und vor allem auf dem Arbeitsmarkt so auch rezipierte vertikale Segmentierung nach angloamerikanischem Vorbild. Rund 6,9 % des BIP werden in Norwegen jährlich in Bildung investiert (Wert für 2011), was etwa eineinhalb Prozentpunkte über dem durchschnittlichen Wert der EU-27 liegt (Eurostat 2013g).

In Norwegen können 1- bis 5-jährige in den freiwilligen Kindergarten gehen – eine Möglichkeit, die auch im frühen Lebensalter intensiv genutzt wird: So werden in Norwegen ein Drittel aller unter 3-jährigen mehr als 30 h in der Woche fremdbetreut – was mit deutlichem Abstand über dem Durchschnitt der EU-27 (26 %) liegt, auch wenn der Abstand der nordischen Länder zum Durchschnitt hier im Zeitverlauf geringer wird (Eurostat 2013g). Die Schulpflicht in Norwegen beträgt 10 Jahre, die Schulhöchstdauer liegt bei 13 Jahren. Die Regeleinschulung findet im 6. Lebensjahr statt. Das Schulsystem untergliedert sich in die Primarstufe (Klassen 1–7), die untere Sekundarstufe (Klasse 8–10) sowie die obere Sekundarstufe (Klassen 11–13), in der abhängig von der Abschlussnote entweder ein allgemein bildender Zug (endet mit allgemeiner Hochschulreife) oder ein beruflicher Zug mit kombinierten Praxis- und Theorieanteilen besucht wird. Für jüngere Schüler und deren Familien bestehen, angeschlossen an die Schulen, Betreuungsangebote, um so die Berufstätigkeit beider Elternteile zu ermöglichen. Privatschulen spielen nur eine untergeordnete Rolle, der Besuch einer staatlichen Schule ist dagegen der Regelfall. Norwegen hat ein binäres Hochschulsystem, d. h. neben den wissenschaftlich ausgerichteten Universitäten gibt es weitere Hochschulen, die, vergleichbar den deutschen Fachhochschulen, kürzere und eher berufsorientierte Studiengänge anbieten.

Bildungspolitik ist in Norwegen ein relativ dynamisches Politikfeld. Insbesondere in den 1990er-Jahren hat es in der Schulpolitik einige Neuerungen gegeben: So wurde 1997 die Schulpflicht von 9 auf 10 Jahre verlängert und damit die Einschulung vom 7. auf das 6. Lebensjahr vorgezogen. In diesem Zuge wurden auch die Lehrpläne verändert, u. a. wurden für samische Schüler getrennte Lehrpläne eingeführt. Ein Rechtsanspruch auf den Besuch der Sekundarstufe II (berufs- oder allgemeinbildend) wurde 1994 verankert. Derzeit in Erarbeitung sind Reformen des Hochschulwesens: Die von der Regierung 2006 eingesetzte Stjernø-Kommission, benannt nach ihrem Vorsitzenden, dem Sozialwissenschaftler Steinar Stjernø, legte 2008 umfangreiche Vorschläge zur Neugestaltung der norwegischen Hochschullandschaft vor. Diese umfassen u. a. die Zusammenlegung der bis jetzt rd. 30 Universitäten und Hochschulen zu etwa 10 Mehrcampusuniversitäten, die sich fachlich deutlich spezialisieren. Außerdem schlägt die Kommission Reformen in der Universitäts-Governance vor: So sollen die bisherigen stark durch akademische Selbststeuerung gekennzeichneten Universitätsleitungen um einen externen Vorsitzenden ergänzt werden, was die Hochschulen näher an das privatwirtschaftliche Steuerungsleitbild heranführen soll – die Stärkung eines derartigen „New Public Management" konnte beim Vergleich mit anderen Ländern als durchaus übliche Reform des Hochschulsektors identifiziert werden. Norwegen folgt hier also einer international konvergierenden Policy-Entwicklung (Lange und Schimank 2007). Wie die Vorschläge der Kommission durch Regierung und Storting endgültig umgesetzt werden, war gleichwohl zum Zeitpunkt der Recherche noch nicht klar.

In den PISA-Tests der OECD schnitt Norwegen bislang ähnlich mittelmäßig ab wie Deutschland. Auch die öffentlichen Reaktionen hierauf sind vergleichbar: Die PISA-Ergebnisse und die daraus womöglich zu ziehenden bildungspolitischen Konsequenzen waren in Norwegen in der öffentlichen Debatte ähnlich prominent platziert wie in Deutschland. Auch in Norwegen wird daher von einem „PISA-Schock" in rhetorischer Anlehnung an den historischen Sputnik-Schock gesprochen. Die PISA-Studie und ihre Funktionsweise ist dabei auch Gegenstand kritischer Reflexion. So hat beispielsweise der Osloer Erziehungswissenschaftler Svein Sjøberg einen Artikel publiziert, der sich der PISA-Studie ausgesprochen kritisch nähert. Das zentrale Argument lautet hier, dass die lebensweltliche Realität der bei PISA getesteten Schüler eine Störvariable für die Testmethodik darstelle, was sich bei den Ergebnissen u. a. Norwegens negativ bemerkbar mache. Zum einen widerspreche dabei die OECD ihrem eigenen in Zusammenhang mit der PISA-Studie formulierten Anspruch, nicht formales Wissen sondern eher intellektuelle Lebenstauglichkeit überprüfen zu wollen. Schließlich, so Sjøberg überzeugenderweise, variierten gesellschaftliche Anforderungen an Schüler weltweit, was an der Tauglichkeit des Konzepts eines weltweit einheitlichen Tests zweifeln lasse. Und weiter sei davon auch die Art und Weise berührt, mit der sich Schüler der PISA-Studie nähern: Während beispielsweise im asiatischen Raum auch von Schülern ein gutes Abschneiden im PISA-Test als äußerst wichtig, quasi als eine Frage der nationalen Ehre, empfunden würde, sei dies in Norwegen undenkbar. Die Schüler würden hier keinen Zugang zu PISA finden und das Abschneiden des Landes sei für ihre persönliche Wertehierarchie unbedeutend – was freilich einen Einfluss auf die PISA-Ergebnisse Norwegens hat, ohne dass daran ein genereller Bildungsmangel schuld sein muss (Sjøberg 2007).

4.4.4 Außen- und Sicherheitspolitik und internationale Organisationen

Die norwegische Außenpolitik bewegt sich im Spannungsfeld zwischen dem Streben nach internationaler Einbettung (aus ökonomischen Gründen und zur sicherheitspolitischen Risikominimierung) einerseits und dem Wahren der historisch mühsam erworbenen nationalen Souveränität andererseits. Ausdruck dieses Zielkonflikts ist die Entscheidung, zwar der NATO beizutreten, der EU aber nicht. Als Gründungsmitglied der NATO reagierte Norwegen nach dem 2. Weltkrieg sicherheitspolitisch auf die Erfahrung der feindlichen Besetzung durch Hitlerdeutschland und verfolgte so gleichzeitig eine Schutzfunktion gegenüber der direkt benachbarten Sowjetunion. Ein mit der Abgabe nationaler politischer Entscheidungssouveränität auf klassisch innenpolitischen Themenfeldern verbundener EG/EU-Beitritt wurde von der Bevölkerung 1972 und 1994 in Referenden abgelehnt.

Insbesondere 1972 führte das gescheiterte Referendum zu ganz erheblichen machtpolitischen Verwerfungen, die sich noch heute im Parteiensystem Norwegens widerspiegeln. Die EU-Frage gilt seitdem als eines der konfliktreichsten Themen der norwegischen Politik (hierzu die Ausführungen zur „Erdrutsch-Wahl" 1973 Abschn. 4.3.1). In Zukunft ist kein erneuter Aufgriff des Themas zu erwarten. Denn zum einen bedeuten die Ergebnisse der beiden Referenden in der Vergangenheit das Risiko, erneut zu scheitern und zum Zweiten besteht im Falle von Koalitionsregierungen die Möglichkeit, durch mindestens einen der Koalitionspartner in dieser Frage blockiert zu werden. Das zeigt sich auch anhand der rot-grünen Regierungen Stoltenbergs, in denen die Koalitionspartner der Arbeiterpartei (Zentrumspartei und sozialistische Volkspartei) dem EU-Beitritt ablehnend gegenüberstehen. Der ökonomischen Notwendigkeit trägt allerdings der Beitritt Norwegens zum EWR-Abkommen (Europäischer Wirtschaftsraum) 1994 Rechnung, das zwischen den Staaten der Europäischen Freihandelszone EFTA (hierunter eben Norwegen) und EU-Mitgliedstaaten geschlossen wurde. Damit partizipiert Norwegen am europäischen Binnenmarkt – wobei hier die Bereiche Landwirtschaft und Fischerei (gerade letzteres in Norwegen ein wichtiger Industriezweig) ausgeklammert bleiben. Zudem ist Norwegen Mitglied des Schengen-Abkommens (seit 2001) und freilich im Nordischen Rat (zum Nordischen Rat Abschn. 2.4.4; Bellers 2001, S. 186–192). Ausdruck der norwegischen Zurückhaltung gegenüber internationaler Integration ist zudem eine vergleichsweise restriktive Einwanderungspolitik, die in der politischen Debatte v. a. durch die rechtspopulistische Fortschrittspartei besetzt wird (Groß und Rotholz 2009, S. 188).

Einen besonderen Stellenwert in der norwegischen Außenpolitik hat das Verhältnis zum direkten Nachbarn Russland. Durch die im Nordwesten Russlands stationierten Atomwaffen besteht auch nach Ende des Kalten Krieges ein zumindest theoretisch vorhandenes Restrisiko für das nahe Norwegen. Im Rahmen der seit 1993 existierenden und maßgeblich von Norwegen ins Leben gerufenen Barents-Zusammenarbeit, an der neben Norwegen, Russland und den übrigen Barents-Anrainern auch die EU-Kommission und verschiedene Beobachterländer beteiligt sind, werden gemeinsame Infrastruktur- und Umweltschutzprojekte verfolgt, außerdem soll der Handel in der Region gefördert werden.

Im Rahmen der Vereinten Nationen engagiert sich Norwegen auf verschiedene Art sicherheits- und entwicklungspolitisch. Norwegische Soldaten sind u. a. in Afghanistan (ISAF-Mission) und auf dem Balkan stationiert, am durch den UN-Sicherheitsrat nicht autorisierten Irak-Krieg des Jahres 2003 beteiligte sich Norwegen nicht, entsendete nach dem Krieg jedoch Soldaten im humanitären Auftrag ins Land. Norwegen gibt im internationalen Vergleich mit rd. 1 % des BIP außerordentlich viel Geld für Entwicklungshilfe aus (OECD Online Database 2013). Ein zentrales Instrument der norwegischen Entwicklungszusammenarbeit ist der Investitionsfonds für Entwicklungslänger NORDFUND, aus dem für Wirtschaftsprojekte in Entwicklungsländer Kapital zur Verfügung gestellt wird (Auswärtiges Amt 2009).

Eine Sonderstellung nimmt Norwegen international durch seinen Walfang ein (siehe Kasten „Walfang in Norwegen"). Völkerrechtlich ist der norwegische Walfang legal, dennoch ist diese Eigenart norwegischer Politik das Objekt internationaler Kritik, insbesondere von Umweltschutzorganisationen.

Walfang in Norwegen

Norwegen gehört, neben beispielsweise Japan, zu den (wenigen) Ländern, die sich weigern, auf die Waljagd zu verzichten. Die norwegische Regierung begründet dies mit der langen Tradition des Walfangs in Norwegen, die aus den Wikingerzeiten stammt und so Teil von Historie und Folklore ist. Außerdem ist der Walfang als Teil des norwegischen Agrar- und Fischereiprotektionismus zu verstehen.

Rechtlich ist der Walfang in Norwegen legal: Dem 1986 geschlossenen Verbotsmoratorium der internationalen Walfangkommission (IWC) hat Norwegen fristgerecht widersprochen und ist so, wie einige andere Länder auch, nicht an das Fangverbot gebunden. Trotzdem wurde der Walfang nach dem Inkrafttreten des Moratoriums einige Jahre ausgesetzt, um eine internationale Provokation zu vermeiden, und wurde erst 1993 wieder aufgenommen.

Walfleisch gilt dort, wo es überhaupt Abnehmer findet, als preiswerter Ersatz für Rindfleisch. Auf dem norwegischen Absatzmarkt setzt sich jedoch unter den Kunden die Erkenntnis durch, dass das Walfleisch zunehmend mit Schadstoffen belastet und daher ein ungesundes Nahrungsmittel ist. Seit Jahren bemüht sich die norwegische Regierung, Walfleisch zu exportieren. Insbesondere die belastete Fettschicht der Wale, genannt „Blubber", gilt in Norwegen als Abfallprodukt, in Japan jedoch als Delikatesse. Das Washingtoner Artenschutzabkommen verbietet den Handel, was auch von Norwegen ausgehende Exporte in der Vergangenheit jedoch nicht immer verhindern konnte.

Norwegens Parlament gibt jährlich eine offizielle Walfangquote von rd. 1000 Tieren aus. Diese Quote wurde vor einigen Jahren deutlich erhöht, kann in der Praxis jedoch i. d. R. nicht mehr erfüllt werden. Ganz im Gegenteil liegt die Anzahl der getöteten Tiere in den letzten Jahren bei nur mehr rund der Hälfte der ausgegebenen Quote. Der Grund hierfür sind vor allem Qualitätsprobleme, da das Walfleisch zunehmend mit Schwermetallen belastet ist, was wiederum die Nachfrage sinken lässt.

Der norwegische Walfang konzentriert sich auf Minkwale (auch Zwergwale genannt). Im Nordatlantik wird die Population dieser Tiere auf rd. 100.000 Exemplare geschätzt. Die norwegische Regierung und die im Land einflussreiche Walfanglobby argumentieren deshalb, dass die (ohnehin nicht eingehaltene) Fangquote von 1.000 Tieren unter Gesichtspunkten des Artenschutzes unbedenklich sei. Umweltschutzorganisationen sehen das naturgemäß anders. So schreibt beispielsweise die Organisation Pro Wildlife:

„Norwegen beruft sich bei seinen Walfangaktivitäten auf Jahrhunderte alte Traditionen – doch der heutige Walfang mit ausschließlich kommerziellem Hintergrund und modernen Explosivharpunen hat damit nichts mehr gemein. Die Explosivharpunen explodieren im Körper des Tieres und verursachen grässliche Fleischwunden. Nur 2/3 der Zwergwale sterben hierdurch sofort, das restliche Drittel wird mit einer zweiten Harpune oder Gewehren erlegt. Todeskämpfe von bis zu fast einer Stunde wurden beobachtet. Ein Teil der Wale ist trächtig, da vor allem erwachsene Tiere bejagt werden, um möglichst große Fleischmengen pro Exemplar zu erbeuten" (Pro Wildlife o. J.).

Paradoxerweise ist die Walbeobachtung in Norwegen eine profitable Aktivität der Tourismuswirtschaft. In der Vergangenheit hat es bereits makabre und für die Touristen schockierende „Treffen" zwischen artenfreundlichen Beobachtern und Walfängern gegeben – wobei Artenschutzorganisationen auch berichten, dass auf den touristischen Walbeobachtungstouren sogar Walfleisch zum Essen angeboten wird.

4.5   Fazit und Einordnung

Norwegen ist im deutschsprachigen Raum vor allem als Reiseziel bekannt. In der öffentlichen politischen Debatte und in der vergleichenden Sozialwissenschaft ist das Land im Vergleich mit den anderen nordischen Staaten aber unterrepräsentiert: Schweden gilt seit Jahren als der Paradefall nordischer Politik, weshalb schwedische Reformaktivitäten und der beispielhafte schwedische Korporatismus hierzulande genau beobachtet werden. Außerdem fand Dänemark in den letzten Jahren vor allem aufgrund seiner Arbeitsmarktreformen, die dem Prinzip der Flexicurity folgten, international Beachtung. Und über Finnland wurde zuletzt wegen seiner erfolgreichen Schulpolitik (laut PISA-Studie) viel berichtet und geforscht.

Recherchiert man dagegen über Norwegen, findet man abseits der einschlägigen Handbuchartikel relativ wenig Material. Zum Teil mag dies damit erklärbar sein, dass Norwegen kein EU-Mitglied ist und daher in einigen sich auf die Europäische Union beschränkenden Publikationen keine Erwähnung findet. Dies heißt aber nicht, dass Norwegen kein interessanter Untersuchungsfall sei, ganz im Gegenteil: die gewissermaßen typisch nordische, generöse Wohlfahrtspolitik steht auch in Norwegen unter Reformdruck – man denke hier nur an die 2009 verabschiedete Neugestaltung des Rentensystems. Auch für Studierende (und Forscher), die sich mit politischer Kultur und politischer Soziologie auseinandersetzen, bietet Norwegen reichlich empirisches Material: Die Frage nach dem Verhältnis zur EU (d. h. Beitritt oder eben Nichtbeitritt) ist hier eine äußerst dominante Konfliktlinie, die zu 2 gescheiterten Referenden und erheblichen Verwerfungen im Parteiensystem geführt hat.

Spannend zu beobachten ist, wie sich die politische Ökonomie Norwegens angesichts sinkender Fördermengen bei Erdöl und Erdgas verändert. Seit Beginn des Jahrtausends ist die Erdölförderung des Landes kontinuierlich von rd. 3.300 Kilobarrel am Tag im Jahr 2000 auf rd. 2.200 im Jahr 2010 (Schätzwert) gesunken (IEA 2007, S. 219). Bei der

Gasförderung wird dagegen bis mindestens 2015 noch kein Einbruch erwartet (IEA und OECD 2005, S. 106). Als wichtiger Exporteur nach Westeuropa steht Norwegen in der Gasbranche in Konkurrenz zu Russland und kann für sich eine hohe Lieferverlässlichkeit in Anspruch nehmen. Allerdings hat der dominierende Konzern Statoil Hydro einen Großteil des Fördervolumens in langfristigen Verträgen vergeben, weshalb norwegische Exporte bei russischen Lieferengpässen, beispielsweise aufgrund des Gaskonflikts zwischen Russland und der Ukraine, bis jetzt keine Lückenfüllerfunktion wahrnehmen konnten.

Mit dem Ressourcenreichtum des Landes verbunden ist neben der enormen wirtschaftlichen Nutzbarkeit (die sich nicht zuletzt im Abschneiden auf den ersten Plätzen in der weltweiten Lebensqualitätsstatistik niederschlägt!) allerdings ein politisches Handlungsdilemma. Auf der einen Seite bieten die Einnahmen aus der staatlich dominierten Öl- und Gasförderung die Chance auf eine nachhaltige Absicherung des wohlfahrtsstaatlichen Outputniveaus. Dies wird über den Pensionsfonds realisiert, in dem der wesentliche Teil der Einnahmen aus natürlichen Ressourcen angespart wird. Auf der anderen Seite geht diese Politik aber zu Lasten der kurzfristigen Krisenreaktionsfähigkeit. In der politischen Debatte in Norwegen, insbesondere während des Wahlkampfs, wird aus bestimmten Richtungen (zum Beispiel von der rechtspopulistischen Fortschrittspartei und von der konservativen Høyre) gefordert, die Ressourcenpolitik des Landes zu Gunsten von Investitionen und Steuererleichterungen neu auszutarieren. Dies freilich ginge zu Lasten der wohlfahrtsstaatlichen Nachhaltigkeit. In der Bevölkerung gleichwohl scheinen diese Forderungen einige Sympathie zu haben – so ist ein Absinken der Zufriedenheitswerte über die norwegische Politik auch durch eine Unzufriedenheit mit der Sparpolitik der Regierung erklärbar (Listhaug 2005). Aufgabe der politischen Machthaber ist es, dieses Handlungsdilemma so auszutarieren, dass weder sozioökonomische Zwänge, noch gesellschaftliche Anforderungen vernachlässigt werden. Die Stoltenberg-Regierung (mit der gegenwärtigen rot-grünen Koalition seit 2005 im Amt) hat diese Aufgabe zuletzt erfolgreich gemeistert – zumindest wenn man die Wiederwahl im Jahr 2009 als Beleg für politischen Erfolg nimmt.

4.6   Drei Titel zum Weiterlesen

1. Listhaug, Ola (2005): Oil Wealth Dissatisfaction and Political Trust in Norway: A Resource Curse? In: *West European Politics* 28 (4), S. 834–851.
   - Ola Listhaug überträgt in diesem Artikel die sonst mit anderen Weltregionen verbundene Rentierstaatstheorie auf die norwegische Ressourcen-Ökonomie. Dabei arbeitet der Autor das mit dem Gas- und Ölreichtum Norwegens verbundene politische Handlungsdilemma und seine Folgen für die politische Kultur des Landes heraus.
2. Østerud, Øyvind/Selle, Per (2006): Power and Democracy in Norway: The Transformation of Norwegian Politics. In: *Scandinavian Political Studies* 29 (1), S. 25–46.

- Die beiden Autoren präsentieren in diesem Artikel die Ergebnisse des sog. Power-and-Democracy-Projekts, in dessen Rahmen 5 Sozialwissenschaftler im Auftrag der norwegischen Regierung eine Art Bestandsaufnahme der norwegischen Demokratie zur Jahrtausendwende durchgeführt haben. Der Artikel geht dabei durchaus kritisch mit dem politischen System ins Gericht. Seine Hauptthese, die von den Autoren mit verschiedenen Beispielen illustriert wird, lautet, dass die Legitimationskette zwischen Elektorat und Exekutive wahrnehmbar geschwächt sei.

3. Rokkan, Stein (2000): Staat, Nation und Demokratie in Europa. Die Theorie Stein Rokkans aus seinen gesammelten Werken. Orig.-Ausg., 1. Aufl., Frankfurt am Main: Suhrkamp. Im Nachdruck von 2006 verfügbar unter http://www.gbv.de/dms/sub-hamburg/312072104.pdf

- Die Arbeiten des bedeutenden norwegischen Politologen Stein Rokkan lagen bis zum Erscheinen dieses Buches nicht in Form eines zentralen Hauptwerkes vor. In „Staat, Nation und Demokratie" hat Peter Flora die wichtigsten Schriften Rokkans zusammengestellt und eingeleitet. Die Lektüre dient dabei weniger dem genauen Kennenlernen Norwegens als vielmehr der Vertiefung der in diesem Kapitel gestreiften theoretischen Ansätze Rokkans.

4.7 Übungsfragen

Übungsfragen 6 und 7

Frage 6

Was ist unter dem Begriff Neokorporatismus zu verstehen? Bitte stellen Sie anhand eines selbst gewählten Beispiels dar, welche Rolle neokorporatistische Arrangements in der Politik der nordischen Länder spielen.

Schwierigkeitsgrad: 2

Frage 7

Wie tragfähig ist die von Stein Rokkan formulierte These eines „eingefrorenen Parteiensystems" für die nordischen Länder? Bitte erörtern Sie diese Frage am Beispiel Norwegens.

Schwierigkeitsgrad: 2

Musterlösungen zu den Übungsfragen können im Internet unter www.springer.com/springer+vs/politik/book/978-3-658-02030-9 heruntergeladen werden.

Schweden

5

Basisdaten Schweden siehe Tab. 5.1.

Tab. 5.1 Basisdaten Schweden. (Quelle: Eigene Erstellung auf Basis von Eurostat 2013c, 2013d, 2013e, 2013f; OECD StatExtracts o. J.; Wikimedia Commons 2011d)

Staatsform	Konstitutionelle Monarchie mit parlamentarischem Regierungssystem		
Staatsoberhaupt	Carl XVI. Gustaf		
Amtssprache	Schwedisch; Minderheitensprachen: Samisch, Finnisch, Meänkieli, Jiddisch, Romani		
Regierungschef	Fredrik Reinfeldt (Moderaterna)	**Reales BIP pro Kopf**	35.500 € (2012)
Arbeitslosigkeit	8,0 % (2012)	**Inflationsrate**	0,9 % (2012)
Anteil am BIP		**Bevölkerung**	9.555.893 (1/2013)
- Landwirtschaft	2 %		
- Industrie	31 %		
- Dienstleistungen	67 %		
Gewerkschaftlicher Organisationsgrad	67,5 % (2012)	**Fläche**	450.295 km²
Stimmanteile Sozialdemokraten	30,7 % (2010)	**Hauptstadt**	Stockholm

5.1   Einführung: Politische Geschichte

Schweden – der idealtypische sozialdemokratische Wohlfahrtsstaat schlechthin: so ist zumindest die oft verbreitete Vorstellung über das bevölkerungsreichste nordische Land. Und in der Tat sind bestimmte wohlfahrtsstaatliche Aspekte vom Korporatismus über die Armenhilfe bis zur Absicherung von Arbeitslosen und Rentnern besonders stark ausgeprägt. Diese prototypische Sozialdemokratie durchlebte jedoch Veränderungen, die im Folgenden aufgezeigt und historisch rekonstruiert werden.

Bereits seit Christi Geburt bis zum Anfang des Mittelalters belegen Münzfunde Handelsbeziehungen schwedischer Gebiete mit dem römischen Reich. Daran schloss sich die Vendelzeit an, benannt nach einem Ort nahe Uppsala. Zur damaligen Zeit kann von keinem einheitlichen schwedischen Staat die Rede sein, weil viele lokale Könige ihre Territorien in der Wikingerzeit von 800 bis in die Mitte des 11. Jahrhunderts regierten und ihre Hoheitsgebiete ausweiten konnten. Schonische und dänische Wikinger eroberten Teile Englands und Frankreichs und schwedische Wikinger aus der Mälarregion, aus Uppsala und von Gotland, expandierten im östlichen Ostseeraum. Im Mälarsee wird Birka zum Handelszentrum, das Beziehungen bis nach Byzanz, Russland, Konstantinopel sowie an das Kaspische und Schwarze Meer aufbaute. Der Einfluss der Wikinger schwand als sich in Europa die Kriege legten, Seeräuberei effektiv bekämpft werden konnte und der Mittelmeerhandel auf Kosten des Ostseehandels zunahm. Mit dieser Zeit ging eine Ausbreitung des Christentums in Schweden einher, das den ursprünglich mythologischen Glauben verdrängte (Weibull 1993, S. 10–17).

> Der Sieg des Christentums über das Heidentum führt auch zu einer kulturellen Umwälzung. Die Stammesgesellschaft wird von einer staatlichen Organisation abgelöst. Im Jahr 1164 wird Schweden ein eigenes Erzbistum unter dem Erzbischof von Uppsala. Die päpstliche Bulle, die das verfügt, ist zugleich die älteste Quelle, in der Schweden als eigenständiges Reich unter einem König erwähnt wird (Weibull 1993, S. 17).

Eine Reichseinigung fand 1130 unter König Sverker dem Älteren statt, der in den 1150er-Jahren von Erik Jevardsson (später Erik der Heilige) verdrängt wurde. Zwischen beiden Geschlechtern, den Sverkern und den Eriks, entbrannte ein anhaltender Streit um den schwedischen Thron, wobei der Einfluss lokaler Herrscher nicht unterschätzt werden darf. Die Zentralgewalt des Königs wurde in der zweiten Hälfte des 13. Jahrhunderts dezentralisiert und eine Einteilung in Lehen (Län) mit lokaler Verwaltung durchgeführt. Handel, landwirtschaftliche Fortschritte in Viehzucht und Ackerbau sowie das Städtewachstum bewirkten die Ausbildung eines weltlichen Adels als Gegenpol zum bestehenden Klerus. Mit Birger Jarl kam 1250 ein König des Folkunger-Geschlechtes an die Macht, das bereits in Norwegen und Dänemark zu den Herrschergeschlechtern zählte.

Im Jahr 1319 wurde ein Freiheitsbrief erlassen, der als erster verfassungsähnlicher Entwurf verstanden werden kann. In ihm war enthalten, dass der geistliche und weltliche Adel dem König treu ergeben sein sollte, der seinerseits verpflichtet ist neue Steuern nur mit Absprache des Reichsrates zu erheben, gesetzestreu zu herrschen und niemanden ohne

Prozess zu verurteilen. Im 14. Jahrhundert florierte der Handel mit der Hanse und der König wollte zur Festigung dieses Erfolges mehr Macht an sich reißen. Trotz des einflussreichen Reichsrats wurde 1387 Königin Margarete von Dänemark und Norwegen, die auch Herrscherin über Skåne, Blekinge, Halland und Gotland war, Schwedens Königin und konnte die Reiche in der Kalmarer Union vereinen. Sie inthronisierte Erik von Pommern als Unionskönig, der jedoch der Hanse und dem Hochadel feindlich gesinnt war (Weibull 1993, S. 10–28).

Schweden wollte sich der Union nicht beugen und selbst über die umfangreichen Eisen- und Kupfervorkommen verfügen. Aus diesem Grund kam es unter der Führung von Sten Sture zum Aufstand gegen die Dänen, die verdrängt werden konnten. Christian II., König von Dänemark, ließ diese Niederlage nicht einfach über sich ergehen, denn er wollte seinerseits selbst Erbkönig von Schweden werden. Doch der schwedische Adel wollte sich nicht fremdbestimmen lassen, weshalb Christian II. ihnen Ketzerei und Beteiligung am Widerstand Sten Stures vorwarf und am 07.11.1520 im „Stockholmer Blutbad" 82 Adlige hinrichten ließ.

Gustav Eriksson Vasa, ein Verwandter Sten Stures und Überlebender des Blutbades, fühlte sich berufen, die Opposition gegen Christian II. als Hauptmann und später als gewählter Reichsverweser des Reichsrates anzuführen (Findeisen 1999, S. 92–96). Mit der Unterstützung der mächtigen Hansestadt Lübeck konnte Vasa das Land 1523 zurückerobern und wurde schwedischer König. Mit seiner Regentschaft begann die bis 1718 andauernde Großmachtzeit Schwedens, die durch (Verwaltungs-)Reformen und der Stärkung der Königsmacht – beispielsweise durch die Abschaffung der Königswahlen 1544, die Schweden eine Erbmonarchie unter dem Vasa-Geschlecht bescherte – geprägt war (Weibull 1993, S. 29–33).

Die dänisch-schwedischen Beziehungen waren äußerst spannungsgeladen, weil Schweden sein Territorium im Ostseeraum nach Russland und Westeuropa erweitert hatte und sie mündeten im 7-jährigen Krieg des Nordens (1563–1570). Der Krieg wurde ohne eindeutigen Sieger im Frieden von Stettin beendet und die Gebiete Skåne, Blekinge und Halland wurden Dänemark zugesprochen (Findeisen 1999, S. 116–118).

Die absolutistische Monarchie unter Gustav Vasa wurde zunehmend instabiler, da sich der Hochadel gegen den König erhob. Entscheidende Fortschritte in der Machtteilung konnte der Reichskanzler Axel Oxenstierna in Zusammenarbeit mit Gustav II. Adolf erreichen. Schweden gründete – wenn auch wenig erfolgreich – Kolonien in Amerika und ein wirtschaftlicher Aufschwung setzte durch die Eisenverarbeitung ein, die lange Zeit ein wichtiger Teil der schwedischen Wirtschaft bleiben sollte.

Diese starke Stellung Schwedens setzte sich im Dreißigjährigen Krieg fort, in dem Gebiete in Deutschland eingenommen wurden und schwedische Soldaten bis nach München und Prag gelangten und 1644 Skåne, Blekinge und Jütland eingenommen wurde (mehr zum Dreißigjährigen Krieg und der Schiffsmacht Schweden im Exkurs zur „schwedischen Titanic", Abb. 5.1). Im Westfälischen Frieden wurden Schweden ganze Teile Mitteleuropas (z. B. Rügen, Usedom, Stettin, Wismar, Teile Hinterpommerns) zugesprochen und das Land avancierte zum Militärstaat mit einem unbezahlbaren Heer an Söldnern. Neuerliche

Abb. 5.1 Blick auf die Vasa. (Foto: Förster)

Streitereien mit Dänemark mündeten in einem Krieg um Skåne von 1675–1679 mit einer verheerenden Schlacht in Lund, bei der die Dänen schlussendlich über den Öresund zurückgedrängt wurden.

Daraus eröffneten sich für Schweden neue Herrschaftsansprüche, die im Großen Nordischen Krieg (1700–1721) endeten, in dem Schweden Russland und Polen angriff. Nach ersten Erfolgen setzte ein strenger Winter ein und Karl XII. wurde 1709 bei Poltawa vernichtend von Peter dem Großen geschlagen und musste nach Bender (ins damalige türkische Reich) flüchten. Er schaffte es nicht die Türken gegen Russland aufzuhetzen und musste geschlagen nach 5 Jahren Exil nach Schweden zurückkehren. Im Frieden von Nystad (1721) musste Schweden nahezu alle Gebiete in Norddeutschland und im Baltikum sowie den Südosten Finnlands abtreten (Weibull 1993, S. 42–56).

Die Titanic Schwedens

Ein moderner Museumsbau am Tor zum Stockholmer Schärengarten beherbergt das schwedische Kriegsschiff Vasa aus dem 17. Jahrhundert: Ein beeindruckender Koloss von Segelschiff und ein historisches Mahnmal für ein misslungenes Management von Großprojekten an der Schnittstelle von Technik und Politik. Célien Lauer schreibt über die Vasa in der „*Welt*":

> Der Blick in die Moderne offenbart eine Fülle an missglückten Großprojekten – man denke allein an diverse Bahnhöfe oder Flughäfen. Eklatanten Pfusch am Bau gab es aber auch schon im 17. Jahrhundert. Im Falle der ‚Vasa' lässt er sich mit Größenwahn begründen, zumindest aber mit einer Reihe wahnwitziger Fehleinschätzungen (Lauer 2013).

Die Geschichte der Vasa bewegt sich zwischen Tragödie und Lehrstück: Während des Dreißigjährigen Krieges geriet die Seegroßmacht Schweden unter Druck. Geheimdienstberichte brachten Mitte der 1620er-Jahre die Kunde an den schwedischen Hof, dass Polen an einem Kriegssegler von bisher nie da gewesener Größe arbeitete, außerdem schien Dänemark ganz offensichtlich eine Fregatte mit 2 übereinander platzierten Kanonendecks zu entwickeln – ein Schiff von solch einer Feuerkraft befand sich bis dato nicht in der Flotte des Schweden-Königs Gustav Adolf. Also gab er die Vasa in Auftrag. Ihre Eckdaten: 62 Meter lang, 3 demontierbare Masten, 2 Kanonendecks inklusive Achter-Kanonen, 2 übereinander gebaute Wehrgänge am Achterkastell für den Nahkampf und stolze 437 Mann Besatzung.

Der holländische Schiffsbaumeister Henrik Hybertsson setzte beim Bau auch auf optische Effekte: Das Schiff war grell bemalt und sollte den Gegner schon durch seine Optik das Fürchten lehren. So waren beispielsweise die Kanonenklappen mit geschnitzten Löwenfratzen versehen, die dem Gegner bei geöffneten Luken entgegen grinsten, außerdem drängten sich am Achterkastell Statuen von antiken Seegöttern und römischen Soldaten, die ein furchteinflößendes Symbol für den schwedischen Großmachtstatus sein sollten.

Der Bau des Schiffes wurde von Streitigkeiten zwischen Politik und Baumeistern aus dem Takt gebracht: Obwohl die Vasa zunächst mit einem Kanonendeck geplant worden war, wollte der König während des Baus ein zweites integrieren. Der Kiel der Vasa war zu diesem Zeitpunkt allerdings bereits fertiggestellt – und auf weniger Feuerkraft ausgelegt. Hybertsson war also dagegen: Mehr Kanonen bedeuteten mehr Gewicht und eine Verlagerung des Schwerpunkts. Schlussendlich musste er sich dem König jedoch beugen und unternahm mit der Zuladung von Steinen den verzweifelten Versuch, den Schwerpunkt seines Schiffes (und den seiner Karriere) zu retten.

Am 10.08.1628 brach die Vasa im Hafen von Stockholm zu ihrer Jungfernfahrt auf. Die Bevölkerung der Hauptstadt drängte sich an den Kaimauern, um das neue schwedische Flaggschiff zu bejubeln. Die Verantwortlichen ahnten da bereits Böses:

> Vizeadmiral Klas Fleming ließ kurz nach Stapellauf 30 Mann von backbord nach steuerbord rennen und wieder zurück, um die Stabilität zu testen. Die ‚Vasa‘ krängte dabei so stark, dass man das Experiment schleunigst abbrach – um die gigantische Fehlkonstruktion dann frohgemut auf Jungfernfahrt zu schicken (Lauer 2013).

Weit kam die Vasa also nicht: Nach nur etwa 1.500 m Fahrt kenterte sie noch im Stockholmer Hafenbecken und versank mitsamt Besatzung, Römerstatuen und Kanonen vor den Augen des Volkes in der Ostsee. Zahlreiche Besatzungsmitglieder kamen dabei ums Leben.

In den 1950er-Jahren gelang einigen cleveren Archäologen die Bergung – ein Unterfangen, das nicht nur für die Vasa als künftiges Museumsstück, sondern auch für die Arbeiter riskant war. Mit speziellen Bohrern wurden zirka 1 m breite Kanäle in den Seeschlamm unterm Schiffsrumpf gebohrt, durch die dann Marinetaucher krochen, um die Seile eines riesigen Seekrans um das Schiff zu legen. Doch wohin mit dem aus den Tiefen geholten Koloss? Weit transportieren konnte man das Schiff nicht, außerdem gab es kaum Gebäude, die ein Ausstellungsstück dieses Ausmaßes beherbergen konnten. Die Vasa erhielt so kurzerhand ihr eigenes Museum am Eingang zum Schärengarten.

Im Jahr 1720 wurde eine Regierungsreform und 1723 eine neue Reichstagsordnung beschlossen, wodurch der Reichstag mehr Macht gegenüber dem König erlangte und in der „Freiheitszeit" von 1719–1772 eine frühe Form des Parlamentarismus einsetzte. „Das parlamentarische System, das in der Freiheitszeit geformt wurde, bildet das Fundament der freiheitlichen Traditionen, wie sie für Schweden seither charakteristisch gewesen sind"(Weibull 1993, S. 61).

Nach der Vielzahl von Kriegen erholte sich die Landwirtschaft zwar, konnte bei der voranschreitenden Bevölkerungsexplosion den Menschen jedoch dennoch nicht ausreichend Land zur Bewirtschaftung bereitstellen, weshalb eine große Zahl Schweden im 19. Jahrhundert in die USA auswanderte. Durch den neuen Überseehandel konnte sich die schwedische Wirtschaft vom Naturalienexport lösen und das Kapitalvolumen steigern. Neue Manufakturen und Handelsunternehmen wurden gegründet, die Eisen- und Stahlexporte stiegen, das Bürgertum wuchs und es entwickelte sich eine Epoche der kulturellen Blüte: die gustavianische Zeit (1772–1809).

Im Jahr 1772 erlangte Gustav III. Souveränität und verdrängte den aufkeimenden Parlamentarismus durch Alleinherrschaft. Er orientierte sich an Frankreich und ließ Kunst, Literatur, Musik, Wissenschaft, Architektur in vollem Glanze erblühen. Mit seinem Souverän war das Volk jedoch alles andere als zufrieden und 1792 wurde Gustav III. auf einem Stockholmer Maskenball getötet. Dies änderte aber nichts daran, dass des Königs Sohn, Gustav IV. Adolf, Alleinherrscher blieb.

Als Russland im Finnischen Krieg 1808–1809 Finnland angriff, musste Schweden die dortigen Gebiete sowie weitere Gebiete in Nordschweden abtreten. Nach einem Staatsstreich gegen Gustav IV. im Jahr 1809 wurde unter Einfluss von Gedankengut von Montesquieu eine neue Verfassung ausgerufen: „Gemäß der Regierungsform von 1809 war Schweden nunmehr eine konstitutionelle Monarchie mit einer Teilung der Macht zwischen König, Staatsrat und Reichstag"(Weibull 1993, S. 76).

Daraufhin setzte eine Zeit ein, in der Schweden zwischen die Fronten der Großmächte Frankreich und England zu geraten drohte. Napoleon erlangte immer mehr Macht in Europa und Schweden konnte nicht länger neutral gegenüber England und Frankreich bleiben. Schweden sollte, so die Forderung Bonapartes, den Handel mit Großbritannien einstellen und sich an der Kontinentalsperre beteiligen. Doch die französischen Eingriffe waren noch umfassender: Schweden hatte keinen Thronfolger und folglich wurde der französische Marschall Jean Baptiste Bernadotte (in Schweden Karl Johann genannt) schwedischer König.

Sein zunehmender Hass auf Napoleon brachte den schwedischen König 1812/13 zur Schließung eines Bündnisses mit Preußen und Russland und die drei Parteien schlugen die napoleonischen Truppen vernichtend in der Völkerschlacht bei Leipzig. Mit seinem Heer konnte Karl Johann gegen Dänemark vorgehen, das die norwegischen Gebiete abtreten musste. Es bildete sich eine schwedisch-norwegische Union, bei der Norwegen zwar ein gemeinsames Königreich mit Schweden bildete, aber eine eigene Verfassung und weitgehende innere Selbstverwaltung erhielt (Weibull 1993, S. 78–81).

Die Union bestand von 1814 bis 1905, ohne dass die rechtliche Grundlage je genau geklärt wurde. Dementsprechend legten beide Parteien die Situation zu ihren Gunsten aus: Schweden befürwortete die Union, Norwegen die Eigenständigkeit. Deshalb ließ sich Norwegen die Installation eines eigenen Königs zusichern, der am 17.05.1814 von der Eidversammlung gewählt wurde. Weil der Unionskönig seine Aufgaben in Norwegen nicht wahrnahm, wurde die Union 1905 aufgelöst, nachdem bereits 1884 Norwegen volle Selbstverwaltung erhalten hatte. Nach dem Bruch mit den Schweden wurde Prinz Carl von Dänemark norwegischer König und nannte sich in Hakoon VII um (Weibull 1993, S. 104–110). Neben dem Unionsproblem hatte die schwedische Innenpolitik auch mit Überbevölkerung und Hungersnöten zu kämpfen, was zu immensen Auswanderungswellen führte. Nach Zahlen von Weibull haben von 1865 bis 1914 rd. 1 Mio. Schweden das Land verlassen, hauptsächlich in Richtung Nordamerika (Weibull 1993, S. 86–87).

Im Jahr 1901 wurde in Schweden die Wehrpflicht mit einer Dauer von 240 Tagen eingeführt. Dadurch regte sich – vor allem von Seiten der Wehrpflichtigen – der Wunsch nach einem besseren Wahlrecht. 1909 wurde deshalb ein Beschluss umgesetzt zu „allgemeine[m] und gleiche[m] Wahlrecht für Männer zur Zweiten Kammer, die Einführung eines Zensus mit vierzig Klassen für die Berechnung der Stimmen bei Kommunalwahlen sowie Verhältniswahl zu beiden Kammern" (Weibull 1993, S. 113).

Mit Ausbruch des 1. Weltkriegs erklärte Schweden die Neutralität, wodurch weiterhin der Handel mit allen Ländern möglich war. In den Kriegsjahren machte sich dennoch eine Mehrheitsmeinung nach mehr parlamentarischer Mitsprache breit und so kam es nach dem Krieg zu Verfassungsänderungen wie dem Wahlrecht für Frauen und der Demokratisierung der Ersten Kammer (Weibull 1993, S. 112–118).

Zwischen den Weltkriegen war Schweden nur kurzzeitig Mitglied im Völkerbund und führte anschließend die Neutralitätspolitik fort. Schwedische Politiker wollten die nordische Zusammenarbeit vorantreiben, was in Dänemark und Norwegen jedoch auf wenig Widerhall stieß und so wurde nur mit Finnland über die Åland-Inseln verhandelt. Offiziell gehören die Inseln seither zu Finnland, aber weil die Bevölkerung größtenteils schwedisch ist, verwaltet sich die Insel weitgehend selbst.

Die Neutralität Schwedens wurde im 2. Weltkrieg auf eine harte Probe gestellt. Finnland wurde von Russland angegriffen und obwohl viele Schweden die militärische Unterstützung befürworteten, griff die politische Führung nicht ein und lediglich freiwillige Truppen unterstützten die Finnen. Zudem verfolgten die Alliierten Großbritannien und Frankreich das Ziel, Truppentransporte durch Nordschweden durchzuführen, um Finnland gegen Russland zu verteidigen. Aus Angst zwischen die Fronten der Großmächte zu geraten und vor der Besetzung der nordschwedischen Eisenerzvorkommens, verweigerte Schweden dieses Anliegen. Solange deutsche Truppen in Norwegen kämpften, verbot damit Schweden diesen den Transport von Material und Soldaten durch schwedisches Territorium. Als Norwegen unterlag und Frankreich von Deutschland besetzt wurde, stieg die Angst vor deutschen Übergriffen und Bahntransporte für Personen von und nach Norwegen wurden gestattet. Daraufhin ersuchten die Deutschen darum ihre Truppen von Norwegen nach Finnland zu transportieren. Schweden gab dem Ersuchen nach und so wurden 15.000 Soldaten der Division Engelbrecht verlagert. Ein Grund für das Einlenken war, dass Deutschland Schwedens wichtigster Handelspartner war und beispielsweise deutsche Kohle nach Schweden und schwedisches Eisenerz nach Deutschland gelangten. Dennoch spielte Schweden eine wichtige humanitäre Rolle, weil es Flüchtlinge aus Norwegen und Dänemark aufnahm und Ausgangspunkt verschiedener Widerstandsbewegungen gegen Deutschland war. Als sich der Krieg 1943 zu Ungunsten der Deutschen entwickelte, brach Schweden die Verbindungen mit Deutschland ab und es wurden vermehrt Flüchtlinge aus dem Baltikum, Juden aus Dänemark aufgenommen oder aus deutschen Konzentrationslagern gerettet (Weibull 1993, S. 124–130; Lagerqvist 2003, S. 176–182).

Hadenius fasst die schwedische Außenpolitik im 2. Weltkrieg unter dem Stichwort „Pragmatismus" (Hadenius 1990, S. 46) zusammen, was sich in der Absage von Truppentransporten durch Nordschweden der Alliierten und in der Zusage für die Deutschen, die damals Erfolge verbuchen konnten, zeigt. Vielleicht ist gerade deshalb Schweden im Vergleich zu seinen dänischen und norwegischen Nachbarn oder anderen besetzten Ländern viel Leid erspart geblieben (Hadenius 1990, S. 45–46).

Nach dem 2. Weltkrieg entwickelte sich die Sozialdemokratie zur vollen Stärke und der Sozialstaat nahm Konturen an. 1946 wurde die Altersrente bis auf das Existenzminimum angehoben und ein Grundsatzbeschluss für die allgemeine Krankenversicherung geschaffen. Ein Jahr später wurde das allgemeine Kindergeld eingeführt und zudem die 9-jährige Einheitsschule. Diese Sozialausgaben wurden durch höhere Erbschafts- und Vermögensbesteuerung finanziert (Weibull 1993, S. 130–131).

Das schwedische Königreich hat heute eine Nord-Süd-Ausdehnung von rd. 1.600 km und grenzt im Westen und Nordwesten an Norwegen sowie im Nordosten an Finnland an. Im Südwesten ist Schweden über die Öresundbrücke mit Dänemark und dem europäischen Festland verbunden. Im Osten und Süden grenzt Schweden an die Ostsee. Amtssprache ist Schwedisch, aber auch die regionalen Sprachen Finnisch, Meänkieli und Samisch der anerkannten Minderheiten der Samen und Finnen sind offizielle Sprachen. Seit dem 2. Weltkrieg genießen Minderheiten aus Krisengebieten einen besonderen Schutz (Werler 2004b, S. 459).

5.2 Polity: Grundzüge des politischen Systems

5.2.1 Verfassung

Die erste parlamentsähnliche Versammlung, der Reichstag, trat bei der Wahl von Gustav Vasa zum schwedischen König am 06.06.1523 zusammen. Dies bedeutete zugleich die endgültige Separation von Dänemark, weshalb der Tag heute als Nationaltag gefeiert wird (Wollmann 2008, S. 35). Regierungsformen lassen sich bis ins 17. Jahrhundert nachweisen und die „Freiheit des Drucks" wurde 1776 verfasst, die damit länger als in allen anderen Verfassungen enthalten ist (Hadenius 1990, S. 49).

Ein entscheidender Einschnitt in der Verfassungsgeschichte war die Konstitution von 1809. Sie „hielt zum ersten Mal fest, was Schwedens Grundordnung bildete, nämlich neben der Regierungsform die Reichstagsordnung (1810 verabschiedet), die Druckfreiheitsverordnung (Pressefreiheit) (1810 verabschiedet, erneuert 1812 und 1919) und die Erbfolgeregelung; letztgenannte regelt die Thronfolge und wurde 1809 angenommen, jedoch bereits 1810 bei der Wahl von Jean Baptiste Bernadotte zum Thronfolger gegen eine neue ausgetauscht"(Lagerqvist 2003, S. 127–128). In ihr ist beschrieben, dass der König das Reichsgeschehen leitet, er aber den Staatsrat anhören muss und gegenüber dem Reichstag verantwortlich ist, sodass sich eine Gewaltenteilung zwischen König, Regierung und den Gerichten ergibt. Bis ins Jahr 1974 blieb die Verfassung in Kraft (Lagerqvist 2003, S. 128) und zuvor wurde bereits 1970 eine neue Reichstagsordnung angenommen. Ein Einkammerreichstag wurde mit 350 (später 349) Sitzen eingeführt, der alle 3 Jahre durch Verhältniswahl gewählt wurde. 1975 trat die neue Regierungsform in Kraft, in der veran-kert war, dass alle Gewalt vom Staat ausgehe, der Reichstag in freier und geheimer Wahl zusammentritt, nur er Gesetze verabschieden und Steuern erheben kann und der Monarch zwar Staatsoberhaupt ist, aber lediglich repräsentative Aufgaben ausübt. Zum Beispiel erteilt nicht mehr der König den Regierungsauftrag oder ernennt den Ministerpräsidenten, sondern der Reichstagspräsident. Der Monarch ist nicht mehr Oberbefehlshaber über das Heer, sondern die Regierung. Carl XVI. Gustav ist der erste König unter der neuen Verfassung, in dessen Regentschaft auch die Abänderung des Thronfolgegesetzes (1980) fällt. Nunmehr gilt gleiches Erbrecht für Söhne und Töchter des Monarchen, weshalb derzeit Kronprinzessin Victoria als älteste Tochter Thronerbin ist (Weibull 1993, S. 134–136).

Seit der neuen Verfassung von 1974 finden Reichstags-/Kommunal- und Bezirkswahlen am selben Tag statt und die 3-jährige Legislaturperiode wurde 1994 auf 4 Jahre erweitert. 1919 und 1921 wurde das allgemeine Wahlrecht für Frauen und Männer für beide Kammern von 2 aufeinanderfolgenden Reichstagen beschlossen (Lagerqvist 2003, S. 171, 186).

Historisch betrachtet setzte eine Demokratisierung des Regierungssystems in den 1840er-Jahren ein, bei der allmählich die Staatsräte mehr Macht erhielten und der Weg vom Konservatismus zum Liberalismus führte. Dies betraf beispielsweise den Umgang mit Armen und Straftätern, Gewerbefreiheit, Frauenrechte oder Infrastrukturinvestitionen (Eisenbahntrassen, Götakanal oder Telegrafenanlagen).

Bedeutende politische Reformen waren die Einführung der Religionsfreiheit (1860), die kommunale Selbstverwaltung (1862), ein neues Strafgesetz (1864), Freihandel (1865) und im Besonderen die Parlamentsreform von 1866. Der Reichstag sollte fortan aus 2 gleichberechtigten Kammern bestehen, die allerdings in ihrem Zugang noch unterschiedlich waren. Die erste Kammer konnte nur für Personen zugänglich sein, die über hohe Einkünfte oder ein hohes Vermögen verfügten und über 35 Jahre alt waren. Sie wurden für 9 Jahre gewählt und jährlich wurde ein Neuntel der Abgeordneten ausgetauscht. Die Wahl wurde von Provinziallandtagen und Stadtverordnetenversammlungen durchgeführt und begünstigte Gutsbesitzer, höhere Beamte, reiche Kaufleute sowie Industrielle. Für die zweite Kammer wurde eine direkte Wahl eingeführt, bei der die Hürde für die Wählbarkeit deutlich niedriger war. Besonders Bauern, die die Bauernpartei (Lantmannapartiet) gegründet hatten, waren in dieser Kammer repräsentiert. Da die beiden Kammern gleichberechtigt waren, herrschte häufig eine Politik des Stillstandes (Weibull 1993, S. 93–98).

Die heutige schwedische Verfassung setzt sich aus 4 eigenständigen Grundgesetzen/Verfassungsgesetzen zusammen:

1. Gesetz über die Regierungsform (Regeringsformen) wurde 1974 geschaffen und ist seit 1975 in Kraft. Als wichtigster Pfeiler beinhaltet es Paragraphen über den Staatsaufbau sowie über (soziale) Grund- und Freiheitsrechte,
2. Thronfolgegesetz (Successionsordningen) aus dem Jahr 1810,
3. Pressefreiheitsgesetz (Tryckfrihetsförordningen) von 1949, bereits seit 1766 in der Verfassung verankert,
4. Grundgesetz über freie Meinungsäußerung (Yttrandefrihetsgrundlagen) von 1991.

Neben diesen 4 Gesetzestexten gibt es seit 1974 die Reichstagsordnung (Riksdagsordningen), die sich juristisch betrachtet zwischen normalem Recht und Verfassungsrecht ansiedelt und in welcher Regelungen über die Arbeitsweisen des Reichstages enthalten sind. Die Regierung kann neben Gesetzen Rechtsverordnungen erlassen oder Kommunen Ermächtigungen einräumen (Jann und Tiessen 2008, S. 99, 102; Jahn 2009, S. 108).

Um die 4 Grundgesetze abzuändern, muss zum einen ein Beschluss für eine Verfassungsänderung mindestens 10 Monate vor der nächsten Reichstagswahl gefasst und angenommen werden. Ein zweiter Reichstagsbeschluss mit dem neugewählten Parlament muss ein weiteres Mal den Beschluss bekräftigen. Somit sind 2 Regierungen für Verfassungsänderungen nötig. Zum anderen ist ein zweites Hindernis, dass ein Drittel der Abgeordneten eine Volksabstimmung verlangen kann, die am Wahltag durchgeführt wird. Für Verfassungsänderungen hat allerdings nur ein „Abstimmungs-Nein" bindende Wirkung. Änderungen im Reichstagsgesetz sind durch eine Drei-Viertel-Mehrheit (Hauptbestimmungen) bzw. durch eine einfache Mehrheit (Zusatzbestimmungen) durchführbar (Jann und Tiessen 2008, S. 121; Jahn 2009, S. 120).

Artikel 1 der schwedischen Verfassung setzt sich mit der Gewaltenausübung, der Meinungsbildung, dem Stimmrecht und der Staatsform auseinander und lautet im Wortlaut: „Alle öffentliche Gewalt in Schweden geht vom Volk aus. Die schwedische Volksherrschaft gründet sich auf die freie Meinungsbildung und das allgemeine und gleiche Stimmrecht. Sie wird durch eine repräsentative, parlamentarische Staatsform und kommunale Selbstverwaltung verwirklicht. Die öffentliche Gewalt wird unter dem Gesetz ausgeübt" (Sveriges Riksdag, Kungörelse 1974, S. 152, 1. Kapitel, § 1).

Zu Beginn der 1970er-Jahre wurden gravierende Verfassungsänderungen durchgeführt. Das Zweikammerparlament wurde zum Einkammerparlament (1970), eine 4-%-Hürde wurde verankert und ein proportionales Wahlsystem eingeführt (1971) (Jahn 2009, S. 108). Nach Immergut haben diese Verfassungsänderungen auf zweierlei Weise die Stärke und die Langlebigkeit schwedischer Regierungen geschmälert. Einerseits hat das proportionale Wahlsystem mit mehr Sitzen im Parlament und zusätzlichen Ausgleichsmandaten die Repräsentanz von kleineren Parteien trotz der 4-%-Hürde gefördert. Andererseits sind durch das proportionale Wahlsystem Mehrheitskoalitionen seltener (Immergut 2002, S. 237–238).

In der Verfassung von 1809 war der Monarch Staatsoberhaupt, Oberbefehlshaber des Heeres, ernannte höhere Beamte und das Kabinett, konnte den Reichstag auflösen, Regierungsentscheidungen unterzeichnen und Kabinettsitzungen leiten (Bergman 1994, S. 208). Die Verfassung von 1809 war offiziell nach dem 2. Weltkrieg noch in Kraft, jedoch nicht mehr in der politischen Praxis wirksam. Im Jahr 1971 trat deshalb die Königliche Kommission für Verfassungsangelegenheiten im südschwedischen Torekov zusammen, um die Verfassung im sog. Torekov-Kompromiss anzupassen. Damals bestand noch ein Dualismus zwischen König und der gesetzgebenden Versammlung. Die Legislative musste Gesetze abfassen und den Haushaltsplan entwerfen und der König regierte das Land. Während die Konservativen die Funktion des Königs nicht schmälern wollten, hatten die Sozialdemokraten insgeheim das Ziel eine Republik auszurufen. Da sie die königstreuen Wähler allerdings nicht verstimmen wollten, zogen sie die Liberalen und das Zentrum auf ihre Seite und gingen mit den Konservativen einen Kompromiss ein. Die Demokratie und der Parlamentarismus wurden gestärkt, wenngleich die Erbmonarchie erhalten blieb. Die Konservativen hatten ebenfalls für den Kompromiss gestimmt, da man konsensdemokratisch entscheiden wollte. (Ausführlich: Bergman 1994, S. 199, 203–207, 213)

Die Ergebnisse von Torekov waren unter anderem folgende:

- Der König ist Staatsoberhaupt, wird aber in Regierungsangelegenheiten vom Ministerpräsidenten nur informiert und kann keine eigenen Entscheidungen treffen.
- Der Reichstagspräsident ernennt den Ministerpräsidenten.
- Das Staatsoberhaupt sitzt dem außenpolitischen Beirat vor. Bei Entscheidungen übernimmt der Reichstagspräsident den Vorsitz.
- Die Regierung ist fortan Befehlshaber der schwedischen Streitkräfte, auch wenn der König noch den höchsten militärischen Rang zu repräsentativen Zwecken besitzt (Bergman 1994, S. 214–215).

Das Zivil- und Strafrecht geht auf das Schwedische Gesetzbuch von 1734 zurück, das fortwährend aktualisiert wurde. Es ist kein bürgerliches Gesetzbuch vorhanden, das dem kontinentaleuropäischen vergleichbar wäre, weshalb das schwedische Rechtssystem als eine Kombination aus dem europäischen und dem anglo-amerikanischen Rechtssystem gilt. In Schweden findet sich kein Verfassungsgericht, dafür einflussreiche Verwaltungsgerichte. Sowohl die allgemeinen Gerichte als auch die Verwaltungsgerichte sind auf 3 Ebenen vertreten. Im Bereich der allgemeinen Gerichte gibt es als erste Instanz 53 Bezirksgerichte (Tingrätter). Daran schließen sich Oberlandesgerichte (Hovrätter) und als höchste Instanz der Oberste Gerichtshof (Högsta Domstolen) an. Auf der untersten Ebene der Verwaltungsgerichte sind 23 Gerichte auf Län-Ebene (Länsrätterna) anzusiedeln, die seit 1979 unabhängig von der Kontrolle der staatlichen Vertretungen auf regionaler Ebene (Länsstyrelserna) sind. Danach folgen 4 Oberverwaltungsgerichte (Kammarrätterna), die in den 1970er-Jahren neu gestaltet wurden. Die höchste Instanz ist der 1909 geschaffene oberste Verwaltungsgerichtshof (Regeringsrätten) (Jahn 2009, S. 137–138). Da kein Verfassungsgericht vorhanden ist, werden Gesetze meistens vom Rechtsrat überprüft, der sich aus Richtern des obersten Gerichtshofes und des obersten Verwaltungsgerichtes rekrutiert. Die nachträgliche Verwaltungskontrolle erfolgt durch ordentliche Gerichte (Jann und Tiessen 2008, S. 121).

In Schweden und den anderen nordischen Ländern war der Protestantismus mit einer evangelisch-lutherischen Konfession lange Zeit prägend und diente als Staatsreligion bzw. Volkskirche. Heute sind die Länder unter christlich(-lutherisch)er Prägung säkularisiert. Während in Dänemark die Religionsfreiheit bereits 1849 eingeführt wurde, war dies in Schweden erst 1951 der Fall und letztlich wurde 2000 die evangelische Kirche vom Staat getrennt (Werner 2008, S. 306–312).

Schweden hat eine ähnlich lange Tradition der direkten Demokratie wie die Schweiz. Aus dem Mittelalter sind lokale Volksversammlungen (Ting) bekannt, die auf kommunaler Ebene unmittelbare Entscheidungen zuließen. Im Gesetz von 1862 wurde die kommunale Selbstverwaltung eingeführt mit direkten Gemeindeversammlungen, die bis nach dem 2. Weltkrieg bestanden. Nach der Gebietsreform von 1974 und der neuen Verfassung wurde die kommunale Selbstverwaltung gestärkt und die direkte Demokratie eingeschränkt. Erst durch Reformbestrebungen und das Kommunalgesetz von 1991 wurden lokale, wenngleich konsultative Volksbefragungen möglich (Wollmann 2008, S. 70–71).

Auf nationaler Ebene gibt es in Schweden bindende und konsultative Volksbefragungen. Seit 1980 kann bei Änderungen der Verfassung oder bei völkerrechtlichen Verträgen (die Grund- oder Freiheitsrechte betreffen) per Antrag von einem Drittel der Reichstagsabgeordneten eine bindende Volksabstimmung abgehalten werden. Bindend ist aber nur eine Ablehnung des Vorschlages. Referenden können auch zwischen mehreren Abstimmungsoptionen durchgeführt werden, wodurch sich Interpretationsspielraum für das Parlament ergeben kann, doch die Parteien akzeptieren in der Regel das Ergebnis, das somit de facto bindende Wirkung hat (Jann und Tiessen 2008, S. 120). Eine Übersicht über nationale Referenden in Schweden seit 1922 liefert Tab. 5.2.

Tab. 5.2 Schwedische Referenden seit 1922. (Quelle: Eigene Erstellung auf Basis von Statistiska centralbyrån 2007)

Referendum (Gegenstand)	Wahlbeteiligung (%)	Resultat
27.08.1922 (Alkoholverbot)	55,1	Ablehnung
16.10.1955 (Von Links- zu Rechtsverkehr)	53,2	Ablehnung
13.10.1957 (Rentenfrage ATP)	72,4	Alternative 1[a]
23.03.1980 (Einstellung Atomkraft)	75,6	Alternative 2[b]
13.11.1994 (EU-Beitritt)	83,3	Annahme
14.09.2003 (Einführung Euro)	82,6	Ablehnung

[a]Vorschlag von Sozialdemokraten, Unterstützung von Kommunistischer Partei und LO,
[b]Vorschlag Sozialdemokraten und Volkspartei

Zwei der durchgeführten Referenden sollen an dieser Stelle näher betrachtet werden. Das Kernkraftreferendum 1980 war kein klassischer Rechts-Links-Konflikt, wie er typisch in der schwedischen Politik ist. Nach dem Reaktorunfall in Harrisburg waren eigentlich alle Parteien für einen Ausstieg aus der Atomkraft. Es bildete sich ein Lagerwahlkampf zwischen verschiedenen Lösungsvorschlägen aus. Letztendlich entschied man sich knapp für eine Lösung der Sozialdemokraten mit Unterstützung der Liberalen und des Gewerkschaftsbundes LO. Der Vorschlag beinhaltete einen schrittweisen wirtschaftlichen Ausstieg aus der Atomkraft ohne die Planung neuer Kernkraftanlagen (Hadenius 1990, S. 134–136).

Im September 2003 wurde nach einer hitzigen Debatte ein Referendum über die Einführung des Euros abgehalten. Mit 55,9 % Nein-Stimmen und 42,0 % Ja-Stimmen ging das Referendum negativ aus. Obwohl eine Mehrheit gegen den Euro prognostiziert worden war, war der deutliche Abstand überraschend. Mit ‚Nein' stimmten tendenziell eher Frauen und Personen auf dem Land. In Stockholm und im Süden war man eher positiv gegenüber dem Euro eingestellt. Die Wahl wurde durch den Mord an Außenministerin Anna Lindh überschattet, zu dem aber keine Verbindung mit dem Referendum nachgewiesen werden konnte (Widfeldt 2004, S. 511–512).

5.2.2   Gebietskörperschaftlicher Aufbau und bedeutende Zentren

Schweden hat ein parlamentarisches Regierungssystem und einen unitarischen Staatsaufbau mit einem hohen Maß an Autonomie und verfassungsrechtlich garantierter Selbstbestimmung der subnationalen Ebene. Schweden lässt sich also am besten als ein dezentraler Einheitsstaat bezeichnen (Jann und Tiessen 2008, S. 102).

Auf diese Weise beschreibt Jann die beiden stark ausgeprägten Planungsebenen in Schweden und reiht Schweden mit Dänemark, Norwegen und Finnland in die skandinavische Planungstradition ein. Dabei gibt es sowohl einen starken Nationalstaat als auch eine starke kommunale Ebene, die eine große Freiheit der lokalen Selbstverwaltung besitzt. Allerdings geht dies mehr auf lange traditionelle Verfahren in der praktischen Politikumsetzung zurück als auf rechtliche Regelungen, denn in der Verfassung sind keine expliziten Abschnitte über die Aufgaben der Kommunen enthalten (Jann und Tiessen 2008, S. 102).

In Schweden ist das Umwelt- und Wirtschaftsministerium für die Erstellung von nationalen Handlungsprogrammen zuständig. Sie werden in Gesetze oder Empfehlungen überführt, die von allen nachgelagerten Ebenen befolgt werden müssen. Noch mehr als in Deutschland verfügt die kommunale Ebene über ein Planungsmonopol. Sie erstellt den Flächennutzungsplan (Översiktsplan) und den verbindlichen Bebauungs- und Grundstücksplan (Detaljplan). Im Vergleich zur kommunalen Ebene ist die regionale weniger stark ausgeprägt. Für die Regionen und Provinzen wurden Entwicklungsstrategien verfasst, die aber nur unverbindliche Empfehlungen aussprechen (Langhagen-Rohrbach 2010, S. 105; Böhme 1999, S. 341).

Auch wenn Schweden vor allem über eine starke nationale und lokale Ebene verfügt, herrscht eine dreistufige Planungsstruktur vor. Auf nationaler Ebene ist der Staat für die Planung zuständig. Auf regionaler Ebene hat sich eine duale Struktur herausgebildet. Schweden ist in 21 Län aufgeteilt, für die es jeweils eigene staatliche Vertretungen auf regionaler Ebene (Länsstyrelsen) gibt. Darüber hinaus bestehen 20 Sekundärkommunen und Organe der regionalen Selbstverwaltung (Landstinget). Mit Ausnahme von Gotland sind Länsstyrelsen und Landstinget geographisch identisch. Auf lokaler Ebene besteht die beschriebene Selbstverwaltung in 290 Kommunen (Regeringskansliet 2004).

Oberhalb der nationalen Ebene wird die supranationale Ebene, die der EU, seit dem Beitritt zum europäischen Bündnis 1995 immer wichtiger. Gesetze, die von der EU entworfen werden, durchlaufen – ausgenommen die Kommissionsarbeit – dieselben Stufen der Gesetzesvorlagen wie schwedische Gesetze (Jann und Tiessen 2008, S. 127–128).

Schwedische Kommunal- und Regionalplanung

Die beiden Verwaltungsebenen der Kommunen und der Regionen sind ausführlicher herauszustellen. Erstere, weil sie „auf eine lange Tradition neben der nationalen Ebene zurück[blickt] und als sehr bedeutungsvoll bezüglich der Entstehung der politischen Kultur des schwedischen Modells eingestuft [wird]" (Böhme 1999, S. 341). Letztere, weil sie v. a. in den letzten Jahren einen Bedeutungsgewinn erfahren hat.

Ein wichtiger Grund für die starke Stellung der Kommunen ist, dass die kommunale Verwaltung bereits seit 1862 das Recht auf eine individuelle aber direkt erhobene kommunale Einkommensteuer hat, die rd. 70 % der kommunalen Ausgaben deckt (Wollmann 2008, S. 239–240). Im Unterschied zu Deutschland erhalten die Kommunen nur von natürlichen Personen Einkommensteuer aus Lohn- und Zinseinkommen und nicht von privaten Unternehmen (Böhme 1999, S. 347).

In einer Vergleichsstudie der unterschiedlichen Kommunalmodelle in England, Schweden, Frankreich und Deutschland kommt Wollmann (2008) zu dem Ergebnis, dass Schweden das stärkste Kommunalmodell hat, was er folgendermaßen begründet:

- Die Gebietsreformen von 1952 und 1974 mit einer Zusammenlegung von Kommunen zu einer durchschnittlichen Größe von rd. 34.000 Einwohnern haben sich als äußerst effektiv für Verwaltung und Umsetzung wohlfahrtsstaatlicher Aufgaben herausgestellt.
- Die Wahlbeteiligung bei Kommunalwahlen ist mit rd. 90 % äußerst hoch und spricht für das weit verbreitete Pflichtbewusstsein für lokale Mitbestimmung.
- Durch die Verfassung von 1974 wurden direktdemokratische Verfahren weitgehend eingeschränkt und durch eine repräsentative Demokratieform ersetzt. Nichtsdestoweniger finden immer häufiger andere Teilnahmemöglichkeiten Anwendung wie das System der Nutzerräte, das ursprünglich aus Dänemark stammt.
- In den 1990er-Jahren kamen Übertragungen von der nationalen auf die kommunale Ebene hinzu wie die Zuständigkeit für Schulen.
- Das Personal der Kommunen ist bereits seit den 1960er-Jahren sehr gut ausgebildet. Das Outsourcing von sozialen Dienstleistungen fand zwar auch in Schweden statt, allerdings ist im internationalen Vergleich der Anteil des kommunalen Personals im Sozialbereich hoch.
- Die Kommunen verfügen über die eigene Einkommensteuer und können so den Wohlfahrtsstaat auf der lokalen Ebene erschaffen und eine „Wohlfahrtskommune" hervorbringen (Wollmann 2008, S. 294–296).

Dennoch darf nicht verschwiegen werden, dass Wollmann in seiner vergleichenden Analyse auch Veränderungen aufzeigt. Beispielsweise hat die Liberalisierung und Deregulierung seit dem EU-Beitritt dazu geführt, dass nationale und internationale Unternehmen kommunale Aufgaben wie Energie- und Wasserversorgung oder Abfallbeseitigung übernommen haben.

In Schweden etablierte sich nur langsam eine regionale Ebene, die mittlerweile sogar eine Doppelstruktur ausgebildet hat: Länsstyrelsen (regionale Außenstelle der Regierung) und Landstinget (Sekundärkommune) mit eigenem Regionalparlament üben Tätigkeiten aus, die auf regionaler Ebene besser zu lösen sind als auf lokaler (z. B. Gesundheitswesen) (Böhme 1999, S. 338, 345). Seit der Nachkriegszeit und bis in die 1970er-Jahre wollte man vonseiten der Zentralregierung eine regionale Planungsebene schrittweise einführen (Wollmann 2008, S. 181). Mit dem Beitritt zur EU, die ihre Fördergebiete meist auf regionaler Ebene steuert, beschloss der schwedische Reichstag 1997 versuchsweise Regionalplanung und selbstständige Regionalverwaltungen in Skåne, Gotland, Kalmar und Västra Götaland zu etablieren, wobei es 2 verschiedene Strategien gab (Andersson et al. 2008, S. 23):

1. Eine Strategie war die Schaffung eines Kooperationsverbundes, bei dem die Zusammenarbeit zwischen den Kreisen (Län) und den Kommunen, die in ihnen liegen, auf freiwilliger Basis gestärkt werden sollte. Der erste solche Versuch wurde in Kalmar durchgeführt, weshalb man vom Kalmar-Modell spricht. Der

Kooperationsverbund übernimmt Regionalplanung und -entwicklung, hat jedoch weniger Befugnisse als bei einer echten Regionalisierung wie bei der zweiten
Strategie. Der Grund dafür ist, dass bei diesem Modell die Selbstverwaltungsor-
gane und die staatlichen Landesvertretungen erhalten bleiben, weshalb dieses
Modell von der staatlichen Zentralverwaltung favorisiert wird, da sie mehr Einfluss behält. 2003 wurde dieses Modell als Regelmodell festgelegt, das von den
Kommunen freiwillig umgesetzt werden kann.

2. Die Zentren Göteborg und Malmö und ihre jeweiligen Umlandkreise sowie
   Gotland wurden zu den neuen Regionen Västra Götaland, Skåne und Gotland
   umfunktioniert, in denen direkte Wahlen zur Regionalversammlung durchge-
   führt werden. Die beiden Städte geben ihren kreisfreien Status ab, haben nur
   noch kommunalen Status und gehen mit den Umlandkreisen in der Region auf.
   Die neue Region wird im Prinzip der Dezentralisierung mit neuen Aufgaben im
   Bereich der Regionalplanung und -entwicklung betraut. Die frühere staatliche
   Kreisverwaltung (Länstyrelsen) ist mehr oder weniger abgeschafft. Bei diesem
   Regionalmodell handelt es sich um eine stärkere Regionalisierung als im ersten
   Fall (Wollmann 2008, S. 39–40, 57).

Im 20. Jahrhundert veränderten sich durch kommunale Gebietsreformen die Verwaltungsstrukturen in Schweden. Im Jahr 1952 und erneut 1974 wurden 2 Gebietsreformen
durchgeführt, bei der die ursprünglich rd. 2.300 Kommunen auf 816 (1952) und dann
auf 290 zusammengelegt wurden (Wollmann 2008, S. 37). Auf regionaler Ebene gibt es
22 Kreise (Landstingskommuner) und die beiden Regionen Västra Götaland und Skåne,
die beide jeweils rd. 400.000 Einwohner umfassen. Offensichtlich wird, dass immer
mehr nationale Kompetenzen auf die kommunale und regionale Ebene verlagert werden (Gesundheits-/Schulwesen, Sozialleistungen, öffentlicher Verkehr) (Jann und Tiessen
2008, S. 102).

Die mit Abstand bedeutendsten Zentren sind die Hauptstadt Stockholm (rd. 900.000
Einwohner), Göteborg (rd. 500.000) und Malmö (rd. 300.000) (Statistiska centralbyrån
2013a). Stockholm ist Regierungssitz und Sitz des Königshauses und ist nicht nur durch
die kulturellen Attraktionen (wie etwa das Rathaus Stadshuset, die Altstadt Gamla Stan, den
Freizeitpark Grönalund und diverse Museen), sondern auch durch die unzähligen Inseln
des einzigartigen Schärengartens beliebtes Tourismusziel. Außerdem sind viele Firmen
der unternehmensorientierten Dienstleistungen und der Informations- und Kommunika-
tionstechnologie (IKT) in Stockholm ansässig, die sich unter anderem in der Kista Science
City konzentrieren, die insgesamt 72.346 Beschäftigte, davon knapp 24.000 im Bereich der
IKT, beherbergt (Kista Science City 2012).

Die zweitgrößte Stadt ist Göteborg, das im Kattegatt gelegen ist und somit eine strategisch günstige Lage zwischen Nordsee und Ostsee einnimmt. Hier befindet sich der größte

Hafen Skandinaviens, über den u. a. Container, Öl, Passagiere, Roll-on-Roll-off-Einheiten und andere Produkte verfrachtet werden (Göteborgs Hamn 2013).

Malmö, im äußersten Süden des Landes gelegen, war lange Zeit Arbeiterstadt mit einer ausgeprägten Werftindustrie. Seit der Eröffnung der Öresundbrücke im Jahr 2000 entwickelt sich Malmö zu einem weltoffenen, multikulturellen, bunten und prosperierenden Zentrum an der Grenze zum dänischen Kopenhagen. Dazu trug auch die Austragung des Eurovision Song Contests bei, der im Mai 2013 in der Malmö Arena stattfand. Die Stadtentwicklung schreitet seit Jahren unaufhaltsam voran. Die alten Werftanlagen werden aufgrund ihrer Lage direkt am Öresund zu Waterfront-Bauprojekten umgewandelt und befinden sich rund um das Wahrzeichen Malmös, den von Calatrava entworfenen Turning Torso, der mit 191 m höchstes Gebäude Skandinaviens ist. Die 1998 gegründete Malmö Högskola besitzt ebenfalls zwei alte Werftanlagen in diesem Gebiet und hat diese zu modernen Bildungsstätten umgebaut. Allerdings sind viele der Wohnbauprojekte für weite Teile der Bevölkerung nicht finanzierbar und stellenweise findet Gentrifizierung statt. In der Umgebung von Malmö liegen Ystad, die Heimatstadt Kommissars Wallanders aus den Romanen von Henning Mankell, sowie die seit 1666 bestehende Universitätsstadt Lund. Sie macht den Großteil der rd. 47.000 Studenten und 7.200 Angestellten der Bildungsregion Malmö-Helsingborg-Lund aus (Lunds Universitet 2013). Bekannter und älter ist nur noch die 1477 gegründete Universität Uppsala bei Stockholm mit rd. 40.000 Studenten (Uppsala Universitet 2013).

5.2.3 Parlament und Gesetzgebung

Schweden verfügt über ein parlamentarisches Regierungssystem, bei dem der Monarch Staatsoberhaupt ist. Das schwedische Parlament Riksdag (Reichstag) ist seit 1974 Einkammerparlament und hat seinen Sitz in Stockholm. Die Aufgaben des Reichstages sind in Kap. 4 der Verfassung festgeschrieben. Darin ist vermerkt, dass der Reichstag die Vertretung des Volkes ist, Gesetze erlässt, über Steuern und deren Verteilung bestimmt und die Regierungsarbeit kontrolliert (Sveriges Riksdag, Kungörelse 1974, S. 152). Der Reichstag setzt sich aus 349 Mitgliedern zusammen, die alle 4 Jahre im Verhältniswahlrecht bei einer 4-%-Sperrklausel frei, geheim, gleich und direkt bestimmt werden.

Das Parteiensystem hat sich im Vergleich zu den nordischen Nachbarn erst spät (1991) von einem 5-Parteien-System zu einem Sieben-Parteien-System ausdifferenziert (Jann und Tiessen 2008, S. 100). Die Sitzordnung im Parlament ist eine besondere, denn die Abgeordneten sitzen nicht nach ihrer Parteizugehörigkeit, sondern nach ihrer geographischen Mandatsherkunft sortiert (Jahn 2009, S. 110).

Parlamentssitzungen werden vom Reichstagspräsident, das ist das zweithöchste Amt im Staat, sowie seinen 3 Vertretern geleitet und in der Reichstagspräsidentenkonferenz (Talmanskonferensen) vorbereitet. Zusätzlich sind die Vorsitzenden der ständigen Ausschüsse, Vertreter jeder Fraktion und der stellvertretende Vorsitzende der Reichstagsverwaltung beteiligt. Der Präsident und seine 3 Vertreter werden für eine Legislaturperiode gewählt, sie

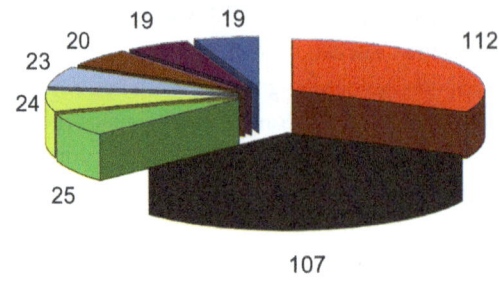

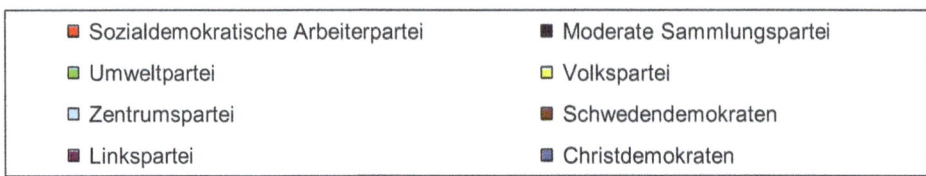

Abb. 5.2 Sitzverteilung im Riksdag 2010–2014. (Quelle: Eigene Erstellung auf Basis von Sveriges Riksdag o. J.)

sind überparteilich, beteiligen sich nicht an Diskussionen und ihr Mandat kann von einem anderen Abgeordneten übernommen werden (Jahn 2009, S. 109; Jann und Tiessen 2008, S. 117).

Die im Parlament vertretenen Fraktionen setzen sich aus einem Vorsitzenden, der zugleich häufig Parteivorsitzender ist, dem Geschäftsführer und dem Vorstand zusammen. Der Vorstand kann je nach Parteigröße variieren, hat aber meistens etwa 10 Mitglieder. Die Arbeit der Fraktionen wird in Arbeitskreise aufgeteilt, die sich aus Mitgliedern der jeweiligen Ausschüsse zusammensetzen. Da es zwar keinen gesetzlichen Fraktionszwang gibt, sondern nur einen informellen jedoch faktischen, finden innerfraktionäre Auseinandersetzungen vor Abstimmungen bereits in den wöchentlichen Fraktionssitzungen (meist Dienstagnachmittag) statt (Jann und Tiessen 2008, S. 113). Der Vertrauensrat ist das oberste Gremium der Fraktion und an der Spitze des Präsidiums (Jahn 2009, S. 111).

Die letzten Wahlen fanden am 19.09.2010 statt und die nächsten werden aufgrund der 4-jährigen Legislaturperiode 2014 und 2018 durchgeführt. Fredrik Reinfeldt der moderaten Sammlungspartei (Moderaterna) wurde mit seiner Regierung bestätigt und als Ministerpräsident (Statsminister) wiedergewählt (Abb. 5.2).

An dieser Stelle sei zum Ausgang der Wahl 2010 nur so viel gesagt, dass das Parlament eindeutig von 2 Parteien angeführt wird: traditionell von den Sozialdemokraten (112 Sitze) und von der moderaten Sammlungspartei (107 Sitze). Letztere kann gemeinsam mit der Zentrumspartei, der Volkspartei und den Christdemokraten die „Allianz für Schweden" als Koalition bilden.

Tab. 5.3 Sitzverteilung im Reichstag 1991–2010 nach Geschlecht. (Quelle: Eigene Erstellung auf Basis von Statistiska centralbyrån o. J. b.)

	1991	1994	1998	2002	2006	2010
Gesamt	349	349	349	349	349	349
Davon Frauen	115	141	149	158	165	157
Davon Männer	234	208	200	191	184	192

Tab. 5.4 Sitzverteilung im Riksdag 1991–2010 nach höchstem Ausbildungsniveau (%).Quelle: Eigene Erstellung auf Basis von Statistiska centralbyrån o. J. a.

	1991	1994	1998	2002	2006	2010
Grundschulabschluss	15,5	12,0	9,5	8,0	5,5	4,0
Gymnasialer Abschluss	23,9	28,1	26,4	29,5	27,4	24,4
Postsekundäre Ausbildung (weniger als 3 Jahre)	14,7	15,2	17,5	18,6	25,4	25,8
Postsekundäre Ausbildung (3 Jahre oder mehr)	46,0	44,7	46,7	43,8	41,8	45,8

Tab. 5.5 Altersabhängige Sitzverteilung im Riksdag 2006–2010. (Quelle: Eigene Erstellung auf Basis von Statistiska centralbyrån o. J. c.)

	18–29	30–49	50–64	65 +	Gesamt
Gesamt	16	167	155	11	349
Davon Frauen	8	77	76	4	165
Davon Männer	8	90	79	7	184

Wie Tab. 5.3 verdeutlicht, ist der Anteil der Frauen im Parlament überdurchschnittlich hoch. Seit der Wahl von 1991 mit 115 Frauen nahm der Anteil bis im Jahr 2006 auf den Höchstwert von 165 Mandaten (47,3 %) zu und anschließend nur leicht ab.

Wenn man den höchsten Ausbildungsabschluss der Parlamentsmitglieder (Tab. 5.4) betrachtet, ist wenig überraschend, dass die Höchstwerte bei einer Ausbildung nach dem Abitur von über 3 Jahren liegen. Interessant ist, dass dieser Wert von 1991 bis 2006 abnahm und erst 2010 wieder das Anfangsniveau von rd. 46 % erreichte. Steigerungen fanden bei der Ausbildung von weniger als 3 Jahren nach dem Gymnasium statt. Nach zwischenzeitlichen Schwankungen ist der gymnasiale Abschluss wieder auf Ausgangsniveau bei etwa einem Viertel der Abgeordneten. Der mit Abstand geringste Teil der Reichstagsmitglieder besitzt den Grundschulabschluss als höchstes Ausbildungsniveau.

Die altersabhängige Sitzverteilung (siehe Tab. 5.5) zeigt eine Konzentration im Alter zwischen 30 und 64. Während der Männerüberschuss im Alter zwischen 30 und 49 liegt, ist der geschlechterspezifische Unterschied zwischen 18 und 29 und zwischen 50 und 64 (nahezu) ausgeglichen.

Neben der Arbeit im Reichstag ist die Ausschussarbeit „wesentliches Element der schwedischen Konsenspolitik" (Jahn 2009, S. 112). Eine Besonderheit ist, dass die Hälfte aller
Ausschussvorsitzenden von der Opposition besetzt werden müssen. Zusätzlich zu den
spezifischen Ausschüssen gibt es derzeit 16 ständige Ausschüsse (Utskott) und einen EU-
Ausschuss, die mit 17 Abgeordneten pro Ausschuss proportional zur Sitzverteilung im
Reichstag besetzt werden und sich häufig an der Ministerialstruktur orientieren. Im Gegensatz zu den Parlamentssitzungen finden die Ausschusssitzungen nicht öffentlich statt
und tagen 1- bis 2-mal wöchentlich von Oktober bis Juni (Jahn 2009, S. 112). Ausschüsse
können auch unabhängige Kommissionen (Utredning) bilden, die als Untersuchungs-
kommission per Parlamentsbeschluss von der Regierung eingesetzt werden (Jahn 2009, S.
112).

Gesetze müssen zunächst in den zuständigen Ausschuss gegeben werden. Die größte
Arbeit im Gesetzprozess findet dann in den Ad-hoc-Kommissionen statt. Das Initiativrecht
gilt für alle Abgeordneten, einzeln oder in Gruppen, die Regierung und die Ausschüsse.
Abgeordnete, die nicht der Regierung angehören, müssen eine Frist für Gesetzesinitiativen
einhalten. Die Kommissionsarbeit, deren Kernaufgabe die Gesetzesvorbereitung ist, ist in
Schweden sehr ausgeprägt.

Aufgrund der oftmals langsamen Prozesse in den Kommissionen gibt es seit den 1960er-
Jahren zusätzlich die Möglichkeiten von Direktiven. Tätigkeiten der Kommissionen bei
den Gesetzesinitiativen sind Problemlösung, Informationsbeschaffung, Prüfung von Alternativen, Kostenberechnung, Einbringen internationaler Erfahrungen, Anregung der
öffentlichen Debatte und Einbeziehung von Interessenorganisationen. Die Regierung setzt
die Kommissionen ein und der zuständige Minister teilt das Personal zu. Hierzu gehören Politiker und Beamte mit nationalem, regionalem oder kommunalem Hintergrund,
Vertreter von Interessenorganisationen oder Verbänden und sonstige Experten. Bei kom-
plexeren Problemen über mehrere Kommissionen hinweg, können Mitglieder in mehreren
Kommissionen vertreten sein (Personalunion). Das Ergebnis der Kommissionsarbeit ist
ein rein informierender Bericht.

Bedeutende Abschlussberichte aus der Kommissionarbeit stellt die Bandreihe Statens
Offentliga Utredninger (die öffentlichen Untersuchungen des Staates) dar. Die Berichte
werden zunächst nicht direkt an den Reichstag weitergeleitet, sondern an Interessenvertre-
ter in privatwirtschaftlicher oder öffentlicher Funktion mit der Bitte um Kommentierung.
Bei diesem sog. Remiss-Verfahren können alle Betroffenen Gruppen frühzeitig zu dem
neuen Gesetz Stellung nehmen. Betroffene Institutionen können unter anderem unabhängige staatliche Behörden, der Rechnungshof, Kommunen, Regionen, Verbände,
Forschungseinrichtungen, andere Kommissionen oder Organisationen wie Jugendverbän-
de sein. Anschließend greifen das jeweilige Ministerium und die Regierung aktiv in den
Prozess ein und machen einen eigenen Gesetzesvorschlag, der sich sowohl mit dem Kom-
missionsbericht als auch mit den Ergebnissen des Remiss-Verfahrens auseinandersetzt. Die
Regierung entscheidet gemeinsam über den Gesetzentwurf und vor der Einreichung an den
Reichstag überprüft der Rechtsrat (Lagrådet) den Vorschlag. Seit 1980 müssen alle Gesetze nach ihrer Rechtmäßigkeit durch Richter des obersten Gerichtshofes überprüft werden.

Vorteile der Kommissionen sind, dass sie eine Erweiterung der Regierung und der Ministerien darstellen und schon früh durch Anhörungen Konsens in den Gesetzfindungsprozess einbringen (Jann und Tiessen 2008, S. 103–113; Jahn 2009, S. 118–119).

Nach Durchlaufen des Rechtsrates wird der Regierungsvorschlag in den Reichstag eingebracht. Zunächst wird die Vorlage vertagt, sodass sich jeder Abgeordnete informieren und innerhalb von 15 Tagen Folgeanträge stellen kann. Danach geht der Vorschlag (mit eventuellen Folgeanträgen) ohne Aussprache an den entsprechenden Ausschuss. Nach der Ausarbeitung im Ausschuss kann bei der Parlamentsabstimmung eine Minderheit von einem Drittel der Anwesenden den Entwurf wieder zurück an einen Ausschuss schicken.

Wenn Ausschussberichte keine Veränderungen beinhalten, muss keine weitere Debatte durchgeführt werden und der Reichstagspräsident stellt per Akklamation den Beschluss fest. Wenn mehrere Anträge zur Wahl stehen, wird ein Antrag gegen den anderen zur Wahl gestellt bis sich einer durchsetzt. Erst am Ende wird über den Hauptantrag entschieden. Der Beschluss des Reichstages geht nach der Unterschrift des Präsidenten an die Regierung und ergibt das Reichstagsschreiben. Die Regierung unterzeichnet das Gesetz, das in der offiziellen Gesetzessammlung (Svensk Författningssamling) veröffentlicht wird (Jann und Tiessen 2008, S. 114–119).

Im Bereich der parlamentarischen und politischen Kontrolle verfügt Schweden bereits seit der Verfassung von 1809 über eine Institution der Verwaltungskontrolle, die weltweit einmalig war und mittlerweile in vielen Ländern übernommen wurde: den (Justiz-)Ombudsmann (Fürsprecher) (Kempf 1992, S. 29). Er übt eine erweiterte Kontrollfunktion als unabhängiges staatliches Organ aus, steht für Konsens ein, will den gegenseitigen Respekt verbessern und spricht politische Empfehlungen aus (Kempf 1992, S. 31–34). Zu seinen Aufgaben und Kompetenzen zählt, dass er Beschwerden (eines jeden Bürgers) entgegennimmt und Vermittler zwischen Bürger und Verwaltung ist. Hierfür verfügt er über ein umfangreiches Investigationsrecht, hat das Recht auf Eigeninitiative, wenn er Fehler in der Verwaltung oder in Gesetzen entdeckt und kann den Gesetzgebern Verbesserungsvorschläge unterbreiten.

Vorteil eines Ombudsmannes ist beispielsweise, dass er neutral und parteilos ist und deshalb dem Bürger einen leichten Zugang ermöglicht. Die Dienstleistungen des Ombudsmannes sind für den Staat kostengünstig und schnell verfügbar. Der Ombudsmann kann Schwächen und Fehler in der Verwaltungsstruktur aufdecken und verbessern. Mit Hilfe des Ombudsmannes ist es möglich schwerfällige Verfahren zu umgehen, der Bürgerbeauftragte ist identifizierbar und kann persönlich kontaktiert werden. Nur in Schweden und später auch in Finnland übernommen, hat der Ombudsmann sogar das Recht Beamte und Richter anzuklagen (Kempf 1992, S. 44–45).

Es gibt mehrere Ombudsmänner zu spezifischen Themen wie Gleichberechtigung oder zum Verbraucherschutz. Als Gegenpol zum Ombudsmann kann der Staat seinerseits auf die Institution des Justizkanzlers zurückgreifen (Jahn 2009, S. 112–113).

Parlamentarische Kontrolle erfolgt seit 1991 durch (30-minütige) Fragestunden von Abgeordneten an Minister (Jahn 2009, S. 110). Ein weiteres Kontrollinstrument gegenüber der Regierung ist seit 2003 der gemeinsame Rechnungshof (Riksrevisionen), der sich aus

den früheren Institutionen Riksdagens Revisorer und Riksrevisionsverkets zusammensetzt
(Jann und Tiessen 2008, S. 122–123).

5.2.4 Regierung

Der Monarch ist Staatsoberhaupt und vererbt seine Rechte an seine Nachkommen.
Da das Königtum dem weit verbreiteten (sozial)demokratischen Selbstverständnis vieler
Schweden im Wege steht, vermeidet der Monarch sich in politische Diskussionen einzu-
mischen sondern übt repräsentative Aufgaben aus, weshalb es sich bei Schweden um eine
parlamentarische Monarchie handelt.

Noch vor der Verfassungsänderung von 1974 wurden der Ministerpräsident und
die Regierung von der Krone ernannt, doch durch die neue Verfassung benennt der
Reichstagspräsident den Ministerpräsidenten (Ismayr 2009a, S. 18). Wenn keine absolute Mehrheit gegen den Kandidaten stimmt (negativer Parlamentarismus), gilt er als
gewählt. Diese neue Aufgabenverteilung wurde im Kompromiss von Torekov beschlossen
(Bergman 1994, S. 199).

Im Unterschied zu anderen Ländern darf der Monarch keinerlei politische Vertreter
ernennen und ist auch nicht im Notfall Oberbefehlshaber über das Heer. Lediglich die
Eröffnung eines neuen Reichstags und der Vorsitz im Auslandsrat bleiben dem Monarchen
überlassen.

Wie anderswo auch ist der Regierungschef meist Parteivorsitzender, was für Fredrik
Reinfeldt der Moderaterna zutrifft (Ismayr 2009a, S. 23). Ernannte Minister müssen ihr
Reichstagsmandat ruhen lassen, können es aber nach ihrer Amtszeit wieder aufnehmen.
Ein Misstrauensvotum gegen die Regierung benötigt eine absolute Mehrheit im Reichstag.
Zwar ist ein Misstrauensvotum gegen einzelne Minister möglich, indes in der Praxis un-
wahrscheinlich, da eher ein Misstrauensantrag gegen die gesamte Regierung gestellt wird.
Wenn eine Regierung ein Misstrauensvotum mit der Vertrauensfrage verknüpft und dies
negativ für sie ausgeht, ist sie verpflichtet zurückzutreten. Parlamentsauflösungen sind in
der schwedischen Regierungsgeschichte nichts Ungewöhnliches. Formell muss der Monarch die Auflösung verkünden, doch faktisch wird dies vom Regierungschef übernommen.
Bei schweren Regierungs- und Koalitionskrisen kann die Regierung außerordentliche Neuwahlen ausrufen, von denen die reguläre Wahlperiode nicht beeinträchtigt wird (Ismayr
2009a, S. 23–26).

Die Ministerialverwaltung ist von einem Dualismus geprägt, bei dem eine Trennung der
Zentralverwaltung in Ministerien einerseits und in nachgelagerte Verwaltungsbehörden
(Myndigheter) andererseits besteht. 2008 gab es 234 Behörden, denen ein Beamtenappa-
rat von rd. 200.000 Mitarbeitern zur Verfügung stand. Dagegen sind in den Ministerien
meist nur 200 bis 250 Beschäftigte angestellt. Diese sind einer Regierungspartei zugehörig
und werden bei einem Regierungswechsel ausgetauscht. Die großen Behörden unterstehen keinem Ministerium und werden selbstständig von einem Generaldirektor geleitet.
Die derzeitigen Ministerien und das Ministerialbüro laufen in der Regierungskanzlei zu-

Tab. 5.6 Zusammensetzung der Regierung in der Legislaturperiode 2010–2014. (Quelle: Eigene Erstellung auf Basis von Regeringskansliet 2013)

Partei	Anzahl Ministerien	Themengebiete und Ressortzuschnitte
Moderate Sammlungspartei (Konservative)	13	Ministerpräsident; Finanzen; Arbeit; Verteidigung; Justiz; Kultur und Sport; Äußeres; Infrastruktur; Finanzmarktfragen; Handel; Migration; Internationale Entwicklungszusammenarbeit; Sozialversicherungsfragen
Liberale Volkspartei	4	Bildung; EU-Fragen; Gleichstellung; Integration
Zentrumspartei	4	Energie- und IT-Fragen; Wirtschaft; Umwelt; Ländlicher Raum
Christdemokraten	3	Soziales; Jugend und Senioren; Öffentliche Verwaltung und Wohnungsbau

sammen. Aufgrund des Öffentlichkeitsprinzips und einer stark ausgeprägten Pressefreiheit arbeiten schwedische Behörden und Ministerien verhältnismäßig transparent (Jann und Tiessen 2008, S. 101; Jahn 2009, S. 115).

Die amtierende Regierung mit dem Ministerpräsidenten Fredrik Reinfeldt ist seit 2006 im Amt und wurde 2010 wiedergewählt. 2006 hatten die Moderaterna ihr bestes Wahlergebnis seit 1928 (Jahn 2009, S. 118). Als stärkste Regierungspartei besetzen die Moderaterna die meisten Minister, nämlich 13 von 24. Die einzelnen Ministerien und die Partei ihres Ministers sind in Tab. 5.6 aufgelistet.

Der Reichstagspräsident beauftragt den Parteivorsitzenden der stärksten im Reichstag vertretenen Partei mit der Regierungsbildung. Wenn diese misslingt, wird ein anderer Parteivorsitzender beauftragt und nach 4 gescheiterten Versuchen werden Neuwahlen ausgerufen. Minister, die ein ruhendes Mandat haben, werden durch einen Stellvertreter ersetzt, der zwar Wortrecht aber kein Stimmrecht im Reichstag hat. Für die Parlamentswahlen gilt ein festgelegter Jahresrhythmus, der auch nach Neuwahlen erhalten bleibt (Jahn 2009, S. 113–114).

In Schweden gibt es traditionell viele Minderheitsregierungen oder Koalitionen aus mehreren Parteien. So waren in der instabilen politischen Zeit von 1920 bis 1933 9 Regierungen an der Macht. Koalitionsregierungen waren lange Zeit untypisch und wenn solche eingegangen wurden, handelte es sich meist um Mehrheitsregierungen. Bei den 12 Regierungen nach 1976 waren nur unter dem bürgerlichen Block zwischen 1976–1982 und zwischen 1991–1994 Mehrheitsregierungen und gleichzeitig Koalitionen an der Macht, was die große Bedeutung oppositioneller Arbeit verdeutlicht. Hingegen eröffnet sich für die Regierung aufgrund des negativen Parlamentarismus der Vorteil, keine aktive Mehrheit im Reichstag hinter sich bringen zu müssen (Jahn 2009, S. 113).

Eine Besonderheit war der sog. Lotteriereichstag (Jahn 2009, S. 116). Nach der Etablierung eines Einkammerparlamentes und der Abschaffung der zweiten Kammer, gab es bis 1976 einen Reichstag mit 350 Sitzen. Da die beiden Fraktionen der sozialistischen und der bürgerlichen Seite gleich viele Mandate hatten, herrschte ein politisches Patt und viele Entscheidungen wurden im Losverfahren ermittelt (Jahn 2009, S. 116).

5.2.5   Parlamentswahlsystem

Im Jahr 1907 wurde in Schweden das Verhältnissystem d'Hondt eingeführt, nachdem zuvor seit 1887 Mehrheitswahlen stattfanden. 1952 verdrängte das modifizierte Sainte-Laguë-Verfahren die d'Hondt-Methode. 349 Sitze hat der schwedische Reichstag, von denen 310 in 29 Wahlkreisen ermittelt werden und die restlichen 39 Sitze Ausgleichsmandate sind, um die proportionale Parteienstärke zu garantieren. Es besteht eine 4-%-Sperrklausel, jedoch kann ein Anteil von über 12 % der Stimmen in einem Wahlkreis eine Partei in den Reichstag bringen, was bislang noch nicht der Fall gewesen ist. 1998 wurde bei den Wahlen eine Komponente der Personenwahl hinzugefügt: Wenn ein einzelner Kandidat 8 % der Gesamtstimmen seiner Partei in einem Wahlkreis erreicht, darf er in den Reichstag einziehen (Lundell 2008, S. 368–369; Jahn 2009, S. 122).

Die Wahlkreise umfassen durchschnittlich rd. 23.000 Wahlberechtigte, allerdings ist aufgrund der starken Unterschiede in der Bevölkerungsdichte – in Südschweden und den Metropolen Stockholm, Göteborg und Malmö leben pro Quadratkilometer deutlich mehr Menschen als in Norrbotten oder Västerbotten – die Verteilung oftmals ungleich, denn in den Metropolen gibt es Wahlkreise von über 100.000 Wahlberechtigten (Lundell 2008, S. 378). Das führt dazu, dass der größte Bezirk (Stockholm) 42 Mandate erhält und der kleinste (Gotland) 2 (Jahn 2009, S. 122). Die Wahlen wurden durch die Umstrukturierungen in den Augen von Immergut zunehmend in Richtung Verhältniswahl gebracht und nur die 4-%-Sperrklausel bzw. 12 % in einem Wahlkreis widerspricht dem (Immergut 2002, S. 246).

Wahlberechtigt sind alle Schweden, Isländer, Norweger und EU-Angehörige über 18 Jahre, die in einer Gemeinde des Staatsgebietes gemeldet sind. Ausländer aus anderen Ländern müssen 3 Jahre in Schweden gelebt haben, um das aktive und passive Wahlrecht zu erhalten. Das Einkammerparlament wird seit 1974 gewählt, das zunächst für 3 Jahre und seit 1994 für 4 Jahre gewählt wurde. Die Wahlen finden traditionell am dritten Sonntag im September statt (Jahn 2009, S. 121, 138).

5.3   Politics: Kräfteverhältnisse im politischen Wettbewerb

5.3.1   Politische Parteien im Wettbewerb

Schweden ist Prototyp des skandinavischen 5-Parteien-Systems mit einer dominierenden sozialdemokratischen Partei. Erst 1988 ist dieses System aufgebrochen und eine sechste

Partei, die Grünen, konnte sich etablieren (Steffen 2006, S. 77). Dies leitete das Mehrparteiensystem in Schweden ein, das sich bei der Erdrutschwahl 1991 herauskristallisierte und damit deutlich später als in den anderen nordischen Ländern (Steffen 2006, S. 82). Ruin erkannte bereits 1969 die Stabilität der schwedischen Parteienlandschaft, innerhalb derer 5 Parteien (Konservative, Liberale, Zentrumspartei, Kommunisten und Sozialdemokraten) existieren, von denen, von 1932 bis 1969, mit einer 100-tägigen Ausnahme 1936, fortwährend die Sozialdemokraten an der Regierung waren; zum Teil in Koalitionen, oftmals aber allein regierend (Ruin 1969, S. 71).

Lange Zeit bestand ein Cleavage zwischen einem rechtem und einem linken Block. Die Sozialdemokraten (Socialdemokraterna, SAP) sowie die Linkspartei (Vänsterpartiet) bildeten den sozialistischen Block und die liberale Volkspartei (Folkpartiet liberalerna, FP), die agrarische Zentrumspartei (Centerpartiet, CP) und die konservativ-moderate Sammlungspartei (Moderata samlingspartiet, M) bildeten den bürgerlichen Block. Seit 1991 lassen sich die Christdemokraten (Kristdemokraterna, KD) ebenfalls dem bürgerlichen Block zuordnen (Jahn 2009, S. 123).

Der Ursprung der Parteien geht auf das ausgehende 19. und beginnende 20. Jahrhundert zurück. Die SAP ist die älteste Partei und wurde 1889 gegründet. Die liberale Partei der Freigesinnten formierte sich 1902 und die konservative Rechtspartei ging 1904 mit agrarischen, protektionistischen und nationalen Bewegungen zum allgemeinen Wahlmännerbund (Allmänna valmansförbundet) zusammen. 1913 wurde die Bauernpartei und 1917– auf Reaktion der Oktoberrevolution in der Sowjetunion – die Schwedische Kommunistische Partei gegründet. Nach der Wahlrechtsänderung von 1911 mit proportionalem Wahlrecht, setzte eine instabile politische Phase ein, in der sich die Parteien gespalten haben und kurze Regierungszeiten die Folge waren. Die Weltwirtschaftskrise begünstigte diesen Umstand. Unter einer sozialdemokratischen Regierung mit Unterstützung des Bauernbundes konnten ab 1932 Wirtschaftsförderungsprogramme durchgeführt werden. Während des 2. Weltkriegs regierte eine Koalition aller Parteien mit Ausnahme der Kommunisten. Der Grundstein für den schwedischen Wohlfahrtsstaat, den die SAP unter dem Begriff ‚Volksheim‘ propagierte, wurde durch Reformen der SAP, zum Teil mit Unterstützung des Bauernbundes, nach Ende des Krieges gelegt. Zu den wichtigsten Reformen zählten die Einführung von Volksrente, Kindergeld, Krankenversicherung und Wohnungsgeld (Jahn 2009, S. 116–123).

Mit der Wahl 1970 musste die SAP deutliche Stimmenverluste hinnehmen und die Zeit klarer Mehrheitsregierungen war vorüber. Gründe dafür waren erstens, dass zunehmend bürgerliche Wähler mobilisiert wurden, weil sie die Hoffnung haben konnten, dass die SAP tatsächlich abgewählt würde. Zweitens versprach das proportionale Wahlsystem kleineren Parteien bessere Ergebnisse und drittens waren strategische Stimmenverschiebungen zu beobachten, so wählten z. B. 1970 SAP-Wähler taktisch die Kommunisten, damit diese die 4-%-Sperrklausel erreichen konnten (Immergut 2002, S. 244).

In dieser politisch schwierigen Zeit übernahm 1969 Olof Palme den Vorsitz der SAP, konnte aber auch nicht verhindern, dass 1976 eine bürgerliche Regierung aus Zentrums-, Volks- und Sammlungspartei die 44 Jahre lange SAP-Regierungszeit beendete. Das spätere

Kernkraft-Referendum jedoch stürzte die bürgerliche Regierung in eine Krise, die damit endete, dass 1982 Palme, 4 Jahre bevor er einem Attentat zum Opfer fiel, mit einer SAP-Minderheitsregierung Ministerpräsident wurde.

Da die SAP keine Mehrheit mehr erreichen konnte, musste sie seit den 1990er-Jahren häufiger mit bürgerlichen Parteien (z. B. der Volkspartei) oder der kommunistischen Partei koalieren (Jahn 2009, S. 116–117). Letztere war zunächst moskautreu, nannte sich dann in Vänsterpartiet Kommunisterna und schlussendlich 1990 in Linkspartei (Vänsterpartiet, VP) um (Jahn 2009, S. 125).

Im Jahr 1991 kam es zu besagter Erdrutschwahl in Schweden, die im Folgenden noch detaillierter beschrieben wird. Carl Bildt (Moderaterna) kam an die Macht, wurde aber nach einer Legislaturperiode von der SAP wieder abgelöst. Die Partei unterstützte den Beitritt zur EU, der durch das Referendum im Oktober 1994 beschlossen wurde. Demgegenüber wurde die Partei bei den Europawahlen ein Jahr später abgestraft.

Unter Göran Persson, dem SAP-Premier von 1996 bis 2006, waren die wohlfahrts-staatlichen Ausgaben eher zurückhaltend, was der Linkspartei Zustrom von SAP-Wählern bereitete. Ein gravierender Einschnitt trat 2006 ein, als das bürgerliche Lager (Allianz für Schweden aus Moderaterna, Volkspartei, Zentrumspartei und Christdemokraten) die SAP ablösen konnte und bis heute regiert (Jahn 2009, S. 117–118).

Bürgerliche Parteien waren sich oft uneinig und konnten nur zwischen 1976–1982, 1991–1994 und seit 2006 die Regierung bilden, die meistens von Ministerpräsidenten der Moderaterna, der früheren Rechtspartei, angeführt wurden (siehe Tab. 5.7). Aufgrund ge-samtgesellschaftlicher Veränderungen und dem Rückgang der Anzahl der Bauern, nannte sich der Bauernbund 1958 in Zentrumspartei um, wodurch man sich die Eröffnung neuer Wählerschichten erhoffte. Die Zentrumspartei nahm ab Ende der 1960er-Jahre verstärkt Umweltthemen in den Blickpunkt, sprach sich gegen die Entvölkerung ländlicher Räume sowie gegen Verstädterung und Urbanisierung aus. Damit konnte die Partei von 1976–78 und 1979–82 mit Thorbjörn Fälldin sogar den Ministerpräsidenten stellen. Seit den 1980er-Jahren waren die Wahlergebnisse rückläufig und stagnieren nunmehr bei rd. 7 % (Jahn 2009, S. 125–126).

Wie bereits erwähnt war das Wahljahr 1991 von bedeutender Veränderung für das Parteienspektrum in Schweden. Arter spricht zwar nicht von einer Erdrutschwahl wie zuvor in Dänemark, Norwegen und Finnland, aber immerhin von einem „miniquake" (Arter 2008, S. 107). Wörlund schreibt über die Wahl von 1991 und das schwedische 5-Parteien-System:

> The durable Swedish five-party system is now definitely dead and gone. The 1991 parlia-mentary election was *a protest election* which favoured the parties of the right, and for the established political parties, with the exception of the Conservative Party, it was a genuine debacle. The category „other parties", including the Christian Democratic Union, New De-mocracy and some minor parties, went up from 9.2 % in 1988 to 17.9 % in 1991 (Wörlund 1992, S. 143).

Tab. 5.7 Regierungsbildung in Schweden seit 1945. (Quelle: Eigene Darstellung auf Basis von Regeringskansliet o. J.)

Regierungszeit	Ministerpräsident	Regierungsparteien	Regierungstyp
31.07.1945– 06.10.1946	Per Albin Hansson (Soz)	Sozialdemokraten (Soz)	Minderheit
11.10.1946– 01.10.1951	Tage Erlander (Soz)	Sozialdemokraten	Minderheit
01.10.1951–31.10.1957	Tage Erlander (Soz)	Sozialdemokraten, Bauernbund	Mehrheit
31.10.1957–14.10.1969	Tage Erlander (Soz)	Sozialdemokraten	Minderheit, ab 1969 Mehrheit
14.10.1969–08.10.1976	Olof Palme (Soz)	Sozialdemokraten	Minderheit, 1969–1970 Mehrheit
08.10.1976–18.10.1978	Thorbjörn Fälldin (Zen)	Zentrumspartei (Zen), Moderaterna (Mod), Volkspartei	Mehrheit
18.10.1978–12.10.1979	Ola Ullsten (Volkspartei)	Volkspartei	Minderheit
12.10.1979–19.05.1981	Thorbjörn Fälldin (Zen)	Zentrumspartei, Moderaterna, Volkspartei	Mehrheit
19.05.1981–08.10.1982	Thorbjörn Fälldin (Zen)	Zentrumspartei, Volkspartei	Minderheit
08.10.1982–28.02.1986	Olof Palme (Soz)	Sozialdemokraten	Minderheit
01.03.1986–26.02.1990	Ingvar Carlsson (Soz)	Sozialdemokraten	Minderheit
26.02.1990–04.10.1991	Ingvar Carlsson (Soz)	Sozialdemokraten	Minderheit
04.10.1991–07.10.1994	Carl Bildt (Mod)	Moderaterna, Zentrumspartei, Volkspartei, Christdemokraten	Minderheit
07.10.1994–22.03.1996	Ingvar Carlsson (Soz)	Sozialdemokraten	Minderheit
22.03.1996–06.10.2006	Göran Persson (Soz)	Sozialdemokraten	Minderheit
06.10.2006–19.09.2010	Fredrik Reinfeldt (Mod)	Moderaterna, Zentrumspartei, Christdemokraten, Volkspartei	Mehrheit
19.09.2010 – ?	Fredrik Reinfeldt (Mod)	Moderaterna, Zentrumspartei, Christdemokraten, Volkspartei	Minderheit

Hintergrund der Wahl von 1991 war eine Krise der SAP. Der öffentliche Sektor war stark aufgebläht (er war zu einem geradezu typischen beschäftigungspolitischen Instrument des schwedischen Wohlfahrtsstaats geworden) und neue Reformen mussten durchgeführt werden. Darüber hinaus war die Partei innerlich zerstritten und konnte sich nicht eindeutig vom bürgerlichen Block abgrenzen. Die dramatischen Umstände in der Sowjetunion bewirkten, dass die andere Partei des linken Blocks, die Kommunistische Linkspartei, zum einen ihren Namen abänderte und den Teil ‚Kommunistische' tilgte und zum anderen ebenfalls Stimmenverluste hinnehmen musste. Die Moderaterna und die Volkspartei wollten die wirtschaftliche Situation verbessern und durch Deregulierung, Privatisierung, Steuersenkungen und durch die Unterstützung von kleinen und mittelständischen Unternehmen Schweden aus der Krise führen. Diesem bürgerlichen Block waren auch die Zentrumspartei und die Christdemokraten als mögliche Koalitionspartner offen. Die wohl größte Wahlkampagne machte die rechtspopulistische „Neue Demokratie" (Ny Demokrati, NyD). Sie wollte den sofortigen Stopp der Immigration, die Privatisierung von weitgehend allem öffentlichen Besitz und die Abschaffung des staatlichen Alkoholmonopols. Die Umstände führten dazu, dass sich die Wählerfluktuation erhöhte und viele SAP-Wähler zu Nichtwählern wurden, für die Neue Demokratie oder die Christdemokraten stimmten. Beide Parteien konnten selbst viele Nichtwähler mobilisieren, sodass sich das stabile 5-Parteien-System zu einem instabilen Acht-Parteiensystem entwickelte (Wörlund 1992, S. 139–140; Gilljam 1994, S. 308).

Die Gewinner der Wahl waren die Konservativen (+ 3,6), die seit 1964 bestehenden Christdemokraten (+ 4,2), und die Neue Demokratie (+ 6,7). Beide letzteren schafften zum ersten Mal den Einzug ins Parlament. Verluste mussten die Sozialdemokraten (− 5,5), die Volkspartei (− 3,1), die Zentrumspartei (− 2,8), die Grünen (− 2,1) und die Linken/Kommunisten (− 1,3) hinnehmen, weshalb man von einem Ruck nach rechts sprechen kann. Bis auf die Moderaten hatten demnach alle 5 klassischen Parteien die Gunst vieler Wähler verloren und die SAP musste ihr schlechtestes Ergebnis seit 1928 einfahren.

Klarer Wahlsieger war die rechtspopulistische Neue Demokratie, die kein geringeres Ziel ausgerufen hatte als die schwedische Politik und Wirtschaft komplett neu zu gestalten. In Anlehnung an die dänische und norwegische Fortschrittspartei, wollten sie die Marktwirtschaft vorantreiben, die Steuern senken und mehr Privatisierung durchsetzen. Zudem konnten sie die Einwanderungspolitik in die Wahlkampfdebatte einbringen. Nur unter Duldung der Neuen Demokratie konnte eine Minderheitsregierung aus Konservativen, Zentrumspartei, Volkspartei und Christdemokraten die Regierung bilden (Wörlund 1992, S. 136–138).

Rechtspopulistische (Anti-Steuer-)Parteien hatte es in den nordischen Ländern bereits in den 1970er-Jahren gegeben. Aufgrund der Stärke der SAP konnten in Schweden solche Parteien jedoch erst mit der Neuen Demokratie 1991 in den Reichstag einziehen. Zuvor hatte sich bereits 1988 eine weitere rechtspopulistische Partei gegründet, die Schwedendemokraten. Sie ist weniger eine Steuerprotestpartei als vielmehr eine Anti-Einwanderungspartei. Im Gegensatz zu anderen nordischen Ländern sind die Rechtspopulisten in Schweden schwächer, jedoch mit dem ersten Einzug der Schwedendemokraten in den Reichstag auch 2010 dort repräsentiert (siehe Tab. 5.8).

Tab. 5.8 Wahlergebnisse in Schweden 1973–2010 in %. (Quelle: Eigene Erstellung auf Basis von Statistiska centralbyrån o. J.; Statistiska centralbyrån 2010)

	1973	1976	1979	1982	1985	1988	1991	1994	1998	2002	2006	2010
Christdemokraten	1,8	1,4	1,4	1,9	–	2,9	7,1	4,1	11,7	9,1	6,6	5,6
Linkspartei	5,3	4,8	5,6	5,6	5,4	5,8	4,5	6,2	12,0	8,4	5,8	5,6
Moderaterna	14,3	15,6	20,3	23,6	21,3	18,3	21,9	22,4	22,9	15,3	26,2	30,1
Neue Demokratie	–	–	–	–	–	–	6,7	–	–	–	–	–
Schwedendemokraten	–	–	–	–	–	–	–	–	0,4	1,4	2,9	5,7
Sozialdemokraten	43,6	42,7	43,2	45,6	44,7	43,2	37,7	45,3	36,4	39,9	35,0	30,7
Umweltpartei	–	–	–	1,7	1,5	5,5	3,4	5,0	4,5	4,6	5,2	7,3
Volkspartei	9,4	11,1	10,6	5,9	14,2	12,2	9,1	7,2	4,7	13,4	7,5	7,1
Zentrumspartei	25,1	24,1	18,1	15,5	12,4	11,3	8,5	7,7	5,1	6,2	7,9	6,6
Andere	0,5	0,4	0,8	0,3	0,5	0,7	7,7	2,3	2,2	1,7	2,7	1,4

Dafür ist im innernordischen Vergleich in Schweden eine grüne Partei relativ stark vertreten. Bereits 1972 formierten sich die Grünen, die sich allerdings erst 1981 offiziell als Partei gründeten und 1988 mit 5,5 % ins Parlament einzogen. Die Grünen konnten der Zentrumspartei die Themen Anti-Atomkraft und Energiewende entreißen. Bei der Erdrutschwahl von 1991 mussten sie Verluste hinnehmen und gelangten nicht in den Reichstag. Die schwedischen Grünen rekrutieren klassischerweise ihre Wähler aus jungen überwiegend weiblichen Bevölkerungsschichten, allerdings ist die Wählerschaft häufig sehr volatil (Arter 2008, S. 119–122).

Christliche Parteien sind in den nordischen Ländern seit den 1930er-Jahren verbreitet und in Schweden bestand bereits 1924 eine Freikirchlerpartei, die aber keine nennenswerte Erfolge erzielen konnte. Norwegen machte 1933 den Anfang christlicher Parteien und dann folgten sie in Finnland (1958), Schweden (1964) und Dänemark (1970). In Schweden gründete sich 1964 die Christdemokratische Sammlungspartei, die sich gegen Abtreibung und für mehr Religionsunterricht einsetzte. 1985 wurden die Christdemokraten zum ersten Mal in den Reichstag gewählt, wofür allerdings eine Allianz mit der Zentrumspartei nötig war. Zwei Jahre später nannte sich die Christdemokratische Sammlungspartei in Christdemokratische Sozialpartei und 1996 in Christdemokraten um. Vor allem seit 1991 konnte die Partei hohe Wahlergebnisse erzielen mit einem Höchstwert von 11,7 % im Jahr 1998 (Arter 2008, S. 123–128).

Eine nicht von der Hand zu weisende These ist, dass sich in den letzten Jahren eine neue politische Konfliktlinie herausgebildet hat – vielleicht stärker in Schweden als anderswo: die Konfliktlinie um Datensicherheit, Internet, Downloading und Urheberrechtsschutz. Mit diesen Themen beschäftigt sich die 2006 in Schweden gegründete Piratenpartei. Ausgehend von Schweden konnte die Partei in vielen Ländern Ableger finden und ist mittlerweile sogar in Deutschland in 4 Landesparlamenten vertreten. Im Jahr 2009 hatte die schwedische Piratenpartei einen unerwarteten Erfolg von 7,1 % bei der Europawahl und hat demnach das 1991 aufgebrochene Parteienspektrum weiter vergrößert.

Erlingsson u. Persson gingen der Frage nach, ob es sich bei dem Wahlerfolg eher um eine Protestwahl oder vielmehr um eine Grundsatzwahl handelte. Besonders viele junge, männliche, in Städten lebende Studenten gehören zur Wählerschaft der Piratenpartei. Im Gegensatz zum Erfolg der Neuen Demokratie und der Schwedendemokraten, handle es sich bei dem Erfolg der Piratenpartei laut Erlingsson u. Persson vor diesem Hintergrund gerade nicht um ein Protestverhalten. Die Wähler der Piratenpartei wählten die Piraten vornehmlich wegen ihrer Meinung zu Internet und Downloading und nicht aus Frust gegenüber den anderen Parteien.

Bei ihrer ersten Reichstagswahl 2006 war die junge Partei mit 0,63 % der Stimmen bereits drittstärkste Kraft außerhalb des Reichstages geworden, doch 2010 konnte an den Erfolg der Europawahl von 2009 nicht angeknüpft werden (0,65 %), weshalb Erlingsson die Piraten als ‚flash-Partei‘ bezeichnet, deren Erfolg nur von kurzer Dauer war (Erlingsson und Persson 2011, S. 121–126).

Die schwedische Parteienfinanzierung erfolgte bis in die 1960er-Jahre hinein durch Spenden, Mitgliederbeiträge, Lotterieabgaben und Zuschüsse von nahestehenden Volksbewegungen. Zudem gab es schon früh direkte Unterstützung der Presse und Parteien besaßen eigene Zeitungen. Mit der Ausbreitung des Fernsehens sanken die Einnahmen drastisch ab und stürzten alle Parteien in eine finanzielle Krise, weshalb verlangt wurde, dass die Parteien öffentliche Gelder erhalten sollten. Es wurde ein System direkter und indirekter Förderungen eingeführt. Direkte Förderungen erhalten die Parteien von nationalen, regionalen und lokalen Organisationen. Pro Reichstagsmandat erhalten sie Subventionen, Büroräume und Schreibkräfte zugeteilt. Die indirekte Förderung umfasst eine Subventionierung der Tagespresse, Zuschüsse für die politische und gesellschaftliche Bildung oder entgeltlose Rundfunkzeiten (Banholzer 2001, S. 48–49).

Die letzte Wahl zum schwedischen Reichstag vor Redaktionsschluss dieses Buches fand im September 2010 statt. Nach dem Regierungswechsel von 2006 durch den bürgerlichen Block, wurde Ministerpräsident Fredrik Reinfeldt in seinem Amt bestätigt. Die SAP hat mehr als 4 Prozentpunkte verloren und liegt nunmehr nahezu gleichauf mit den Konservativen, da diese knapp 4 Punkte zulegen konnten. Weitere Gewinner der Wahl waren die Umweltpartei und die rechtspopulistischen Schwedendemokraten. Die Zentrumspartei musste leichte Verluste hinnehmen. Die restlichen Parteien konnten etwa ihr Niveau von 2006 halten (siehe Tab. 5.8).

Allerdings ließ die Wahl die allermeisten Wähler frustriert zurück. Die erste Mitte-Rechts-Regierung, die wiedergewählt wurde, konnte nach einer dramatischen Wahl mit zwei fehlenden Sitzen keine Parlamentsmehrheit erreichen. Drei der vier Koalitionsparteien mussten Verluste hinnehmen und sind gefährlich nahe an der 4-%-Hürde angelangt. Das konnte auch vom besten Wahlergebnis der Konservativen mit über 30 % nicht kompensiert werden. Die SAP hatte bereits 2006 einen Tiefstand erreicht, der 2010 noch einmal unterboten wurde. Die Niederlage der SAP wurde oft dem angeblich inkonsequenten Führungsstil der Parteivorsitzenden Mona Sahlin zugeschrieben. Ein Hauptgrund für die Unzufriedenheit vieler Wähler war die Tatsache, dass die rechtspopulistischen Schwedendemokraten überraschend klar den Einzug in den Reichstag geschafft hatten. Man befürchtet, dass sich die Partei dauerhaft im Parlament festsetzen kann, weshalb in der öffentliche Debatte von den anderen Parteien auch versucht wird, die Schwedendemokraten zu marginalisieren.

Da die Allianz keine Mehrheit hat und man nicht auf die Schwedendemokraten angewiesen sein wollte, wurden Überlegungen angestellt entweder eine große Koalition von SAP und Konservativen zu bilden oder die Grünen als fünfte Allianzpartei einzubeziehen. Beide Überlegungen scheiterten frühzeitig aufgrund der zu großen Diskrepanzen. Letztlich war die Lösung, dass die SAP und die Grünen der Minderheitsregierung zusicherten, bei bestimmten Themen mit ihrer Unterstützung rechnen zu können (Aylott 2010, S. 1–7).

5.3.2   Verbände und Interessenvermittlung

Schweden hat eine sehr ausgeprägte Form des Verbandswesens und der Interessenvermittlung, weshalb Götz den Begriff „Organisationssverige" (Verbandsschweden) (Götz 2001,

S. 382) verwendet, der die Verschmelzung von Verbänden, Gesellschaft und Staat zu einer Einheit verdeutlicht.

Bereits ab 1837 gab es einen ersten nationalen Verband, kurioserweise die schwedische Abstinenzlergesellschaft, die aus protestantischen Bewegungen hervorgegangen war. Noch heute ist in Schweden eine international vergleichsweise starke Nüchternheitsbewegung aktiv, die in den letzten Jahren neue Mitglieder gewinnen konnte (Sveriges Radio 2006).

Obwohl die Verfassung zu Beginn des 20. Jahrhunderts noch wenig demokratisch war, sorgten die Verbände frühzeitig für ein demokratisches Bewusstsein und brachten den Demokratisierungsprozess voran. Bei Gesetzesinitiativen sind die Anhörung und die Stellungnahme von Verbänden vorgesehen und Verwaltungsaufgaben können an Verbände ausgelagert werden (Götz 2001, S. 382, 384). „Es entbehrt daher keineswegs einer gewissen Logik, die Interessenorganisationen in Schweden nach den drei klassischen Gewalten – Exekutive, Legislative und Judikative – und nach der Presse als die fünfte Staatsmacht zu bezeichnen" (Henningsen 1990, S. 101).

Neben der Politikgestaltung durch den Reichstag besteht in Schweden ergänzend die möglicherweise „best-organized structure of interest groups to be found in any nation of the world. Virtually all social interests of any significance – from industrial workers to tennis enthusiasts – are organized into local, regional, and national associations, and the most important interests (labour and industry) are further centralized by ‚super‘ organizations that represent the interest of all of their associated organizations in national negotiations"(Anton 1969, S. 92).

Die 1930er-Jahre waren für die Struktur des schwedischen Korporatismus eine wichtige Phase und der Grundstein für die späteren Beziehungen der beteiligten Verbände, Organisationen und der Politik. In dieser Zeit näherten sich der schwedische Gewerkschaftsbund (LO) und der Zentralverband schwedischer Arbeitgeber (SAF) gegenseitig langsam an, um den Arbeitsmarkt zu bereinigen. Die Gespräche der beiden Verhandlungsparteien fanden im Erholungsort Saltsjöbaden bei Stockholm 1936 statt, weshalb der 1938 unterzeichnete Grundlagenvertrag zwischen Arbeitnehmern und Arbeitgebern als ‚Saltsjöbadener Abkommen‘ oder ‚Kompromiss von Saltsjöbaden‘ bezeichnet wird. Beide Parteien wollten mit dem Ziel der Tarifautonomie den Kompromiss ohne den Einfluss der Politik aushandeln. Inhalt des Vertrages war, dass Vertreter der LO und des SAF gemeinsam einen Arbeitsmarktausschuss als zentrale Verhandlungsinstanz bilden. Bei Unstimmigkeiten sollen erst Verhandlungen geführt werden und nur im Ausnahmefall ein Arbeitsgericht angerufen werden. Auch über Einstellungen und Entlassungen soll ohne Politikeingriffe entschieden werden. Für die schwedische Konsensdemokratie und den Aufbau des Wohlfahrtsstaates war dieser Vertrag ein wichtiger Pfeiler (Hadenius 1990, S. 38–39). Dessen ungeachtet widersetzten sich 1969 rd. 5.000 Bergarbeiter der Friedenspflicht des Saltsjöbadener Abkommens. Sie legten für 2 Monate die Arbeit im nordschwedischen Kiruna nieder, verlangten höhere Löhne und warfen den staatlichen Eignern Ausbeutung vor. Der Streik war tarifvertraglich nicht genehmigt und erinnerte an den Klassenkampf vor Saltsjöbaden. In Göteborg streikten Hafenarbeiter aus ähnlichen Beweggründen (Hadenius 1990,

S. 117–119). Beide Ereignisse stechen aus der jüngeren Wirtschaftsgeschichte Schwedens hervor.

In den 1960er-Jahren haben viele nationale Behörden Vertreter von Verbänden und Gewerkschaften in ihre Vorstände berufen. Auch dies ist eine Spielart des nordischen Korporatismus, von der sich sowohl die Regierung als auch die beteiligten Interessenorganisationen Vorteile erhofften. Für die Regierung erschien positiv, dass das Fachwissen und die Informationen der Verbände eingearbeitet werden konnten. Außerdem kann die Unterstützung der Verbände gesichert werden und sie werden mit in die Verantwortung genommen. Die Verbände und Interessenorganisationen profitieren selbstverständlich ihrerseits durch mehr Einflussmöglichkeiten auf das politische Geschehen und können ihre Interessen besser durchsetzen. Darüber hinaus werden die Reputation und die fachliche Kompetenz der Repräsentanten gesteigert (Ruin 1974, S. 174).

Grundsätzlich sind die Interessenorganisationen in die Kommissionsarbeit eingebunden. Entweder entsenden sie Vertreter direkt in die Kommissionen oder werden zur Anhörung in die Kommissionen eingeladen. Zudem haben die Verbände Repräsentanten in den Reichstagsausschüssen, was ihnen einen weiteren Kanal der Interessenvermittlung eröffnet (Götz 2001, S. 396).

Die schwedische Landwirtschaft ist im Zentralverband der Landwirte (Lantbrukarnas Riksförbund) organisiert. Dieser ist 1971 aus einem Zusammenschluss von Großbauern- und Kleinbauernverband hervorgegangen und unterstützt traditionell die Zentrumspartei. Kooperative Prinzipien sind Kern der Arbeit des Verbandes, jedoch wird sein Einfluss aufgrund von gesellschaftlichen Veränderungen zunehmend geschmälert (Götz 2001, S. 390).

1902 wurde die Organisation schwedischer Arbeitgeber (SAF) gegründet und ist somit als Reaktion der Gründung des Dachverbandes der Gewerkschaften (LO) zu verstehen. Im Jahr 2001 fusionierte die SAF mit dem schwedischen Industrieverband (SI) und nannte sich in Svenskt Näringsliv um. Er umfasst 49 Branchenverbänden, die sich aus 60.000 Unternehmen mit über 1,5 Mio. Personen zusammensetzen und den Konservativen am nächsten stehen (Svenskt Näringsliv o. J.). Viele kleinere Unternehmen, beispielsweise im Banken- und Versicherungssektor oder dem Groß- und Einzelhandel, sind oft in eigenen Verbänden organisiert. Bei letzteren gibt es die Zentralorganisation der Konsumkooperativen (Kooperativa Förbundet, KF), die bereits 1899 gegründet wurde und Ende der 1990er-Jahre 88 Mitgliedsorganisationen mit 2,4 Mio. Mitgliedern umfasste. Der Fokus der Kooperative liegt auf dem Einzelhandel und es werden Geschäfte und Supermärkte betrieben. Sie ist zwischen Wirtschaftsunternehmen und Volksbewegung angesiedelt und muss marktwirtschaftliche und anti-kommerzielle Interessen gegeneinander ausgleichen (Götz 2001, S. 390).

Der Dachverband der Arbeitergewerkschaften (Landsorganisationen i Sverige, LO) hat sich 1898 aus mehreren sozialistischen Gewerkschaften gegründet und tritt für arbeitsmarktpolitische Gleichheit und faire Lohnpolitik ein. Das Berufsverbandsprinzip wurde in den 1970er-Jahren durch das Industrieverbandsprinzip ersetzt. 2012 umfasste die LO 14 Verbände mit über 1,5 Mio. Mitgliedern (Landsorganisationen i Sverige 2012), von denen viele im öffentlichen Sektor beschäftigt waren. Mit zu den größten Verbänden zählen der schwedische Kommunalarbeiterverband (Svenska Kommunalarbetareförbundet) und der schwedische Metallarbeiterverband (Svenska Metallindustriarbetareförbundet) (Götz 2001, S. 388).

Bereits mit der Gründung der LO bestand eine enge Verbindung zur sozialdemokratischen Partei, die in dieser Form erst Ende der 1980er-Jahre erodierte und zu einem Rückgang der Mitgliederzahlen führte (Jahn 2009, S. 128). Ein weiterer großer Dachverband ist die Zentralorganisation der Angestellten (Tjänstemännens Centralorganisation, TCO) mit 15 Einzelgewerkschaften und rd. 1,2 Mio. Mitgliedern (Tjänstemännens Centralorganisation o. J.). Diese besteht seit 1937, ist parteipolitisch neutral und hat viele Frauen und Angestellte im öffentlichen Sektor als Mitglieder. Der dritte große Dachverband ist der Schwedische Akademiker Zentralverband (Sveriges Akademikers Centralorganisation, SACO) mit rd. 630.000 Akademikern in 22 Einzelgewerkschaften (Sveriges Akademikers Centralorganisation o. J.). Ein kleiner syndikalischer Gewerkschaftsbund ist der SAC (1910 gegründet), der vor allem Arbeiter im Norden in den Bereichen Forstwirtschaft und im Baugewerbe umfasst (Jahn 2009, S. 131).

Zwischen Gewerkschaftsbund und SAP bestanden lange Zeit sehr enge Beziehungen, die sogar so weit gingen, dass 1898 eine obligatorische Parteimitgliedschaft der Gewerkschaftsmitglieder bestand. Zudem wurden 2 der 5 Vorstandsmitglieder der LO von der SAP benannt. Wenig später wurde die Zwangsmitgliedschaft zu einem Kollektivanschluss, durch den die Parteimitgliedschaft zwar fakultativ war – wenngleich sehr empfohlen wurde (Bengtsson 2008, S. 4–5).

Konservative Stimmungen führten dazu, dass sich die Holzindustriearbeiter und die Gewerkschaft der Staatsbediensteten von der Kollektivmitgliedschaft lossagen wollten. Auf dem SAP-Parteitag 1987 wurde deshalb der Kollektivanschluss zugunsten eines Organisationsmodells abgeschafft und 1990 verbindlich. Organisationen können sich nunmehr der SAP anschließen, ohne dass die Mitglieder zwangsläufig der Partei beitreten (Bengtsson 2008, S. 6, 7). Ohne den Kollektivanschluss ging die Mitgliederzahl der Partei deutlich zurück.

Der gewerkschaftliche Organisationgrad erlangte seinen Höchstwert 1986 mit 85 %, sank jedoch bis 2008 auf 71 % ab. In absoluten Zahlen verloren die gewerkschaftlichen Verbände dabei rd. 245.000 ihrer Mitglieder (Kjellberg 2011, S. 67). Ein Hauptgrund war, dass seit 2007 Mitgliedsbeiträge fast aller Arbeitslosenversicherungen gestiegen waren und gleichzeitig steuerliche Abschreibungsmöglichkeiten der Gewerkschafts- und Arbeitslosenkassenbeiträge abgeschafft wurden. Immer mehr Arbeiter nahmen vor diesem Hintergrund das Angebot wahr, nicht mehr gleichzeitig Mitglied der Arbeitslosenkasse und der Gewerkschaft sein zu müssen (Kjellberg 2011, S. 68–69; Götz 2001, S. 388).

Der 1950 gegründete Zentralverband der schwedischen Samen (Sámiid Riikkasearvi, SSR) vertritt die Interessen der in Nordschweden beheimateten Samen und setzt sich für den Erhalt der Rentierwirtschaft ein. Aus dem SSR ging eine Partei hervor, die zur Wahl des beratenden (schwedischen) Sametings antritt. Durch die große Zersplitterung der samischen Organisationen haben die Samen in Schweden deutlich weniger Einfluss als in Norwegen (Götz 2001, S. 391–392). Aufgrund der starken lokalen Gebietskörperschaften besitzt der Verband schwedischer Kommunen (Svenska Kommunförbund) großen Einfluss. Er vertritt die Interessen der 290 Kommunen, ist aber auch für regionale Kooperationen von Kommunen zuständig (Götz 2001, S. 395).

Die Subventionierung der Verbände erfolgt trotz Zeiten knapper öffentlicher Kassen noch durch den Staatshaushalt, die Provinzialregierungen und die Kommunen (Götz 2001, S. 398). In den letzten Jahren lassen sich Trends beim Verbandswesen erkennen, die in manchen Bereichen in Richtung Entkorporatisierung weisen. So ist der Arbeitgeberverband seit den 1980er-Jahren nicht mehr bei den zentralen Tarifverhandlungen der LO beteiligt, Gewerkschaftsmitglieder sind nicht mehr automatisch in der SAP oder seit den 1990er-Jahren haben die Hauptverbände keine Repräsentanten mehr in den Verwaltungsgremien. Stattdessen gibt es immer häufiger informelle Kontakte zwischen den Verbänden und der Politik. Einzelne Unternehmen kontaktieren zunehmend direkt Politiker ohne den ‚Umweg‘ der Verbände. Der Trend geht also zu mehr netzwerkartigen Strukturen und einem aufgefächerten Verbandslobbyismus. Dennoch kann von einer umfassenden Entkorporatisierung nicht die Rede sein, vor allem nicht, weil auf lokaler Ebene die Verbindungen zwischen Verbänden und Politik weiterhin eng sind (Götz 2001, S. 381, 383, 396).

5.4   Policies

5.4.1   Wirtschaftspolitik

Die schwedische Wirtschaft hat sich von einer stark auf den Export von Rohstoffen (aus der Holzwirtschaft und von Erzen), Produkten aus Eisen- und Stahlindustrie, aus der industriellen Produktion von Maschinen sowie der Elektronik und Transportindustrie zu einer vielfältigen Wirtschaftsstruktur mit zunehmender Bedeutung von Informations- und Kommunikationstechnologien und unternehmensorientierten und privaten Dienstleistungen entwickelt. Hatten früher noch Großkonzerne wie Saab, Volvo oder Ericsson große Anteile am Handel, sind mittlerweile rund ein Drittel aller Beschäftigten in KMU mit Mitarbeitern unter 50 Personen beschäftigt. Dennoch ist das Verhältnis zwischen den KMU und den Großunternehmen weiterhin gut und vielfach findet eine räumliche Konzentration von Unternehmen einer Branche statt (Cluster). Zum Beispiel haben sich viele Firmen der Informationstechnologie und Computerberatung in Stockholm, vor allem in der Kista Science City, angesiedelt. Durch die hohe Innovationsfähigkeit besitzt Schweden mehr Beschäftigungszuwächse im Bereich der Dienstleistungen als im verarbeitenden Sektor (Olsson et al. 2012, S. 9–10).

Nach einer wirtschaftlichen Wachstumsphase von 2005 bis 2008 folgte 2009 der krisenbedingte Einschnitt. Indessen betrug das BIP bereits 2010 wieder ein höheres Niveau als vor der Krise und lag 2012 bei insgesamt über 400 Mrd. €. Die Prognosen deuten einen

Tab. 5.9 Dienstleistungen in Mrd. SEK. (Quelle: Eigene Darstellung auf Basis von Statistiska centralbyrån 2013b)

	Export		Import		Netto	
	2012	2011	2012	2011	2012	2011
Dienstleistungsart						
Sonstige Unternehmensdienstleistungen	196,4	181,0	129,2	128,8	67,2	52,2
Reise	104,5	89,4	109,1	102,6	− 4,5	− 13,2
Transport	75,7	73,2	54,9	52,9	20,8	20,3
Daten- und Informationsdienstleistungen	54,4	56,5	25,8	22,0	28,6	34,5
Lizenzgeber und Lizenzgebühr	45,7	40,9	15,9	12,2	29,7	28,7
Kommunikation	12,0	14,1	14,6	15,8	− 2,6	− 1,6
Finanzdienstleistungen	10,1	9,9	3,7	3,9	6,4	6,0
Versicherungen	5,8	5,9	2,6	2,8	3,2	3,1
Bau-Dienstleistungen	5,1	5,8	13,1	11,9	− 8,1	− 6,1
Persönliche Dienstleistungen	3,7	3,8	2,4	2,4	1,3	1,3
Öffentliche Dienstleistungen	2,8	2,6	1,5	1,4	1,4	1,3
Gesamt	516,1	483,0	372,8	356,7	143,3	126,3

deutlichen jährlichen Zuwachs auch für 2014 an (Eurostat 2013a). Die dazugehörigen Wachstumsraten lassen sich Tab. 2.8 entnehmen.

Wenn sowohl Import als auch Export betrachtet werden, ist Deutschland der wichtigste Handelspartner Schwedens. Allerdings hat im Export Norwegen im Jahr 2012 mit 10,3 % der Gesamtexporte Deutschland von Platz 1 verdrängt. Großbritannien, die USA und Dänemark folgen auf den Plätzen 3–5. Finnland, die Niederlande, Belgien, Frankreich und China ergeben die Top Ten. Mit 17,3 % werden die meisten Waren aus Deutschland importiert. Die Nachbarländer Norwegen und Dänemark sowie die Exportnationen Niederlande und Großbritannien folgen. Russland, Finnland, Frankreich, China und Belgien sind ebenfalls zu den 10 größten Importländern zu zählen.

Im Jahr 2012 stammten die schwedischen Warenexporte aus den Bereichen Maschinen- und Fahrzeugbau (43,6 %), chemische Erzeugnisse (11,9 %), Bergbauerzeugnisse (11,4 %), Forstwirtschaft (10,5 %), Energiewirtschaft (10,0 %) und weitere Waren (12,5 %). Bei den Importen dominiert mit 40,3 % der Maschinen- und Fahrzeugbau. Es folgen die stark wachsende Energiewirtschaft (16,2 %), chemische Erzeugnisse (12,6 %), Bergbauerzeugnisse (8,2 %), Forstwirtschaft (2,8 %) und weitere Waren (19,9 %), zu denen vor allem Lebensmittel zählen (Statistiska centralbyrån 2013c, S. 4–5).

Ein Blick auf Dienstleistungen (Tab. 5.9) zeigt, dass Schweden ein Netto-Handelsvolumen von über 143,3 Mrd. SEK aufweisen kann und damit 2012 eine Steigerung von ca. 17 Mrd. SEK gegenüber dem Vorjahr erwirtschaftete. Besonders Unternehmensdienstleistungen sind mit einem Umfang von jeweils fast 200 Mrd. SEK sowohl im Export als auch im Import dominierend. Reise- und Transportdienstleistungen folgen auf den Plätzen 2 und 3.

Wie die anderen nordischen Länder war Schweden lange Zeit von Rohmaterialien und Ressourcen abhängig und (staatliche) Großunternehmen in Holz-, Zellstoff-, Bergbau- und Eisenindustrie hatten sich ausgebildet. Letztere wurde vor dem 1. Weltkrieg modernisiert, wodurch sich eine bedeutende Metall- und Maschinenindustrie etablieren konnte, die dazu beitrug, dass sich Schweden zwischen 1890 und 1910 zu einem Industrieland entwickelte (Weibull 1993, S. 88–90). In den 1920er-Jahren erlebte Schweden eine wirtschaftliche Hochzeit. Schiffswerften boomten und schwedische Firmen gründeten weltweit Tochterunternehmen. Die positive Entwicklung wurde von der Weltwirtschaftskrise zu Beginn der 1930er-Jahre überschattet. Jahrzehnte später konnte sich Schweden schneller als die Nachbarländer von der Monostrukturierung der Wirtschaft lösen und den Fokus auf die Ausbildung des Humankapitals sowie auf Kapital- und Konsumgüter legen (Stephens 1996, S. 39–40; Weibull 1993, S. 118–119).

Berühmtheit erlangte das zu Beginn der 1950er-Jahre von Gösta Rehn und Rudolf Meidner für die sozialdemokratische Regierung entwickelte gesamtwirtschaftliche Rehn-Meidner-Modell. Die beiden Wirtschaftsexperten in Diensten des Gewerkschaftsbundes LO legten damit einen Grundstein der sozialdemokratischen Politik in Schweden. Das Prinzip dahinter (hier angelehnt an G. Schmid 1989):

- Mit dem Ziel „gleicher Lohn für gleiche Arbeit" (solidarische Lohnpolitik) sollte v. a. die Zielsetzung gesellschaftlichen Ausgleichs verfolgt werden. Die Tatsache, dass im gewerkschaftlich dominierten Arbeitsleben solidarische Löhne gleichbedeutend mit einem hohen Lohnniveau waren, wirkte sich zudem positiv auf die Binnennachfrage aus. Vehikel für die Durchsetzung eines homogenen Lohnniveaus war die hohe Zentralisierungsneigung in der schwedischen Lohnfindung.
- Da der Arbeitslohn in diesem Zuge als Stellschraube zum Ausgleich betrieblicher Krisen quasi wegfiel, mussten weniger rentable Unternehmen aufgegeben werden und produktivere Firmen konnten im Gegenzug expandieren (selektive Wachstumspolitik).
- Von Firmenschließungen betroffene Arbeitnehmer wurden durch ein ausgebautes System der staatlichen Weitervermittlung (aktive Arbeitsmarktpolitik) aufgefangen. Dieses beschleunigte auch eine Arbeitsmigration von strukturschwachen in strukturstarke Regionen.
- Eine Sparneigung des Staates (restriktive Finanzpolitik) schließlich sollte eine übermäßige Inflation verhindern und so einen Beitrag zur Vermeidung einer Lohn-Preis-Spirale leisten.

Diese gemeinsame Strategie der Wirtschafts-, Lohn- und Arbeitsmarktpolitik wurde nach ihrer Formulierung insgesamt so konsequent wie möglich durch die Regierung implementiert. Sie brachte den Strukturwandel nach dem Zweiten Weltkrieg voran und führte zu Wachstum und höherem Steueraufkommen, was für die Finanzierung des wohlfahrtsstaatlichen Ausbaus benötigt wurde. Das Rehn-Meidner-Modell gilt demnach nicht nur als ökonomisch erfolgreich, sondern ist auch das Paradebeispiel schlechthin für die korporatistische Einbindung von Gewerkschaften in den Politikformulierungsprozess durch sozialdemokratische Regierungen in Schweden.

In den letzten Jahren und Jahrzehnten setzte in Schweden eine verstärkte Deregulierung und Privatisierung ein, um eine liberalere wirtschaftspolitische Ausrichtung voranzutreiben und konkurrenzfähiger zu werden. Die Bereiche der Telekommunikation, des Postwesens und der Apotheken wurden dereguliert und im Schulwesen breiteten sich private Ausbildungsorganisationen aus. Eine Ausnahme ist das staatliche Monopol auf Alkohol, das fortwährend besteht und besagt, dass Alkohol über 3,5 % nur in staatlichen Verkaufsstellen (Systembolaget) verkauft werden darf (Olsson, Jochem und Esping-Andersen 2012, S. 6).

Seit den 1970er-Jahren gab es Strukturveränderungen in der Wirtschaft, die aufgrund von Krisen im Textilgewerbe, der Werft-, Eisenerz- und Stahlindustrie umgesetzt werden mussten. Die weltweite Ölkrise förderte die Binnenkrise zunehmend und die Arbeitslosigkeit stieg an (Immergut 2002, S. 236). Um die Massenarbeitslosigkeit einzudämmen, wurden in den 1970er-Jahren Industriezweige subventioniert oder ganze Unternehmen verstaatlicht. 1985/86 wurden die Staatsausgaben so hoch, dass nur noch Privatisierung und Deregulierung durchgeführt werden konnten und Sozialausgaben wie das Krankengeld gekürzt wurden. (Bengtsson 2008, S. 11; Stephens 1996, S. 43–45).

Ende der 1980er-Jahren und zu Beginn der 1990er-Jahre wurden Initiativen durchgeführt, um die Marktwirtschaft voranzutreiben und die Staatsausgaben zu senken. Zunächst wurde das Schulwesen von der SAP dezentralisiert, die Landwirtschaft dereguliert und Wohnbausubventionen gestrichen. Mit dem Regierungswechsel 1991 führte die bürgerliche Regierung diese Bestrebungen durch die Privatisierung kommunaler Dienstleistungen (z. B. Kinderbetreuung oder Schulwesen) fort. Von der Regierung wurden Kommissionen eingerichtet, die sich mit der Privatisierung staatlicher Gesellschaften und Unternehmen sowie der Reduzierung von Sozialausgaben auseinandersetzten, welche wegen der Währungskrise von 1992 gesenkt werden mussten (Fölster 1997, S. 126–127).

Die Frage der Energiepolitik wird in Zeiten erneuerbarer Energien immer wichtiger. Obwohl Schweden über große Landflächen verfügt, gibt es 10 Kernkraftanlagen, die in Betrieb sind (siehe Tab. 5.10). Mit einem Anteil von 38 % ist der Kernkraftanteil an der gesamten Stromversorgung verhältnismäßig hoch. Bemerkenswert ist, dass Finnland ebenfalls Atomkraftwerke besitzt und sogar den Ausbau eines weiteren AKW anstrebt.

Die schwedische Zentralbank (Sveriges Riksbank) ist seit 1999 unabhängig von der Regierung und für die Finanzwirtschaft und Fiskalpolitik zuständig. Ihre Ziele sind für Preisstabilität zu sorgen, die Inflation bei 2 % zu halten, das Management von Kapitalanlagen und der Aufkauf bzw. Verkauf von ausländischen Währungen. Die Reichsbank hat ihre Strategie in den letzten Jahren neu entworfen. Während in den 1980er-Jahren noch kurzfristig die Währung abgestuft wurde, um die Wettbewerbsfähigkeit des Exports nicht zu gefährden, sind heutige Währungsschwankungen marktgesteuert und nicht durch Entscheidungen der Reichsbank oder der Regierung zu verantworten. In der Finanzkrise kam der aktive und unabhängige Status der Reichsbank der Stabilität zugute: „[T]he banking

Tab. 5.10 Kernkraft in ausgewählten Ländern der Erde (Stand: 31.12.2010). (Quelle: Statistiska centralbyrån 2012, S. 559)

Land	Anzahl AKW	AKW in Planung	Effekt (Megawatt)	Geplanter Effekt (Megawatt)	Kernkraftanteil an Stromversorgung (%)
Schweden	10	–	9.303	9.303	38
Finnland	4	1	2.715	4.316	28
Frankreich	58	1	6.3130	6.4730	74
Großbritannien	19	–	10.137	1.0137	16
Deutschland	17	–	20.490	20.490	28
USA	104	1	101.240	102.405	20

system in Sweden has been shown to be quite resilient to the crisis" (Olsson, Jochem und Esping-Andersen 2012, S. 11).

Vor dem 1. Weltkrieg brachte Schweden viele Erfindungen hervor, aus denen sich wichtige Großunternehmen entwickelt haben. Das Dynamit (erfunden von Alfred Nobel), Kugellager, Dampfturbinen oder das Tischtelefon (erfunden von Lars Magnus Ericsson) führten zur Gründung von Unternehmen wie Bofors in der Rüstungsindustrie, Separator (heute: Alfa Laval), Aga (Gas und Werkzeugstahl), Svenska Kullagerfabriken (Kugellager), Ericsson (Telekommunikation), ASEA (heute: ABB) und Electrolux für Elektro- und Haushaltsgeräte (Weibull 1993, S. 118). Der Fahrzeugbau kann ebenfalls auf eine lange Tradition zurückblicken. 1927 wurde Volvo gegründet, wobei der Konzern mittlerweile dem chinesischen Geely-Konzern angehört. Der Rüstungs-, Flug- und Fahrzeugbau-Konzern Saab gründete sich 10 Jahre später, dessen Fahrzeugsparte musste jedoch 2011 Insolvenz anmelden und derzeitig werden dort keine neuen Fahrzeuge produziert. Das wohl bekannteste schwedische Unternehmen ist mittlerweile der Möbelfabrikant IKEA, benannt nach dessen Gründer und seiner Herkunft Ingvar Kamprad vom Bauernhof Elmtaryd aus dem Dorf Agunnaryd in Småland. Der Konzern beschäftigte 2012 rd. 139.000 Angestellte und hatte einen Umsatz von 27 Mrd. € (IKEA o. J.).

5.4.2 Sozialpolitik

Im schwedischen Wohlfahrtsstaat hat das Prinzip des Universalismus mit weitreichenden Sozialleistungen, die zu einem großen Teil von der Allgemeinheit getragen werden, hohe Bedeutung. Dies betrifft unter anderem die Kinder-, Alten-, Pflegebedürftigen-, Familien- und Arbeitslosenfürsorge. Dennoch ist auch ein Blick auf die Entwicklung der Armutsgefährdungsquote spannend. Mit den Unruhen in Stockholmer Vororten im Frühjahr 2013, in denen hauptsächlich Menschen mit Migrationshintergrund leben, kamen Fragen nach dem Zustand des schwedischen Wohlfahrtsstaates auf. Die Armutsgefährdungsquote weist die Besonderheit auf, dass der Wert von 2005 auf 2006 um knapp 3 % auf rd. 12,5 %

Tab. 5.11 Armutsgefährdungsquote in %. (Quelle: Eurostat 2013b)

	2005	2006	2007	2008	2009	2010	2011
EU (27 Länder)	16,4 (s)	16,5 (s)	16,5 (s)	16,4	16,3	16,4	16,9 (s)
Dänemark	11,8	11,7	11,7	11,8	13,1	13,3	13,0
Deutschland	12,2	12,5	15,2	15,2	15,5	15,6	15,8
Finnland	11,7	12,6	13,0	13,6	13,8	13,1	13,7
Schweden	9,5	12,3	10,5	12,2	13,3	12,9	14,0
Island	9,7	9,6	10,1	10,1	10,2	9,8	9,2
Norwegen	11,4	12,3	11,9	11,4	11,7	11,2	10,5

(s) Eurostat Schätzung, Anteil von Personen mit einem verfügbaren Äquivalenzeinkommen unter der Armutsgefährdungsschwelle, die auf 60 % des nationalen verfügbaren Median-Äquivalenzeinkommens (nach Sozialleistungen) festgelegt ist

anstieg und 2011 sogar bei 14 % lag. In der Amtszeit der Allianz-Regierung hat sich damit die Zahl der von Armut gefährdeten Personen deutlich erhöht und Schweden besitzt im innernordischen Vergleich mittlerweile den Höchstwert (siehe dazu Tab. 5.11).

Den Grundstein für den Ausbau des Volksheims und damit für eine bessere Lebensqualität für die breite gesellschaftliche Masse legte in den 1930er-Jahren Sozialminister Gustav Möller mit einer Arbeitslosenversicherung (1934), Anhebung der Volksrente (1935), einem Arbeitsgesetz (1936), Mutterschaftshilfe und Familienstandarddarlehen (1937). Die Reformen wurden durch hohe Steuern auf Erbschaft, Vermögen und Einkommen finanziert (Hadenius 1990, S. 37).

Ein weiterer Pfeiler der sozialen Fürsorge war die 1918 eingeführte „Armenpflege" (fattigvård), die 1957 in „Sozialhilfe" (bistånd) umbenannt wurde. Verantwortlich für die Sozialhilfe, die Grundsicherung und Gewährleistung eines vernünftigen Lebensstandards, sind wie für andere Sozialausgaben die Kommunen, die das Maximum der Sozialhilfe selbst festlegen. (Zum Hintergrund: Wollmann 2008, S. 100; Olsson et al. 2012, S. 18).

Die nationale Krankenversicherung wurde 1953 eingeführt (Blomqvist 2004, S. 141) und 1992 eine Altenpflegereform durchgesetzt, da aufgrund des demographischen Wandels die Zahl der Pflegebedürftigen stetig zunimmt und die Anforderungen an das Gesundheitssystem wachsen. Mit der Reform garantiert die Regierung den Bedürftigen eine universale Sicherung, die unabhängig vom Vermögen ist, aber bei Inanspruchnahme von den Personen selbst zu rd. 25 % teilfinanziert werden muss. Die Pflege kann als häusliche Pflege durch Pflegedienste oder in Heimen erfolgen. Mit der Reform ging eine Verlagerung der Zuständigkeit einher: Von nun an hatten die Kommunen deutlich mehr Verantwortlichkeit und die eigentlich für die Gesundheitsvorsorge zuständigen Kreise übernehmen nur noch die medizinische Versorgung. Im Jahr 2002 betrugen die Gesamtaufwendungen der Kommunen für Sozialausgaben 34,3 % (Altenhilfe/-pflege, Behindertenhilfe/-pflege, Individual- und Familienhilfe inkl. Sozialhilfe) (Wollmann 2008, S. 130–132). Ein Überblick der Versicherungszweige im schwedischen Sozialsystem liefert Tab. 5.12.

Tab. 5.12 Versicherungszweige im schwedischen Sozialsystem. (Quelle: Eigene Erstellung auf Basis von MISSOC 2012b)

Versicherungszweig	Prinzip (Finanzierung)	Leistung
Gesundheit und Mutterschutz (Sachleistungen)	Finanziert durch Landsting oder Region. In einem Fall durch Kommune	Behandlung und Medikamente (mit Eigenanteil), freie Arztwahl, Praxisgebühr von SEK 100–200 (€ 11–23) bei Allgemeinmedizinern und SEK 230–320 (€ 26–37) bei Spezialisten Krankentransportrückerstattung, Gerätebereitstellung von Brillen, Gehhilfen, Hörgeräten möglich
Gesundheit und Mutterschutz (Geldleistungen)	Beiträge von Arbeitgebern und Selbstständigen sowie aus Steuern	Mutterschutzgeld für Mütter mit physisch anstrengendem Job ab 60 Tage vor der Geburt Elterngeld für 480 Tage pro Kind bis zum Alter von 8 Jahren, 390 Tage mit Minimum SEK 180 (€ 21) pro Tag. Weitere 90 Tage möglich temporäres Elterngeld bis 120 Tage Kindesalter von 12 Jahren Krankengeld ist 80 % des Gehalts multipliziert mit Faktor 0,97
Langzeitpflege	Finanziert von Kommunen als Teil der Gesundheits- und Sozialdienstleistungen	Unterstützungsbetrag basiert auf individueller Einstufung und ist von Kommune abhängig
Invalidität	Beiträge von Versicherten und Arbeitgebern sowie aus Steuern	Abhängig von Behinderungsgrad und Zeit des Aufenthaltes in Schweden; Durchschnitt der 3 höchsten Jahreseinkommen in bestimmter Periode bei vollständiger Invalidität 64 % des voraussichtlichen Jahresverdienstes bis zu SEK 330.000 (€ 37.868)
Rentenversicherung	Beiträge von Versicherten und Arbeitgebern sowie aus Steuern	Grundrente: 40-jährige Einwohnerschaft und abhängig von einkommensbezogener Rente Maximum für Alleinstehende SEK 93.720 (€ 10.755) pro Jahr und SEK 83.600 (€ 9.593) für Verheiratete Flexibles Renteneintrittsalter ab 61 Jahre, keine Frühverrentung einkommensabhängige Zusatzrente (Allmän tilläggspension, ATP): 30 Jahre in Rente eingezahlt Premiumrente ab 65 Jahr: Volle Absicherung, falls Bedingungen für Grundrente nicht erfüllt sind

Tab. 5.12 (Fortsetzung)

Versicherungszweig	Prinzip (Finanzierung)	Leistung
Hinterbliebenenabsicherung	Beiträge von Versicherten und Arbeitgebern sowie aus Steuern	Hinterbliebenenrente in Höhe von 55 % der zu erwartenden Rente des Verstorbenen
Arbeitsunfälle	Hauptsächlich Beiträge von Arbeitgebern und Selbstständigen	Krankengeld kann in Aktivierungsausgleich für Personen zwischen 19 und 29 Jahren oder in Krankheitsausgleich für Personen zwischen 30 und 64 Jahren umgewandelt werden
Arbeitslosenversicherung	Beiträge von Versicherten und Arbeitgebern sowie aus Steuern	Einkommensabhängige Leistungen: 80 % des Referenzgehaltes 200 Tage lang danach weitere 100 Tage 70 %, Maximum von SEK 680 (€ 78) pro Tag Grundsicherung von SEK 320 (€ 37) pro Tag
Familienleistungen	Steuerfinanziert	Kindergeld bis 16 Jahre, anschließend Unterstützung für Kinder in oberer Sekundarschule monatlich SEK 1050 (€ 120) und Zuschläge für Großfamilien
Soziale Mindestsicherung	Kommunal organisiert	Kommune für Maximalbetrag zuständig, für Alleinlebende SEK 2.920 (€ 335) und für Paare SEK 5.270 (€ 605) Kinder von 0 bis 1 Jahr SEK 1.720 (€ 197), steigert sich stufenweise auf SEK 3.250 (€ 373) für 19- bis 20-jährige Zusätzlich Hilfen für Wohnung, Lebensmittel, Kleidung, Schuhe, Freizeit, Gesundheit, Zeitungen, Telefon- oder Fernsehbeiträge

Die nationale Oberbehörde für Arbeit (Arbetsmarknadsstyrelsen) mitsamt ihrem Unterbau der Kreisarbeitsämter (Länsarbetsnämnd) und den örtlichen Arbeitsämtern auf lokaler Ebene sind für die Arbeitsmarktpolitik (Arbeitslosengeld, Weiterbildung und Arbeitsvermittlung) zuständig (Wollmann 2008, S. 154–155). Wie in den anderen nordischen Ländern (außer Norwegen) hat sich in Schweden bei der Arbeitslosenversicherung das Genter System durchgesetzt: eine freiwillige und gewerkschaftsnahe Arbeitslosenversicherung, bei der die Gewerkschaften die Organisation der Kassen übernehmen und staatliche Subventionen erhalten (Clasen und Viebrock 2006, S. 351). Mittlerweile gibt es neben den traditionellen eine von den Gewerkschaften unabhängige Kasse, die Alfa-Kasse, die aber ebenfalls von der Dachorganisation der gewerkschaftlich verwalteten Kassen finanziert wird. Die Mitgliedsbeiträge sind vor allem für die Deckung der Verwaltungskosten vorgesehen. Steuereinnahmen sind mit einem Anteil von rd. 95 % die wichtigste Einnahmequelle für die Auszahlung der Unterstützung. Die Empfänger erhalten in den ersten 200 Tagen der Arbeitslosigkeit 80 % des letzten Einkommens bis zu einem Maximum von 78 € pro Tag. Danach werden bis zum 300. Tag noch 70 % ausbezahlt. Früher waren die Mitgliedsbeiträge zur Arbeitslosenversicherung noch steuerlich absetzbar, was heute nicht mehr der Fall ist (Clasen 2006, S. 351, 357).

Im Jahr 1974 wurde die freiwillige einkommensabhängige Arbeitslosenversicherung durch eine allgemeine und staatlich finanzierte Arbeitslosenhilfe für Personen ohne Mitgliedschaft in einer Gewerkschaftskasse ergänzt, die ihrerseits 1997 durch eine Grundsicherung für jeden Arbeitnehmer abgesetzt wurde. Im Alter zwischen 15 und 64 mit einer wöchentlichen Arbeitszeit von 17 h kann man Mitglied einer Arbeitslosenkasse werden. Unter bestimmten Voraussetzungen ist die Mitgliedschaft auch für Studenten möglich. Personen, die nicht Gewerkschaftsmitglied sind, müssen etwas höhere Versicherungsbeiträge entrichten (Clasen 2006, S. 358–361).

Seit einigen Jahren wird der Schutz vor Arbeitslosigkeit durch private Zusatzversicherungen wichtiger. Sie werden häufig von den Gewerkschaften in Kooperation mit privaten Versicherungen organisiert. Diese Zusatzkomponente widerspricht „dem ‚skandinavischen Modell' universeller Wohlfahrt, da diese nur denjenigen angeboten wird, die aktuell auf dem Arbeitsmarkt tätig sind" (Clasen 2006, hier S. 368, gesamt S. 362–363).

Seit 2007 gab es erhebliche Veränderungen im Bereich der Arbeitslosenversicherung. Für fast alle Arbeitslosenkassen, besonders für Arbeiter, sind die Mitgliedsbeiträge gestiegen und gleichzeitig wurden die Abschreibungsmöglichkeiten für diese und für die Gewerkschaften abgeschafft. Bis zu 400.000 Mitglieder der Gewerkschaften und der Arbeitslosenkassen haben daraufhin ihre Mitgliedschaft gekündigt. Auch die in den 1990er-Jahren gegründete Alfa-Kasse stellt aufgrund der hohen Beiträge keine adäquate Alternative dar. Die Arbeitslosenversicherung wird nun zunehmend von den Mitgliedsbeiträgen finanziert und nicht mehr durch Steuergelder, was in der Welten-Trias Esping-Andersens (1990, siehe ausführlicher Teil A des Buches) einem Drift in die konservative Richtung entspricht. Beweggründe für die Erhöhung der Beiträge waren unter anderem den Druck auf die (gewerkschaftsnahen) Arbeitslosenkassen zu erhöhen und die Arbeitsmigration voranzutreiben. Durch niedrige Beiträge in die Arbeitslosenkassen in Branchen mit geringer Arbeitslosigkeit und hohen Beträgen in Sektoren mit hoher Arbeitslosigkeit, förderte man die Arbeitsmobilität. Durch diese Erhöhungen konnte die bürgerliche Allianzregierung schlussendlich die Senkung der Einkommensteuer im Jahr 2007 finanzieren (Kjellberg 2011, S. 68–69, 73, 77, 84–87).

Mit der beginnenden Wirtschaftskrise traten die Nachteile dieses Systems zu Tage: Die Zahl der Arbeitslosen stieg, doch viele Betroffene hatten aufgrund der höheren Beiträge in ihrer Branche die Mitgliedschaft in der Arbeitslosenversicherung aufgekündigt und erhielten nunmehr nur die niedrigere Sozialhilfe. Der Effekt war eine zunehmende Prekarisierung betroffener Arbeiter im doch eigentlich zur Gleichheit tendierenden sozialdemokratischen Wohlfahrtsstaat. (Weitere Hintergründe: Olsson et al. 2012, S. 18).

Mit mehr Arbeitsmobilität geht, so die Philosophie der neuen schwedischen Arbeitsmarktpolitik, eine Aktivierung auf dem Arbeitsmarkt einher. Seit Einführung des geringeren Lohnersatzes 2007 hat die Allianz-Regierung die Aktivierung von Arbeitslosen unter dem Motto ‚Fördern und Fordern' vorangetrieben. Einerseits mit aktiven Mitteln der Aktivierung (z. B. Weiterbildungsprogramme für Arbeitslose), andererseits mit passiven Mitteln der Aktivierung, die den Druck auf Arbeitslose erhöhen.

„Arbeit soll sich wieder lohnen" ist dabei das politisch umstrittene Credo und eine zunehmende Diskrepanz von Sozialleistungen und Lohnniveau soll diesem zur Durchsetzung verhelfen. Vor allem die bürgerliche Allianzregierung betrieb dieses Umsteuern in der Arbeitsmarktpolitik ab 2007 verstärkt. Die Aktivierungsstragie wurde aber, was in der aktuellen Debatte leicht übersehen wird, bereits unter den sozialdemokratischen Staatsministern Ingvar Carlsson und Göran Persson initiiert. Diese hatten 1996 und 2000 strengere Reglementierungen eingeführt für den Fall dass sich Arbeitslose bei Aktivierungsmaßnahmen verweigern. Die Teilnehmer von Aktivierungsprogrammen mussten bereits unter sozialdemokratischer Regierung intensiver auf Jobsuche gehen, wurden dabei zwar unterstützt, aber bei erfolgloser Jobvermittlung nach 450 Tagen schlicht einem staatlicherseits als adäquat erachteten Arbeitsverhältnis zugeteilt.

Ein vorrangiges Ziel der schwedischen Politik ist es, Männern und Frauen den Zugang zum Arbeitsmarkt in gleicher Weise zu ermöglichen, weshalb es beispielsweise einen Ombudsmann für die Gleichberechtigung der Geschlechter gibt. Aus diesem Grund wurde 1974 der Mutterschaftsurlaub durch eine Elternzeit ersetzt. Heute beträgt die Elternzeit 13 Monate pro Kind (3 weitere Monate optional) und es werden 80 % des vorherigen Einkommens ausbezahlt. Wenn die gesamten 16 Monate ausschöpft werden, sind jeweils 2 für Mutter und Vater vorgesehen und die restlichen 12 Monate können bis zum achten Lebensjahr des Kindes zwischen den Eltern aufgeteilt werden (Earles 2011, S. 182–184, 188). Die Kommunen sind seit 1995 verpflichtet, für 4- und 5-jährige einen kostenlosen Kinderbetreuungsplatz anzubieten (Ellingsæter 2012, S. 3–4, 6, 10).

Eine Veränderung in der Familienpolitik trat 2008 ein: Eingeführt wurde das Betreuungsgeld, das es bereits für kurze Zeit unter der konservativen Regierung 1994 gegeben hatte. Kommunen sind nunmehr befähigt, einem Elternteil den Betrag von SEK 3.000 (ca. 340 €) steuerfrei für die Betreuung eines 1- bis 3-jährigen Kindes zu Hause statt der Unterbringung in einer öffentlichen Einrichtung auszubezahlen. Erfahrungen aus Norwegen haben gezeigt, dass das Betreuungsgeld vornehmlich von Frauen in Anspruch genommen wurde, wodurch die Geschlechtergleichheit in Schieflage geriet (Earles 2011, S. 187). Für die Kommunen können sich durch das Betreuungsgeld finanzielle Vorteile ergeben, da die Kosten geringer sind als die für die öffentliche Kinderbetreuung.

Feministische Krimis – Das schwedische Gleichheitsmodell lockt Leserinnen
Von Alexandra Hagenguth
„Es mag für deutsche Frauen aber auch besonders attraktiv sein, vom schwedischen (skandinavischen) Gleichheitsmodell zu lesen, denn die skandinavische Gesellschaft hat es wie keine andere europäische geschafft, Frauen Berufstätigkeit und Mutterschaft zu ermöglichen. ‚Schweden liegt mit seinen weiblichen Krimihelden weit vorne. Es ist utopisch zu denken, dass eine deutsche Mutter zweier Kinder auch weiterhin berufstätig ist, wie Annika Bengtzon in Liza Marklunds Romanen', so die Berliner Literaturagentin Gudrun Hebel. Auch die Finnin Leena Lehtolainen bedient mit ihrer Protagonistin Maria Kallio den ‚feministischen', den ‚Frauenkrimi', und die Dänin Gretelise Holm wurde sogar von ihrem Verlag dazu aufgefordert, einen ‚Frauenkrimi', ‚einen Krimi und einen sozialkritischen Gegenwartsroman' zu schreiben. Der Erfolg scheint ihr und dem Verlag Recht zu geben. Auch Emma Vall bedienen dieses Marktsegment: ‚Wir schreiben feministische Nach-dem-Volksheim-Krimis', so die Autorinnen selbst. Denkwürdig: Kjell Eriksson mit seiner alleinerziehenden Kommissarin Ann Lindell entpuppt sich damit auch in dieser Hinsicht als Grenzgänger und lehrt uns in Katalogisierungen denkenden Deutschen, dass feministische oder Frauenkrimis nicht unbedingt von Frauen geschrieben sein müssen und Schubladendenken eigentlich eh obsolet sein sollte." (Hagenguth 2009)

„Sweden already in 1913 introduced the world's first universal pension system" (Bergh 2010, S. 110) und kann demnach auf eine 100-jährige Tradition der Rentenversicherung zurückblicken. Im 20. Jahrhundert haben sich dramatische Diskussionen um die Rente ergeben, die sich unter anderem im ATP-Disput (1950) entluden. Sie SAP befürwortete damals eine öffentliche Rente und einkommensbezogene Zusatzleistungen durch eine Zusatzrente (ATP). Die Bürgerlichen wollten, dass der Staat lediglich für die Grundrente zuständig sei. Der Disput endete in einem nationalen Referendum (1957), das mit knapper Mehrheit für die Idee der SAP mit der ATP-Lösung entschieden wurde. Die ATP-Rente wurde 1960 eingeführt (Green-Pedersen und Lindbom 2006, S. 246–249). Sachpolitischer Hintergrund war dabei, dass es für viele Arbeiter bis dato keine adäquate Zusatzrente wie für Angestellte gegeben hatte und die Grundsicherung oft unzureichend ausfiel. Die ATP-Rente wurde als Zusatzrentenversicherung für alle Erwerbstätigen ausgestaltet, finanziert durch Arbeitgeber. Die Versicherten erhalten dabei für die ATP-Rente während ihres aktiven Erwerbslebens Rentenberechtigungspunkte auf Basis der bezogenen Löhne (Hadenius 1990, S. 78–82).

Somit bestand das schwedische Rentensystem bis 1998 aus 4 Säulen: die universale
und gleiche Grundrente (Folkpensionen); die ergänzende einkommensabhängige Rente
(ATP), die vor allem für Langzeitarbeitende gilt; die Premiumrente, in deren Rahmen
Empfänger zur nationalen Grundrente noch eine berufsbedingte Rente erhalten, wenn sie
in einem definierten Zeitraum ein höheres Einkommen als das ATP-Maximum bezogen;
sowie als vierte Säule eine rein individuelle private Vorsorge. Da die Finanzierung der ATP-
Rente in den 1980er-Jahren aufgrund der wirtschaftlichen Krise in Gefahr geriet, setzten
v. a. bürgerliche Initiativen eine Ergänzung der ATP-Rente um die private Altersvorsorge
durch (Green-Pedersen und Lindbom 2006, S. 250–252). So wurde 1998 eine Rentenreform
durchgeführt, die 1999 in Kraft trat und als Kernelement eine stärkere Fondsbasierung
einführte. Das Renteneintrittsalter ist seitdem flexibler und befähigt bereits ab dem Alter
von 61 Jahren zum Erhalt von Beiträgen. Die Grundrente wird ab 65 Jahren ausbezahlt
und eine Frühverrentung ist nicht möglich (Selén und Ståhlberg 2007, S. 1179).

In den vergangenen Jahren und Jahrzehnten veränderte sich die schwedische Sozialpolitik zweifelsohne. Bergh schätzt die Situation wie folgt ein: „The one-size fits all, and
homogenous, Swedish welfare model is arguably dead. But in many respects, the model
lives on. The most important welfare services during the life cycle are still publicly funded
to an extent that separates Sweden from most other countries" (Bergh 2010, S. 117).

5.4.3 Bildungspolitik

Schweden verfolgt die Ziele der Gleichstellung der Geschlechter, Erziehung gegen Ras-
sismus, des allgemeinen Zugangs zu Sozialleistungen – unabhängig von geographischer
Herkunft, Ethnie, sozialer Lage, finanzieller Situation – und somit auch der Gleichheit in
der Bildungspolitik (Blomqvist 2004, S. 142).

Die Schultypen gehen auf das 19. Jahrhundert zurück und umfassten damals die Volksschule, die weiterführende Schule, die höhere Volksschule, die kommunale Mittelschule
sowie die Realschule. Dieses Schulsystem wurde nach dem 2. Weltkrieg vereinheitlicht
und 1962 einer Reform unterzogen, die eine gemeinsame Schulpflicht mit einer obligato-
rischen 9-jährigen Grund-/Basisschule (Grundskola) zum Ergebnis hatte. Die Schulpflicht
wurde von 7 auf 9 Jahre ausgeweitet und eine nationale Einheitsschule geschaffen. Seit 1964
wurde das 2-jährige Gymnasium (Gymnasieskola) nach der Grundschule eingeführt und
1968 die Berufs- und Fachschule darin integriert. Ab 1967 trat die kommunale Erwachsenenbildung (Kommunal Vuxenutbildning, Komvux) als Weiterbildungsmöglichkeit hinzu
(Werler 2004b, S. 459–461).

Die heutige Bildungslaufbahn beginnt nach dem Kindergarten mit einer freiwilligen
Vorschule (Förskola) für Kinder unter 6 Jahren, die durch außerschulische oder schulische
Kinderbetreuung ergänzt wird. Darauf aufbauend bietet die Kommune eine Vorschulklasse
(Förskoleklass) für 6-jährige an. Sie ist freiwillig, wird aber von den meisten angenommen.
Daran schließt sich die 9-jährige Grundschule für Kinder im Alter zwischen 7 und 16

Jahren an. Auf die Grundschule folgt die weiterführende Bildung an allgemeinbildenden, berufsbildenden oder doppelqualifizierenden Gymnasien (Werler 2004b, S. 464–465).

In der Grundschule sind die Stunden nicht fest vergeben, was die Durchführung von projektorientiertem, themenübergreifendem und praxisbezogenem Unterricht erleichtert. Seit 1994 besteht ein nationaler Lehrplan, der die Leitlinien, Aufgaben und zu vermittelnden Werte festlegt. Englisch ist die erste, obligatorische Fremdsprache und als zweite Fremdsprache kann Französisch, Deutsch, Spanisch, Finnisch oder Samisch gewählt werden. 1995 wurden ab der achten Klasse halbjährige Zensuren mit *befriedigend*, *gut* und *sehr gut* eingeführt. Das Abschlusszeugnis der Grundschule befähigt zum Besuch des Gymnasiums, auch wenn es mit *befriedigend* bestanden wird. Die nationalen Abschlussprüfungen werden in Schwedisch, Englisch und Mathematik durchgeführt und sollen einheitliche Standards wahren und zur besseren Vergleichbarkeit der Abschlüsse dienen. Anerkannte, unabhängige, nichtstaatliche Privatschulen können besucht werden, die allerdings in angemessenem Umfang Schulgeld verlangen können. An die Grundschule schließt sich das freiwillige, sekundäre Schulsystem an. Die meisten Abgänger der Grundschule besuchen das 3-jährige Gymnasium bzw. Komvux. Das gymnasiale Schulwesen wurde in den letzten Jahrzehnten immer wieder reformiert und differenziert sich seit 2001 in 18 doppelqualifizierende nationale Bildungsprogramme, die ohne eigene Abschlussprüfungen enden. Das Gymnasium ist für Jugendliche unter 20 Jahren, ältere belegen das Komvux. Eine einheitliche Notenskala setzt sich aus den 4 Notenklassen *nicht bestanden*, *befriedigend*, *gut* und *sehr gut* zusammen. Man kann einzelne nicht bestandene Kurse oder das ganze Schuljahr wiederholen. Dem Rektor bleibt das Recht vorbehalten einen Schüler zurückzustellen. Bei Komvux kann man den Grundschul- und Gymnasialabschluss nachholen, Universitätsstipendien beantragen oder nachgymnasiale berufsbildende Kurse belegen, die oft berufsbegleitend angeboten werden (Werler 2004b, S. 466–473; Olsson et al. 2012, S. 20). Im Oktober 2010 gab es insgesamt 886.500 Grundschüler und 385.700 Gymnasiasten (Skolverket Sverige 2011, S. 6). Im selben Jahr haben 24 % der 25- bis 64-Jährigen mindestens eine 3-jährige Ausbildung nach dem Gymnasium genossen und nur 14 % eine vorgymnasiale Ausbildung als höchsten Bildungsabschluss. 1990 war dies noch ein Drittel der Bevölkerung. In derselben Periode hat der Anteil mit nachgymnasialer Ausbildung von 23 % auf 38 % zugelegt (Statistiska centralbyrån 2012, S. 430, 433).

Der Reichstag und die Regierung sind für die nationalen Schulleitlinien zuständig, während die konkreten Beschlüsse dezentral auf kommunaler Ebene umgesetzt werden. Die meisten der Bildungseinrichtungen stehen unter der Aufsicht des Bildungsministeriums. Die zentrale Verwaltungsbehörde für Schulen ist unter anderem für die Organisation der nationalen Tests in Klasse 9 verantwortlich. Kommunen sind Träger der Volksschule und Arbeitgeber für das zuständige Lehrpersonal (Werler 2004b, S. 461–463).

Das Schulsystem wird von der Kommune und vom Staat finanziert. Jede Kommune erhält staatliche Zuschüsse zur Selbstverwaltung, die durch kommunale Steuereinnahmen ergänzt werden. Der Zuschuss ist nicht von der Schulform abhängig und es werden auch Privatschulen unterstützt. In Grundschulen und den meisten Gymnasien werden die Kosten für Lernmittel, Essen, medizinische Versorgung und Transport zur Schule sowie der

Schwedischunterricht für Einwanderer von den Kommunen getragen. Vorschulen sind ebenfalls kostenlos, jedoch muss dort für das Essen und den Transport selbst bezahlt werden. Im Bereich der kommunalen Erwachsenenbildung müssen nur die Lernmittel selbst bezahlt werden. Schüler an Gymnasien und der Heimvolksschule im Alter zwischen 16 und 20 Jahren erhalten finanzielle Unterstützung (Werler 2004b, S. 463–464).

Die Lehrerausbildung für die Grundschule dauert zwischen 3,5 und 4,5 Jahre an einer Hochschule und ist entweder für die Klassen 1–7 oder 4–9 spezialisiert. Unter bestimmten Voraussetzungen kann die Lehrerausbildung für Gymnasien an Hochschulen erfolgen, ansonsten ist es ein universitäres Fachstudium mit bis zu drei Fächern. Nach dem Studium schließt sich ein 1-jähriges Referendariat an. Lehrer beruflicher Fächer erfahren ihre Ausbildung an Lehrerhochschulen und haben eine Berufsausbildung absolviert (Werler 2004b, S. 473).

Die Hochschulbildung besteht aus einem 2- bis 5-jährigen Studium, bei dem nach 2 Jahren das Hochschuldiplom (Högskoleexamen), nach 3 Jahren der Bachelor (Kandidatexamen) und nach mehr als 4 Jahren der Master (Magisterexamen) erworben werden kann. Beruflich orientierte Hochschulabschlüsse können ebenfalls erlangt werden. Die Bewerbung an Universitäten erfolgt mit dem Gymnasialzeugnis, das durch freiwillige nationale Unitests ergänzt werden kann (Werler 2004b, S. 464–465).

In Schweden gibt es neben privaten Bildungsanbietern 14 staatliche Universitäten und 22 Hochschulen, die keine Studiengebühren verlangen. Die traditionsreichen Universitäten in Lund, Uppsala und Stockholm genießen einen guten Ruf (Olsson et al. 2012, S. 21). Mit seinem geringen Hang zur Elitenbildung und nicht existierenden Studiengebühren gilt Schweden in der Hochschulforschung als typisch für das höhere Bildungssystem eines sozialdemokratischen Wohlfahrtsstaats. Auch hier ist der hohe Stellenwert der Gleichheitsnorm im sozialdemokratischen Wohlfahrtsstaat feststellbar (siehe zum Hintergrund dieser Debatte Förster 2012, S. 75–85).

Die Studentennationen in Lund und Uppsala: Pulsader des Studentenlebens und wohlfahrtsstaatlicher Akteur
Das Genter System in der Arbeitslosenversicherung steht symptomatisch für das Verhältnis zwischen Staat und gesellschaftlichen Interessengruppen in den nordischen Ländern: Die Inkorporierung der Gewerkschaften in das Umfeld der staatlichen Regierung geht in der Arbeitsmarktpolitik so weit, dass Interessengruppen sogar als Träger staatlicher Funktionen im Wohlfahrtsbereich auftreten. Anders als beispielsweise im Falle kirchlicher Wohlfahrtsverbände in Deutschland verfolgen die Gewerkschaften dabei keine privaten Initiativen, sondern wickeln öffentliche Programme der Sozialversicherung ab. Dieses Prinzip begegnet einem in Schweden auch abseits des Arbeitsmarktes – beispielsweise an den beiden Traditionsuniversitäten Lund (Südschweden) und Uppsala Abb. 5.3 (nördlich Stockholms).

Abb. 5.3 Innenstadt von Uppsala: Fluss Fyrisån und Nationen-Häuser. (Foto: Förster)

Studentenverbindungen übernehmen hier Funktionen, die an deutschen Universitäten klassischerweise über das Studentenwerk oder die zentrale Verwaltung organisiert würden. Die Mitgliedschaft ist für Studierende obligatorisch. Jede Studentin und jeder Student bekommt über die Verbindung seinen Studierendenstatus erteilt, erhält auf diese Weise also auch ihren/seinen Studentenausweis, und kann auf zahlreiche Services „ihrer/seiner" Verbindung zugreifen. So gibt es in Uppsala beispielsweise keine Mensa, gutes und günstiges Mittagessen wird stattdessen in den Verbindungshäusern serviert.

Die Verbindungen in Lund und Uppsala tragen den Namen „Nationen" und gliedern sich nach den geographischen Regionen des Landes – traditionell sollten sie Studenten aus entfernten Landesteilen des weitläufigen Schwedens am Studienort ein Stück Heimat bieten. Heute haben die Nationen mit den deutschen Verbindungen und Burschenschaften der alten Universitätsstädte wenig gemeinsam. In aller Regel sind die Nationen unpolitisch, Frauen sind überall gleichberechtigte Mitglieder, und der Brauch des Fechtens sowie das Farbentragens sind gänzlich unbekannt.

In Uppsala prägen die z. T. historischen Gebäude der 13 Nationen das Bild der Innenstadt. Während sich die Mitglieder dort tagsüber zum Lernen oder zum Mittagessen treffen, öffnen abends die Pubs der Nationen. Kultstatus haben dort die hausgemachten Burger, außerdem bieten die Nationen-Pubs einen bezahlbaren Zugang zu frisch gezapftem Bier – in Supermärkten gibt es schließlich nur die alkoholreduzierte Variante, der Gang in die staatliche Verkaufsstelle Systembolaget ist umständlich und der Ausschank in Restaurants oder Bars ist für den Studentengeldbeutel eine nicht hinnehmbare Belastung.

So tragen die Studentennationen Uppsalas längst nicht nur einige sozialpolitische Funktionen des Universitätskosmos, sondern sind das bestimmende Element des studentischen Alltagslebens.

In den 1990er-Jahren traten neben der Privatisierung im Gesundheitssektor ähnliche Trends im Schulsystem auf. Dazu zählen eine zunehmende Konkurrenz der Schulen untereinander und die Dezentralisierung auf lokaler Ebene mit mehr Befugnissen für die einzelnen Schulen. Die Bildungspolitik wurde weniger sozialdemokratisch und dafür offener. Vor allem mit der Einführung eines Voucher-Systems durch die konservative Regierung 1992 war dies der Fall. Seitdem erhalten auch private Schulen finanzielle Unterstützung mit einem festen Zuschuss pro Schüler. Dadurch wurde die Wahlfreiheit erhöht und das liberalisierte System zeigt sich im Besonderen an steigenden Schülerzahlen an Privatschulen in Großstädten. Dadurch entwickelten sich einige (öffentliche) Schulen negativ und manche Privatschulen wurden elitär, was dem Gleichheitsprinzip widerspricht (Blomqvist 2004, S. 147–148).

Schweden nahm bei den PISA-Studien 2000 und 2009 teil und lag 2000 mit den meisten Leistungen über dem Durchschnitt, wohingegen sich das Ergebnis 2009 relativiert hat. Insgesamt nahmen 2009 rd. 4.600 15-jährige Schüler teil. Im Gegensatz zu 2000 gab es einen Rückgang der Leistungen der Lesefähigkeit, in Mathematik und in den Naturwissenschaften. Gerade bei der Lesefähigkeit und in Mathematik lag Schweden zuvor über dem Durchschnitt. In den Naturwissenschaften ist man mittlerweile unter dem weltweiten Niveau angelangt und der finnische Nachbar hat Schweden deutlich überflügelt. Den Hauptgrund schreibt das schwedische Schulwerk einer wachsenden Diskrepanz zwischen sehr guten und schlechten Schülern und Schulen zu: „The main reason for the relative decline between 2000 and 2009 is that the equivalence in Sweden has deteriorated. The differences between high and low performing students have increased, the differences between high and low performing schools have increased and the importance of socioeconomic background have strengthened" (Skolverket Sverige 2011, S. 82–83).

5.4.4 Außen- und Sicherheitspolitik und internationale Organisationen

Nach jahrhundertelangen kriegerischen Auseinandersetzungen gibt es seit 1812 keine militärischen Konflikte mehr in Schweden. Im Gegensatz zu Dänemark und Norwegen fand keine deutsche Besatzung im 2. Weltkrieg statt bzw. es wurde auch nicht von Russland angegriffen wie es in Finnland der Fall war. Nach dem 2. Weltkrieg wurde Schweden 1946 Mitglied der Vereinten Nationen, indessen kam eine Mitgliedschaft der NATO nicht in Frage, denn die Prinzipien der schwedischen Außen- und Sicherheitspolitik gründen sich auf Neutralität sowie Bündnis- bzw. Allianzfreiheit. Schweden hat bei internationalen Konflikten häufig eine vermittelnde Rolle und so war Dag Hammarskjöld von 1953 bis 1961 UN-Generalsekretär. Mit einem Budget von rd. 1 % des BIP tätigt Schweden hohe Ausgaben für die Entwicklungshilfe (Jahn 2009, S. 141) „und bemühte sich seit den 60er-Jahren, stets das von den UN gesetzte 0,7-%-Ziel zu übertreffen" (Schüngel 2005, S. 8). Völkerrechtliche Verträge müssen mit einfacher Parlamentsmehrheit bestätigt werden und wenn es um die Übertragung von Beschlussrechten oder um die Souveränität geht, wird eine qualifizierte Mehrheit benötigt (Jann und Tiessen 2008, S. 122).

Obwohl das ‚Ja' zum EU-Beitritt mit 52,2 % zu 46,9 % knapp ausging, hat der schwedische Außenhandel von dem Beitritt 1995 profitiert. Der hauptsächlich auf Deutschland ausgerichtete Handel konnte allmählich, auch durch die EU-Osterweiterung 2004, in die baltischen Staaten und nach Polen erweitert werden. 2001 hatte Schweden die EU-Ratspräsidentschaft inne, doch ein klares ‚Nein' zum Euro wurde 2003 in einem Referendum besiegelt. Nach Ende des Kalten Krieges fand eine starke Abrüstung statt. Beispielsweise wurde 2010 der Militärdienst ausgesetzt und die Verteidigungsausgaben für die schwedischen Truppen (Försvarsmakten) wurden gesenkt (Jahn 2009, S. 142).

Schweden ist selbstverständlich seit 1952 Mitglied des Nordischen Rates und seit 1971 des Nordischen Ministerrates. Beide treiben die Harmonisierung der nordischen Länder unter anderem bei den Themen (Arbeits)Mobilität oder Außenhandel voran (Jahn 2009, S. 143). Eine nordische Zollunion (NORDEK) konnte nicht initiiert werden, allerdings ist Schweden aufgrund des Interesses an freiem Handel Mitglied in der OECD und GATT (Weibull 1993, S. 136–141).

Nach dem 2. Weltkrieg wurde für Schweden das Problem offenkundig, dass sich das große Land nicht mehr selbst verteidigen könne, vor allem aufgrund neuer Flugzeug- und Raketentechniken, die die Entfernung zum potentiellen Feind verkürzten. Deshalb gab es ab 1948 eine wehrtechnische und nachrichtendienstliche Kooperation mit den USA und der NATO. Diese Zusammenarbeit musste geheim bleiben, da es den Prinzipien der Neutralität widersprach. Jedoch gab es während dieser heimlichen Zusammenarbeit 2 Affären, die lange unter Verschluss bleiben mussten. Zum einen die Catilina-Affäre von 1952, bei der ein schwedisches Aufklärungsflugzeug über sowjetischem Luftraum abgeschossen wurde. Das Flugzeug sollte Informationen für die NATO in Erfahrung bringen und deshalb musste die eigentliche Ursache für den Flug verdeckt bleiben. Zum anderen lief ein sowjetisches U-Boot 1981 vor Karlskrona auf Grund und schürte die Angst vor dem kommunistischen Ostblock. Das schwedische Militär führte seinerseits aber selbst

U-Boot-Übungen gemeinsam mit der NATO durch. Schweden galt im Kalten Krieg also als blockfrei, aber die Beziehungen zum Westen waren deutlich intensiver als zum Osten (Blydal 2012, S. 21–24).

Nach dem Kalten Krieg wandelte sich die Ausrichtung der Außenpolitik Schwedens. Zum Beispiel wurde 1990 der Antrag für die EG-Mitgliedschaft gestellt, 1994 trat Schweden dem NATO-Programm ‚Partnership for Peace' (PfP) und 1995 der EU, womit die Beteiligung an der GASP (Gemeinsame Außen- und Sicherheitspolitik) einherging. Seit dieser Zeit war Schweden an verschiedenen NATO-Einsätzen wie den Luftunterstützungen in Serbien oder Libyen beteiligt. Die Übungen und Einsätze mit der NATO sind längst nicht mehr geheim, trotzdem findet sich keine Parlamentsmehrheit für die Mitgliedschaft zum internationalen Sicherheitsbündnis. Von den Fraktionen im Reichstag befürworten lediglich die Konservativen und die liberale Volkspartei die Mitgliedschaft in der NATO (Blydal 2012, S. 25–27).

Ein nordisches Sicherheitsbündnis, die skandinavische Verteidigungsallianz, scheiterte, da Schweden auf der absoluten Neutralität des Bündnisses beharrte. Norwegen und Dänemark hatten die Wahl sich dem Westen mit der NATO anzuschließen oder eben Schweden und neutral zu bleiben. Die beiden Staaten entschieden sich für die NATO. Nicht nur dieses Bündnis zeigt, dass nordische Bündnisse – wenn sie überhaupt zustande kommen – oftmals wenig effektiv sind und gesamteuropäische Bündnisse deutlich mehr Einfluss haben (Frandsen 1994, S. 197–203).

Schwedische Sicherheitspolitik ist also insgesamt gespalten zwischen militärischer Bündnisfreiheit als Bestandteil der Neutralität und einer immer größeren Verzahnung mit der Verteidigungspolitik der NATO und der EU. Ein Beispiel für die Rolle Schwedens in der gemeinsamen Verteidigungspolitik ist die ISAF-Mission in Afghanistan, bei der schon schwedische Soldaten ihr Leben lassen mussten. Die schwedische Außen- und Sicherheitspolitik ist deshalb nicht mehr notwendigerweise als neutral zu bezeichnen, obwohl Schweden in der öffentlichen Wahrnehmung zumeist als neutraler Staat angesehen wird. Trotzdem ist das Neutralitätsbewusstsein in der Gesellschaft fest verankert, vor allem da die Neutralität Schweden in den beiden Weltkriegen geschützt hat und das Land nicht besetzt wurde (Schüngel 2005 II, S. 1, 5).

Seit 1999 besteht in der EU eine gemeinsame europäische Sicherheits- und Verteidigungspolitik (ESVP), um die Handlungsfähigkeit zu erhöhen und Konflikte im besten Fall zu vermeiden. Dies soll durch Eingreiftruppen gewährleistet werden, bei denen sich Schweden an militärischen Einsätzen u. a. in Mazedonien, der Demokratischen Republik Kongo, Georgien, Bosnien und Herzegowina beteiligte. Mit der EU-Ratspräsidentschaft 2001 versuchte man vor allem zivile Elemente der europäischen Sicherheitspolitik auszubauen und mehr in vorbeugende und konfliktvermeidende Mittel zu investieren (Schüngel 2005, S. 18). „Seit dem EU-Beitritt wurde die Sicherheitspolitik internationalisiert und europäisiert und orientiert sich an einem umfassenderen Sicherheitsbegriff. Die Neutralitäts-Doktrin wurde im Zuge wachsender Interdependenz einem Bedeutungswandel unterzogen, doch noch immer schreckt die schwedische Regierung vor gegenseitigen Sicherheitsgarantien, sei es in der EU oder der NATO, zurück" (Schüngel 2005, S. 23).

5.5 Fazit und Einordnung

Als bevölkerungsreichstes Land im europäischen Norden wird Schweden in Anlehnung an Esping-Andersen (1990) als „Idealtypus des sozialdemokratischen Wohlfahrtsstaates" (Jann und Tiessen 2008, S. 103) angesehen. Vielfach ist vom ‚Modell Schweden' die Rede – eine „Hilfskonstruktion" wie der Skandinavist Bernd Henningsen anführt. Man verwendet den Begriff „Modell Schweden",

> weil es keinen besseren Begriff gibt, keinen, der eingeübter wäre. Und inzwischen haben auch die Schweden selbst entdeckt, daß er exportfördernd ist, daß er die Aufmerksamkeit weckt. Nein, Schweden ist kein „Modell", kein Vorbild für andere, kann es gar nicht sein; denn Schweden hat seine eigene politische Geschichte, hat seine eigenen politischen, gesellschaftlichen und ökonomischen Ressourcen und Erfahrungen, aufgrund dessen immer schwedisch bleiben muß, was dort erfunden worden ist (Henningsen 1990, S. 98).

Nichtsdestoweniger hat sich die schwedische Politik bestimmte Prinzipien beibehalten, die von Anton 1969, zu Hochzeiten des Wohlfahrtsstaats, mit den Adjektiven deliberativ, rationalistisch, offen und konsensual beschrieben wurden (Anton 1969, S. 94):

- deliberativ, weil sich politische Experten einem gewissen Problem lange, über Legislaturperioden hinweg (z. B. in Ausschüssen), widmen können,
- rationalistisch, weil möglichst viele Informationen in den Entscheidungsprozess einbezogen werden und darauf aufbauend die beste Lösung ausgearbeitet wird,
- offen, weil verschiedene Akteure (Interessenorganisationen, Verbände etc.) frühzeitig in die Entscheidungsprozesse eingebunden werden,
- konsensual, weil Entscheidungen ausschließlich gemeinsam und nach Absprache getroffen werden.

Diese Prinzipien haben sich in den letzten Jahren und Jahrzehnten verändert, wozu beispielsweise die für die nordischen Länder späte Erdrutschwahl von 1991 mit einer Parteienaufsplitterung beigetragen hat. Exogene Faktoren wie der demographische Wandel vieler Industrie- und Dienstleistungsgesellschaften, Multikulturalismus, veränderte Produktionsstrukturen, Wertewandel, Klimawandel, verändertes Umweltbewusstsein, EU-Integration und allgemein gesprochen: die Globalisierung, haben zur Veränderung des Wohlfahrtsstaates geführt (Jahn 2009, S. 133). Doch auch interne Faktoren veränderten die politische Ausrichtung Schwedens. Seit 2006 ist eine bürgerlich-konservative Regierung an der Macht, die der schwedischen Politik eine neue Ausrichtung verliehen hat. Es bleibt abzuwarten, wie die Parlamentswahl im September 2014 ausgehen wird.

Möglicherweise wird ein Thema wahlentscheidend, das im Mai 2013 durch die internationale Presse ging. In schwedischen Vororten der Großstädte Stockholm und Malmö fanden tagelang Krawalle statt – aktueller Auslöser dieser Proteste und der gewaltsamen Auseinandersetzungen war der Tod eines älteren Migranten, der von Polizisten aus Notwehr getötet worden war. Allerdings wurzeln die wirklichen Ursachen der Proteste tiefer. Seit mehr als 20 Jahren werden die Sozialausgaben in Schweden gekürzt und der

Erfolg rechtspopulistischer Gruppierungen führt zu Spannungen rund um Fragen von Einwanderung und Integration.

Gerade der Rechtspopulismus wird, dies zeigen Statistiken, von fast allen Schweden als Problem aufgefasst. So ist es eine Befürchtung großer Teile der Bevölkerung, dass sich die Schwedendemokraten im Parlament etablieren können. Gut möglich ist deshalb, dass dieses Thema in der kommenden Zeit zu einem der dominierenden in der politischen Debatte Schwedens wird.

Nicht mehr gültig ist jedenfalls folgende, erst vier Jahre alte Aussage von Aylott: „The public debate about immigration and integration is remarkably stilted in Sweden. Problems associated with immigrant-dominated suburbs of the bigger Swedish towns and cities, such as crime, violence and social exclusion, are discussed in very general terms" (Aylott 2010, S. 6–7). Personen mit Migrationshintergrund leben in Schweden häufig in suburbanen Räumen von Großstädten, sind oftmals von Arbeitslosigkeit bedroht oder schlecht bezahlt. Die räumliche Segregation in Großstädten wird dabei offensichtlich.

Hierzu passend zeigt der OECD-Bericht ‚Divided We Stand. Why Inequality Keeps Rising' (2011b), dass Schweden von allen OECD Ländern in den letzten Jahren das größte Wachstum bei Ungleichheit und Armut hatte. Zwar sind im internationalen Vergleich die Werte immer noch performant, aber sie entwickeln sich zunehmend negativ (Olsson et al. 2012, S. 19).

Einer der Gründe dafür ist, dass sich schleichend ein dualer Arbeitsmarkt etabliert hat: Auf dem ersten Arbeitsmarkt besteht Sicherheit für die Arbeiter, die ein hohes Qualifikationsniveau haben. Hingegen nimmt der Anteil an Kurzzeitarbeit und der unterbezahlten Jobs zu, z. B. in Industrie, Gesundheitswesen oder Transport für Arbeiter mit geringer Qualifikation, bei denen das Risiko der Arbeitslosigkeit hoch ist. Ob sich dieses Thema auf den Wahlausgang auswirken wird, bleibt abzuwarten (Engström 2010, S. 1–3; Olsson, Jochem und Esping-Andersen 2012, S. 14). Davon abgesehen ist jedoch offensichtlich, dass das in der politischen Debatte häufig angeführte, zum Idyll stilisierte Modell des schwedischen Volksheims derzeit so stark erodiert wie seit dem Ausbau zum sozialdemokratischen Wohlfahrtsstaat noch nie.

5.6   Drei Titel zum Weiterlesen

1. Henningsen, Bernd (1990): Strukturen und Strategien der organisierten Interessen. In: Kersten Krüger (Hrsg.): Schweden in Europa. Hamburg: Krämer, S. 97–111.
   - Der renommierte Skandinavistik- und Politikwissenschaftler Bernd Henningsen beschäftigt sich seit Langem mit Wohlfahrtsstaaten, den nordischen Ländern und im Speziellen mit Schweden. Einer seiner Beiträge stellt in kompakter Form die Bestandteile des schwedischen Modells dar. Im Besonderen sind der Korporatismus als eine bedeutende Strategie der politischen Einflussnahme und die Eingriffsmöglichkeiten der Verbände in die Gesetzgebung abgebildet.

2. Jochem, Sven (2010): Wandel und Zukunftsaussichten des schwedischen Modells. In: *Leviathan* 38 (2), S. 227–249.
   - Ausgehend vom oftmals als prototypisch angesehenen Wohlfahrtsstaat Schweden stellt Jochem Veränderungen (wirtschaftlich, politisch, korporatistisch, etc.) des „schwedischen Modells" vor allem seit den 1990er-Jahren unter den sozialdemo-kratischen und bürgerlichen Regierungen vor. Schwerpunkt liegt auf Reformen und Veränderungsprozessen, die bürgerliche Regierungen in der „Allianz für Schweden" ab 2006 eingeleitet haben.
3. Lodenius, Anna-Lena, Wingborg, Mats (2011): Radikale rechtspopulistische Parteien in den Nordischen Ländern. Gemeinsamkeiten, Unterschiede und Erklärungsan-sätze. Berlin: Friedrich-Ebert-Stiftung. Verfügbar unter: http://library.fes.de/pdf-files/id/08205.pdf
   - Lodenius und Wingborg untersuchen in ihrer Politikanalyse der Friedrich-Ebert-Stiftung die Entwicklung rechtspopulistischer Parteien in den nordischen Ländern und stellen das Typische und ihren Erfolg in Skandinavien anhand der Beispiele Dänemark, Schweden und Norwegen heraus. Darüber hinaus listen sie Vorschläge auf, wie man politisch effektiv gegen die rechtspopulistischen Parteien vorgehen kann.

5.7 Übungsfragen

Übungsfragen 8 und 9

Frage 8

Im Schweden der 1950er-Jahre entwickelten die für den Gewerkschaftsdachverband LO tätigen Ökonomen Gösta Rehn und Rudolf Meidner das Rehn-Meidner-Modell zur gesamtwirtschaftlichen Steuerung. Welche Bestandteile hat dieses und welcher konzeptionelle Zusammenhang besteht zwischen den Bestandteilen?

Schwierigkeitsgrad: 2

Frage 9

Das schwedische Modell galt lange Zeit als prototypisch für einen generösen Wohl-fahrtsstaat. In den letzten Jahren jedoch geriet diese These ins Wanken. Bitte beziehen Sie anhand selbst gewählter Beispiele Position.

Schwierigkeitsgrad: 2

Musterlösungen zu den Übungsfragen können im Internet unter www.springer.com/springer+vs/politik/book/978-3-658-02030-9 heruntergeladen werden.

Der Norden: Auf der Suche nach politischen Bestimmungsmerkmalen

> Schon ewig hatte man vom Norden ein festgefügtes Bild, obwohl er in unerreichbarer Ferne lag: Tacitus oder Polybios oder Plinius der Ältere oder Claudius Ptolemäus, die nie dort gewesen waren, wußten der Nachwelt sehr detailliert zu berichten; die schottischen Mönche von Lindisfarne, verfolgt von den Wikingern – ihr Kloster war im Jahre 793 verwüstet worden – schrieben über ihr Leid mit den Nordmännern; Kaiser Ferdinand, zu Beginn des Dreißigjährigen Krieges, ließ sich mit Spott über den „Schneekönig" Gustav Adolf aus, der ihn bald das Fürchten lehren sollte; schließlich die Romantiker mit ihrer Entdeckung der nordischen Götterwelt; und unvergeßlich die unsägliche nordische Germanentümelei eines Richard Wagner, eines Wilhelm Zwo, eines Alfred Rosenberg.
>
> Alle diese durch die Geschichte produzierten Bilder sitzen fest und haben die politischen, ökonomischen, sozialen und kulturellen Veränderungen nachvollziehbar über zwei Jahrtausende überlebt; sie sind im je gegebenen Moment abrufbar und verschmelzen zu einer Ästhetik des Nordens, die so weit von der Realität entfernt ist wie der Osten vom Westen. Man betrachte nur die Wikinger Hollywoods oder die Normannen in den Geschichten von Asterix und Obelix, den Comic-Star Hägar oder die rabiaten Helden in den modernen Computerspielen. (Henningsen 1993, S. 3–4)

Das Bild vom Norden – soweit von der Realität entfernt wie der Osten vom Westen? Was Bernd Henningsen in der Antrittsvorlesung zu seiner Skandinavistik-Professur an der Berliner Humboldt-Universität so pointiert formulierte, weist sicherlich ein ordentliches Maß an Treffsicherheit auf. Nicht nur für die realitätsblinde Instrumentalisierung des Nordens in der nationalistischen und nationalsozialistischen Ideologie, sondern auch für so manchen Schnappschuss der nordischen Länder in der Populärkultur: Bullerbü ist eben zum Vorlesen geradezu hervorragend geeignet, aber wahrlich keine empirische Studie über die Mühsal des ländlichen Lebens im Nachkriegsschweden, die Wikinger hatten nie Hörner auf dem Helm und viele Schweden kennen Elche nur aus dem Stockholmer Freizeitpark Gröna Lund.

Sozialwissenschaftlich gewendet kann uns Henningsens Beitrag eine Mahnung sein, „unser" Bild vom Norden, geprägt von sozialdemokratischem Wohlfahrtsstaat, homogenen Gesellschaftsstrukturen und weiteren positiven Assoziationen wie funktionierender

C. Förster et al., *Die nordischen Länder*,
DOI 10.1007/978-3-658-02031-6_6, © Springer Fachmedien Wiesbaden 2014

Familienpolitik, nicht zur „self fulfilling prophecy" werden zu lassen. Das vorgefertigte Bild vom Norden ist für den sozialwissenschaftlich arbeitenden Komparatisten eine Verlockung, Unterschiede auszublenden und Gemeinsamkeiten überzubetonen. Vor der „gesellschaftlichen Konstruktion der Wirklichkeit" (Berger und Luckmann 2007) ist schließlich auch die Forschung nicht gefeit. So warnt auch Mary Hilson in ihrer Betrachtung des nordischen Modells: „[A]ll political and territorial entities are fictional to some extent. (…) Regions (…) and their symbolic representations are (…) contingent and unstable, fluctuating in time and space" (Hilson 2011, S. 177).

Bleibt man sich dessen bewusst, lässt sich Henningsens provokante These „Der Norden – eine Erfindung" (so der Titel der zitierten Vorlesung) dennoch vortrefflich zum Ausgangspunkt auch einer wissenschaftlichen Abschlussbetrachtung machen. Wie weit trägt die Vorstellung eines den nordischen Ländern gemeinsamen Exzeptionalismus, definiert durch sozialdemokratische Solidarität und generöse Wohlfahrtspolitik? Wenn der Norden tatsächlich anders ist, was lässt uns dann von einer zusammengehörigen Weltregion sprechen? Oder anders gefragt: Ist auch im politischen Sinne der Norden „so weit von der Realität entfernt wie der Osten vom Westen"? In der Annäherung an diese Fragen hilft letztlich Mary Hilsons Ratschlag: Betrachte unterschiedliche Länder mit ein und demselben Suchraster und identifiziere so Muster von Ähnlichkeiten und Unterschieden über die Grenzen von Nationalstaaten hinweg! (angelehnt an Hilson 2011, S. 13)

Die reichhaltige politikwissenschaftliche Literatur über die sozialdemokratischen Wohlfahrtsstaaten des Nordens, öffentlich verfügbare Performanzindikatoren zu Wirtschaftsleistungen und Lebensbedingungen sowie freilich auch die von uns zusammengestellten Merkmale von Polity, Politics und Policy in den 4 Ländern sollten es uns ermöglichen, jene Elemente zusammenzustellen, die nordische Politik definieren. Dieses Kapitel wird dabei zunächst anhand ausgewählter statistischer Daten zu konkreten Policy-Outcomes der Frage nachgehen, inwieweit politische Leistungen im Bereich wirtschaftliche Entwicklung und Wohlfahrtsstaat den Norden nach außen abgrenzen können. Darauf aufbauend soll anhand einiger exemplarischer Daten gezeigt werden, ob sich politisch beeinflussbare Leistungsindikatoren in den vergangenen Jahren im intra-nordischen Vergleich einander angenähert haben oder ob diese nicht vielmehr divergierten – hier geht es mithin um die Frage, ob der Norden als Weltregion derzeit intern durch Konvergenz oder Divergenz geprägt ist. Im zweiten Teil dieses Kapitels schließlich wechselt die Perspektive auf historisch geprägte strukturelle Merkmale nordischer Politik.

6.1   Wirtschafts- und sozialpolitische Ergebnisse in den nordischen Ländern

Dem Wirtschafts- und Sozialmodell der nordischen Länder haftet der Ruf an, ein hohes Maß an gesellschaftlicher Verteilungsgerechtigkeit mit wirtschaftlicher Wettbewerbsfähigkeit zu verbinden. Eine hohe Teilnahmequote am Arbeitsmarkt bringt nicht nur den Unternehmen Vorteile, beispielsweise in der Bekämpfung des Fachkräftemangels, sondern sichert vor allem den Zugang zu Erwerbseinkommen für größere Teile der Bevölkerung als dies in anderen OECD-Demokratien der Fall ist – was mehr noch als anderswo im Norden für beide Geschlechter gilt. Sven Jochem, der sich als Politikwissenschaftler seit Jahren mit dem Norden auseinandersetzt, kommt beispielsweise anhand der nordischen Länder zu der Einschätzung, dass „der Weg durch die Moderne nicht zwangsläufig in einer Auszehrung der Arbeitsgesellschaft und voranschreitenden Segmentierung des Arbeitsmarktes enden" muss (Jochem 2012, S. 168).

Dass diese weithin als gültig erachtete Charakterisierung der nordischen Länder durchaus treffsicher ist, zeigt ein Blick auf ausgewählte Indikatoren. Für die folgende Darstellung werden herangezogen:

- die Arbeitslosenquote als Indikator für beschäftigungspolitische Leistung,
- die Wachstumsrate des Bruttoinlandsprodukts als Messgröße für die konjunkturelle Lage,
- die Erwerbsquote der 20- bis 64-jährigen als Zeichen für die Aktivierungskraft des Staates in der Arbeitsmarktpolitik (dabei stellt die Erwerbsquote den Anteil der Erwerbspersonen an der Bevölkerung dar, also den Prozentsatz derer, die entweder aktiv am Erwerbsleben teilnehmen oder arbeitsuchend sind und somit der Wirtschaft zur Verfügung stehen),
- der Gini-Koeffizient als Maß für homogene (d. h. gerechte) bzw. heterogene (d. h. ungerechte) Einkommensverteilung (hierbei entspricht ein Wert von 0 absoluter Gleichverteilung der Einkommen und 100 entspricht maximal möglicher Ungleichheit),
- die Inflationsrate als Indikator für Währungsstabilität.

Die folgenden Radar-Charts stellen diese Indikatoren für die letzten verfügbaren 12 Jahre (2001–2012) dar, wobei die Werte zur besseren Übersicht auf den Bereich 0 bis 1 standardisiert wurden. Je näher der erreichte Wert an 1 heranreicht, desto höher ist das Performanzlevel. Je näher der Wert dagegen an 0 heranreicht, desto weniger wurde erreicht. Auf den Achsen der dargestellten Charts sind die Mittelwerte der 12 vergangenen Jahre abgetragen. Zur Standardisierung auf den Bereich 0–1 jedoch wurden die absolut besten bzw. schlechtesten Werte dieser Periode herangezogen, um so das Spektrum des Möglichen abzubilden. So hat beispielsweise Norwegen im Jahr 2007 eine Arbeitslosenquote von 2,5 % erreicht – unter den 6 verglichenen Ländern war dies während der 12 Jahre der beste Wert – 2,5 wurde daher für die Standardisierung mit 1 gleichgesetzt. Der schlechteste Wert des Spektrums wurde dagegen im Jahr 2005 mit 11,3 % in Deutschland erreicht, was zur Standardisierung der Werte folglich mit „0" markiert wurde. Die Standardisierung erfolgt mithilfe der Geradegleichung der Chart-Achsen. (Zum genauen Vorgehen siehe Förster et al. 2009; Schütz et al. 1998).

Zusätzlich zu den 4 sozialdemokratischen Wohlfahrtsstaaten der nordischen Länder werden hier England und Deutschland als Repräsentanten der zum Norden konträren Welten des Wohlfahrtsstaats dargestellt – während England in der klassischen Einordnung

Esping-Andersens als liberaler Wohlfahrtsstaat gilt, ist Deutschland das paradigmatische Beispiel für den konservativen Typus.

Im Durchschnitt schneiden die nordischen Länder erwartungsgemäß sowohl bei der Erwerbsquote als Indikator für die Aktivierungsleistung des Sozialstaates wie auch beim Gini-Koeffizient als Maß für eine gerechte Einkommensverteilung besser als die anderen beiden Modelle ab. Dabei erweisen sich die nordischen Länder als vollkommen wettbewerbsfähig in der konjunkturellen Entwicklung, was die im Vergleich zu den anderen beiden Typen nicht signifikant abweichenden Wachstumsraten des Bruttoinlandsprodukts zeigen. Gleiches gilt für die Inflationsrate als entsprechender Indikator für die Währungsstabilität, während sich für die Arbeitslosenquote keine klare Aussage treffen lässt, da die Werte hier über die 6 Länder insgesamt stark streuen. Zusammengefasst bedeutet dies: Der Politik in den nordischen Ländern gelingt es, bei vollem Erhalt wirtschaftlicher Wettbewerbsfähigkeit ein deutlich höheres Maß an Einkommensgleichheit zu realisieren als andere Staaten – trotz der diversen Beispiele für sozialstaatlichen Rückbau der letzten Jahre, v. a. im Bereich der Arbeitsmarktpolitik (vgl. Lorentzen et al. 2012). Die hohe Erwerbsquote bringt dabei, wie oben bereits erwähnt, nicht nur individuelle Einkommensvorteile, sondern auch konjunkturell positive Effekte mit sich und nimmt so eine Brückenfunktion zwischen vermeintlich gegensätzlichen wirtschafts- und sozialpolitischen Handlungszielen ein (Abb. 6.1).

Sind sich die nordischen Länder nun, wenn man die Betrachtung auf Basis der dargestellten Messgrößen beibehält, über die letzten Jahre hinweg ähnlicher oder unähnlicher geworden? Hierzu lohnt sich ein Vergleich der Radar-Charts verschiedener zeitlicher Abschnitte. Für Tab. 6.1 wurden daher erstens für den Zeitraum 2001–2006 und weiter für die Periode 2007–2012 sog. SMOP-Werte berechnet. Der SMOP (Surface Measure of Overall Performance) gibt den Flächeninhalt von Radar-Charts an – je höher der Wert, desto höher die Performanz des Untersuchungsfalls. Der SMOP-Wert wird mithilfe der geometrischen Formel zur Berechnung des Flächeninhalts von Dreiecken ermittelt, da ein Chart, je nach Anzahl der gewählten Achsen, in Dreiecke zerlegt werden kann. In diesem Fall wurden 5 Indikatoren (= 5 Achsen) verwendet. Es wurde daher für 5 Dreiecke der Flächeninhalt berechnet und aufsummiert. Bestimmte Störeffekte durch die Anordnung der Achsen wurden dabei rechnerisch minimiert (zu diesen Rechenoperationen siehe Förster et al. 2009, S. 11–12).

Auffällig ist zunächst, dass die SMOP-Werte Finnland für beide Perioden als dasjenige nordische Land mit den geringsten Ergebnissen bei den dargestellten Leistungsindikatoren ausweist – die nachholende Entwicklung Finnlands in der Sozialpolitik sowie der noch heute gegebene Zwitter-Status des dortigen Wohlfahrtsstaatsregimes (Abschn. 3.4.2) schlagen sich hier in den Werten nieder. Vergleicht man die Spanne zwischen jeweils bestem und schlechtestem Wert (2001–2006, 0,41, 2007–2012, 0,71), so zeigt sich, dass bei zentralen wirtschafts- und sozialpolitischen Kennzahlen die nordischen Länder in den vergangenen Jahren auseinandergedriftet sind. Auch wenn hier nicht der Platz für eine ausführliche Erörterung der Ursachen für diese Divergenz ist (siehe als Ansatz hierzu: Holzinger et al.

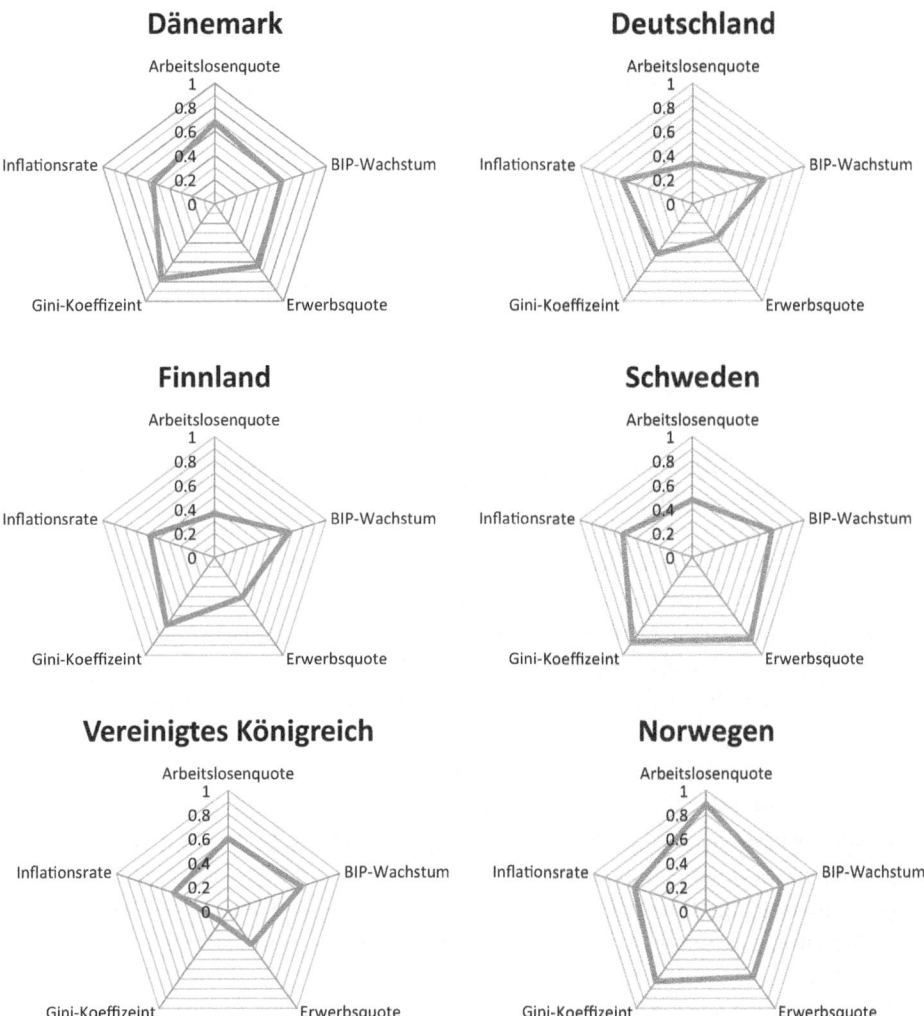

Abb. 6.1 Radar-Charts zur wirtschafts- und sozialpolitischen Leistung nordischer Staaten sowie Deutschland und England. (Quelle: Eigene Erstellung auf Basis von Eurostat Online Statistiken 2013; Rohdaten s. Anhang)

2007), demonstriert dies doch, dass die nordischen Länder die politischen Herausforderungen der letzten Jahre offensichtlich in unterschiedlich erfolgreicher Weise bewältigt haben.

Die statistischen Daten zu diesen und anderen Indikatoren über Politikergebnisse in den nordischen Ländern bieten insgesamt ein oberflächliches Bild, da sie zu den tieferliegenden Ursachen gesellschaftlicher Lebensbedingungen kaum aussagefähig sind. Im folgenden Abschnitt wird daher der Fokus auf strukturelle Merkmale nordischer Politik gelegt, die auch in historischer Perspektive zurückverfolgt werden.

Tab. 6.1 SMOP-Werte für die nordischen Länder zu wirtschafts- und sozialpolitischer Leistung. (Quelle: Eigene Berechnung auf Basis von Eurostat Online Statistiken 2013g)

	SMOP 2001–2006		SMOP 2007–2012
Schweden	1,19	Norwegen	1,36
Dänemark	1,18	Schweden	1,14
Norwegen	1,08	Dänemark	0,82
Finnland	0,77	Finnland	0,64
Spanne	0,41	Spanne	0,71

Das Geheimnis unseres Erfolges
Von Mikael R. Lindholm
    „Die nordischen Modelle waren nie marktwirtschaftlich gedacht, sondern als gesellschaftliche Vision
    (...) Worin besteht das Erfolgsgeheimnis? Merkwürdigerweise hat man momentan weder in Dänemark noch in den anderen nordischen Ländern eine überzeugende Antwort auf die Frage parat. Traditionelle Überlegungen zu makroökonomischen Faktoren scheinen hier nicht zu greifen. Es gibt keine einfache Erklärung für den Erfolg des Nordens, zumal sich die Länder im Hinblick auf geographische Bedingungen, industrielle Strukturen und wirtschaftshistorische Entwicklungen unterscheiden. Folglich kommen der Erfolg und das Lob überraschend und bleiben für viele ein Geheimnis – nicht zuletzt für Ökonomen. (...)
    Hohe Steuersätze und eine hohe Staatsquote sind wirtschaftlich betrachtet aber nicht unbedingt negativ, sie können sogar zum Wachstum beitragen. Und obwohl es fast ketzerisch klingen mag, das zu sagen: womöglich bietet das kollektiv finanzierte Sozialgefüge Dänemarks und der anderen nordischen Länder mit ihrer sehr egalitären Auffassung von der menschlichen Natur bessere Strukturen hinsichtlich einer innovationsgetriebenen Ökonomie der Zukunft als das amerikanische Modell, das stärker auf Eliten fixiert ist und auf individuelle Finanzierung durch den Verbraucher, oder als das autoritäre Modell Singapurs. (...)
    Eine dänische Studie zeigt (...), dass 60 % der dänischen Unternehmen ‚flach‘ im Sinne eines horizontalen Netzwerks organisiert sind, also nicht hierarchisch und autoritär. Die Anzahl der Dänen, die heute in selbstorganisierten ‚high performance teams‘ (‚Hochleistungsteams‘) arbeiten, ist so groß, dass die Gewerkschaften sich sogar schwertun, ungelernte Kräfte in der Rolle von einfachen Angestellten zu halten. (...). Das heißt, bis zu 90 % aller Angestellten bemühen sich um die Innovationsleistungen, die ihr Unternehmen braucht. Das kommt einer Mobilisierung der gesamten Bevölkerung gleich. Die Bedeutung dieser Mechanismen ist in dem Maße gewachsen, indem sich der Konkurrenzdruck erhöht hat" (Lindholm 2008, S. 25–27).

6.2   Strukturelle Merkmale nordischer Politik

6.2.1   Außen- und Sicherheitspolitik und internationale Organisationen

Nähert man sich den nordischen Ländern unter einem strukturellen und nicht (wie oben) unter einem output-orientierten Blickwinkel, so ist ein gemeinsames Merkmal die Zugehörigkeit zum Nordischen Rat – zweifellos ein nordisches Definitionsmoment. 1952 gegründet, verabschiedet die jährlich tagende internationale Organisation Empfehlungen an ihre Mitgliedstaaten, zu denen neben den 4 hier behandelten Ländern auch Island sowie als assoziierte Mitglieder Åland, die Färöer und Grönland gehören. (Zur Entwicklung des Nordischen Rats siehe Hanne und Stampehl 2003)

Betrachtet man neben den intra-nordischen Beziehungen jedoch die weltweiten internationalen Beziehungen der Länder, finden wir bei der Zugehörigkeit zu internationalen Organisationen Bruchlinien, die ein gemeinsames nordisches Muster doch stark verwässern: Die Nichtmitgliedschaft Norwegens in der EU lässt sich mit Verweis auf weitere Beispiele für eine gewisse Reserviertheit der nordischen Länder gegenüber der EU zwar noch als musterhaft einordnen. So ist etwa auf die Beibehaltung der Krone in Dänemark und Schweden zu verweisen sowie auf die späten Beitritte Schwedens 1991 und Finnlands 1995. In der NATO jedoch waren Dänemark und Norwegen 1949 Gründungsmitglieder, während Finnland (traumatisiert durch den Winterkrieg 1939/40 sowie den Angriff Deutschlands auf die Sowjetunion via Finnland) und Schweden eine neutrale Linie einschlugen. Ähnlich wie sich in der Verwaltung von einer ost- und einer westskandinavischen Variante sprechen lässt (Unabhängigkeit der Verwaltung gegenüber der Regierung im Osten, vertikale Integration im Westen), können wir auch in der sicherheitspolitischen internationalen Zusammenarbeit bis heute innerhalb des Nordens Ost und West unterscheiden: Neutralität im Osten, dezidierte atlantische Integration im Westen bestimmen das Bild.

6.2.2   Die politische Ökonomie des sozialdemokratischen Wohlfahrtsstaates

Nimmt man die Innenansicht auf die nordischen Länder ein, so ist das charakterisierende Strukturmerkmal des 20. Jahrhunderts die Herausbildung eines sozialdemokratischen Wohlfahrtsstaates – in Dänemark, Norwegen und Schweden vollkommen, in Finnland mit Abstrichen (siehe hierzu Abschn. 3.4.2). Welche gemeinsamen, und damit typisch nordischen, Entwicklungsfaktoren waren für die Entstehung dieses charakteristischen Systems der Lastenumverteilung ursächlich?

Eine erste Annäherung an diese Frage bietet ein von Torben Iversen und David Soskice entwickeltes Modell zum Zusammenhang von Wahlsystemen und wohlfahrtsstaatlicher Generosität (Iversen und Soskice 2006; Manow 2007). Basis für dieses Modell ist die verkürzte, als Annäherung jedoch tragfähige Unterteilung der Wählerschaft in Unterschicht,

Mittelklasse und Oberschicht, die zur Wahl linker Parteien (durch die Unterschicht), dezidierter Mittelklasseparteien (durch die Mittelschicht) und Parteien des rechten Lagers (durch die Oberschicht) tendieren – zumindest in Verhältniswahlsystemen des europäischen Kontinents oder eben der nordischen Länder. In Mehrheitswahlsystemen wie beispielsweise in den USA oder England jedoch fehlen Mittelklasseparteien gemeinhin. Diese Länder werden von 2 Parteien dominiert, einer Mitte-Links- sowie einer Mitte-Rechts-Partei. Das Zünglein an der Waage bildet hierbei die Mittelklasse; abseits der breiten Stammwählerschaft der beiden anderen Parteien stehend muss sie sich für eine der beiden Alternativen entscheiden. Wenn dabei der Konflikt zwischen den Parteien im Wesentlichen von sozialstaatlicher Umverteilung geprägt ist, wird sich, so Iversen und Soskice, die Mittelschicht eher für das rechte Lager entscheiden, schließlich erwartet sie sich von einem Ausbau des Wohlfahrtsstaates, der hauptsächlich durch die Arbeiterschaft getragen wird, wenig, muss die steuerlichen Lasten jedoch mittragen (Iversen und Soskice 2006, S. 165–166, 179).

Anders dagegen ist es in Verhältniswahlsystemen, wo die Mittelklasse durch eigene Parteien repräsentiert werden kann: Gehen diese eine Koalition mit Parteien des linken Lagers ein, zuvorderst mit der Sozialdemokratie, bekommen sie ein Vetorecht für Kabinettsentscheidungen eingeräumt. Bedingt wird dies durch die Möglichkeit des Koalitionsbruches. Dieser Umstand erlaubt Mittelklasseparteien in Verhältniswahlsystemen wie denen der nordischen Länder, den wohlfahrtsstaatlichen Ausbau in einer Weise mitzutragen, der auch in Mittelschichten dekommodifizierende Maßnahmen ankommen lässt.

Auf dieser Basis formulieren Iversen und Soskice ihre zentrale Aussage: „PR systems [proportional representation, Systeme mit Verhältniswahlrecht] redistribute more than majoritarian systems" (Iversen und Soskice 2006, S. 165). Angewandt auf den Ansatz Esping-Andersens lautet diese These: Mehrheitswahlsysteme produzieren liberale Wohlfahrtsstaaten mit geringer Umverteilungswirkung, Verhältniswahlsysteme dagegen generöse Wohlfahrtsstaaten, d. h. konservative und sozialdemokratische Regime.

Wie dominant die Sozialpolitik in Wahlkämpfen ist, untermauert übrigens das angeführte statistische Material. Für den Zeitraum 1945–1995 weisen Iversen und Soskice (2006, S. 166) den Anteil rechts orientierter Regierungen in Verhältniswahlsystemen mit rund einem Viertel aus, in Mehrheitswahlsystemen mit rund drei Vierteln. Das Verhältniswahlrecht scheint im Lichte des Modells von Iversen und Soskice also eine notwendige, jedoch keine hinreichende Bedingung für die Genese des sozialdemokratischen Wohlfahrtsstaats gewesen zu sein. Für die Ausgangsfrage dieses Abschnitts hilft es nur zum Teil weiter.

Der deutsche Politologe Philip Manow (2007) hat sich mit dem skizzierten Modell ausführlich sowie äußerst treffsicher argumentierend auseinandergesetzt – für unsere Fragestellung kann sein Beitrag die Lücke füllen. Grundsätzlich erkennt Manow die zentrale These von Iversen und Soskice an. Er erweitert ihren Ansatz jedoch um die Frage, welche Faktoren innerhalb der Ländergruppe mit Verhältniswahlrecht bzw. mit generösen Wohlfahrtsstaaten sowohl die sozialdemokratischen Regime des Nordens als auch die konservativen Wohlfahrtsstaaten Kontinentaleuropas herausbildeten. In seiner eigenen Weiterentwicklung des Modells weist Manow auf einen entscheidenden historischen Unterschied zwischen den nordischen Ländern und Kontinentaleuropa hin: Während sich nach der Reformation im Norden der homogene Protestantismus auch in Form der lutherischen Staatskirche ausbreitete, pendelten sich die Wirren von Gegenreformation und Dreißigjährigem Krieg in den Ländern des Kontinents tendenziell in einer katholisch-protestantischen Dichotomie ein. Eine von der Mehrheit getragene Staatskirche entstand hier gerade nicht. So betont auch der norwegische Politologe Stein Rokkan (Leser unseres Länderkapitels zu Norwegen kennen ihn bereits):

> Die religiösen Fronten in Europa liefen mitten durch die Territorien der Niederlande, des alten Deutschen Reiches und der Schweiz; in jedem dieser Länder erzeugte der Zusammenstoß zwischen den Nationalbildnern und der starken römisch-katholischen Minderheit dauerhafte Spaltungen innerhalb des Staatskörpers und bestimmte die Struktur ihrer Parteiensysteme. (Rokkan 2000, S. 382)

Im Norden, so der Umkehrschluss, trat dieser Konflikt nicht auf. Manow erläutert:

> Die Lutherischen Staatskirchen in Skandinavien fühlten sich (…) anders als die katholische Kirche in Kontinentaleuropa durch einen aufstrebenden Nationalstaat nicht existentiell herausgefordert, der nun Verantwortung für diejenigen Bereiche reklamierte, die zuvor unbestritten zur zentralen kirchlichen Verantwortungsprärogative gezählt wurden: die Bildung in den Konfessionsschulen und die soziale Fürsorge in den kirchlichen Sozialeinrichtungen (…). (Manow 2007, S. 419)

Prägend für den Norden war dagegen ein anderer soziostruktureller Gegensatz, der, man erinnere sich an Stein Rokkan, ins Parteiensystem übersetzt wurde:

> (…) Eine Spaltungslinie, die (…) politisiert und ‚parteiisiert‘ wurde, war der Konflikt zwischen Stadt und Land, zwischen agrarischem und industriellem, erstem und zweitem Sektor. Eine erst vergleichsweise spät einsetzende Industrialisierung führte dazu, dass in den Ländern Skandinaviens der Agrarsektor zum Zeitpunkt ihrer Massendemokratisierung (und auch noch lange danach) immer noch einen ganz erheblichen Beschäftigungsanteil besaß, was die Herausbildung von Parteien erklärt, die sich der Vertretung der agrarischen Interessen verschrieben. Wir finden in den skandinavischen Parteiensystemen und nirgendwo sonst in Europa starke Agrarparteien, die in der Nachkriegszeit substantielle Stimmenanteile für sich verbuchen konnten. (Manow 2007, S. 420)

In einer „rot-grünen" Koalition waren diese Agrarparteien im Norden der entscheidende Unterstützer der Sozialdemokratie bei der Herausbildung des sozialdemokratischen Wohlfahrtsstaats (siehe zu diesen Aspekten auch Moore 1967). Dies gilt ausdrücklich auch für Finnland, das lange Jahre der agrarischen Regierungsbeteiligung aufweist (Tab. 6.2). Esping-Andersen selbst schreibt:

> The role of farmers in coalition formation and hence in welfare state development is clear. In the Nordic countries, the necessary conditions obtained for a broad red-green alliance for a full-employment welfare state in return for farm-price subsidies. (Esping-Andersen 1990, S. 30)

Tab. 6.2 Durchschnittliche Jahre der Regierungsbeteiligung von Agrarparteien, Parteien des politischen Katholizismus und der Sozialdemokratie 1945–1999, 11 Westeuropäische Länder. (Quelle: Manow 2007, S. 423)

	Skandinavien	Kontinentaleuropa
Agrarparteien	18,2	2,1
Christdemokratische Parteien	6,4	43,5
Sozialdemokratische Parteien	44,7	34,3

Als Preis für landwirtschaftliche Subventionen trugen in den nordischen Ländern die Bauern des ländlichen Raums den durch die Arbeiter in den Städten initiierten Wohlfahrtsstaat also mit. Mehr noch, sie prägten den sozialdemokratischen Wohlfahrtsstaat sogar deutlich, indem sie die Einführung universaler Sozialleistungen befürworteten (Manow 2007, S. 424). Universale Sozialleistungen zeichnen sich im Gegensatz zu einkommensbezogenen Leistungen dadurch aus, dass die Zugehörigkeit zum Staate, klassischerweise ausgedrückt durch die Staatsbürgerschaft, Anspruch auf Leistungen gewährt. Bei einkommensbezogenen Leistungen werden dagegen die Dauer der Lohnarbeit sowie die Höhe des Lohnes als bestimmende Faktoren für den sozialstaatlichen Lohnersatz herangezogen. Die Bauern hatten an universalen Leistungen ein besonderes Interesse, da sie im Gegensatz zum sozialdemokratischen Lohnarbeiter weniger stark auf klassische Erwerbsbiographien im Angestelltenverhältnis zurückblicken konnten. Dies zeigt sich zuvorderst in den Rentensystemen der nordischen Länder, dagegen freilich nicht in den auf Einkommensarbeit aufbauenden Arbeitslosenversicherungen, die, außer in Norwegen, im Genter System von den Gewerkschaften getragen werden. Einer der Gründe: Die selbstständig arbeitenden Kleinbauern waren schließlich von Arbeitgebern unabhängig und empfanden Arbeitslosigkeit im Vergleich zu den Industriearbeitern als weniger bedrohlich (Manow 2007, S. 424).

Auf dem europäischen Kontinent bildete sich im Gegensatz zum Norden der Wohlfahrtsstaat nicht in einer rot-grünen Koalition heraus, sondern wurde, wie das Datenmaterial in Tab. 6.2 zeigt, ganz wesentlich von christdemokratischen Parteien getragen.

Aus 2 Gründen wirkten sich diese mäßigend auf das zu wählende Maß an Dekommodifizierung aus (Manow 2007, S. 421, 423–424):

1. erbrachte die katholische Kirche in den ihr eigenen Einrichtungen der Armen- und Bedürftigenfürsorge selbst Sozialleistungen – diese sollten aus Sicht der Kirche auch im Zeitalter eines sich entwickelnden Wohlfahrtsstaats nicht obsolet werden. Dabei zeigte sich auch, dass in der katholisch-protestantischen Dichotomie Kontinentaleuropas die protestantische Arbeitsethik neben der katholischen Soziallehre eben nur eine von zwei kirchlichen Verständnissen von Wohlfahrt war. Umgekehrt wurde im Norden die protestantische „Wertschätzung der Arbeit und Gleichheit" (Jochem 2012, S. 229) zu einem normativen Pfeiler der Sozialpolitik, der noch heute zu den Bestimmungsfaktoren der aktivierenden Arbeitsmarktpolitik in den sozialdemokratischen Wohlfahrtsstaaten gerechnet werden kann.

2. waren die christdemokratischen Parteien auf Stimmen im bürgerlichen Lager angewiesen. Mehr noch, ihre eigene Mitgliederbasis speiste sich ganz wesentlich aus dem
Bürgertum. Parteipolitische Entscheidungsträger durften auch beim Austarieren sozialpolitischer Interessen mit weiter links stehenden Koalitionspartnern nicht Gefahr
laufen, diese Klientel durch zu hohe Umverteilung zu verprellen.

Und schließlich lässt sich auch der auf dem Kontinent im Gegensatz zum Norden fehlende
Hang zum Universalismus durch die spezifische Koalition der Handelnden erklären: Wie
oben erwähnt, spiegeln sich in den universalen Sozialleistungen der nordischen Ländern
v. a. agrarische Interessen wider. Aggregiert in der Interessenmelange christdemokratischer
Parteien konnten sich diese in den kontinentalen Wohlfahrtsstaatsregimen weit weniger
durchsetzen.

Die Diskussion um die soziale Basis des Wohlfahrtsstaats verdeutlicht, welche gemeinsamen Faktoren hinter der Herausbildung der stark umverteilenden Sozialsysteme in den
nordischen Ländern liegen. Die Kombination aus Verhältniswahlrecht und einem typisch
nordischen Muster an Klassenkonflikt formten die interessenpolitischen Voraussetzungen
zur Genese des sozialdemokratischen Modells von Sozialpolitik, das sich auch normativ
tief verwurzelte. So führt beispielsweise Heintze (2005) als spezifisch nordische Momente
von politischer Kultur Individualismus, feminine Wertorientierung und ein hohes Maß
an Unsicherheitsvermeidung an. Dieser Hang zur Unsicherheitsvermeidung zeigt sich
deutlich in hohen Sozialleistungen als Absicherung vor den Wechselfällen des Marktes
(vgl. Esping-Andersen 1990, S. 22) und im Übrigen auch in einem Hang zur korporatistisch gestützten ausführlichen politischen Planung, vollzogen durch einen umfangreichen
Staatsapparat.

Der fehlende Katholizismus ist als ein wesentlicher Erfolgsfaktor für die sozialdemokratischen Parteien in den nordischen Ländern zu sehen – neben der politökonomisch äußerst
tragfähigen Dauerkoalition mit den Agrariern. Hieran wird auch deutlich, dass sich schnell
zitierte Merkmale der nordischen Länder (wie eben Protestantismus, der generöse Wohlfahrtsstaat oder die Hegemonie sozialdemokratischer Parteien) bei genauerem Hinsehen
als interdependent erweisen. Wir erkennen dies auch beim Zusammenhang zwischen
Wohlfahrtsstaat, korporatistischen Aushandlungsmechanismen in der Politikgestaltung
und der Kleinheit der nordischen Länder. Der nächste Abschnitt wird hierauf eingehen.

6.2.3 Der nordische Korporatismus und die Rekalibrierung des sozialdemokratischen Wohlfahrtsstaates

Die sozioökonomische Modernisierung in den nordischen Ländern wurde neben den
Parteien ganz wesentlich von gesellschaftlichen Interessengruppen mitgetragen. Die Gewerkschaften nehmen dabei eine zentrale Rolle ein. Unbestritten ruht die nordische
Tarifautonomie, symbolisiert v. a. durch das Abkommen von Saltsjöbaden im Schweden des Jahres 1938, ebenso auf den Schultern der Arbeitgeberverbände wie auf jenen
der großen Gewerkschaften. Dennoch waren es einzig die Gewerkschaften, die für die

regierende Sozialdemokratie den entscheidenden Partner im „funktional-korporativen Kanal" (Rokkan 2000, S. 317) der politischen Systeme darstellte: Die Gewerkschaften wurden im Genter System zum Träger der Arbeitslosenversicherung und in der Ausgestaltung von Wirtschafts- und Sozialpolitik wurden sie zum Ideengeber und zur Mitformulierungsinstanz. Das auf schwedische LO-Ökonomen zurückgehende Rehn-Meidner-Modell ist hierfür das beste Beispiel. Ab den 1950er-Jahren war die dem Rehn-Meidner-Modell eigene Zusammenführung von einer solidarischen Lohnpolitik, restriktiven Fiskalpolitik und aktiven Arbeitsmarktpolitik der entscheidende Pfeiler für die Wettbewerbsfähigkeit Schwedens (Schmid 1989, S. 75–76).

Eine Erklärung für die hohe Bedeutung korporatistischer Arrangements liegt auf der Hand: Die dominierende Sozialdemokratie holte sich mit den Gewerkschaften ihre Wählerbasis quasi ins Haus und stellte durch die Beteiligung gewerkschaftlicher Stimmen an der Politikformulierung sicher, dass gesellschaftliche Interessen gewahrt wurden, die für die Partei von zentraler Bedeutung waren. Zugleich konnte so ein wichtiger Akteur in die Politikumsetzung eingebaut werden.

Eine weitere den nordischen Ländern gemeinsame Erklärung für die Herausbildung des Korporatismus ist nicht unbedingt intuitiv, da sie sozialgeographischer Natur ist: Die nordischen Länder sind klein, nicht flächenmäßig, wohl aber was ihre Einwohnerzahl angeht. Das größte unter ihnen ist Schweden mit 9,5 Mio. Einwohnern, das kleinste ist Norwegen mit rd. 5 Mio. Einwohnern. 1985, einige Jahre nachdem der Korporatismus ins Zentrum der politikwissenschaftlichen Diskussion gerückt war, prägte der deutsch-amerikanische Politologe Peter J. Katzenstein den Erklärungsansatz des „Small State Corporatism", der vor allem von 2 zentralen Thesen getragen wird (Katzenstein 1985, S. 136–190; Jochem 2012, S. 229):

1. Korporatismus bringt das Potenzial mit sich, zur Krisenreaktionsfähigkeit und damit zur Performanz von Volkswirtschaften beizutragen. Er unterstützt die Genese passgenauer politischer Lösungen und trägt durch die Integration maßgeblicher politischer Gruppen zu deren gesellschaftlicher Durchsetzung bei.
2. Da die hohe Außenhandelsabhängigkeit kleiner Volkswirtschaften auf diese Gesellschaften einen besonderen Anpassungsdruck ausübt, bieten sich hier korporatistische Aushandlungsmodi als Lösungsweg für die Wirtschaftspolitik geradezu an. Auch die kleinen Länder des Nordens werden hierzu als empirischer Beleg herangezogen.

Roland Czada erläuterte: „Je kleiner die Produktions- und Absatzmöglichkeiten in einem Land sind, desto kleiner ist gleichzeitig die Zahl der koexistenzfähigen Unternehmen, und um so wahrscheinlicher werden aus ökonomischem Zwang und infolge politischer Intervention die nationalen Produktionskapazitäten zusammengefaßt, um der Weltmarktkonkurrenz standzuhalten (. . .)" (Czada 1988, S. 185).

Dabei legte Katzenstein großen Wert darauf, dass für die Herausbildung des Korporatismus weniger die tatsächliche Anfälligkeit für extern versursachte ökonomische Wechselfälle als rational und objektiv messbarer Grund herangezogen werden sollte. Vielmehr hätten kleine Länder ein kollektives politisches Selbstbild von ökonomischer

Verletzlichkeit als normativen Hintergrund politischer Entscheidungen aufgebaut (mindestens für Finnland gilt dieser Befund übrigens auch für die internationalen Beziehungen und die Friedenspolitik).

Dieses Selbstbild erzieht politische Entscheidungsträger, so Katzenstein, in kleinen Ländern eher als in anderen zu solidarischen Lösungen – oder um es im Vokabular der schwedischen Sozialdemokratie zu formulieren: zum Aufbau eines „Volksheims". Das Fehlen einer starken feudalistischen Tradition in den nordischen Ländern beförderte diesen Prozess freilich (hierzu insbesondere Katzenstein 1985, S. 159). In einer späteren Rückschau auf den Entstehungsprozess des Buches bricht Katzenstein diese Überlegung wie folgt herunter:

> I eventually convinced myself that an analysis that focused only on the objective data of economic openness missed the crux of the matter. Small size was a code for something more important. I learned from my interviews, readings and reflection that it was concealing and underlying and politically consequential causal connection. What really mattered politically was the perception of vulnerability, economic and otherwise. Perceived vulnerability created an ideology of social partnership that had acted like a glue for the corporatist small European states. (Katzenstein 2003, S. 11)

Die Idee, die Größe eines Landes als zentrales politikwissenschaftliches Erklärungsmerkmal einzuführen, brachte einen gewissen Überraschungseffekt mit sich. Nicht nur deshalb wurde das Buch breit rezipiert, gelang es Katzenstein doch, sein Argument in dichten historischen Analysen empirisch auszumalen. Dennoch erregte das Buch Kritik, schließlich widersprach Katzenstein diametral jener These, die der Wirtschaftswissenschaftler Mancur Olson (1932–1998) einige Jahre zuvor in seinem Werk „Rise and Decline of Nations" formuliert hatte: Der Korporatismus sei nichts anderes als die privilegierte Durchsetzung von Partikularinteressen und führe somit zum ökonomischen Abbau von Volkswirtschaften (Olson 1982, zur Debatte siehe auch Armingeon 2006).

Die wirtschaftliche Performanz der nordischen Staaten wird in dieser Diskussion freilich stets als Argument derjenigen herangezogen, die wie Katzenstein den Korporatismus positiv beurteilen. In der jüngsten Geschichte des Wohlfahrtsstaats in den nordischen Ländern scheint dagegen durchaus die Olson'sche Einschätzung der Realität durch. Ganz gleich wie man persönlich zu sozialpolitischen Einsparungen und einer Hinwendung zu aktivierenden Strategien in der Arbeitsmarktpolitik stehen mag: Geht man einmal von der Notwendigkeit einer gewissen Rekalibrierung des sozialdemokratischen Wohlfahrtsstaats aus, so müssen die Gewerkschaften und damit ihre korporatistische Einbindung in den Politikprozess als Bremse für wichtige Weiterentwicklungen gelten, die zur Absicherung der Staatsfinanzierung und damit zur ökonomischen Wettbewerbsfähigkeit von Nationen beitragen.

Schweden ist hierfür das beste Beispiel: In den Arbeitsmarktreformen der späten 1990er hat erst eine gewisse Emanzipation der sozialdemokratischen Partei SAP vom mächtigen Gewerkschaftsdachverband LO die Durchsetzung neuer Regelungen ermöglicht. Im Bereich der Lohnfindung waren die Tarifparteien nach durchaus konfliktintensiven Jahren, die unter anderem zur Aufkündigung des sog. Paktes von Saltsjöbaden geführt hatten, wieder auf einen stärker konsensorientierten Kurs eingeschlagen. Dies zeigt sich unter

anderem in einem 1997 zwischen den Tarifparteien im industriellen Sektor abgeschlosse-
nen und später auf andere Bereiche ausgedehnten Abkommen, das für beide Seiten das Ziel
einer einigungsorientierten Lohnfestsetzung festlegte und zudem externe Experten als ob-
jektive Meinungsinstanz in die Auseinandersetzung integrierte (Jochem 2003, S. 303, 2010,
S. 236, 237). In den wohlfahrtsstaatlichen Reformen jedoch, v. a. auf dem Arbeitsmarkt,
waren die durch die Landsorganisation (LO) vertretenen Gewerkschaften weit weniger im
Politikprozess präsent als noch zuvor: Als beispielsweise die SAP-Regierung unter Göran
Persson im Jahr 1996 eine Reduzierung des Krankengeldes und ein Liberalisierung im
Arbeitsrecht durchsetzte, waren die Gewerkschaften anders als zuvor nicht an der Ausgestaltung beteiligt worden. Die Haltung der Regierung ließ vielmehr erkennen, dass in
dieser Phase die LO in pluralistischer Manier lediglich als eine unter vielen gleichberechtigten Interessenorganisationen angesehen wurde (eigene Interviews im Februar/März 2008
mit SAP-Vertretern und LO-Funktionären). Schon bald wurde daraufhin von Seiten der
LO diskutiert, die finanzielle Unterstützung für den Wahlkampf der SAP zu reduzieren,
was schließlich 2003 auch tatsächlich umgesetzt wurde (Aylott 2004; vgl. ferner Lindvall
und Sebring 2005). Erwartungsgemäß wurde nach dem Machtwechsel zur bürgerlichen
Regierungskoalition im Jahr 2006 der Abbau der Privilegien der LO im Politikprozess
intensiviert (Jochem 2010).

6.2.4   Abweichungen von der Norm und die Frage nach „dem" Norden

In der öffentlichen Debatte wie auch in der wissenschaftlichen Diskussion scheint uns das
Bild von der Politik im Norden viel stärker an Schweden als an den übrigen 4 Ländern
festgemacht zu werden. Die Metapher des Volksheims, erfolgreiche Politiken wie etwa das
Rehn-Meidner-Modell oder der historische Kompromiss von Saltsjöbaden machen Schweden für so manchen Betrachter zum griffigen Idealtyp eines hoch performanten politischen
Systems. Auch die Tatsache, dass Schweden flächenmäßig und bei der Bevölkerungszahl
das größte nordische Land ist, mag eine Rolle spielen. Allzu leicht werden dabei Eckpfeiler
des schwedischen Modells, deren aktueller Wandel freilich häufig übersehen wird, auch
auf die anderen Länder übertragen. Dieser Analogieschluss hat allerdings enge Grenzen.
Den strukturellen Gemeinsamkeiten in der Politik der nordischen Länder stehen diverse
Unterschiede gegenüber. Die vorangegangenen Einzeldarstellungen bieten dafür einige
Beispiele, die hier nur auszugsweise wiederholt werden können:

- Finnland ist von einer stark nachholenden Entwicklung gegenüber den anderen
  3 Ländern gekennzeichnet. Hauptursache hierfür sind die unglücklichen außenpolitischen Wechselfälle, die normativ und sozioökonomisch nach Ende des 2. Weltkriegs
  für andere Ausgangsbedingungen gesorgt haben. Die finnischen Interessengruppen sa-
  hen durch vorherrschende sicherheitspolitische Probleme und die Dominanz der Frage
  nach Selbst- und Fremdbestimmung gar nicht in dem Maße die Chance zum sozialpolitischen Aufbau wie es in anderen Ländern der Fall war. Die für den Norden typischen
  sozialpolitischen Interessenkoalitionen kamen hier nicht im gleichen Umfang zur Entfaltung. So wurde der Makrokorporatismus in Finnland erst spät etabliert und der

sozialdemokratische Wohlfahrtsstaat konnte sich hier nicht in vollen Zügen entwickeln
– vielmehr herrscht ein Mix aus Universalismus und deutlichem Einkommensbezug
bei den Sozialleistungen vor, deren Lohnersatzniveau zudem unter dem der anderen
nordischen Staaten liegt. Insgesamt scheint uns Finnland damit dasjenige der nordischen Länder zu sein, das klassifikatorisch die größten Probleme bereitet und in der
nordischen Länderfamilie den „deviant case" darstellt – obwohl die Umgestaltung der
Verfassung in Finnland zu einer Stärkung der Regierung gegenüber dem Präsidenten
geführt hat und damit als Konvergenz zu den übrigen nordischen Ländern zu begreifen
ist.

- Norwegen fällt im innernordischen Vergleich bereits dadurch aus dem Muster, dass
  es kein EU-Mitglied ist. Zudem trägt Norwegen, wie im entsprechenden Länderkapitel dargestellt, Züge eines Rentierstaats. Für OECD-Länder ist dies eine Besonderheit.
  Dabei ist der Ölreichtum des Landes einerseits eine ökonomische Basis, die das Land
  trotz seiner hohen Außenhandelsabhängigkeit von konjunkturellen Krisen unabhängi-
  ger macht – was allerdings in Einbrüchen bei der globalen Ölnachfrage seine Grenzen
  hat. Andererseits bringt der Ölreichtum auch innenpolitische Verteilungskonflikte mit
  sich, die in den anderen Ländern fehlen. Die Frage, in welchem Umfang Gewinne aus
  dem Erdölvorkommen für die Zukunft angespart werden sollten, ist hierfür ein Beispiel.

- Die These einer besonderen Stellung der Sozialdemokratie im Norden gelangt bei den
  Fällen Dänemark und Finnland schnell an die Grenzen ihrer Tragfähigkeit. Während
  große blockübergreifende Koalitionen in Finnland über viele Jahre das politische Geschehen bestimmt haben, waren in Dänemark bürgerliche Regierungen sowohl als
  Minderheits- als auch als Mehrheitsregierungen historisch über weit längere Perioden
  bestimmend als in den übrigen Ländern. Für Dänemark darf ferner das schon frühe
  Auftreten rechtspopulistischer Strömungen in Gestalt der Fortschrittspartei mit Wahlergebnissen von bis zu rd. 16 % der Stimmen als geradezu diametraler Widerspruch
  zum sozialdemokratischen Normgebäude nicht unerwähnt bleiben.

- Schließlich zeigt sich das ambivalente Verhältnis des Nordens zur EU in einer vari-
  ierenden währungspolitischen Integrationstiefe: Während Norwegen, Dänemark und
  Schweden die Krone beibehalten haben, hat Finnland den Euro eingeführt.

Trotz dieser Spezifika sind die nordischen Länder eine erkennbare politische Weltregion,
die sich anhand historischer Erfahrungen und ähnlicher Strukturen nach außen abgrenzen
lässt. Abb. 6.2 stellt die unserer Meinung nach wichtigsten Elemente zusammen.

Ob Gemeinsamkeiten oder Unterschiede zwischen den Ländern in den Blickpunkt rücken, hängt letztlich von der gewählten Abstraktionsebene ab. Czada hat dieses Problem in
einem älteren Beitrag über die Gründe für Gewerkschaftseinbindung in den Politikprozess
mit einem „mehrfachen Rüttelsieb" verglichen, „dessen Maschen immer enger und damit
schwerer passierbar werden" (Czada 1988, S. 183). Bei dem an eine statistische Cluster-
analyse angelehnten „Aussieben" der OECD-Länder bleiben die 4 nordischen Länder in
diesem Modell bis zur detailliertesten Abstraktionsebene als Gruppe bestehen. Unseres Er-
achtens stellt dies die angemessene Antwort auf die eingangs dieses Kapitels aufgeworfene
Frage dar, was den politischen Norden denn eigentlich ausmache. Weil diese Antwort kein

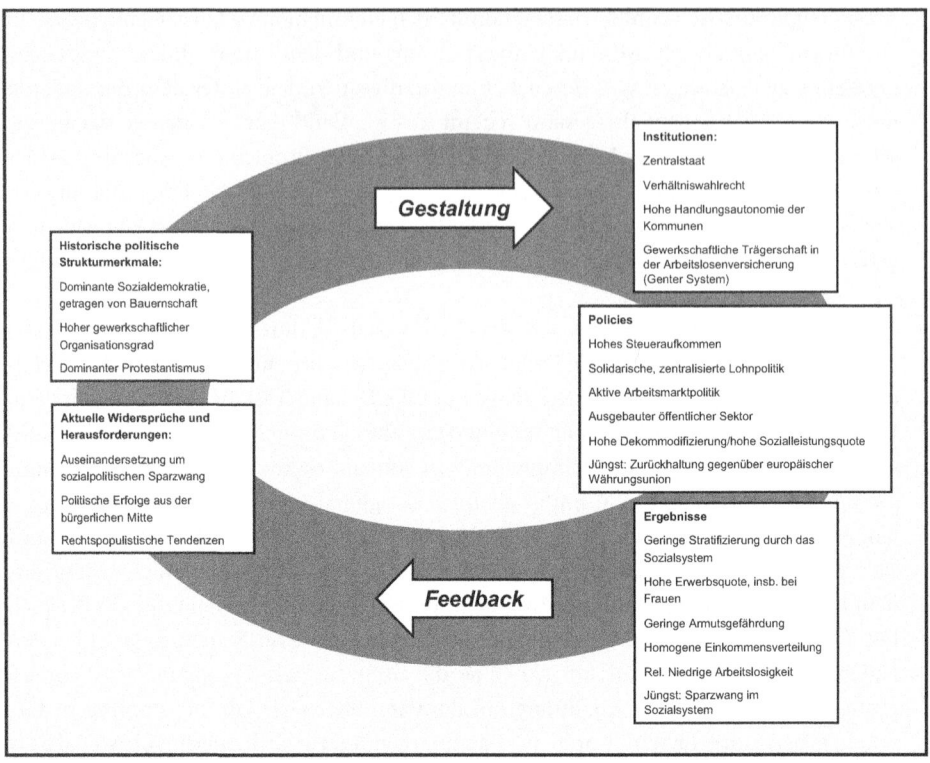

Abb. 6.2 Das nordische Modell. (Quelle: eigene Erstellung)

einfaches „Ja" oder „Nein" ist, mag sie unbefriedigend bleiben. Gerade darin jedoch liegt der besondere Reiz, sich mit der Politik in der „Weltregion Norden" auseinanderzusetzen.

6.3   Drei Titel zum Weiterlesen

1. Jochem, Sven (2003): Konzertierung und Parteienwettbewerb. Das schwedische Modell im Wandel. In Sven Jochem und Nico A. Siegel (Hrsg.): Konzertierung, Verhandlungsdemokratie und Reformpolitik im Wohlfahrtsstaat. Das Modell Deutschland im Vergleich. Opladen: Leske und Budrich, S. 271–310.
   – Neokorporatistische Arrangements zwischen zentralisierten, durchsetzungsstarken Gewerkschaftsverbänden und sozialdemokratischer Partei gelten traditionell als ein wesentlicher Bestimmungsfaktor der Wirtschafts- und Sozialpolitik in den nordischen Ländern; jedoch ist der Korporatismus seit den 1990er-Jahren verstärkt unter Druck geraten. Sven Jochem diskutiert die Erosion dieses klassischen Modus der Entscheidungsfindung am Beispiel Schwedens.
2. Manow, Philip (2007): Wahlregeln, Klassenkoalitionen und Wohlfahrtsstaatsregime – oder: Wie man Esping-Andersen mit Stein Rokkan erklären kann. In: *Zeitschrift für Soziologie* 36 (6), S. 414–430.

– Philip Manow zeichnet in diesem Aufsatz die historischen Entwicklungsgründe des sozialdemokratischen Wohlfahrtstaats nach, indem er neben dem Verhältniswahlrecht die Rolle religiöser Auseinandersetzungen in der Politik der nordischen Länder in den Fokus rückt. Auf diese Weise ergibt sich eine tragfähige Ergänzung zum bekannten Wohlfahrtsstaatsmodell Gøsta Esping-Andersens, dessen Kritiker häufig fehlende historische Erklärungstiefe anführen.

3. Katzenstein, Peter J. (1985): Small States in World Economy. Industrial Policy in Europe. Ithaca – London: Cornell University Press.

– Bei beachtlicher geografischer Größe weisen die nordischen Länder vergleichsweise geringe Bevölkerungszahlen auf. Das bevölkerungsmäßig größte unter ihnen ist Schweden mit rd. 9,5 Mio. Einwohnern. Peter J. Katzenstein zeigt in diesem klassischen Buch der Politikwissenschaft, wie sich die Kleinheit der nordischen Länder in der politischen Interaktion zwischen Gruppen sowie in konkreten politischen Lösungen bemerkbar macht.

6.4 Übungsfragen

Übungsfragen 10, 11 und 12

Frage 10
Welche historischen Entwicklungen sind Ihrer Ansicht nach ursächlich für die Herausbildung des sozialdemokratischen Wohlfahrtsstaats?
Schwierigkeitsgrad: 2

Frage 11
Bitte setzen Sie sich mit dem Begriff des „nordischen Modells" auseinander. Dabei sollten Sie Gemeinsamkeiten bei Polity, Policy und Politcs in den nordischen Ländern darstellen und sich darauf aufbauend anhand eines selbst gewählten Beispiels mit der Frage auseinandersetzen, ob und wenn ja wie aktuelle Wandlungsprozesse das nordische Modell erodieren.
Schwierigkeitsgrad: 3

Frage 12
Der Politik in den nordischen Ländern liegen spezifische historische Konstellationen und strukturelle Gemeinsamkeiten zwischen den Ländern zugrunde. Halten Sie es angesichts dieser Tatsache überhaupt für möglich, dass andere Länder von der Politik im Norden Lösungen übernehmen können? Wenn ja, welche?
Schwierigkeitsgrad: 3

Musterlösungen zu den Übungsfragen können im Internet unter www.springer.com/springer+vs/politik/book/978-3-658-02030-9 heruntergeladen werden.

Anhang

Rohdaten zu dargestellten Radar-Charts und berechneten SMOP-Werten. Quelle aller im Anhang dargestellten Daten: Eurostat Online Statistiken 2013.

Tab. A.1 Arbeitslosenquote in %

	2001	2002	2003	2004	2005	2006	2007	2008	2009	2010	2011	2012
Dänemark	4,5	4,6	5,4	5,5	4,8	3,9	3,8	3,4	6	7,5	7,6	7,5
Finnland	9,1	9,1	9	8,8	8,4	7,7	6,9	6,4	8,2	8,4	7,8	7,7
Norwegen	3,4	3,7	4,2	4,3	4,5	3,4	2,5	2,5	3,2	3,6	3,3	3,2
Schweden	5,8	6	6,6	7,4	7,7	7,1	6,1	6,2	8,3	8,6	7,8	8
Deutschland	7,9	8,7	9,8	10,5	11,3	10,3	8,7	7,5	7,8	7,1	5,9	5,5
Vereinigtes Königreich	5	5,1	5	4,7	4,8	5,4	5,3	5,6	7,6	7,8	8	7,9

Tab. A.2 BIP-Wachstum/Steigerungsrate des Bruttoinlandsprodukts in %

	2001	2002	2003	2004	2005	2006	2007	2008	2009	2010	2011	2012
Dänemark	0,7	0,5	0,4	2,3	2,4	3,4	1,6	−0,8	−5,7	1,6	1,1	−0,4
Finnland	2,3	1,8	2	4,1	2,9	4,4	5,3	0,3	−8,5	3,3	2,8	−0,2
Norwegen	2	1,5	1	4	2,6	2,3	2,7	0,1	−1,6	0,5	1,2	3,1
Schweden	1,3	2,5	2,3	4,2	3,2	4,3	3,3	−0,6	−5	6,6	3,7	0,7
Deutschland	1,5	0	−0,4	1,2	0,7	3,7	3,3	1,1	−5,1	4,2	3	0,7
Vereinigtes Königreich	2,2	2,3	3,9	3,2	3,2	2,8	3,4	−0,8	−5,2	1,7	1,1	0,2

C. Förster et al., *Die nordischen Länder*,
DOI 10.1007/978-3-658-02031-6, © Springer Fachmedien Wiesbaden 2014

Tab. A.3 Erwerbsquote der 20- bis 64-jährigen in %

	2001	2002	2003	2004	2005	2006	2007	2008	2009	2010	2011	2012
Dänemark	81,8	81,4	81,5	82	81,7	82,3	81,8	82,2	82	81,5	81,4	81,1
Finnland	79,2	79,1	78,7	78,5	79	79,5	79,7	80,2	79,4	79	79,4	79,5
Norwegen	82,5	82,2	81,3	81,1	81,2	81,9	82,6	83,4	82,8	82,1	82	82,2
Schweden	82,3	82,2	82,3	82,3	83,9	83,9	84,4	84,7	84,5	84,5	85,2	85,5
Deutschland	75	75,4	76	76,7	78,1	79,2	79,8	80	80,4	80,6	81,1	81,1
Vereinigtes Königreich	77,7	77,9	78	78,1	78,3	78,8	78,7	79	79,1	79	79,2	79,7

Tab. A.4 Gini-Koeffizient

	2001	2002	2003	2004	2005	2006	2007	2008	2009	2010	2011	2012
Dänemark	22	–	24,8	23,9	23,9	23,7	25,2	25,1	26,9	26,9	27,8	–
Finnland	27	26	26	25,5	26	25,9	26,2	26,3	25,9	25,4	25,8	25,9
Norwegen	–	–	26,6	25,2	28,2	31,1	23,7	25,1	24,1	23,6	22,9	–
Schweden	24	23	–	23	23,4	24	23,4	24	24,8	24,1	24,4	–
Deutschland	25	–	–	–	26,1	26,8	30,4	30,2	29,1	29,3	29	–
Vereinigtes Königreich	35	35	34	–	34,6	32,5	32,6	33,9	32,4	32,9	33	–

Tab. A.5 Inflationsrate in %

	2001	2002	2003	2004	2005	2006	2007	2008	2009	2010	2011	2012
Dänemark	2,3	2,4	2	0,9	1,7	1,9	1,7	3,6	1,1	2,2	2,7	2,4
Finnland	2,7	2	1,3	0,1	0,8	1,3	1,6	3,9	1,6	1,7	3,3	3,2
Schweden	2,7	1,9	2,3	1	0,8	1,5	1,7	3,3	1,9	1,9	1,4	0,9
Norwegen	2,7	0,8	2	0,6	1,5	2,5	0,7	3,4	2,3	2,3	1,2	0,4
Deutschland	1,9	1,4	1	1,8	1,9	1,8	2,3	2,8	0,2	1,2	2,5	2,1
Vereinigtes Königreich	1,2	1,3	1,4	1,3	2,1	2,3	2,3	3,6	2,2	3,3	4,5	2,8

Literatur

Abrahamson, Peter/Wehner, Cecilie (2008): Current Issues of Family Policy in Denmark. In: Illona, Ostner/Christoph, Schmitt (Hrsg.): Family Policies in the context of Family Change. The Nordic Countries in Comparative Perspective. Wiesbaden: VS, S. 57–74

Allardt, Erik/Andrén, Nils/Friis, Erik J./Gíslason, Gylfie/Nilson, Sten Sparre/Valen, Henry et al. (Hrsg.) (1981): Nordic Democracy. Ideas, Issues and Institutions in Politics, Economy, Education, Soacial and Cultural Affairs of Denmark, Finland, Iceland, Norway and Sweden. Kopenhagen: Det Danske Selskab

Allers, Robin (2009): Länderanalyse Norwegen: Dank Öl und Gas robust durch die internationale Krise. Berlin: Friedrich-Ebert-Stiftung

Andersen, Jørgen Goul/Bjørklund, Tor (1994): Struktureller Wandel, neue Konfliktlinien und die Fortschrittsparteien in Dänemark, Norwegen und Schweden. In: Franz, Urban Pappi/Hermann, Schmitt (Hrsg.): Parteien, Parlamente und Wahlen in Skandinavien. Frankfurt am Main – New York: Campus, S. 57–89

Andersen, Torben M. (2003): From Excess to shortage – Recent Developments in the Danish Labour Market. In: CESIFO Working Paper 933. Verfügbar unter: http://www.cesifo-group. de/portal/pls/portal/ifo_applications.switches.DocLinkIfoDL?getDoc=cesifo_wp933.pdf (letzter Zugriff: 16.08.2013)

Andersen, Torben M./Svarer, Michael (2007): Flexicurity – Labour Market Performance in Denmark. In: CESifo Economic Studies 53 (3), S. 389–429. Verfügbar unter: http://cesifo. oxfordjournals.org/content/53/3/389.full (letzter Zugriff: 03.05.2013)

Andersson, Frida/Ek, Richard/Molina, Irene (2008): Regionalpolitikens geografi – Regional tillväxt i teori och praktik. Malmö: Studentlitteratur

Andrén, Nils (1964): Government & Politics in the Nordic Countries. Denmark, Finland, Iceland, Norway and Sweden. Stockholm u. a.: Almqvist & Wiksell

Anton, Thomas J. (1969): Policy-Making and Political Culture in Sweden. In: Scandinavian Political Studies 4 (4), S. 88–102

Armingeon, Klaus (2006): Kleinstaaten in Weltmärkten. Drei Ergänzungen der Katzenstein-These. Transstate Working Papers Nr. 47, Bremen: Sfb 597 „Staatlichkeit im Wandel"

Arter, David (1986): Politics and Policy-Making in Finland. Sussex – New York: Wheatshef; St. Martin's

Arter, David (2008): Scandinavian politics today. 2. Aufl. Manchester: Manchester University Press

Auffermann, Burkhard (2009): Das politische System Finnlands. In: Wolfgang Ismayr (Hrsg.): Die politischen Systeme Westeuropas. 4., aktualisierte und überarb. Aufl. Wiesbaden: VS, S. 219–263

C. Förster et al., *Die nordischen Länder*,
DOI 10.1007/978-3-658-02031-6, © Springer Fachmedien Wiesbaden 2014

Auffermann, Burkhard/Laasko, Seppo (2008): Gesetzgebung im politischen System Finnlands. In: Wolfgang Ismayr (Hrsg.): Gesetzgebung in Westeuropa. EU-Staaten und Europäische Union. Wiesbaden: VS, S. 65–97

Auswärtiges Amt (2009): Norwegen. Außenpolitik. Verfügbar unter http://www.auswaertiges-amt. de/diplo/de/Laenderinformationen/Norwegen/Aussenpolitik.html (letzter Zugriff: 05.03.2010)

Aylott, Nicholas (2004): From People's Movement to Electoral Machines? Interest Aggregation and the Social Democratic Parties of Scandinavia. In: Kay, Lawson/Thomas, Poguntke (Hrsg.): How Political Parties Respond. Interest Aggregation Revisited. London: Routledge, S. 61–85

Aylott, Nicholas (2010): Europe and the Swedish Election of September 19th 2010. European Parties Elections and Referendums Network. Election Briefing No 59. Verfügbar unter: http://www.sussex.ac.uk/sei/documents/epern-election-briefing-no-59.pdf (letzter Zugriff: 21.05.2013)

Banholzer, Volker Markus (2001): Im Schatten der Sozialdemokratie. Die Bedeutung der Kleinparteien in den politischen Systemen Norwegens und Schwedens. Berlin: Arno Spitz

Bellers, Jürgen (Hrsg.) (2001): Handbuch der Außenpolitik. Von Afghanistan bis Zypern. München – Oldenbourg: Oldenbourg Wissenschaftsverlag

Bengtsson, Håkan A. (2008): Nordische Erfahrungen. Das Verhältnis zwischen Gewerkschaften und Politik in Schweden. Berlin: Friedrich-Ebert-Stiftung. Verfügbar unter http://library. fes.de/pdf-files/id/ipa/05862.pdf (letzter Zugriff: 21.11.2012)

Bengtsson, Tommy (Hrsg.) (2010): Population Ageing - A Threat to the Welfare State? The Case of Sweden. Berlin – Heidelberg: Springer-Verlag

Berger, Peter L./Luckmann, Thomas (2007) [1966]: Die gesellschaftliche Konstruktion der Wirklichkeit. Eine Theorie der Wissenssoziologie. 21. Aufl. Frankfurt a. M.: Fischer

Bergh, Andreas (2010): Towards a New Swedish Model? In: Tommy Bengtsson (Hrsg.): Population Ageing – A Threat to the Welfare State? The Case of Sweden. Berlin – Heidelberg: Springer-Verlag, S. 109–119. Verfügbar unter http://www.demogr.mpg.de/books/drm/008/7.pdf (letzter Zugriff: 20.11.2012)

Berglund, Sten/Pesonen, Pertti/Gíslason, Gylfie (1981): Political Party Systems. In: Erik, Allardt/Nils, Andrén/Erik, J. Friis/Gylfie, Gíslason/Sten, Sparre Nilson/Henry, Valen et al. (Hrsg.): Nordic Democracy. Ideas, Issues and Institutions in Politics, Economy, Education, Social and Cultural Affairs of Denmark, Finland, Iceland, Norway and Sweden. Kopenhagen: Det Danske Selskab, S. 80–125

Bergman, Torbjörn (1994): Der schwedische Verfassungskompromiß von Torekov. In: Franz, Urban Pappi/Hermann, Schmitt (Hrsg.): Parteien, Parlamente und Wahlen in Skandinavien. Frankfurt am Main – New York: Campus, S. 199–232

BGR (2007): Reserven, Ressourcen und Verfügbarkeit von Energierohstoffen 2007. Hannover: Bundesanstalt für Geowissenschaften und Rohstoffe

Blom-Hansen, Jens (2010): Municipal Amalgamations and Common Pool Problems: The Danish Local Government Reform in 2007. In: Scandinavian Political Studies 33 (1), S. 51–73. Verfügbar unter http://onlinelibrary.wiley.com/doi/10.1111/j.1467-9477.2009.00239.x/pdf (letzter Zugriff: 21.11.2012)

Blomqvist, Paula (2004): The Choice Revolution: Privatization of Swedish Welfare Services in the 1990s. In: Social Policy & Administration 38 (2), S. 139–155. Verfügbar unter http://onlinelibrary.wiley.com/doi/10.1111/j.1467-9515.2004.00382.x/pdf (letzter Zugriff: 15.11.2012)

Blydal, Carl Johan (2012): Außenpolitische Diskussionen in Schweden nach 1990. Von der Neutralität zur NATO? In: Konrad-Adenauer-Stiftung: Auslandsinformationen (5), S. 21–34. Verfügbar unter http://www.kas.de/wf/doc/kas_31042-544-1-30.pdf?130409163357 (letzter Zugriff: 21.11.2012)

Boeckh, Andreas/Pawelka, Peter (Hrsg.) (1997): Staat, Markt und Rente in der internationalen Politik. Opladen: Westdt. Verl.

Böhme, Kai (1999): Schweden – ein Modell für Konsens und Rationalität? Neue Wege der Regionalplanung in der Region Stockholm. In: Raumforschung und Raumordnung 57 (5/6), S. 338–349

Bohn, Ingrid (2005): Finnland. Regensburg: Pustet

Braun, Thorsten (2006): Erfolgreiche arbeitsmarktpolitische Konzertierung: Dänemarks Reformweg „vom Rande des Abgrundes" zum Flexicurity-Modell. Sozialer Fortschritt 6, S. 133–139

Breimaier, Silke (2011): Eine weitere rechtspopulistische Kraft in Europa: der Erfolg der Basisfinnen bei den finnischen Wahlen 2011. Berlin: Friedrich-Ebert-Stiftung. Verfügbar unter: http://library.fes.de/pdf-files/id/08084.pdf (letzter Zugriff: 21.11.2012)

Buchstab, Günter/Uertz, Rudolf (Hrsg.) (2008): Was eint Europa? Christentum und kulturelle Identität. Freiburg im Breisgau – Basel – Wien: Herder

Carlsson, Carl-Magnus et al. (Hrsg.) (2012): Rethinking Transport in the Øresund Region Policies, Strategies and Behaviours. Lund: Lund University

Castells, Manuel/Himanen, Pekka (2002): The information society and the welfare state. The Finnish model. Oxford: Oxford Univ. Press

Castles, Francis G. (1967): Pressure Groups and Political Culture. A comparative study. London: Routledge

Castles, Francis G. (1993): Families of nations: patterns of public policy in Western democracies. Aldershot: Dartmouth

Castles, Francis G./Leibfried, Stephan/Lewis, Jane/Obinger, Herbert/Pierson, Christopher (Hrsg.) (2010): The Oxford Handbook of the Welfare States. Oxford – New York: Oxford University Press

Christensen, Tom (1991): Bureaucratic Roles: Political Loyalty and Professional Autonomy. In: Scandinavian Political Studies 14 (4), S. 303–319

Chritiansen, Nils Finn et al (Hrsg.) (2006): The Nordic model of Welfare. A Historical Reappraisal. Kopenhagen: Museum Tusculanum Press

Christiansen, Peter Munk/Togeby, Lise (2006): Power and Democracy in Denmark: Still a Viable Democracy. In: Scandinavian Political Studies 29 (1), S. 1–24

Christiansen, Peter Munk/Nørgaard, Asbjørn Sonne/Sidenius, Niels Chr. (2001): Dänemark: Verbände und Korporatismus auf Dänisch. In: Werner, Reutter/Peter, Rütters (Hrsg.): Verbände und Verbandssysteme in Westeuropa. Opladen: UTB, S. 51–74

CIA (2013): CIA World Factbook Online. Verfügbar unter https://www.cia.gov/library/publications/the-world-factbook/geos/no.html (letzter Zugriff: 29.07.2013)

Clasen, Jochen/Viebrock, Elke (2006): Das Genter System der Arbeitslosenversicherung – immer noch gewerkschaftliches Rekrutierungsinstrument oder sozialpolitisches Auslaufmodell? Dänemark und Schweden im Vergleich. In: Zeitschrift für Sozialreform 52 (3), S. 351–371

Czada, Roland (1988): Bestimmungsfaktoren und Genese politischer Gewerkschaftseinbindung. In: Manfred G. Schmidt (Hrsg.): Staatstätigkeit. International und historisch vergleichende Analysen. PVS-Sonderheft 19. Opladen: Westdeutscher Verlag, S. 178–195

Czada, Roland (2003): Der Begriff der Verhandlungsdemokratie und die vergleichende Policy-Forschung. In: Renate, Mayntz/Wolfgang, Streeck (Hrsg.): Die Reformierbarkeit der Demokratie. Innovationen und Blockaden. Frankfurt a. M.: Campus, S. 173–203

Dahl, Robert (Hrsg.) (1967): Political Oppositions in Western Democracies. New Haven u. a.: Yale University Press

Damgaard, Erik (1974): Stability and Change in the Danish Party System over Half a Century. In: Scandinavian Political Studies 9 (9), S. 103–125

Damgaard, Erik (1994): Dänische Experimente mit der parlamentarischen Regierungsform. In: Franz, Urban Pappi/Hermann, Schmitt (Hrsg.): Parteien, Parlamente und Wahlen in Skandinavien. Frankfurt am Main – New York: Campus, S. 179–198

Damgaard, Erik (2004): Developments in Danish Parliamentary Democracy: Accountability, Parties and External Constraints. In: Scandinavian Political Studies 27 (2), S. 115–131. Verfügbar unter http://onlinelibrary.wiley.com/doi/10.1111/j.1467-9477.2004.00100.x/pdf (letzter Zugriff: 21.11.2012)

Damgaard, Erik/Eliassen, Kjell A. (1978): Corporate Pluralism in Danish Law-Making. In: Scandinavian Political Studies (1) (4), S. 285–313

Danmarks Statistik (2009): Folkeafstemninger. Verfügbar unter http://www.dst.dk/da/Statistik/emner/valg/folkeafstemninger.aspx?tab=dok# (letzter Zugriff: 03.05.2013)

Danmarks Statistik (2012a): Folketingsvalget den 15. september 2011 Danmark, Færøerne, Grønland. Kopenhagen. Verfügbar unter http://www.dst.dk/da/Statistik/Publikationer/VisPub.aspx?cid=17989 (letzter Zugriff: 24.04.2013)

Danmarks Statistik (2012b): Statistisk Årbog 2012. Kopenhagen. Verfügbar unter www.dst.dk/dk/pubpdf/16252/saa2012 (letzter Zugriff: 26.04.2013)

Danmarks Statistik (2013): Population in Denmark. Verfügbar unter http://www.dst.dk/en/Statistik/emner/befolkning-og-befolkningsfremskrivning/folketal.aspx (letzter Zugriff: 26.04.2013)

Danmarks Statistik (ohne Jahr): Kommuner på landkortet. Verfügbar unter http://www.dst.dk/da/Statistik/emner/kommuner-paa-landkortet.aspx (letzter Zugriff: 03.05.2013)

Der Spiegel 10/1981 (1981): Finnland: Der Traum von der Versöhnung. Verfügbar unter http://www.spiegel.de/spiegel/print/d-14315922.html (letzter Zugriff: 08.03.2010)

Die norwegische Verfassung (2012): The Constitution. Complete text. Verfügbar unter http://www.stortinget.no/en/In-English/About-the-Storting/The-Constitution/The-Constitution/ (letzter Zugriff: 16.02.2013)

Die Presse (2009): Finnen erhalten rechtlichen Anspruch auf schnelles Internet. Verfügbar unter http://diepresse.com/home/techscience/internet/515149/index.do (letzter Zugriff: 09.10.2010)

Dingeldey, Irene (2005): Zehn Jahre aktivierende Arbeitsmarktpolitik in Dänemark. In: Wirtschafts- und Sozialwissenschaftliches Institut Mitteilungen (1), S. 18–24. Verfügbar unter: http://www.boeckler.de/pdf/wsimit_2005_01_dingeldey.pdf (letzter Zugriff: 16.08.2013)

Döbert, Hans/Hörner, Wolfgang/von Kopp, Botho/Mitter, Wolfgang (Hrsg.) (2004): Die Schulsysteme Europas. 2. Aufl. Baltmannsweiler: Schneider-Verlag Hohengehren

Dobson, Ian (2009): Finland: Student support high but inadequate. In: University World News, 0080. Verfügbar unter http://www.universityworldnews.com/article.php?story=20090611223610516 (letzter Zugriff: 05.06.2010)

Duverger, Maurice (1980): A New Political System Model: Semi-Presidential Government. In: European Journal of Political Research 8 (2), S. 165–187

Earles, Kimberly (2011): Swedish Family Policy – Continuity and Change in the Nordic Welfare State Model. In: Social Policy & Administration 45 (2), S. 180–193. Verfügbar unter http://onlinelibrary.wiley.com/doi/10.1111/j.1467-9515.2010.00763.x/pdf (letzter Zugriff: 15.11.2012)

Edgren, Henrik (2009): When Finland was lost. Background, course of events and action. In: Nordeuropa Forum 19 (2), S. 61–82

Eduskunta (ohne Jahr): Legislative Work of Parliament. Verfügbar unter http://web.eduskunta.fi/Resource.phx/parliament/aboutparliament/legislativework.htx (letzter Zugriff: 09.10.2010)

Edwards, Robert (2009): The Winter War. Russia's Invasion of Finland, 1939–1940. New York: Pegasus Books

Einhorn, Eric S./Logue, John (1989): Modern Welfare States: Politics and Policies in Social Democratic Scandinavia. New York: Praeger Special Studies

Ellingsæter, Anne Lise (2012): Betreuungsgeld: Erfahrungen aus Finnland, Norwegen und Schweden. Berlin: Friedrich-Ebert-Stiftung. Verfügbar unter http://library.fes.de/pdf-files/id/09036.pdf (letzter Zugriff: 21.11.2012)

Engström, Mats (2010): Sweden after the election. Berlin: Friedrich-Ebert-Stiftung. Verfügbar unter: http://library.fes.de/pdf-files/id/07491.pdf (letzter Zugriff: 16.08.2013)

Enzensberger, Hans Magnus (1989): Ach Europa! Wahrnehmungen aus sieben Ländern. Frankfurt a. M.: Suhrkamp

Erlingsson, Gissur Ó./Persson, Mikael (2011): The Swedish Pirate Party and the 2009 European Parliament Election: Protest or Issue Voting? In: Politics 31 (3), S. 121–128. Verfügbar unter: http://onlinelibrary.wiley.com/doi/10.1111/j.1467-9256.2011.01411.x/pdf (letzter Zugriff: 21.05.2013)

Ertel, Manfred (2008): Krimis aus Finnland: Von Mord nach Süd. In: Spiegel Online 02.09.2008. Verfügbar unter: http://www.spiegel.de/kultur/literatur/krimis-aus-finnland-von-mord-nach-sued-a-575734.html (letzter Zugriff: 10.09.2013)

Esping-Andersen, Gøsta (1990): The three worlds of welfare capitalism. Cambridge: Polity Press

Esping-Andersen, Gøsta (Hrsg.) (1996): Welfare States in Transition. National Adaptations in Global Economies. London u. a.: Sage Publications

Etherington, David/Jones, Martin (2004): Welfare-through-work and the re-regulation of labour markets in Denmark. In: Capital & Class 28 (2), S. 19–45. Verfürgar unter: http://cnc. sagepub.com/content/28/2/19.full.pdf+html (letzter Zugriff: 16.08.2013)

Etzold, Tobias (2012): Kleines Land, großes Potential. Dänemarks Europapolitik zwischen Abwarten und vorsichtiger Veränderung. SWP-Aktuell 64

Eurostat – Statistics on Income and Living Conditions (SILC) (2013a): Gini coefficient of equivalised disposable income. Verfügbar unter http://epp.eurostat.ec.europa.eu/tgm/download.do? tab=table&plugin=0&language=en&pcode=tessi190 (letzter Zugriff: 26.04.2013)

Eurostat – Statistics on Income and Living Conditions (SILC) (2013b): Armutsgefährdungsquote nach Geschlecht (%). Verfügbar unter http://epp.eurostat.ec.europa.eu/tgm/table.do? tab=table&init=1&language=de&pcode=tessi010&plugin=1 (letzter Zugriff: 26.04.2013)

Eurostat (2010): Eurostat Online Statistiken. Verfügbar unter http://epp.eurostat.ec.europa.eu/ portal/page/portal/eurostat/home (letzter Zugriff: 09.08.2011)

Eurostat (2013): Eurostat Online Statistiken. Verfügbar unter http://epp.eurostat.ec.europa.eu/ portal/page/portal/eurostat/home/ (letzter Zugriff: 14.11.2013)

Eurostat (2013a): Bruttoinlandsprodukt zu Marktpreisen absolut. Verfügbar unter http://epp.eurostat. ec.europa.eu/tgm/refreshTableAction.do?tab=table&plugin=1&pcode=tec00001&language=de (letzter Zugriff: 27.04.2013)

Eurostat (2013b): Wachstumsrate des realen BIP – Volumen. Veränderungen gegenüber dem Vorjahr (%). Verfügbar unter http://epp.eurostat.ec.europa.eu/tgm/table.do?tab=table&init= 1&language=de&pcode=tec00115&plugin=1 (letzter Zugriff: 26.04.2013)

Eurostat (2013c): Unemployment rate, 2001–2012 (%).Verfügbar unter http://epp.eurostat.ec. europa.eu/statistics_explained/index.php?title=File:Unemployment_rate,_2001-2012_%28%25% 29.png&filetimestamp=20130417141135#file (letzter Zugriff: 20.05.2013)

Eurostat (2013d): Reales BIP pro Kopf. Wachstumsrate und insgesamt. Verfügbar unter: http:// epp.eurostat.ec.europa.eu/tgm/refreshTableAction.do;jsessionid=9ea7d07e30dabf4f23e25bab-41478a79a98b8af15ec5.e34OaN8Pc3mMc40Lc3aMaNyTb38Me0?tab=table&pcode=tsdec100& language=de (letzter Zugriff: 28.08.2013)

Eurostat (2013e): Inflationsrate. Jährliche Veränderungsrate (%). Verfügbar unter: http://epp. eurostat.ec.europa.eu/tgm/table.do?tab=table&language=de&pcode=tec00118&tableSelection=1& footnotes=yes&labeling=labels&plugin=1 (letzter Zugriff: 28.08.2013)

Eurostat (2013f): Bevölkerung am 1. Januar. Verfügbar unter: http://epp.eurostat.ec.europa.eu/tgm/table.do?tab=table&init=1&plugin=1&language=de&pcode=tps00001 (letzter Zugriff: 28.08.2013)

Eurostat (2013g): Eurostat Online Statistiken. Verfügbar unter http://epp.eurostat.ec.europa.eu/portal/page/portal/statistics/search_database (letzter Zugriff: 12.11.2013)

Feldmann, Michael (2013): Portal Eldey, „Politik und Wirtschaft". Verfügbar unter: http://www.eldey.de/Wirtschaft/wirtschaft.html (letzter Zugriff: 12.11.2013)

Finanzministerium Finnland (2009): Regional administration reform 2010. Helsinki. Verfügbar unter http://www.vm.fi/vm/en/04_publications_and_documents/03_documents/20090925ALKUpr/alku_en_170909.pdf (letzter Zugriff: 26.06.2011)

Findeisen, Jörg-Peter (1999): Dänemark. Von den Anfängen bis zur Gegenwart. Regensburg: Pustet

Finnish Government (ohne Jahr a): Hallitukset aikajärjestyksessä (Governments in chronological order). Verfügbar unter: http://valtioneuvosto.fi/tietoa-valtioneuvostosta/hallitukset/vuodesta-1917/tulokset/fi.jsp?report_id=V2 (letzter Zugriff: 15.08.2013)

Finnish Government (ohne Jahr b): Hallitukset ja ministerit vuodesta 1917 (Governments and ministers since 1917). Verfügbar unter: http://valtioneuvosto.fi/tietoa-valtioneuvostosta/hallitukset/vuodesta-1917/haku/fi.jsp (letzter Zugriff: 15.08.2013)

Finnish Government (ohne Jahr c): Prime Minister Katainen's Government. Verfügbar unter: http://valtioneuvosto.fi/hallitus/jasenet/en.jsp (letzter Zugriff: 14.08.2013)

Flora, Peter (1986): Growth to Limits. The Western European Welfare States since World War II. Berlin: Gruyter

Folketinget (2009): Danmarks riges grundlov. Danmarks Riges Grundlov af 5. juni 1953. Tronfølgelov af 27. Marts 1953. Kopenhagen. Verfügbar unter: http://www.ft.dk/Dokumenter/Publikationer/Grundloven/Danmarks%20Riges%20Grundlov.aspx (letzter Zugriff: 20.08.2013)

Folketinget (2010): Folketinget – The Danish Parliament. Kopenhagen. Verfügbar unter: http://www.thedanishparliament.dk/Publications/The%20Folketing.aspx (letzter Zugriff: 24.04.2013)

Folketinget (2013a): Antal medlemmer i partigrupperne. Kopenhagen. Verfügbar unter: http://www.ft.dk/Folketinget/findMedlem/Mandatfordelingen.aspx (letzter Zugriff: 20.08.2013)

Folketinget (2013b): Hvem er hvad i Folketing og regering. Kopenhagen. Verfügbar unter: http://www.ft.dk/Demokrati/ /media/Pdf_materiale/Pdf_publikationer/Informationsark/Folketingets_medlemmer/hvem_er_hvad%20pdf.ashx (letzter Zugriff: 20.08.2013)

Fölster, Stefan (1997): Ist der Systemwechsel in Schweden in Gefahr? Erfahrungen mit Privatisierung, Deregulierung und Dezentralisierung. In: Claus H. Riegler/Frieder Naschold (Hrsg.): Reformen des öffentlichen Sektors in Skandinavien. Eine Bestandsaufnahme. Baden-Baden: Nomos, S. 125–147

Förster, Christian/Hedrich, Horst/Schmid, Josef (2009): Benchmarking mit Radar-Charts und SMOP-Werten. Methodenoptimierung und Anwendung in MS Excel – mit einem Beispiel zu den Arbeitsmärkten der Bundesländer. WiP Workin Paper 44. Tübingen: Institut für Politikwissenschaft. Verfügbar unter: http://tobias-lib.uni-tuebingen.de/volltexte/2009/3850/pdf/WIP44.pdf (letzter Zugriff: 12.11.2013)

Frandsen, Steen Bo (1994): Dänemark, der kleine Nachbar im Norden. Aspekte der deutsch-dänischen Beziehungen im 19. und 20. Jahrhundert. Darmstadt: Wissenschaftliche Buchgesellschaft

FAS (=Frankfurter Allgemeine Sonntagszeitung) vom 15.9.2013: Niemand legt das Geld besser an als die Norweger, S. 43

Frericks, Patrick/Maier, Robert/Graaf, Willibrord de (2006): Shifting the Pension Mix: Consequences for Dutch and Danish Women. In: Social Policy & Administration 40 (5), S. 475–492

Freymann, Thelma von (2004): Bemerkungen zum finnischen Schulwesen (Lehrerinfo, 2/2004). Verfügbar unter http://www.km.bayern.de/km/lehrerinfo/positionen/2004/01219/ (letzter Zugriff: 05.06.2010)

Gabler Wirtschaftslexikon (2013): Artikel „Arbeitgeber-Arbeitnehmer-Beziehungen, Systeme der. Verfügbar unter: http://www.daswirtschaftslexikon.com/d/arbeitgeber_arbeitnehmer_beziehungen_systeme_der/arbeitgeber_arbeitnehmer_beziehungen_systeme_der.htm (letzter Zugriff: 12.11.2013)

Gilljam, Mikael/Holmberg, Sören (1994): Schweden: Von der Klassenwahl zur Issuewahl. In: Franz, Urban Pappi/Hermann, Schmitt (Hrsg.): Parteien, Parlamente und Wahlen in Skandinavien. Frankfurt am Main – New York: Campus, S. 307–323

Gmeiner, Jens (2013): Die „Zukunftspartei" Schwedens? Die Schwedische Sozialdemokratie zwischen erfolgreicher Vergangenheit und unsicherer Zukunft. Friedrich-Ebert-Stiftung, Internationale Politikanalyse

Göteborgs Hamn (2013): Volymer och godsflöde i Göteborgs Hamn. Verfügbar unter http://www.goteborgshamn.se/Om-hamnen/Volymer-och-godsflode-i-Goteborgs-hamn/ (letzter Zugriff: 20.06.2013)

Götz, Norbert (2001): Schweden: Korporatismus und Netzwerkkultur. In: Werner, Reutter/Peter, Rütters (Hrsg.): Verbände und Verbandssysteme in Westeuropa. Opladen: UTB, S. 381–403

Green-Pedersen, Christoffer/Lindbom, Anders (2006): Politics within paths: trajectories of Danish and Swedish earnings-related pensions. In: Journal of European Social Policy 16 (3), S. 245–258

Gries, Jürgen (2005): Bildungssysteme in Europa. Kurzdarstellungen. Berlin: Institut für Sozialforschung, Informatik und Soziale Arbeit. Verfügbar unter http://www.bertelsmann-stiftung.de/bst/de/media/xcms_bst_dms_11327_11328_2.pdf (letzter Zugriff: 05.04.2011)

Groß, Hermann/Rotholz, Walter (2009): Das politische System Norwegens. In: Wolfgang Ismayr (Hrsg.): Die politischen Systeme Westeuropas. 4., aktualisierte und überarb. Aufl. Wiesbaden: VS, S. 151–193

Guldimann, Tim (1984): Die Grenzen des Wohlfahrtsstaates. Am Beispiel Schwedens und der Bundesrepublik. München: Beck

Haatvedt, Jens Christian (2008): The Norwegian Pension System. The Economic Effects of Funded Pension Benefits. Master-Arbeit an der wirtschaftswissenschaftlichen Fakultät der Universität Oslo. Oslo: Universität Oslo

Hadenius, Stig (1990): Schwedische Politik im 20. Jahrhundert. Stockholm: Schwedisches Institut

Haefs, Gabriele (2009): Bestseller aus Skandinavien. Norwegen. Verfügbar unter http://www.merian.de/magazin/norwegen-literatur-skandinavien.html (letzter Zugriff: 10.09.2013)

Hagenguth, Alexandra (2009): Der Mord, der aus der Kälte kam. Verfügbar unter: http://www.schwedenkrimi.de/specials/der_mord_der_aus_der_kaelte_kommt_set.php (letzter Zugriff: 13.05.2013)

Hall, Peter A./Soskice, David (2001a): An introduction to the varieties of capitalism. In: Peter A. Hall/David Soskice (Hrsg.): Varieties of capitalism. The institutional foundations of comparative advantage. Reprinted. Oxford: Oxford Univ. Press, S. 1–68

Hall, Peter A./Soskice, David (Hrsg.) (2001b): Varieties of capitalism. The institutional foundations of comparative advantage. Reprinted. Oxford: Oxford Univ. Press

Handelsblatt vom 04.11.2015 (2005): Dänemark verlangt von Zuwanderern „Treue-Erklärung". Verfügbar unter: http://www.handelsblatt.com/politik/international/einwanderungspolitik-daenemark-verlangt-von-zuwanderern-treue-erklaerung/2572156.html (letzter Zugriff: 03.10.2013)

Hanne, Krister/Stampehl, Jan (2003): Nordische Vision – europäische Herausforderungen. 50 Jahre Nordischer Rat. in: Nordeuropa Forum 6 (1), S. 3–34

Hartig, Falk (2008): Oder kommen die finnischen PISA-Erfolge? In: Kulturaustausch – Zeitschrift für internationale Perspektiven 58 (1)

Heidar, Knut (2001): Norway. Elites on Trial. Boulder, Colorado: Westview Press

Heintze, Cornelia (2005): Das skandinavische Erfolgsmodell und sein kulturelles Fundament – eine Annäherung. In: Arbeit 14 (3), S. 221–242

Henningsen, Bernd (1986): Der Wohlfahrtsstaat Schweden. Baden-Baden: Nomos
Henningsen, Bernd (1990): Strukturen und Strategien der organisierten Interessen. In: Kersten Krüger (Hrsg.): Schweden in Europa. Hamburg: Krämer, S. 97–111
Henningsen, Bernd (1993): Der Norden: Eine Erfindung. Das europäische Projekt einer regionalen Identität. Verschriftlichte Form der Antrittsvorlesung an der Humboldt-Universität zu Berlin. Verfügbar unter: http://edoc.hu-berlin.de/humboldt-vl/henningsen-bernd/PDF/Henningsen.pdf (letzter Zugriff: 09.02.2013)
Hilson, Mary (2011): The Nordic Model. Scandinavia since 1945. 2. Aufl. London: Reaktion Books
Hoesch, Edgar (2009): Kleine Geschichte Finnlands. München: Beck
Holzinger, Katharina/Jörgens, Helge/Knill, Christoph (Hrsg.) (2007): Transfer, Diffusion und Konvergenz von Politiken. PVS-Sonderheft 38. Wiesbaden: VS
Hopmann, Stefan Thomas (Hrsg.) (2007): PISA zufolge PISA. Hält PISA, was es verspricht? Wien: LIT Verlag
Hopmann, David Nicolas (2011): The 2011 Danish National Election. In: Nordeuropa Forum 21 (2), S. 7–21. Verfügbar unter http://edoc.hu-berlin.de/nordeuropaforum/21-2/hopmann-david-nicolas-7/PDF/hopmann.pdf (letzter Zugriff: 08.04.2013)
Humboldt-Universität zu Berlin – Nordeuropa-Institut (2013): Nordeuropa-Portal. Grunddaten. Berlin. Verfügbar unter: http://www.ni.hu-berlin.de/np/grunddaten/start_html (letzter Zugriff: 12.11.2013)
Ibsen, Christian Lyhne (2012): Trade Unions in Denmark. Berlin: Friedrich-Ebert-Stiftung. Verfügbar unter http://library.fes.de/pdf-files/id-moe/09431.pdf (letzter Zugriff: 21.11.2012)
IEA (2007): Oil Supply Security. Emergency Response of IEA Countries. Paris: IEA
IEA/OECD (2005): Energy Policies of IEA Countries: Norway. Paris: IEA/OECD
IKEA (ohne Jahr): Daten & Fakten. Verfügbar unter http://www.ikea.com/ms/de_DE/about_ikea/facts_and_figures/index.html (letzter Zugriff: 20.06.2013)
Immerfall, Stefan/Steinbach, Peter (Hrsg.) (1995): Historisch-vergleichende Makrosoziologie. Stein Rokkan - der Beitrag eines Kosmopoliten aus der Peripherie. Historical Social Research, Special Issue 20
Immergut, Ellen M. (2002): The Swedish Constitution and Social Democratic Power: Measuring the Mechanical Effect of a Political Institution. In: Scandinavian Political Studies 25 (3), S. 231–257. Verfügbar unter http://onlinelibrary.wiley.com/doi/10.1111/1467-9477.00070/pdf (letzter Zugriff: 21.11.2012)
Ismayr, Wolfgang (Hrsg.) (2008): Gesetzgebung in Westeuropa. EU-Staaten und Europäische Union. Wiesbaden: VS
Ismayr, Wolfgang (2009a): Die politischen Systeme Westeuropas im Vergleich. In: Wolfgang Ismayr (Hrsg.): Die politischen Systeme Westeuropas. 4., aktualisierte und überarbeitete Aufl. Wiesbaden: VS, S. 9–64
Ismayr, Wolfgang (Hrsg.) (2009b): Die politischen Systeme Westeuropas. 4., aktualisierte und überarbeitete Aufl. Wiesbaden: VS
Iversen, Torben/Soskice, David (2006): Electoral Institutions and the Politics of Coalitions: Why Some Democracies Redistribute More Than Others. In: APSR 100 (2), S. 165–181
Jahn, Detlef (2009): Das politische System Schwedens. In: Wolfgang Ismayr (Hrsg.): Die politischen Systeme Westeuropas. 4., aktualisierte und überarbeitete Aufl. Wiesbaden: VS, S. 107–149
Jahn, Detlef/Kuitto, Kati/Oberst, Christoph (2006): Das Parteiensystem Finnlands. In: Oskar Niedermayer (Hrsg.): Die Parteiensysteme Westeuropas. Wiesbaden: VS, S. 135–159
Jann, Werner/Tiessen, Jan (2008): Gesetzgebung im politischen System Schwedens. In: Wolfgang Ismayr (Hrsg.): Gesetzgebung in Westeuropa. EU-Staaten und Europäische Union. Wiesbaden: VS, S. 99–131

Jochem, Sven (2003): Konzertierung und Parteienwettbewerb. Das schwedische Modell im Wandel. In Sven, Jochem/Nico, A. Siegel (Hrsg.): Konzertierung, Verhandlungsdemokratie und Reformpolitik im Wohlfahrtsstaat. Das Modell Deutschland im Vergleich. Opladen: Leske und Budrich, S. 271–310

Jochem, Sven (2010): Wandel und Zukunftsaussichten des schwedischen Modells. In: Leviathan 38 (2), S. 227–249. Verfügbar unter: http://link.springer.com/article/10.1007%2Fs11578-010-0083-9 (letzter Zugriff: 09.06.2013)

Jochem, Sven (2011): Skandinavische Arbeits- und Sozialpolitik. Vorbilder für den vorsorgenden Sozialstaat. Berlin: Friedrich-Ebert-Stiftung. Verfügbar unter http://www.fes.de/cgi-bin/gbv. cgi?id=07786&ty=pdf (letzter Zugriff: 07.12.2012)

Jochem, Sven (2012): Die politischen Systeme Skandinaviens. Wiesbaden: Springer VS

Jussila, Osmo/Hentilä, Seppo/Nevakivi, Jukka (1999): Vom Großfürstentum zur Europäischen Union. Politische Geschichte Finnlands seit 1809. Berlin: Berlin Verlag

Justesen, Mogens Kamp (2002): Learning from Europe. The Dutch and Danish school system. Londond: ASI. Verfügbar unter: http://www.adamsmith.org/images/uploads/publications/ learning-from-europe.pdf (letzter Zugriff: 15.04.2013)

Justizministerium Finnland (ohne Jahr): Innoffizielle Übersetzung des finnischen Grundgesetzes. Helsinki. Verfügbar unter www.finlex.fi/pdf/saadkaan/S9990731.PDF (letzter Zugriff: 07.03.2010)

Kaelble, Hartmut (2005): Die Debatte über Vergleich und Transfer und was jetzt? In: H-Soz-u-Kult. Verfügbar unter http://hsozkult.geschichte.hu-berlin.de/forum/id=574&type=artikel (letzter Zugriff: 10.09.2013)

Kailitz, Steffen (Hrsg.) (2007): Schlüsselwerke der Politikwissenschaft. Wiesbaden: VS

Kangas, Olli/Saari, Juho (2008): Krisenbewältigung mit Langzeitfolgen? Der finnische Wohlfahrtsstaat. In: Klaus, Schubert/Ursula, Bazant/Simon, Hegelich (Hrsg.): Europäische Wohlfahrtssysteme. Ein Handbuch. Wiesbaden: VS, S. 239–262

Katzenstein, Peter J. (1985): Small States in World Economy. Industrial Policy in Europe. Ithaca – London: Cornell University Press

Katzenstein, Peter J. (2003): Small States and Small States Revisited. In: New Political Economy 8 (1), S. 9–30

Kautto, Mikko (2010): The Nordic Countries. In: Francis Castles et al. (Hrsg.): The Oxford Handbook of the Welfare State. Oxford – New York: Oxford University Press, S. 586–600

Kekkonen, Urho (1975): Finnlands Weg zur Neutralität. Düsseldorf – Wien: Econ

Keman, Hans (Hrsg.) (2002): Comparative democratic politics. A guide to contemporary theory and research. London: Sage Publications

Kempf, Udo/Mille, Marco (1992): Rolle und Funktion des Ombudsmannes – Zur personalisierten parlamentarischen Verwaltungskontrolle in 48 Staaten. In: Zeitschrift für Parlamentsfragen 23 (1), S. 29–47

Kersbergen, Kees van/Manow, Philip (Hrsg.) (2009): Religion, Class Coalitions, and Welfare States, Cambridge: Cambridge University Press

King, Gary/Keohna, Robert O./Verba, Sidney (1994): Designing Social Inquiry. Scientific Inference in Qualitative Research. Princeton: Princeton University Press

Kista Science City (2012): Kista Science City entrepreneurs: „The future looks very bright". Verfügbar unter http://en.kista.com/for-your-business/statistics/ (letzter Zugriff: 20.06.2013)

Kjellberg, Anders (2011): The Decline in Swedish Union Density since 2007. In: Nordic Journal of Working Life Studies 1 (1), S. 67–93. Verfügbar unter: http://ej.lib.cbs.dk/index.php/ nordicwl/article/view/3313/3552 (letzter Zugriff: 02.03.2013)

Københavns Universitet (ohne Jahr): Om Københavns Universitet. Verfügbar unter http:// velkommen.ku.dk/om/ (letzter Zugriff: 03.05.2013)

Krantz, Olle (1980): Die skandinavischen Länder. Schweden, Norwegen, Dänemark und Finnland von 1914–1970. Stuttgart: Klett/Cotta. Verfügbar unter http://www.gbv.de/dms/hebis-mainz/toc/080590705.pdf (letzter Zugriff: 13.06.2013)

Krekeler, Elmar (2008): Sjöwall und Wahlöö sind wieder da. In: Die Welt vom 29.12.2008. Verfügbar unter: http://www.welt.de/kultur/article2946403/Sjoewall-und-Wahloeoe-sind-wieder-da.html (letzter Zugriff: 07.07.2013)

Kremer, Dennis, (2013): Niemand legt das Geld besser an als die Norweger. In: FAS vom 15.09.2013, S. 43

Krogh, Simon (2011): Reform Politics through the Creation of Inefficient Political Institutions: The Case of the 2007 Danish Administrative Reform. In: Scandinavian Political Studies 34 (4), S. 307–331. Verfügbar unter http://onlinelibrary.wiley.com/doi/10.1111/j.1467-9477.2011.00275.x/pdf (letzter Zugriff: 21.11.2012)

Krohn, Tim (2013): Kita-Paradies Schweden. In: Deutschlandradio online vom 29.07.2013. Verfügbar unter http://www.dradio.de/dlf/sendungen/europaheute/2195193/ (letzter Zugriff: 25.08.2013)

Kropp, Sabine (2008): Koalitionsregierungen. In: Sabine, Kropp/Oscar, W. Gabriel (Hrsg.): Die EU-Staaten im Vergleich. Strukturen, Prozesse, Politikinhalte. 3., aktualisierte und erweiterte Auflage. Wiesbaden: VS, S. 512–547

Kropp, Sabine/Gabriel, Oscar W. (Hrsg.) (2008): Die EU-Staaten im Vergleich. Strukturen, Prozesse, Politikinhalte. 3., aktualisierte und erweiterte Auflage. Wiesbaden: VS. Verfügbar unter http://dx.doi.org/10.1007/978-3-531-91075-8 (letzter Zugriff: 07.09.2013)

Krüger, Kersten (Hrsg.) (1990): Schweden in Europa. Hamburg: Krämer

Krumrey, Peer (2012): Skandinavien und die Energiewende. Norwegen ist für Deutschland sowohl Chance als auch Herausforderung. SWP-Aktuell 63

Kucsko-Stadlmayer, Gabriele (Hrsg.) (2008): Europäische Ombudsman-Institutionen. Eine rechtsvergleichende Untersuchung zur vielfältigen Umsetzung einer Idee. Vienna: Springer Vienna. Verfügbar unter http://dx.doi.org/10.1007/978-3-211-72841-3 (letzter Zugriff: 08.08.2013)

Kulturaustausch – Zeitschrift für internationale Perspektiven (2008): Themenheft: Ganz oben. Die nordischen Länder 58 (1)

Lagerqvist, Lars O. (2003): Schwedische Geschichte. Stockholm: Schwedisches Institut (Svenska Institutet)

Landsorganisationen i Sverige (2012): Presentation av LO. Verfügbar unter http://www.lo.se/start/om_oss/en_presentation_av_lo (letzter Zugriff: 20.06.2013)

Lange, Peter/Schimank, Uwe 2007: Zwischen Konvergenz und Pfadabhängigkeit. New Public Management in den Hochschulsystemen fünf ausgewählter OECD-Länder. In: Katharina, Holzinger/Helge, Jörgens/Christoph, Knill (Hrsg.): Transfer, Diffusion und Konvergenz von Politiken. PVS-Sonderheft 38, Wiesbaden: VS, S. 522–548

Langhagen-Rohrbach, Christian (2010): Raumordnung und Raumplanung. 2., durchgesehene Aufl. Darmstadt: Wissenschaftliche Buchgesellschaft

Lappalainen, Pertti/Siisiäinen, Martti (2001): Finnland: Freiwillige Vereinigungen in der Gesellschaft und Gewerkschaften im politischen System. In: Werner, Reutter/Peter, Rütters (Hrsg.): Verbände und Verbandssysteme in Westeuropa. Opladen: Leske+Budrich, S. 103–123

Larsson, Åsa (2013): Åsa Larsson – die Frau, die aus der Kälte kommt. In: Welt am Sonntag vom 03.03.2013. Verfügbar unter http://www.welt.de/reise/staedtereisen/article114136614/Asa-Larsson-die-Frau-die-aus-der-Kaelte-kommt.html (letzter Zugriff: 05.03.2013)

Lauer, Céline (2013): Pfusch versenkte Schwedens Superschlachtschiff. In: Die Welt online vom 30.04.2013. Verfügbar unter: http://www.welt.de/geschichte/article115729079/Pfusch-versenkte-Schwedens-Superschlachtschiff.html (letzter Zugriff. 06.10.2013)

Lawson, Kay/Poguntke, Thomas (Hrsg.) (2004): How Political Parties Respond. Interest Aggregation Revisited. London: Routledge

Le Ker, Heike (2008): Zufriedenheitsstudien: Die Welt wird immer glücklicher. In Spiegel online vom 03.07.2008. Verfügbar unter: http://www.spiegel.de/wissenschaft/mensch/zufriedenheitsstudien-die-welt-wird-immer-gluecklicher-a-563455.html (letzter Zugriff: 05.10.2013)

Lehmbruch, Gerhard/Schmitter, Philippe C. (Hrsg.) (1982): Patterns of corporatist policy-making. London u. a.: Sage Publications

Lijphart, Arend (1999): Patterns of Democracy. Government Forms and Performance in Thirty Six Countries. Yale: Yale University Press

Lindholm, Mikael R. (2008): Das Geheimnis unseres Erfolges. In: Kulturaustausch – Zeitschrift für internationale Perspektiven 58 (1)

Lindvall, Johannes/Sebring, Joakim (2005): Policy Reform and the Decline of corporatism in Sweden. In: West European Politics 28 (5), S. 1057–1074

Linz, Juan (1990): The Perils of Presidentialism. In: Journal of Democracy 1 (1), S. 51–69

Lipset, Seymour M./Rokkan, Stein (1967a): Cleavage Structures, Party Systems, and Voter Alignements: An Introduction. In: Seymour M. Lipset/Stein Rokkan (Hrsg.): Party Systems and Voter Alignements: Cross-National Perspectives. New York: Free Press, S. 1–64

Lipset, Seymour M./Rokkan, Stein (Hrsg.) (1967b): Party Systems and Voter Alignments: Cross-National Perspectives. New York – London: Free Press

Listhaug, Ola (2005): Oil Wealth Dissatisfaction and Political Trust in Norway: A Resource Curse? In: West European Politics 28 (4), S. 834–851

Lodenius, Anna-Lena/Wingborg, Mats (2011): Radikale rechtspopulistische Parteien in den Nordischen Ländern: Gemeinsamkeiten, Unterschiede und Erklärungsansätze. Berlin: Friedrich-Ebert-Stiftung. Verfügbar unter http://library.fes.de/pdf-files/id/08205.pdf (letzter Zugriff: 21.11.2012)

Löffler, Roland (2003): Mit dem Nordseeöl in die Zukunft. In: Die politische Meinung (407), S. 74–80

Lorentzen, Thomas/Angelin, Anna/Dahl, Espen/Kauppinen, Timo/Moisio, Pasi/Salonen, Tapio (2012): Unemployment and economic security for youn adults in Finland, Norway and Sweden: From unemployment protection to poverty relief. In: International Journal of Social Welfare 23 (1), S. 41–51

Lundberg, Urban (2009): Das nordische Modell: Antrieb oder Bremse der politischen Entwicklung. In: WSI-Mitteilung 63 (1), S. 25–30

Lundell, Krister (2008): Electoral Reform and Party System Change: An Analysis of Nordic Elections with Two Different Electoral Systems. In: Scandinavian Political Studies 31 (4), S. 363-383. Verfügbar unter http://onlinelibrary.wiley.com/doi/10.1111/j.1467-9477.2008.00215.x/pdf (letzter Zugriff: 21.11.2012)

Lundén, Thomas (2002): Över gränsen. Om människan vid territoriets slut. Lund: Studentlitteratur

Lunds Universitet (2013): Universitetet i korthet. Verfügbar unter http://www.lu.se/om-universitetet/universitetet-i-korthet (letzter Zugriff: 20.06.2013)

Luthardt, Wolfgang (1995): Die Referenda zum Vertrag von Maastricht. Politikmanagement und Legitimation im europäischen Integrationsprozeß. In: Zeitschrift für Parlamentsfragen – Sonderband zum 25-jährigen Bestehen, S. 65–84

Lykketoft, Mogens (2009): Das Dänische Modell. Eine europäische Erfolgsgeschichte. Berlin: Friedrich-Ebert-Stiftung. Verfügbar unter http://library.fes.de/pdf-files/id/ipa/06854.pdf (letzter Zugriff: 21.11.2012)

Maersk (ohne Jahr): Maersk Group. Verfügbar unter http://www.maersk.com/Aboutus/Pages/TheMaerskGroup.aspx (letzter Zugriff: 03.05.2013)

Mair, Peter (2002): In the Aggregate: Mass Electoral Behavior in Western Europe, 1950–2000. In: Hans Keman (Hrsg.): Comparative democratic politics. A guide to contemporary theory and research. London: Sage Publications, S. 122–142

Manow, Philipp (2007): Wahlregeln, Klassenkoalitionen und Wohlfahrtsstaatsregime – oder: Wie man Esping-Andersen mit Stein Rokkan erklären kann. In: Zeitschrift für Soziologie 36 (6), S. 414–430

Martin, Marko (2005): Deutsche Besatzung Norwegens: Wie die SS ein Dorf ausradierte. In: Spiegel Online vom 21.07.2005. Verfügbar unter http://www.spiegel.de/panorama/ 0,1518,361972,00.html (letzter Zugriff: 08.12.2010)

Matthies, Aila-Leena (2002): Finnisches Bildungswesen und Familienpolitik – ein „leuchtendes" Beispiel? In: Aus Politik und Zeitgeschichte (B41), S. 38–45

Matthies, Aila-Leena/Skiera, Ehrenhard Karl/Sorvakko-Spratte, Marianneli (Hrsg.) (2009): Das Bildungswesen in Finnland. Geschichte, Struktur, Institutionen und pädagogisch-didaktische Konzeptionen, bildungs- und sozialpolitische Perspektiven. Bad Heilbrunn: Klinkhardt. Verfügbar unter http://www.gbv.de/dms/ilmenau/toc/600342786.PDF (letzter Zugriff: 04.05.2013)

Matthiessen, Christian Wichmann (2004): The Öresund Area: Pre- and post-bridge cross-border functional integration: The bi-national regional question. In: GeoJournal 61 (1), S. 31–39. Verfügbar unter: http://link.springer.com/content/pdf/10.1007 %2Fs10708-005-5234-1.pdf (letzter Zugriff: 08.08.2013)

Milne, Richard 2013: Norwegian government raids oil fund to prop up economy. In: Financial Times Online. 30.09.2013. Verfügbar unter: http://www.ft.com/cms/s/0/aff738da-2a13-11e3-9bc6-00144feab7de.html (letzter Zugriff: 12.11.2013)

MISSOC (2009): Organisation der sozialen Sicherung. Organigramme und Beschreibungen. Verfügbar unter http://ec.europa.eu/social/main.jsp?catId=599&langId=de (letzter Zugriff. 06.03.2010)

MISSOC (2010): MISSOC Online Datenbank. Norwegen. Verfügbar unter http://www. missoc.org/MISSOC/INFORMATIONBASE/COMPARATIVETABLES/MISSOCDATABASE/ comparativeTableSearch_de.jsp (letzter Zugriff. 06.03.2010)

MISSOC (2012a): MISSOC Online Datenbank. Dänemark. Verfügbar unter http://www. missoc.org/MISSOC/INFORMATIONBASE/COMPARATIVETABLES/MISSOCDATABASE/ comparativeTableSearch_de.jsp (letzter Zugriff: 21.11.2012)

MISSOC (2012b): MISSOC Online Datenbank. Schweden. Verfügbar unter http://www. missoc.org/MISSOC/INFORMATIONBASE/COMPARATIVETABLES/MISSOCDATABASE/ comparativeTableSearch_de.jsp (letzter Zugriff: 21.11.2012)

MISSOC (2013): MISSOC Online Datenbank. Finnland. Verfügbar unter http://www. missoc.org/MISSOC/INFORMATIONBASE/COMPARATIVETABLES/MISSOCDATABASE/ comparativeTableSearch.jsp (letzter Zugriff: 14.08.2013)

Moore, Barrington (1967): Social Origins of Dictatorship and Democracy. Boston: Beacon Press

Mosley, Hugh/Mayer, Antje (1999): Benchmarking National Labour Market Performance. A Radar Chart Approach. WZB Discussion Paper, FS I 99–202. Berlin: Wissenschaftszentrum Berlin für Sozialforschung

Müller, Wolfgang C. (Hrsg.) (1997): Koalitionsregierungen in Westeuropa. Bildung, Arbeitsweise und Beendigung. Wien: Signum-Verlag

Munkoe, Malthe Mikkel (2011): Political Change in Denmark? Outlook on the Snap Elections in September 2011. Friedrich-Ebert-Stiftung, Internationale Politikanalyse

Nannestad, Peter (2008): Gesetzgebung im politischen System Dänemarks. In: Wolfgang Ismayr (Hrsg.): Gesetzgebung in Westeuropa. EU-Staaten und Europäische Union. Wiesbaden: VS, S. 133–158

Nannestad, Peter (2009): Das politische System Dänemarks. In: Wolfgang Ismayr (Hrsg.): Die politischen Systeme Westeuropas. 4., aktualisierte und überarbeitete Aufl. Wiesbaden: VS

Niedermeyer, Oskar/Stöss, Richard/Haas, Melanie (Hrsg.) (2006): Die Parteiensysteme Westeuropas. Wiesbaden: VS

Niemelä, Heikki/Salminen, Kari (2006): Soziale Sicherheit in Finnland. 2., korrigierte Auflage. Helsinki: Finnische Sozialversicherungsanstalt u. a.

Nousiainen, Jaakko (1997): Finnland. Die Konsolidierung der parlamentarischen Regierungsweise. In: Wolfgang C. Müller (Hrsg.): Koalitionsregierungen in Westeuropa. Bildung, Arbeitsweise und Beendigung. Wien: Signum-Verlag, S. 327–369

Norwegische Regierung 2013. Verfügbar unter http://www.norwegen.no (letzter Zugriff: 12.11.2013)

Nousiainen, Jaakko (2001): From Semi-presidentialism to Parliamentary Government: Political and Constitutional Developments in Finland. In: Scandinavian Political Studies 24 (2), S. 95–109

Nyström, Jan (2003): Planeringens grunder –en översikt. 2. Aufl. Lund: Studentlitteratur

OECD (2011a): OECD Reviews of Evaluation and Assessment in Education: Denmark 2011. OECD Publishing. Verfügbar unter www.oecd.org/denmark/47696663.pdf (letzter Zugriff: 15.04.2013)

OECD (2011b): Divided We Stand. Why Inequality Keeps Rising.OECD Publishing. Verfügbar unter: http://dx.doi.org/10.1787/9789264119536-en (letzter Zugriff: 29.05.2013)

OECD (2013): OECD Better Life Index. Verfügbar unter: http://www.oecdbetterlifeindex.org (letzter Zugriff: 29.07.2013)

OECD StatExtracts (ohne Jahr): Trade Union Density. Verfügbar unter: http://stats.oecd.org/ Index.aspx?QueryId=20167 (letzter Zugriff: 28.08.2013)

Office of the President of the Republic of Finland (2012): Former Presidents of the Republic of Finland. Verfügbar unter http://www.presidentti.fi/public/default.aspx?nodeid=44829& contentlan=2&culture=en-US (letzter Zugriff: 15.08.2013)

Olsen, Johan P. (1983): Organized democracy. Political institutions in a welfare state – the case of Norway. Oslo: Universitätsverlag

Olson, Mancur (1982): The Rise and Decline of Nations. Economic Growth, Stagflation and Social Rigidities. Yale: Yale University Press

Olsson, Ola/Jochem, Sven/Esping-Andersen, Gøsta (2012): Index of Modern Social Market Economies. Sweden Country Report. Gütersloh: Bertelsmann-Stiftung. Verfügbar unter: http:// www.bertelsmann-stiftung.de/cps/rde/xbcr/SID-E8DA1D74-7A1D2E27/bst/xcms_bst_dms_ 37185_37186_2.pdf (letzter Zugriff: 06.05.2013)

Østerud, Øyvind/Selle, Per (2006): Power and Democracy in Norway: The Transformation of Norwegian Politics. In: Scandinavian Political Studies 29 (1), S. 25–46

Ostner, Illona/Schmitt, Christoph (Hrsg.) (2008): Family Policies in the context of Family Change. The Nordic Countries in Comparative Perspective. Wiesbaden: VS

Paloheimo, Heikki (2003): The Rising Power of the Prime Minister in Finland. In: Scandinavian Political Studies 26 (3), S. 219–243

Pappi, Franz Urban/Schmitt, Hermann (Hrsg.) (1994): Parteien, Parlamente und Wahlen in Skandinavien. Frankfurt am Main – New York: Campus

Parliament of Finland (ohne Jahr): Parliamentary Groups. Verfügbar unter http://web.eduskunta. fi/Resource.phx/parliament/parliamentarygroups/index.htx (letzter Zugriff: 15.08.2013)

Pedersen, Mogens N. (1994): Eine kurzgefaßte Übersicht über die Entwicklung des dänischen Partei- ensystems. In: Franz, Urban Pappi/Hermann, Schmitt (Hrsg.): Parteien, Parlamente und Wahlen in Skandinavien. Frankfurt am Main – New York: Campus, S. 90–108

Perger, Werner A. (2003): Sozialstaat mit Muskeln. Reformmodelle in Europa (Teil II); Schwe- den und Dänemark. In: Die Zeit vom 30.10.2003. Verfügbar unter: http://www.zeit.de/ 2003/45/Gewerkschaften (letzter Zugriff: 12.11.2013)

Petersen, Nikolaj/Elklit, Jørgen (1973): Denmark Enters the European Communities. In: Scandina- vian Political Studies 8 (8), S. 198–213

Petoro (2008): Annual Report for the SDFI and Petoro. Stavanger: Petoro

Petrick, Fritz (1998): „Ruhestörung". Studien zur Nordeuropapolitik Hitlerdeutschlands. Berlin: Ed. Organon

Petrick, Fritz (2002): Norwegen. Von den Anfängen bis zur Gegenwart. Regensburg: Pustet. Verfügbar unter http://www.gbv.de/dms/bs/toc/341776130.pdf (letzter Zugriff 20.02.2010)

Petterson, Olof (1989): Die politischen Systeme Nordeuropas. Eine Einführung. Baden-Baden: Nomos

Pro Wildlife (ohne Jahr): Norwegens Walfang. Verfügbar unter http://www.prowildlife.de/de/Projekte/Wale/Walfang/Norwegen/norwegen.html (letzter Zugriff 20.02.2010)

Raunio, Tapio (2011): Europe and the Finnish Parliamentary Elections of April 17, 2011. University of Tampere. Verfügbar unter http://www.sussex.ac.uk/sei/documents/epern-election-briefing-63.pdf (letzter Zugriff: 14.08.2013)

Regeringskansliet (2004): Det offentliga Sverige. Verfügbar unter http://www.regeringen.se/sb/d/505 (letzter Zugriff: 20.06.2013)

Regeringskansliet (2013): Regeringen och departementen. Verfügbar unter http://www.regeringen.se/sb/d/385 (letzter Zugriff: 20.06.2013)

Regeringskansliet (ohne Jahr): Sveriges regeringar under 100 år. Verfügbar unter http://www.regeringen.se/sb/d/4393;jsessionid=aJ4lKvFxQiAa (letzter Zugriff: 20.06.2013)

Regjeringen (ohne Jahr): Members of the Government. Verfügbar unter: http://www.regjeringen.no/en/the-government/solberg/members-of-the-government-2.html?id=543170# (letzter Zugriff: 20.11.2013)

Reimann, Anna (2011): Dänische Einwanderungspolitik: Wie viel kostet ein Ausländer? In: Spiegel Online. Verfügbar unter: http://www.spiegel.de/politik/ausland/daenische-einwanderungspolitik-wie-viel-kostet-ein-auslaender-a-759463.html

Reutter, Werner/Rütters, Peter (Hrsg.) (2001): Verbände und Verbandssysteme in Westeuropa. Opladen: Leske+Budrich

Riegler, Claus H./Naschold, Frieder (Hrsg.) (1997): Reformen des öffentlichen Sektors in Skandinavien. Eine Bestandsaufnahme. Baden-Baden: Nomos

Ritter, Karin (2011): Spielarten des postmodernen skandinavischen Kriminalromans. Hamburg: Dr. Kovac

Rochlitz, Susann (2007): Norwegen reformiert den Folkytrygden. Berlin: Nestor. Verfügbar unter http://www.nestor.hu-berlin.de/index.php?action=artikel&source=main&&id=99 (letzter Zugriff: 03.04.2010)

Rokkan, Stein (1967): Norway: Numerical Democracy and Corporate Pluralism. In: Robert Dahl (Hrsg.): Political Oppositions in Western Democracies. New Haven u. a.: Yale University Press, S. 70–115

Rokkan, Stein (1980): Eine Familie von Modellen für die vergleichende Geschichte Europas. In: Zeitschrift für Soziologie 9 (3) S. 118–128

Rokkan, Stein (2000): Staat, Nation und Demokratie in Europa. Die Theorie Stein Rokkans aus seinen gesammelten Werken rekonstruiert und eingeleitet von Peter Flora. Frankfurt a. M.: Suhrkamp

Rommetvedt, Hilmar (1998): Norwegian Parliamentary Commitees. Performance, structural change and external relations. In: Journal of Legislative Studies 4 (1), S. 60–84

Rommetvedt, Hilmar (2003): The rise of the Norwegian parliament. London: Cass

Rose, Richard (Hrsg.) (1974): Electoral Behavior: A Comparative Handbook. New York: Free Press

Ross, Michael L. (2001): Does Oil hinder Democracy? In: World Politics 53 (3), S. 325–361

Rotholz, Walter (2001): Norwegen: Korporatismus und die politische Kultur des Wohlfahrtsstaates. In: Werner, Reutter/Peter, Rütters (Hrsg.): Verbände und Verbandssysteme in Westeuropa. Opladen: Leske+Budrich, S. 313–334

Ruin, Olof (1969): Patterns of Government Composition in Multi-party Systems: The Case of Sweden. In: Scandinavian Political Studies 4 (4), S. 71–87

Ruin, Olof (1974): Participatory Democracy and Corporativism. In: Scandinavian Political Studies 9 (9), S. 171–184

Sahlberg, Pasi (2007): Education Policies for raising student learning: the Finnish approach. In: Journal of Education Policy 22 (2), S. 147–171

Sartori, Giovanni (1997): Comparative constitutional engineering. An inquiry into structures, incentives, and outcomes. 2. Aufl. New York: New York Univ. Press

Schleyer, Eugen (1949): Wahlkampf in Norwegen. In: Die Zeit 36/1949. Verfügbar unter http://www.zeit.de/1949/36/wahlkampf-in-norwegen (letzter Zugriff: 29.07.2013)

Schmid, Günter (1989): Modell Schweden ein Vorbild? Licht- und Schattenseiten der schwedischen Arbeitsmarkt- und Beschäftigungspolitik. In: Mitteilungen aus der Arbeitsmarkt- und Berufsforschung 22 (1), S. 75–84

Schmid, Josef (1995): Verbändewohlfahrt im modernen Wohlfahrtsstaat. Strukturbildende Effekte des Staat-Kirche-Konflikts. In: Stefan, Immerfall/Peter, Steinbach (Hrsg.): Historisch-vergleichende Makrosoziologie. Stein Rokkan – der Beitrag eines Kosmopoliten aus der Peripherie. Historical Social Research, Special Issue 20 (2), S. 88–118

Schmid, Josef (1998): Verbände. Interessenvermittlung und Interessenorganisationen; Lehr- und Arbeitsbuch. München: Oldenbourg

Schmid, Josef (2005): Stichworte Verbände, Korporatismus. In: Lexikon Public Affairs, Münster

Schmid, Josef (2010): Wohlfahrtsstaaten im Vergleich. Soziale Sicherung in Europa: Organisation, Finanzierung, Leistungen und Probleme. 3., aktualisierte und erweiterte Aufl. Wiesbaden: VS

Schmidt, Manfred G./Ostheim, Tobias/Siegel, Nico A./Zohlnhöfer, Reimut (Hrsg.) (2007): Der Wohlfahrtsstaat. Eine Einführung in den historischen und internationalen Vergleich. Wiesbaden: VS

Schmitt-Beck, Rüdiger (2007): Artikel zu Lipset/Rokkan 167. In: Steffen Kailitz (Hrsg.): Schlüsselwerke der Politikwissenschaft. Wiesbaden: VS, S. 251–255

Schmitter, Philippe C./Lehmbruch, Gerhard (Hrsg.) (1979): Trends toward corporatist intermediation. Beverly Hills – London: Sage Publications

Schubert, Klaus/Bazant, Ursula/Hegelich, Simon (Hrsg.) (2008): Europäische Wohlfahrtssysteme. Ein Handbuch. Wiesbaden: VS

Schüngel, Daniela (2005): Schwedens Sicherheitspolitik im Wandel. Zwischen militärischer Allianzfreiheit, NATO und ESVP. In: Hessische Stiftung Friedens- und Konfliktforschung. Report 14. Verfügbar unter: http://www.hsfk.de/downloads/report1405.pdf (letzter Zugriff: 11.06.2013)

Schütz, Holger/Speckesser, Stefan/Schmid, Günther (1998): Benchmarking Labour Market Performance and Labour Market Policies. Theoretical Foundations and Applications. Wissenschaftszentrum Berlin. WZB Discussion Paper, FS I 98–205. Berlin

Selén, Jan/Ståhlberg, Ann-Charlotte (2007): Why Sweden's pension reform was able to be successfully implemented. In: European Journal of Political Economy 23 (4), S. 1175–1184. Verfügbar unter http://www.sciencedirect.com/science/article/pii/S0176268007000171 (letzter Zugriff: 06.05.2013.)

Siegel, Nico A. (2007): Welten des Wohlfahrtskapitalismus und Typen wohlfahrtsstaatlicher Politik. In: Manfred G. Schmidt/Tobias Ostheim/Nico A. Siegel/Reimut Zohlnhöfer (Hrsg.): Der Wohlfahrtsstaat. Eine Einführung in den historischen und internationalen Vergleich. Wiesbaden: VS, S. 260–276

Siisiäinen, Martti (2005): Voluntary Associations and Social Capital in Finland. In: Jan W. van Deth (Hrsg.): Social capital and European democracy. Transferred to Digital Printing. London: Routledge, S. 120–143

Sjøberg, Svein (2007): PISA and „Real Life Challenges": Mission Impossible? In: Stefan Thomas Hopmann (Hrsg.): PISA zufolge PISA. Hält PISA, was es verspricht? Wien: LIT Verlag, S. 203–224

Skolverket Sverige (2011): Facts and Figs. 2011. Verfügbar unter: http://www.skolverket.se/om-skolverket/visa-enskild-publikation?_xurl_=http%3A%2F%2Fwww5.skolverket.se%2Fwtpub%2Fws%2Fskolbok%2Fwpubext%2Ftrycksak%2FRecord%3Fk%3D2768 (letzter Zugriff: 19.11.2012)

Skot-Hansen, Dorte/Elbeshausen, Hans (2008): Unter uns. Dänemark ist innovativ – nicht nur in der Einwanderungspolitik. Besonders drastisch ist das im Kulturbereich zu sehen. In: Kulturaustausch – Zeitschrift für internationale Perspektiven 58 (1)

Skovmand, Roar/Dybdahl, Vagn/Rasmussen, Erik (1973): Geschichte Dänemarks, 1830–1939. Die Auseinandersetzungen um nationale Einheit, demokratische Freiheit und soziale Gleichheit. Neumünster: Wachholtz

Smith, Benjamin (2004): Oil Wealth and Regime Survival in the Developing World, 1960–1999. In: American Journal of Political Science 48 (2), S. 232–246

Ståhlberg, Krister (1997): Alternative Organisation öffentlicher Dienstleistungen in der skandinavischen Debatte: Skandinavien in der Schnittstelle zwischen Behörden- und Wahlfreiheitsmodell. In: Claus H. Riegler/Frieder Naschold (Hrsg.): Reformen des öffentlichen Sektors in Skandinavien. Eine Bestandsaufnahme. Baden-Baden: Nomos, S. 89–123

Statistics Finland (2004): Relative support for the major parties in Parliamentary elections 1945–2003 (%). Verfügbar unter: http://tilastokeskus.fi/til/evaa/2003/evaa_2003_2004-05-31_tau_011_en.html (letzter Zugriff: 14.08.2013)

Statistics Finland (2009): Handel. Verfügbar unter http://www.stat.fi/tup/suoluk/suoluk_kotimaankauppa_de.html#Au%C3%9Fenhandel (letzter Zugriff: 10.03.2010)

Statistics Finland (2012): Confirmed election result: Sauli Niinistö was elected President 2012. Verfügbar unter http://tilastokeskus.fi/til/pvaa/2012/02/pvaa_2012_02_2012-02-10_tie_001_en.html (letzter Zugriff: 15.08.2013)

Statistics Finland (ohne Jahr): Parliamentary elections 1983-2011, support for parties. Verfügbar unter http://193.166.171.75/Dialog/varval.asp?ma=020_evaa_tau_120_en&ti=Parliamentary+elections+1983-2011%2C+support+for+parties&path=./Database/StatFin/vaa/evaa/evaa_as/&lang=1&multilang=En-US (letzter Zugriff: 15.08.2013)

Statistiska centralbyrån (2007): Folkomröstningar, valresultat. Folkomröstningar 1922–2003. Verfügbar unter http://www.scb.se/Pages/TableAndChart.aspx?id=223857 (letzter Zugriff: 19.06.2013)

Statistiska centralbyrån (2010): Allmänna val, valresultat. Riksdagsval, landstings – och kommunfullmäktigvalen 2010 efter kommun. Procentuell fördelning av giltiga valsedlar efter partier. Verfügbar unter http://www.scb.se/Pages/ProductTables____12275.aspx (letzter Zugriff: 20.06.2013)

Statistiska centralbyrån (2012): Statistisk årsbok för Sverige 2012. Verfügbar unter: http://www.scb.se/Pages/PublishingCalendarViewInfo____259923.aspx?PublObjId=17399 (letzter Zugriff: 29.05.2013)

Statistiska centralbyrån (2013a): Befolkningsstatistik. Folkmängd i riket, län och kommuner efter kön och ålder 31 december 2012. Verfügbar unter http://www.scb.se/Pages/TableAndChart____159277.aspx (letzter Zugriff: 20.06.2013)

Statistiska centralbyrån (2013b): Betalningsbalansen (BoP). Tabellsamling. Online verfügbar unter http://www.scb.se/Pages/ProductTables____215216.aspx (letzter Zugriff: 16.08.2013)

Statistiska centralbyrån (2013c): Utrikeshandel, export och import av varor januari-december 2012, i löpande priser. In: Sveriges Officiella Statistik. Statistiska Meddelanden 22 (1). Verfügbar unter http://www.scb.se/Pages/PublishingCalendarViewInfo____259923.aspx?PublObjId=18641 (letzter Zugriff 29.05.2013)

Statistiska centralbyrån (ohne Jahr a): Nominerade, valda och ej valda kandidater i riksdagsval efter kön, parti och utbildningsnivå. Antal och andelar. Valår 1991–2010. Verfügbar unter

http://www.scb.se/Pages/SSD/SSD_SelectVariables____340487.aspx?px_tableid=ssd_extern%
3aME0107T25&rxid=a5d71b8a-2dc1-4b10-b444-9bb30ba670b0 (letzter Zugriff: 20.06.2013)

Statistiska centralbyrån (ohne Jahr b): Nominerade, valda och ej valda kandidater i riksdagsval efter kön. Antal och andelar. Valår 1991-2010. Verfügbar unter http://www.scb.se/Pages/SSD/SSD_SelectVariables____340487.aspx?px_tableid=ssd_extern%3aME0107T22&rxid=a5d71b8a-2dc1-4b10-b444-9bb30ba670b0 (letzter Zugriff: 20.06.2013)

Statistiska centralbyrån (ohne Jahr c): Valda kandidater i riksdagsval efter kön, ålder och avhopp. Antal och andelar. Mandatperiod 2002–2006/2006–2010. Verfügbar unter http://www.scb.se/Pages/SSD/SSD_SelectVariables____340487.aspx?px_tableid=ssd_extern%3aME0107T40&rxid=a5d71b8a-2dc1-4b10-b444-9bb30ba670b0 (letzter Zugriff: 20.06.2013)

Statistiska Centralbyrån (ohne Jahr d): Historisk statistik över valåren 1910–2006. Procentuell fördelning av giltiga valsedlar efter parti och typ av val. Verfügbar unter http://www.scb.se/Pages/TableAndChart____32065.aspx (letzter Zugriff: 20.06.2013)

Statistik Sentralbyrå 2013: Statistics. Verfügbar unter: http://www.ssb.no/en (letzter zugriff: 29.07.2013)

Statsministeriet (ohne Jahr a): The Government: 1901-1953. Verfügbar unter http://www.stm.dk/_p_12694.html (letzter Zugriff: 03.05.2013)

Statsministeriet (ohne Jahr b): The Government: 1953 –. Verfügbar unter http://www.stm.dk/_p_12693.html (letzter Zugriff: 03.05.2013)

Steffen, Christian (2006): Die Parteiensysteme Dänemarks, Norwegens und Schwedens. In: Oskar, Niedermeyer/Richard, Stöss/Melanie, Haas (Hrsg.): Die Parteiensysteme Westeuropas. Wiesbaden: VS, S. 67–108

Stenersen, Øivind/Libæk, Ivar (2003): Die Geschichte Norwegens. Von der Eiszeit bis heute. Lysaker: Dinamo

Stephens, John D. (1996): The Scandinavian Welfare States: Achievements, Crisis, and Prospects. In: Gøsta Esping-Andersen (Hrsg.): Welfare States in Transition. National Adaptations in Global Economies. London u. a.: Sage Publications, S. 32–65

Stepmap (2013): Better Life Index (OECD) – Europa, nach OECD-Rohdaten 2013. Verfügbar unter http://www.stepmap.de/karte/better-life-index-oecd-europa-1285608 (letzter Zugriff: 01.10.2013)

Stern, Joachim (2008a): Finnland. In: Gabriele Kucsko-Stadlmayer (Hrsg.): Europäische Ombudsman-Institutionen. Eine rechtsvergleichende Untersuchung zur vielfältigen Umsetzung einer Idee. Vienna: Springer Vienna, S. 169–177

Stern, Joachim (2008b): Norwegen. In: Gabriele Kucsko-Stadlmayer (Hrsg.): Europäische Ombudsman-Institutionen. Eine rechtsvergleichende Untersuchung zur vielfältigen Umsetzung einer Idee. Vienna: Springer Vienna, S. 309–317

Steuer, Helmut (2005): Norwegen: Ölfonds für die Zukunftssicherung. In: Handelsblatt online, 09.02.2005. Verfügbar unter http://www.handelsblatt.com/finanzen/rohstoffe/norwegen-oelfonds-fuer-die-zukunftssicherung;857431 (letzter Zugriff: 29.07.2013)

Stortinget (2009a): Rules of Procedure. Oslo

Stortinget (2009b): Stortingsrepresentantene fordelt på aldersgrupper og partier 2009–2013. Oslo. Verfügbar unter: http://www.stortinget.no/no/Stortinget-og-demokratiet/Representantene/Statistikk/Stortingsrepresentantene-fordelt-pa-aldersgrupper-og-partier-2009-2013/ (letzter Zugriff: 29.08.2013)

Stortinget (2013): Statistikk over representantenes. Olso. Verfügbar unter http://www.stortinget.no/no/Stortinget-og-demokratiet/Representantene/Statistikk/

Stortinget (o. J.): Partioversikt. Velg periode: 2013–2017. Oslo. Verfügbar unter: http://www.stortinget.no/no/Representanter-og-komiteer/Partiene/Partioversikt/?pid=2013-2017 (letzter Zugriff: 20.11.2013)

Storvik, Aagoth/Teigen, Mari (2010): Das norwegische Experiment – eine Frauenquote für Aufsichtsräte. Friedrich-Ebert-Stiftung, Internationale Politikanalyse

Svenskt Näringsliv (ohne Jahr): Så föddes Svenskt Näringsliv. Verfügbar unter http://www.svensktnaringsliv.se/om_oss/sa-foddes-svenskt-naringsliv_9758.html (letzter Zugriff: 20.06.2013)

Svensson, Palle (1974): Support for the Danish Social Democratic Party 1924–39. Growth and Response. In: Scandinavian Political Studies 9 (9), S. 127–146

Sveriges Akademikers Centralorganisation (ohne Jahr): Om Saco. Verfügbar unter http://www.saco.se/Om-Saco/ (letzter Zugriff: 20.06.2013)

Sveriges Radio (2006): Nüchternheitsbewegung erhält neuen Zulauf. 25.05.2006. Verfügbar unter http://sverigesradio.se/sida/artikel.aspx?programid=2108&artikel=864691 (letzter Zugriff: 12.11.2013)

Sveriges Riksdag (ohne Jahr a): Ledamöter & partier. Verfügbar unter http://www.riksdagen.se/sv/ledamoter-partier/ (letzter Zugriff: 20.06.2013)

Sveriges Riksdag (ohne Jahr b): Kungörelse (1974:152): Om beslutad ny regeringsform. Verfügbar unter http://www.riksdagen.se/sv/Dokument-Lagar/Lagar/Svenskforfattningssamling/Kungorelse-1974152-om-beslu_sfs-1974-152/#K1 (letzter Zugriff: 14.08.2013)

Sydsvenskan (TT) (2013): Öresundsregionen byter namn. In: Sydsvenskan Online, 01.02.2013. Verfügbar unter http://www.sydsvenskan.se/skane/oresundsregionen-byter-namn/ (letzter Zugriff: 09.08.2013)

tagesschau.de (2013): Regierungswechsel nach Parlamentswahl. Norwegen will die „Eiserne Erna". 10.09.2013. Verfügbar unter: http://www.tagesschau.de/ausland/norwegen-wahl108.html (letzter Zugriff: 10.09.2013)

Tjänstemännens Centralorganisation (ohne Jahr): Detta är TCO. Verfügbar unter http://www.tco.se/Templates/Page2____668.aspx (letzter Zugriff: 20.06.2013)

Toedlicher-Norden.com (ohne Jahr a): Krimis aus Dänemark. Verfügbar unter: http://www.toedlicher-norden.com/krimis-aus-skandinavien/daenemark (letzter Zugriff: 10.09.2013)

Toedlicher-Norden.com (ohne Jahr b): Krimis aus Norwegen. Verfügbar unter: http://www.toedlicher-norden.com/krimis-aus-skandinavien/norwegen/ (letzter Zugriff: 10.09.2013)

Togeby, Lise (1992): The Nature of Declining Party Membership in Denmark: Causes and Consequences. In: Scandinavian Political Studies 15 (1), S. 1–19

Troebst, Stefan (2010): „Geschichtsregion": Historisch-mesoregionale Konzeptionen in den Kulturwissenschaften. In: Europäische Geschichte Online (EGO). Hrsg. vom Institut für Europäische Geschichte (IEG). Mainz

Tuomi-Nikkula, Outi (2008): Wenig Worte machen. Finnen schweigen gern. In: Kulturaustausch – Zeitschrift für internationale Perspektiven 58 (1)

UNDP (2001): Human Development Report. Making New Technologies work for Human Development. New York: UNDP

UNDP (2013): Human Development Report. The Rise of the South. Human Progress in A Diverse World. New York: UNDP

Uppsala Universitet (2013): Uppsala universitet i korthet. Verfügbar unter http://www.uu.se/om-uu/i-korthet/ (letzter Zugriff: 20.06.2013)

Valen, Henry/Rokkan, Stein (1974): Norway: Conflict Structure and Mass Politics in a European Periphery. In: Richard Rose (Hrsg.): Electoral Behavior: A Comparative Handbook. New York: Free Press, S. 315–370

van Det/Jan W. (Hrsg.) (2005): Social capital and European democracy. European Consortium for Political Research. Transferred to Digital Printing. London: Routledge

vifanord (2013): Sie suchen Literatur zu einer geographischen Region? Verfügbar unter http://www.vifanord.de/index.php?id=174 (letzter Zugriff: 10.09.2013) vifanord (ohne Jahr): Virtuelle Fachbibliothek Nordeuropa und Ostseeraum. Verfügbar unter http://www.vifanord.de (letzter Zugriff: 10.09.2013)

Wassenberg, Arthur F. P. (1982): Neo-Corporatism and the Quest for Control: the cuckoo game. In: Gerhard, Lehmbruch/Philippe, C. Schmitter (Hrsg.): Patterns of corporatist policy-making. London u. a.: Sage Publications, S. 83–108

Weber, Max (Hrsg.) (1972): Wirtschaft und Gesellschaft. Tübingen: Mohr

Weibull, Jörgen (1993): Schwedische Geschichte. Stockholm: Schwedisches Institut

Wergin, Nils-Erik (2001): Finnland. In: Jürgen Bellers (Hrsg.): Handbuch der Aussenpolitik. Von Afghanistan bis Zypern. München – Oldenbourg: Oldenbourg Wissenschaftsverlag, S. 67–76

Werler, Tobias (2004a): Dänemark. In: Hans Döbert/Wolfgang Hörner/Botho von Kopp/Wolfgang Mitter (Hrsg.): Die Schulsysteme Europas. 2. Aufl. Baltmannsweiler: Schneider-Verlag Hohengehren, S. 75–91

Werler, Tobias (2004b): Schweden. In: Hans Döbert/Wolfgang Hörner/Botho von Kopp/Wolfgang Mitter (Hrsg.): Die Schulsysteme Europas. 2. Aufl. Baltmannsweiler: Schneider-Verlag Hohengehren, S. 459–476

Werner, Yvonne Maria (2008): Schweden und die nordischen Länder. In: Günter, Buchstab/Rudolf, Uertz (Hrsg.): Was eint Europa? Christentum und kulturelle Identität. Freiburg im Breisgau – Basel – Wien: Herder, S. 306–334

Wahlöö, Peer (1968): Unternehmen Stahlsprung. Reinbeck: Rowohlt

Widfeldt, Anders (2004): Elite Collusion and Public Defiance: Sweden's Euro Referendum in 2003. In: West European Politics 27 (3), S. 503–517. Verfügbar unter http://www.tandfonline.com/doi/pdf/10.1080/0140238042000228112 (letzter Zugriff: 16.11.2012)

Wikimedia Commons (2010): File:Nordic Countries.svg. Urheber: Hayden120. Verfügbar unter: http://commons.wikimedia.org/wiki/File:Nordic_countries.svg?uselang=En-US

Wikimedia Commons (2011a): File:Denmark in Europe (-rivers -mini map).svg. Urheber: TUBS. Verfügbar unter: https://commons.wikimedia.org/wiki/File:Denmark_in_Europe_%28-rivers_-mini_map%29.svg (letzter Zugriff: 28.08.2013)

Wikimedia Commons (2011b): File:Finland in Europe (-rivers -mini map).svg. Urheber: TUBS. Verfügbar unter: https://commons.wikimedia.org/wiki/File:Finland_in_Europe_%28-rivers_-mini_map%29.svg (letzter Zugriff: 28.08.2013)

Wikimedia Commons (2011c): File:Norway in Europe (-rivers -mini map).svg. Urheber: TUBS. Verfügbar unter: https://commons.wikimedia.org/wiki/File:Norway_in_Europe_%28-rivers_-mini_map%29.svg (letzter Zugriff: 12.11.2013)

Wikimedia Commons (2011d): File:Sweden in Europe (-rivers -mini map).svg. Urheber: TUBS. Verfügbar unter: https://commons.wikimedia.org/wiki/File:Sweden_in_Europe_%28-rivers_-mini_map%29.svg (letzter Zugriff: 12.11.2013)

Wikipedia (2013): Artikel „nordische Länder". Verfügbar unter: http://de.wikipedia.org/wiki/Nordische_L%C3%A4nder (letzter Zugriff: 12.11.2013)

Wollmann, Hellmut (2008): Reformen in Kommunalpolitik und -verwaltung. England, Schweden, Frankreich und Deutschland im Vergleich. Wiesbaden: VS

Wörlund, Ingemar (1992): Election Commentary: The Swedish Parliamentary Election of September 1991. In: Scandinavian Political Studies 15 (2), S. 135–143

WTO 2013: International Trade Statistics. Verfügbar unter: http://www.wto.org/english/res_e/statis_e/statis_e.htm (letzter Zugriff: 29.07.2013)

Zinn, Karl Georg (2007): Warum sind die Schweden die besseren Sozialdemokraten? Zur Bedeutung interkultureller Unterschiede Diskussionspapier der Keynes-Gesellschaft Nr. 4, 2007. Verfügbar unter www.keynes-gesellschaft.de/pdf/downloads/ZinnSchweden3.pdf (letzter Zugriff: 26.09.2013)

The manufacturer's authorised representative in the EU is Springer
Nature Customer Service Centre GmbH, Europaplatz 3, 69115 Heidelberg,
Germany. If you have any concerns regarding our products, please
contact ProductSafety@springernature.com

Printed and bound by CPI Group (UK) Ltd, Croydon, CR0 4YY
27/04/2026
02097648-0004